PAUL TILLICH

EIN LEBENSBILD IN DOKUMENTEN

Briefe, Tagebuch-Auszüge, Berichte

ERGÄNZUNGS- UND NACHLASSBÄNDE ZU DEN GESAMMELTEN WERKEN VON PAUL TILLICH

BAND V

PAUL TILLICH

EIN LEBENSBILD IN DOKUMENTEN

Briefe, Tagebuch-Auszüge, Berichte

Herausgegeben von
Renate Albrecht und Margot Hahl

EVANGELISCHES VERLAGSWERK STUTTGART

Lektorat: Walter Schmidt

ISBN 3 7715 01997

Erschienen 1980 im Evangelischen Verlagswerk Stuttgart

Druck: J. F. Steinkopf Druck+Buch GmbH, Stuttgart
Bindearbeiten: Großbuchbinderei Ernst Riethmüller & Co., Stuttgart

INHALT

VORWORT DES VERLAGS

Nach einer Pause von mehr als vier Jahren können wir den Subskribenten der „Ergänzungs- und Nachlaßbände zu den Gesammelten Werken von Paul Tillich" einen weiteren, den 5. Band dieser Reihe, vorlegen. In unserem Vorwort zur Pauckschen Tillich-Biographie schrieben wir: „Die biographische Forschung wird weitergehen müssen". Daß jahrelanges Forschen und Suchen in der Tat nicht erfolglos war, zeigt dieser Band. Dem Mosaik des Persönlichkeitsbildes von Paul Tillich, soweit es sich bislang in Biographien und autobiographischen Aufzeichnungen (Bände XII und XIII der Gesammelten Werke) niedergeschlagen hat, sind in diesem Buch neue und aufschlußreiche Varianten angefügt worden.

Wir danken Frau *Hannah Tillich,* East Hampton, und dem literarischen Nachlaßverwalter Professor Dr. *Robert C. Kimball,* Berkeley, daß sie die in diesem Band veröffentlichten Briefe Tillichs zur Veröffentlichung freigegeben haben. Zudem sei erwähnt, daß Frau Hannah Tillich bei der Erstellung der Rundbriefe aus USA an die deutschen Freunde mitgewirkt hat.

Unser herzlicher Dank gilt vor allem den beiden Herausgeberinnen. Die verdienstvolle Mitarbeit von Frau *Margot Hahl* hat Frau Renate Albrecht in der nachstehenden Vorbemerkung zum Ausdruck gebracht. Uns bleibt, Frau *Renate Albrecht* für ihre Ausdauer und Mühe um diesen Band und für ihre jahrelange Such- und Forschungsarbeit, die reichliche Früchte getragen hat, besonderen Dank auszusprechen.

Ursprünglich bestand die Absicht, auch die rein wissenschaftlichen Briefe Tillichs an seine Freunde in diesen Band mitaufzunehmen, doch hätte dies den gesteckten Rahmen bei weitem gesprengt. Wir hoffen, diese in absehbarer Zeit (1981) im folgenden, 6. Ergänzungsband, veröffentlichen zu können.

Januar 1980 Evangelisches Verlagswerk

VORBEMERKUNG DES HERAUSGEBERS

Der hier vorliegende Band will weder eine Biographie sein, noch einer Edition des Briefwechsels Paul Tillichs vorgreifen. Mit den in ihn aufgenommenen Briefen, Urkunden und Erinnerungen von Zeitgenossen vereint er vielmehr Dokumente zum Leben Paul Tillichs. Zum besseren Verständnis der bibliographischen Situation wurde jeweils ein kurzer Vorspann vorangestellt. Dabei liegt ein gewisses Ungleichgewicht am Bestand der Überlieferung selbst. Für manche Abschnitte im Leben Tillichs gibt es nur wenige, für andere keine Briefe von seiner Hand. Diese Lücken wurden, soweit möglich, mit Briefen Dritter oder mit Berichten von Zeitgenossen geschlossen. Ich hoffe, daß der auf diese Weise zustande gekommene Band dadurch, daß er Tillich selbst ausführlich zu Wort kommen und seine Person durch die Zeugnisse vieler verschiedener Zeitgenossen lebendig werden läßt, zur wertvollen Ergänzung einer Biographie werden kann.

Der Absicht des Bandes entsprechend und dem Wunsch des Verlegers, den Band nicht zu umfangreich werden zu lassen, entgegenkommend, waren Auswahl und Kürzung unvermeidlich. Für die Auswahl war entscheidend, Wiederholungen zu vermeiden, Nebensächliches wegzulassen und nur solche Texte zu bringen, die in irgendeiner Form geeignet sind, über Tillich zu informieren oder ihn zu charakterisieren. Allerdings wurde die dienstliche und die in englischer Sprache geführte Korrespondenz Tillichs (mit drei Ausnahmen) nicht einbezogen. Letzteres geschah vor allem aufgrund der Überlegung, daß bei Briefen mehr als bei anderen Texten die Übersetzung das Original in seinen Nuancierungen nicht zu erreichen und wiederzugeben vermag.

Tillichs Briefe werden weithin ungekürzt wiedergegeben. Über die notwendigen Auslassungen gibt eine Liste stichwortartig Auskunft. Bei den Briefen und Zeugnissen Dritter wurde alles ausgelassen, was nur den Briefschreiber selbst, nicht aber Tillich betrifft. Das gilt auch für die Interviews, die von Frau Karin Schäfer-Kretzler und mir aufgenommen und übertragen wurden. Die Aufzeichnungen werden zusammen mit den Übertragungen in nächster Zeit dem Paul-Tillich-Archiv in Marburg übergeben.

Die Schreibweise der Briefe wurde im allgemeinen unverändert belassen, um die persönlichen Eigenheiten nicht zu zerstören. Gerade Tillich selbst war in Fragen der Orthographie großzügig, was zumal für Personen- und Ortsnamen große Schwierigkeiten bereitet, so daß ihre richtige Schreibweise gelegentlich nicht zu ermitteln war.

Da es sich beim Vorliegenden nicht um eine kritische Edition handelt, konnte sich der Anmerkungsapparat auf das zum Verständnis der Texte Wesentlichste beschränken und bringt darüber hinaus gelegentlich ausführlichere Informationen zum Lebensweg Tillichs sowie etwaige Korrekturen zu der von Wilhelm und Marion Pauck in deutscher und englischer Sprache vorgelegten Biographie. Diese Korrekturen beschränken sich allerdings auf die deutsche Periode Tillichs, da für die amerikanische das Material nicht zur Verfügung stand. Im Namens-Register wurde versucht, soweit es mit den üblichen Hilfsmitteln, durch Anfragen bei Behörden und Privatpersonen möglich war, die in den Texten erwähnten Personen zu identifizieren. Dabei ist für verheiratete Frauen auch der Geburtsname berücksichtigt worden.

Während meiner sechsjährigen Arbeit an diesem Band, in der es um die Aufspürung von Quellen, die Übertragung der Handschriften, die Klärung der Einzelheiten, Auswahl und Gestaltung des gesamten Bandes ging, habe ich von vielen Seiten derjenigen, die Tillich freundschaftlich verbunden waren oder sich wissenschaftlich mit ihm befaßten, Hilfe und Ermutigung erfahren. Stellvertretend für viele andere möchte ich die Professoren *Ulrich Neuenschwander*, Bern (†), und *Gottfried Seebaß*, Heidelberg, nennen, die durch kritische Äußerungen und wertvolle Hinweise das Werden des Bandes begleiteten. Herrn Pfarrer *Walter Pachali*, Wiesbaden, verdanke ich als Hallenser Wingolfit und früherem Kirchenarchivar wertvolle Hilfe bei der Aufklärung von Namen und Begriffen aus Tillichs Studienzeit und darüber hinaus für die Identifizierung einer Fülle weiterer Personen. Erwähnen möchte ich schließlich Frau *Margot Hahl*, München, die als Mitherausgeberin für diesen Band eine Reihe von Berichten zu Person und Leben Tillichs geschrieben hat, zu denen nur sie, die Hannah und Paul Tillich seit 1920 ununterbrochen freundschaftlich verbunden blieb, in der Lage war. Besonderen Dank gilt auch Frau *Gertraut Stöber*, Göttingen, der bisherigen Leiterin des deutschen Paul-Tillich-Archivs, die mit mir gemeinsam mehrere Wochen lang im amerikanischen Paul-Tillich-Archiv Quellenforschung trieb.

Düren, im Januar 1980 *Renate Albrecht*

I. KINDHEIT UND JUGEND

1886–1904

ZEITTAFEL

20. August 1886:	Paul Tillich in Starzeddel geboren.
1. Januar 1891:	Johannes Tillich wird Superintendent. Übersiedlung der Tillich-Familie nach Schönfließ (Neumark).
Herbst 1898 bis Herbst 1901:	Tillich besucht das humanistische Gymnasium in Königberg/Neumark und lebt dort in Pension.
1901:	Johannes Tillich wird Pfarrer an der Bethlehemsgemeinde in Berlin. Übersiedlung der Tillich-Familie nach Berlin.
1903:	Tod der Mutter Mathilde Tillich geb. Dürselen.
1901 bis 1904:	Tillich besucht das Friedrich-Wilhelms-Gymnasium in Berlin.
Herbst 1904:	Abitur.

1.

Über Tillichs Geburtsort, das Dorf Starzeddel, 15 km südlich von Guben gelegen, gibt es keine zeitgenössischen Berichte aus den achtziger Jahren des vorigen Jahrhunderts. Auf Starzeddel mag jedoch zutreffen, was Gottfried Benn[1] *in seiner Autobiographie über das kleine märkische Dorf Sellin berichtet, in dem sein Vater Pfarrer war und wo er seine Kindheit verlebte:*

«Ein Dorf mit 700 Einwohnern in der norddeutschen Ebene, großes Pfarrhaus, großer Garten, drei Stunden östlich der Oder. Das ist auch heut noch meine Heimat, obgleich ich niemanden mehr dort kenne, Kindheitserde, unendlich geliebtes Land. Dort wuchs ich mit den Dorfjungen auf, sprach Platt, lief bis zum November barfuß, lernte in der

Dorfschule, wurde mit den Arbeiterjungen zusammen eingesegnet, fuhr auf den Erntewagen in die Felder, auf die Wiesen zum Heuen, hütete die Kühe, pflückte auf den Bäumen Kirschen und Nüsse, klopfte Flöten aus Weidenruten im Frühjahr, nahm Nester aus. Ein Pfarrer bekam damals von seinem Gehalt noch einen Teil in Naturalien, zu Ostern mußte ihm jede Familie aus der Gemeinde zwei bis drei frische Eier abliefern – ganze Waschkörbe voll standen in unseren Stuben –, im Herbst jeder Konfirmierte eine fette Gans. Eine riesige Linde stand vor dem Haus, steht noch heute da, eine kleine Birke wuchs auf dem Haustor, wächst noch heute dort, ein uralter gemauerter Backofen lag abseits im Garten. Unendlich blühte der Flieder, die Akazien, der Faulbaum. Am zweiten Ostermorgen schlugen wir uns mit frischen Reisern wach, Ostaras Wecken, alter heidnischer Brauch; Pfingsten stellten wir Maien vor die Haustür und Kalmus in die Stuben. – Dort wuchs ich auf, und wenn es nicht die Arbeiterjungen waren, waren es die Söhne des ostelbischen Adels, mit denen ich umging. Diese alten preußischen Familien, nach denen in Berlin die Straßen und Alleen heißen, ganze Viertel, die berühmten friderizianischen und dann die Bismarckischen Namen, hier besaßen sie ihre Güter, und mein Vater hatte einen ungewöhnlichen seelsorgerischen Einfluß gerade in ihren Kreisen. Ihre Söhne waren der zweite Schlag, mit denen ich groß wurde, später zum Teil in gemeinsamer Erziehung, und mit dem mich noch heute eine vielfältige Freundschaft verbindet.»

2.

Das Früheste, was wir über Tillich erfahren, ist eine Tagebuch-Eintragung des Vaters, Johannes Tillich:

«Am 20. August 1886 wurde mein erstes Kind Paul geboren. Im Alter von 6 Wochen erkrankte er infolge von untauglicher Kuhmilch an Darmkatarrh so schwer, daß wir Eltern ihn eines Nachts schon ganz aufgegeben hatten. Ich hatte schon den letzten Segen über das Kind gesprochen; da kam ich plötzlich auf den Gedanken, dem nur noch schwach Atmenden schwarzen Kaffee einzuflößen. Wunderbarerweise half das, durch die geschickte Behandlung eines Arztes wurde das Kind am Leben erhalten, gedieh dann prächtig in den ersten Monaten 1887, während meine Frau eine Operation an der Brust im Hause meiner Eltern mit nachfolgender Kur durchmachen mußte.»

3.

Die schwere Sorge um das kranke Kind bekundet der Brief, den Johannes Tillich an seine Eltern schreibt;

«Liebe Eltern! den 21. nachmittags.[2]

Paulchen lebt noch, aber sein Leben ist ein fortwährendes Kämpfen mit dem Tode. Vielleicht, aber nur vielleicht, siegt das junge Leben, doch kann jede Minute auch sein Atem stocken. Schon dreimal haben wir ihn aufgegeben. Diese Nacht wurde er schon kalt und lag fast drei Stunden im Todeskrampf. Dann wurde er wieder warm, zu unserem Schrecken, muß ich sagen. Die Aufregung, das Schwanken zwischen Furcht und Hoffnung macht auch uns halb tot, trotz aller Fassung. Wir tun beide für unseren Körper, was möglich ist, aber sind natürlich vorläufig ohne Ruhe. Nur die Müdigkeit zwingt uns zum Schlaf. Die gute Frau Fiedler hilft uns treulich. Eben sitzt sie wieder bei Paulchen, während er schläft.

Das Erbrechen hat aufgehört, so ziemlich auch der Durchfall, die Frage ist nur, ob Lebenskräfte da sind. Der Arzt, der gestern wieder hier war, will weiter nichts, als (drei Worte unlesbar). Er behält das ja bei sich.

So wißt Ihr ungefähr die Lage hier. Ihr müßt uns versprechen, wenn die Todesnachricht kommen sollte, getrost zu sein. Wir sind ja nun schon lange darauf vorbereitet. Wie's Gott tut, ist's wohlgetan. Unser aller Heimat ist droben und wir beten „Erlöse uns von dem Übel". Gottes Frieden sei mit Euch und uns!

Euer Hans

Karte von gestern erhalten, aber keinen Brief, nur Eilpost von vorgestern.»

4.

Im Jahre 1891 ändert sich das Leben der Tillich-Familie. Johannes Tillich beschreibt es in seinem Tagebuch:

«Ich hing auch sehr an dieser meiner ersten Pfarrstelle, so daß es mir nicht leicht wurde, dem Ruf in ein anderes Amt zu folgen. Die Aufforderung zum Ephoral-Kolloquium[3] kam auch sehr überraschend, sie war veranlaßt von Generalsuperintendent D. Braun, der einen Vortrag von mir auf der Niederlausitzer Pastoralkonferenz gehört hatte. Das Kolloquium legte ich in den letzten Tagen des Jahres 1890 ab und erhielt dann den Ruf zum Oberpfarrer und Superintendent in Schönfließ/Neumark.»

5.

Tillich hat seine Kindheitserinnerungen an Schönfließ in einem Brief an seine 9jährige Tochter Erdmuthe lebendig werden lassen. Fast 50 Jahre später, 1935, schildert er das Milieu der kleinen weithin mittelalterlichen Stadt. Von der Entwicklung des 20. Jahrhunderts verschont, von allen Kriegswirren unberührt, steht sie noch heute da wie in Tillichs Kindheit.

«Mein liebes, süßes Erdmuthelein:

Nun bist Du schon 3 x 3 Jahre auf der Welt, eigentlich eine ganz heilige Zahl! Ich bin nun schon 16 x 3 Jahre auf der Welt: Kannst Du das ausrechnen? Als ich so alt war wie Du, da wohnten wir in einer kleinen Stadt: die hatte vielleicht so viel Einwohner wie die Claremont-Avenue; aber es war eine richtige Stadt mit einer großen alten sehr schönen Kirche und einem schönen alten Rathaus und vielen alten Häusern. Von denen war keins größer als 2 Stock hoch. Auf den Straßen war Steinpflaster, ganz holprig und dazwischen wuchs Gras.

Autos gab es damals noch nicht; und wenn man fahren wollte, dann ließ man einen Wagen anspannen mit einem oder zwei Pferden, und dann ging es langsam über das holprige Pflaster, und alle Leute sahen aus den Fenstern, wer da wohl entlang fährt. Was anderes gab es da nämlich nicht zu sehen, Kinos gab es noch nicht und für ein Theater war der Ort zu klein.

Aber wir Kinder spielten manchmal selber Theater. Auf dem Boden von unserm Haus standen Kisten mit allerhand alten Lumpen, Tüchern, Shawls usw. Und damit verkleideten wir uns und spielten. Und später schenkte mir Opa Tillich ein Puppentheater; das war wunderbar schön; und dann mußten alle ansehen, was wir vorführten. – – –

Das Schönste war aber die alte Stadtmauer, die um die Stadt herumging und von der ich jetzt noch oft träume; man konnte oben auf ihr herumlaufen. An manchen Stellen waren alte Türme und an zwei Stellen große alte Tore mit Türmen drauf. Und da fuhr man in die Stadt ein, wenn man von weither kam.

An der einen Seite der Stadt war ein See; da hatte mein Vater, Dein Opa Tillich, ein Segelboot zurecht gemacht, und wenn Wind war, segelten wir; und mein Vater bediente das Steuer und das große Segel, und ich mußte das Focksegel und das Schwert bedienen. Und einmal war ein großer Sturm, da wurden wir ins Schilf getrieben, ganz weit weg von der Stadt, und mußten das Boot im Schilf fest machen, und wir selbst mußten nach Hause gehen und es am nächsten Tag zurücksegeln.

Als meine kleine Schwester Elisabeth [4] so klein und noch kleiner war als Du, machten wir Streifzüge durch die Umgebung. Und im Herbst gingen wir über die Stoppelfelder und rissen Unkraut aus und bauten es zusammen zu einer Hütte und machten uns ein Feuer aus Kartoffelkraut. Aber wir spielten dabei Soldaten, hatten einen Holz-Säbel, den ich mir selbst gebastelt hatte, und ein Gewehr und eine alte Eisenröhre als Kanone, und so zogen wir durchs Land.

Und einmal kam ich als Junge von 10 Jahren an den See, und da sah ich, wie ein kleiner Junge ins Wasser fiel, und da lief ich hin und nahm das Boot und zog ihn raus, und er lief weinend und pudelnaß nach Haus, und da war ich sehr stolz, daß ich einen Menschen gerettet hatte.

Und manchmal kam ein Mann mit einem Bären durch die Stadt; der tanzte dann; und die Kinder tanzten um ihn herum. Oder es kamen wandernde Italiener mit Murmeltieren oder kleinen Affen; und das war dann eine große Sache für uns, weil es ja keinen Zoo gab und wir die Tiere so zum ersten Mal sahen.

[...] Und nun, mein liebes kleines Wes'chen, allerschnuckerichtes ... Hab' einen schönen Geburtstag, lies viel in dem Sternbuch und fahre mit dem Rad *nie* auf den Damm! Erzähle mir in einem langen Brief von dem Geburtstag und denke manchmal an

Deinen Paulus.»

6.

Von einer „in sich geschlossenen und behüteten Welt“ [5] spricht Tillich an anderer Stelle von seiner Schönfließer Kindheit. Dieser Ausdruck bezieht sich gewiß nicht nur auf die von Mauer und Toren umschlossene Stadt. Die behütete Welt des jungen Tillich ist eine Welt ungebrochener Traditionen, eine Welt der Gemeinsamkeit von Jung und Alt im erweiterten Familienkreis, vor allem aber eine Welt tiefer Frömmigkeit. So sind denn auch alle Briefe an den jungen Tillich, seien sie von den Eltern, Großeltern oder entfernteren Verwandten an ihn gerichtet, von Frömmigkeit durchdrungen. Ein Brief der Großmutter zum sechsten Geburtstag des kleinen Paul läßt diese Welt lebendig werden:

«Mein liebes Paulchen! Berlin, 19. 8. 1892

Nun kommt auch der Großpapa [Oskar Tillich] und die Großmama aus Berlin, um Dir zu Deinem Geburtstage zu gratulieren. Möge der liebe Gott im Himmel Dich behüten, mein liebes, liebes Paulchen, daß Du, da Du nun auch ein Schüler wirst, recht fromm und fleißig werden kannst, damit Du Deinen lieben Eltern und uns alle recht erfreust. Wie schön wird es sein, wenn Du gelernt haben wirst, selbst einen Brief zu schreiben. Denke mal, an Großmama einen Brief von Paul Tillich, wird das schön sein, nicht wahr? Tante Grete hat mir geschrieben, daß Du krank warst. Wie leid tut es uns, aber siehst Du, da Du so lieb und artig dabei warst, hat Dich auch der liebe Gott bald wieder gesund gemacht, und damit Du nun tüchtig wieder umhertoben kannst, schicke ich Dir ein großes Schurzfell, daß die schönen Höschen und Strümpfe von dem Toben nicht so leicht zerreißen; und da Du nun ein Schüler bist, kannst Du auch ein Zigarette rauchen. Mama wird es gewiß erlauben, die ich Dir mitsende, zu gebrauchen. Die Papiersoldaten schneide Dir nun aus, bis die lebendigen kommen, da wirst Du und Johanna wieder Schönes zu sehen bekommen, nicht wahr? Einquartierung ist schön!! – Nun wünsche ich noch, daß Du Deinen Geburtstag recht gesund und fröhlich verleben möchtest. Grüße Papa und Mama, Großpapa, Johanna und Tante Grete und laßt Euch alle den Kuchen zum Kaffee schmecken. Adieu nun, mein Paulchen. Tausendmal umarmt Dich Deine treue Großmama, Marie Tillich, Gott segne Dich! [...]»

7.

Frömmigkeit und Patriotismus, die geistigen Pfeiler des konservativen Bürgertums jener Zeit, spiegelt das Gedicht des 10jährigen Tillich:

«Zum hundertsten Geburtstag Kaiser Wilhelm I. am 22. 3. 1897
O, Kaiser Wilhelm I, Du greiser Siegesheld,
Du hast auf blut'gem Acker die rechte Frucht bestellt.
Dein Heer, das hat den Acker so schön, so rein gemacht;
Du warest nur auf gute, vollkommne Frucht bedacht.

Dein Same war der Sieg,
den hast Du Dir gekaufet aus blut'gem Krieg!
Er kostete nicht Geld, nicht Haus, Hof und Gut,
Er kostete nur manch einen Tropfen Blut.
Drum wollen wir immer zufrieden sein,
Und Deutschlands Lob gilt Dir allein.

Doch noch einen König droben
müsset ihr vor allem loben,
den eigentlichen Lenker der Schlachten, von dem kommt Sieg und Mut.
Gebet, das ist sein höchstes Gut,
das ihr ihm könnet bringen, das hast Du, Wilhelm, treu getan,
drum ist der Sieg Dir angetan.

Jetzt ruhst Du schon so lang im Grab,
Heut feiern wir den hundertsten Geburtstag,
O, feiert ihn Jung und Alt,
Unsern König vergessen wir nicht so bald!

(Bemerkung von Tillichs Mutter:)
„Eigene Poesie von Paul Tillich, gestern Abend im Bett beim Einschlafen fabriziert. Heut früh überreichte er es mir beim Kaffee. Ich habe es wörtlich abgeschrieben, es macht Euch vielleicht Spaß." »

8.

Das Leben der Tillich-Familie ändert sich grundlegend, als Johannes Tillich im Jahr 1900 an die Bethlehemsgemeinde nach Berlin berufen wird. An das Altberliner Pfarrhaus, Neuenburger Str. 3, mit seinem Garten erinnert sich Ruth Schmidt:

«Es war ein zauberhafter Garten! Nahte man sich vom belebten Belle-Alliance-Platz durch die Lindenstraße, bog dann in die schmale Neuenburger Straße ein, so stand man bei Nr. 3 vor dem Haus mit der Wohnung für den Pfarrer der Bethlehemskirche. Durchschritt man dann noch einen Hausflur, ging über einen stillen Hof, an einem Kirchsaal vorbei, so befand man sich plötzlich in einem verwunschenen Garten. Er war nicht eben groß, aber nach den lauten, öden Straßen stand man einfach überwältigt vor dieser Großstadt-Oase, von der übrigen Welt durch berankte Mauern und Kirchenfenster getrennt. Erinnerungen tauchen auf an Jasmindüfte, zwei Lauben, einige Beete, die noch Platz ließen zum Krocketspielen. Die Lauben taten es uns besonders an; nicht, daß wir länger dort gesessen hätten, aber sie verführten zu turnerischen Übungen. Die Dächer stiegen steil an und senkten sich an der anderen Seite ebenso gefährlich wieder herab. Paul hatte eine erhöhte Stelle zum Abspringen herausgefunden; man rannte bis zum schmalen Grad nach oben, ergriff schnell eine Leiste des Zaunes über der Mauer, um nicht abzustürzen. Paul machte es uns vor, wir, von dem Kitzel des Gefährlichen gepackt, folgten ihm. Wir Mädchen begnügten uns, den Scheitelpunkt erreicht zu haben, um dann wieder herunterzulaufen. Paul aber lockte es, „die Grenze zu überwinden“, stieg über den Zaun, um auf dem jenseitigen schmalen Mauervorsprung entlangzugehen bis zum nächsten Grundstück.»

9.

Der Brief des um einige Jahre älteren Freundes Erich Harder ist das einzige Dokument, das auf den Tod der Mutter Bezug nimmt. Sie starb an einem Augenkarzinom am 24. September 1903.

«Liebster Paul, Dölzig/Neumark, den 24. September 1903.

wie tief hat mich Deine Nachricht von dem schweren und schmerzlichen Leiden Deiner lieben Mutter bewegt und bekümmert. Du weißt ja, wie nahe sie auch mir steht und wie herzlich ich sie verehre. Gott der Herr führt die Seinen so wunderbare, oft unbegreifliche Wege; mit der schwerste ist es, jemanden, den man so lieb hat, ohne den man sich ein Leben gar nicht denken kann, so furchtbar einem hoffnungslosen Ende entgegenkämpfen und -leiden zu sehen: Daß Er ihr nur hindurchhülfe und auch mit Euch mit Seiner Kraft und Seinem Trost in dieser über unser Vermögen gehenden Zeit sein möchte, das ist mein Gebetswunsch für Euch alle Tage! [...]

In herzlichster Anteilnahme und stetem Gedenken

Dein getr. Erich H.

Wie ernst ist diesmal Dein Geburtstag gewesen! —»

10.

Seit der Übersiedlung nach Berlin besucht Tillich das Friedrich-Wilhelms-Gymnasium; im Herbst 1904 besteht er das Abitur:

«Zeugnis der Reife
für den Zögling des Königlichen Friedrich-Wilhelms-Gymnasiums
Paul Johannes Oskar Tillich
aus Starzeddel bei Guben gebürtig, Sohn eines Superintendenten,
18 Jahre alt, evangelischer Konfession, 4 Jahre auf dem Gymnasium
und 2 Jahre in der Prima desselben.

I. Betragen und Fleiß

Sein Verhalten war stets anständig und wohl gesittet, sein Fleiß recht befriedigend.

Von der mündlichen Prüfung ist er befreit worden.

Handschrift: Genügend

II. Kenntnisse

1. Religion

Er folgte dem Unterricht stets mit reger Teilnahme und mit Verständnis und eignete sich ein wohlbefriedigendes Wissen auf dem Gebiete der Bibelkunde, Glaubenslehre und Kirchengeschichte an.

Gut

2. Deutsch

Seine Aufsätze waren meist durchdacht und mit richtigem Verständnis sowie in ansprechender Form geschrieben; auch die Prüfungsarbeit befriedigte. Für die National-Literatur hat er regen Sinn und lebhaftes Interesse bekundet.

Genügend

3. Lateinisch

Sein grammatisches und lexikalisches Wissen erfreute durch Umfang und Sicherheit. Seine Prüfungsarbeit zeichnete sich durch Korrektheit aus. In der Lektüre ließ er mitunter Stetigkeit und Spannung, doch nie Gewandtheit und Verständnis vermissen.

Gut

4. Griechisch

Er übersetzte die Schriftsteller sprachlich korrekt und mit Verständnis des Inhaltes; die Probearbeit fiel gut aus.

Gut

5. Französisch

Seine grammatischen Kenntnisse sind sicher geworden, mit dem Wortschatz der Sprache hat er sich ausreichend vertraut gemacht; zuletzt waren so seine schriftlichen wie mündlichen Leistungen stets genügend.

Genügend

6. Geschichte und Geographie

In der Klasse zeigte er in diesen Unterrichtsgegenständen befriedigende Kenntnisse

Genügend

7. Mathematik

Seine Leistungen in der Klasse waren ebenso wie die Prüfungsarbeit recht befriedigend.

Genügend

8. Physik

Genügend

9. Hebräisch

Mit einer sicheren Kenntnis der Grammatik verband er eine erfreuliche Fertigkeit im Übersetzen, so daß seine Klassenleistungen gut waren, wie auch die Prüfungsarbeit dementsprechend ausfiel.

Gut

10. Turnen

Gut

11. Gesang

—

12. Zeichnen

—

Die unterzeichnete Kommission hat ihm demnach, da er jetzt das Gymnasium verläßt, um Theologie zu studieren, das Zeugnis der Reife erteilt und entläßt ihn mit den besten Wünschen und Hoffnungen für sein ferneres Ergehen.[6]

Berlin, den 21. September 1904

Die Prüfungskommission des Königlichen Friedrich-Wilhelms-Gymnasiums

[Unterschriften]»

11.

Deutlicher als die Lehrer haben seine Mitschüler Tillichs Wesen erkannt, als sie ihn in der „Mulus-Zeitung" mit dem folgenden Gedicht und einer entsprechenden Zeichnung im Matrosenanzug karikierten:

«Klein-Paulchen spielt hübsch niedlich noch der
kleinen Kinder Spiele,
In seinem kleinen Kinderherz, da gibt's noch
nicht Gefühle;
Mit seiner kleinen Kinderhand Kleinkinder-Schrift
nur schreibt er,
Mit seinem kleinen Kinderhirn Philosophie
betreibt er.»

ANMERKUNGEN

1 Gottfried Benn: Lebensweg eines Intellektuellen, Ges.Werke. Bd. 8, S. 1892.

2 Es muß sich aufgrund der oben genannten Tagebuchnotiz um den 21. Oktober 1886 handeln, nicht, wie bei Paucks, Tillichs Leben, S. 15 angegeben ist, um den 21. August 1886. Paucks erwecken den Eindruck, als sei der Brief genau datiert. – Ob man aus der Krankheit solche Folgerungen ziehen darf wie „lebenslange Furcht vor dem Tode", „Neigung zur Schwermut", a.a.O., S. 15, ist fraglich.

3 Das Ephoral-Kolloquium war die Voraussetzung für die Berufung zum Superintendenten.

4 Die Schwester Elisabeth war am 17. Juni 1893 in Schönfließ geboren, die Schwester Johanna am 11. Februar 1889 in Starzeddel. Die Angabe bei Paucks, Tillichs Leben, S. 19 (Geburtsjahr von Johanna 1888) trifft nicht zu.

5 Vgl. G.W. 12, S. 58.

6 Der hier ungekürzt wiedergegebene Wortlaut des Abiturientenzeugnisses enthält nicht, wie bei Paucks, Tillichs Leben, S. 29, die Bemerkung „Interessiert sich für Philosophie". Von Tillichs Lehrern ist dessen Neigung zur Philosophie im Reifezeugnis nicht bescheinigt worden.

ABKÜRZUNGEN

Deutsch. P.T.-Archiv	=	Deutsches Paul-Tillich-Archiv.
Amerik. P.T.-Archiv	=	Amerikanisches Paul-Tillich-Archiv.
Paucks, Tillichs Leben	=	Wilhelm und Marion Pauck: Paul Tillich, Sein Leben und Denken. Stuttgart 1978. Bd. 1: Leben.
Paucks, Tillich's Life	=	Wilhelm & Marion Pauck: Paul Tillich, His Life & Thought. New York 1976. Vol. 1: Life.

II. STUDENT IN BERLIN, TÜBINGEN UND HALLE

1904–1909

ZEITTAFEL

Wintersemester 1904/05:	Universität Berlin.
Sommersemester 1905:	Universität Tübingen.
Wintersemester 1905/06 bis Sommersemester 1907:	Universität Halle.
Sommersemester 1907:	Tillich ist Erstchargierter (X). Rückkehr nach Berlin.
Wintersemester 1907/08:	Vorbereitung aufs erste theologische Examen.
31. Januar bis 2. Februar 1909:	Erstes theologisches Examen vor dem Königlichen Konsistorium der Provinz Brandenburg.

1.

Für Tillichs erstes Semester in Berlin 1904/05 gibt es keine brieflichen Quellen. Da er zu Hause wohnte, bestand kein Anlaß zu einem Briefwechsel mit der Familie. Das wurde anders, als er im Sommer-Semester 1905 sein Studium in Tübingen fortsetzte und regelmäßig seinem Vater, seinen Schwestern und der Pflegemutter Tante Toni Winkler berichtete.

Schon in Berlin war Tillich der Studentenverbindung Wingolf beigetreten. In Tübingen ist seine Teilnahme am Verbindungsleben zunächst dadurch beeinträchtigt, daß eine Mittelohrerkrankung aufs neue ausbricht. In dieser Zeit schreibt ihm der Vater:

«Mein Herzenssohn, 23. 6. 1905

wieviel Hoffnung uns Deine heutige Depesche gegeben hat, kannst Du Dir denken; Hoffnung, daß die Operation vielleicht überhaupt nicht nötig wird. Schon am Mittwoch waren Großpapa und Toni in der Klinik mit Deinem Brief. Dr. Maine ist im Urlaub, aber Dr. Sessow, der bei Deiner Operation zugegen war, war da und sagte, nachdem er nochmals das ganze Protokoll Deiner Krankheit durchgesehen hatte, es sei sicher unwahrscheinlich, daß noch ein Eiterherd da sei, weil Du von Anfang an fieberfrei gewesen seist. Es handele sich wohl nur um Narbenschmerzen, vielleicht infolge von starker Anstrengung. Das käme öfters vor. Sage dies Deinem dortigen Arzt, dessen Namen ich Dich bitte, mir bei nächster Briefsendung oder per Karte mitzuteilen (auch die Adresse Deiner Klinik).

Natürlich müssen wir nun alles weitere in Gottes Hand stellen, der auch helfen wird, wenn Operation nötig wird. Nicht wahr, mein lieber Sohn, Du bleibst in jedem Fall so ruhig und getrost wie Du damals hier es warst. In der Prüfung bewährt sich der Glaube und bereichert sich die christliche Erfahrung, die dem Theologen so not ist. Gott hat Dich lieb, daß er Dich so in seine hohe Schule nimmt! Aber Du fühlst und schmeckst gewiß auch den Trost Gottes, den Frieden im heiligen Geist und ich erbitte Dir auch einen frohen Mut. Gestern ließ ich [Name unlesbar] um tägliche telegraphische Nachricht bitten. Das erwarte ich auch jetzt noch. Nur wenn absolut nichts Neues zu berichten ist, darf die Depesche ausbleiben. Aber auch dann lieber nicht. Spare nicht die dreißig Pfennig täglich.

In Gottes treuen Schutz befiehlt Dich mit vielen Gebeten,

Dein Vater»

2.

In Tübingen gewinnt Tillich neue Freunde. Zu ihnen zählen Alfred Fritz, sein späterer Schwager, und Hermann Schafft. Alfred Fritz, genannt „Frede“, ist zunächst wenig begeistert von Tillich. Er schreibt in seinen Erinnerungen:

«In meinem Tübinger Semester tauchte als „Confux“ ein schmaler, bleicher Berliner auf, der wirklich alles andere als ein flotter Farbenstudent war. Er ging meist in tiefen Gedanken, etwas kurzsichtig und linkisch seines Weges. Meist trug er einen Schutzverband über dem

Ohr, was nicht gerade seine Couleurfähigkeit erhöhte. Es hieß, er habe schon als Gymnasiast Kants „Kritik der reinen Vernunft“ durchgearbeitet und machte ganz den Eindruck eines weltfremden Studierstubenmenschen. Das alles genügte, daß ich mich wenig mit diesem blassen Jünger der Philosophie, der nicht reiten und fechten konnte, befaßte.»

3.

Für Tillich bedeutete die Freundschaft mit Hermann Schafft viel. In seinem Beitrag zum Gedenkband zu Hermann Schaffts 70. Geburtstag spielen die gemeinsam verbrachten Studentenjahre eine wichtige Rolle:

«Er war mir immer drei Jahre voraus. Und das bedeutet viel innerhalb der kurzen Spanne der Studentenzeit. Unvergeßlich war das erste Treffen auf der Kneipe des Berliner Wingolfs, ich ein „krummer Fuchs“, er ein würdiger „Vollbursch“. Was mich faszinierte, war geistige Lebendigkeit in jedem seiner Züge, und, als wir anfingen, miteinander zu reden, in jedem seiner Worte. Das Kritische, etwas Abweisende, überwog. Und das ist auch in seinem 70. Lebensjahr so geblieben. Aber gerade das machte ihn fähig, da, wo er zum Freund wurde, Helfer und Führer zu werden. Und wir wurden schon damals Freunde trotz der ehrfürchtig geachteten Distanz zwischen dem älteren und dem jüngeren Semester.

Wir trafen uns wieder im Tübinger und Hallenser Wingolf, die Freundschaft wurde enger, die Distanz der Semester unwichtiger. Er vermittelte mir den Geist Martin Kählers vielleicht mehr, als dessen Vorlesungen es taten. Und in diesem Geist, der entscheidend wurde für unsere Theologie, kämpften wir den für uns damals großen und wichtigen Kampf für die Prinzipien einer christlichen Studentenverbindung. Was wir dort lernten, wurde die Grundlage unseres späteren kirchenpolitischen Denkens. Trotz aller Wandlungen und Differenzen haben wir diesen Standpunkt nie verlassen. Er ermöglichte es uns, den Weg zu gehen, der uns von einer die Wahrhaftigkeit zerstörenden Alt- und Neuorthodoxie ebenso fernhält, wie von einem das Objektive im Glauben auflösenden Liberalismus. In unvergeßlichen Gesprächen im Wilhelmshöher Park und im Pfarrhause seiner Eltern versuchte er, diesen Weg durch ein neues Verständnis des Heiligen Geistes theologisch anzubahnen. Seiner Initiative verdankt unser engster damaliger Freundeskreis (1911) das für uns alle denkwürdige „Wilhelmshöher Gespräch“,[1] in dem das Problem des „historischen Jesus“ in einer die gegenwärtige Debatte weithin vorwegnehmenden Weise diskutiert wurde. Noch heute sind die Ergebnisse jenes Gespräches zentral für unser beider christologisches Denken.

Dann kam der Krieg. Wir beide wurden Militärpfarrer. Aber was er leistete – in der Sommeschlacht, wofür er vom Kaiser persönlich ausgezeichnet wurde –, übertraf in beschämender Weise alles, dessen ich mir von mir und den meisten meiner Kollegen bewußt bin. Und doch sprach er als echter Schüler Luthers und Kählers davon immer nur in Selbstvorwürfen wegen dessen, was er zu wenig getan hätte.

Nach dem Krieg fanden wir uns wie selbstverständlich in der gemeinsamen Arbeit an der religiös-sozialistischen Bewegung, er im Schlüchterner, ich im Berlin-Kreis, er mehr kirchlich-pädagogisch, ich mehr politisch-philosophisch. Aber auf den zahlreichen Konferenzen jener bewegten Jahre war die Einheit unserer Grundauffassung nie in Frage gestellt. Oft bewunderte ich, wie trotz allem diesem öffentlichen Wirken er ein echter Seelsorger für seine Gemeinde, einschließlich der Taubstummen, war, wie er nie zu einem persönlichen Anruf nein sagte, wie ihn jedes menschliche Anliegen innerlichst beschäftigte – und oft auch innerlich zerriß.

Hitler zwang mich in die Emigration und ihn zum Rückzug aus der Lehrtätigkeit an Pädagogischen Akademien in ein stilles Pfarramt. Jahre vergingen, in denen wir nichts voneinander wußten. Dann eines Tages, nach Ende des Zweiten Weltkrieges, kam ein amerikanischer Student zu mir, der nach der Einnahme von Kassel als Offizier Hermann Schafft in seinem Dorf zu finden suchte, um ihn in die hessische Regierung zu holen. Er fand ihn auf einem Fahrrad an der Landstraße, hielt ihn fest und brachte ihn im Auto nach Kassel, wo er als Regierungsdirektor installiert wurde. Als wir dann nach 15 Jahren uns 1948 wieder trafen, setzten wir die Unterhaltung „vom Abend vorher“ fort, nach meinen Marburger Vorlesungen und in unvergeßlichen Autofahrten zwischen Frankfurt und Lübeck.

In diesem Jahre war ich wieder sein Gast in der Wilhelmshöher Wohnung, er Familienvater mit einer Frau, mit der die Freundschaft ebenso schnell geschlossen war wie mit ihm. Es ist ein reiches Leben, an dem ich so viele Jahre Anteil nehmen durfte und das zum Reichtum meines eigenen Lebens viel beigetragen hat und, wie wir alle glauben und hoffen, noch weiter beitragen wird.»

4.

Nach dem Tübinger Semester setzt Tillich sein Studium in Halle fort. Die Hallenser Jahre werden die entscheidenden für seine theologische Entwicklung. Nicht nur von der Universität gehen prägende Impulse aus, auch das Verbindungsleben im Wingolf ist für ihn ein „glückliches" und „bedeutendes Erlebnis".[2] *Das Fluidum von Halle ist uns durch Erinnerungen einiger Wingolfbrüder vermittelt. Arnold zur Nieden schreibt:*

«[...] Den Mittelpunkt der Stadt beherrschte der Markt und die viertürmige Marktkirche. Der weite Raum der Kirche bot eindrucks- und bedeutungsvolle Oratoriumsdarbietungen. Im Chor wirkten gern Studenten mit, auch unsere Wingolfbrüder. Die Türmerfamilie hoch im Turm war unserem Wingolf zugeneigt, so daß das Türmerstübchen uns manches liebe Mal zu kleinen Kneipgelagen diente. Wir durften die Uhrglocke ziehen zum vollen Schlag, jedoch die Turmhornsignale alle Viertelstunde bei Tag und Nacht behielt sich der Türmer gemäß seiner Verantwortung vor.

Unser Wingolfhaus an der Hohenzollernstraße war ein noch neues Reihenhaus. Mit glasierten Klinkern waren Fenster und Türen verziert. Auch eine Einfahrt war da und ein kleiner Garten hinter dem Haus. Im Keller wurde der Kegelsport eifrig betrieben. Der Kneipsaal war geräumig und konnte durch Zuziehung der Nebenräume erweitert werden. Die Aktivenzahl war recht groß und pendelte um die 80 herum. Ein bis zwei Dutzend neue Füxe konnten jedes Semester erwartet werden. Die Kneipen[3] nahmen dank regen Besuches dröhnenden Verlauf. Man suchte es auch dem Kneipwart öfter (um die Stimmung zu steigern) mit Absicht nicht leicht zu machen. Die langen Pfeifen waren noch allgemein im Gebrauch. Die beiden Tabakkästen (Tabak mußten die Füxe stiften) wurden auf den Tischen hin und her geschoben. Nichtraucher wurden nicht nur geduldet, vielmehr duldeten diese die Raucher. Zu kleinem oder großem Horn[4] wurde zumal in vorgerückter Stunde öfter verdonnert, doch durfte ein Bußgeld auch in bar bezahlt werden. [...]

Couleur[5] wurde tagtäglich pflichtgemäß freudig getragen. Die bunten Mützen belebten das Stadtbild. Bei festlichen Aufzügen an Stiftungstagen, Universitätsaufzügen erschienen viele als Reiter, und die Senioren wurden in Zweispännern gefahren. Fackelzüge waren häufig. Eindrucksvoll der Bismarckfackelzug. Auf dem Marktplatz endete der Zug durch Zusammenwerfen aller Pech- bzw. Wachsfackeln.

Das „Familienleben“[6] auf dem Haus innerhalb der Verbindung wurde eifrig betrieben. Auch ebenso eifrig dafür gekeilt. Häufig waren Convente,[7] oft von langer Dauer, wenn es um grundsätzliche Fragen des Prinzips ging. Solche Debatten erwiesen sich als ausgezeichnete geistige Schulung, und sie korrekt und würdig zu vollenden, war eine alle erfreuende Kunstleistung.»

Henri [Heinrich] Birmele berichtet:

«Vielleicht darf ich etwas dazu sagen, welche Impulse von Halle ausgegangen sind. Halle galt im Bund als streng, und es war wohl richtig. Wir haben in Halle das Wort und die Sache „christlich“ besonders ernst genommen, und entsprechend war das Verhalten. So war es einem Hallenser z. B. nicht möglich, in ein sog. Varietétheater zu gehen. Es gab kein geschriebenes Verbot, aber die Haltung der Verbindung vererbte es. So war es auch unmöglich, Zoten zu erzählen. Dem Übermaß im Trinken wurde gewehrt. Ja, es gab sogar zwei Abstinente unter uns, sie wurden ernst genommen. Beweis: Einer wurde zum Fuxmajor[8] gewählt. Er trank auf der Kneipe seinen Fruchtsaft und war damit ebenso fröhlich mit den Fröhlichen. Gerade das war ein Zeichen für einen echten Zug der Verbindung. Feste Grundsätze, aber Achtung vor dem Bruder, der anderer Meinung war. Dieser Geist des Hallenser Wingolfs hat an einem wichtigen Drehpunkt des Wingolfs seinen Einfluß ausgeübt. Das war im Wintersemester 05/06. Ich berichte aus dem Gedächtnis, denn alle meine Habe ging . . . in Flammen auf.

Damals war in Halle ein Chargiertenconvent. Ich war Bundes-X,[9] denn die Argentina in Straßburg war Vorort.[10] Es ging um die Frage des Aktivitätszwanges. Bisher hatte gegolten: Jeder Wingolfit muß 5 Semester aktiv sein. Wechselt er die Universität, so muß er an der dortigen Verbindung aktiv werden. Jahre hindurch hatte ein Prinzipienstreit geschwelt, denn je nach Universität wurde das christliche Prinzip, d. h. die Deutung desselben, verschieden ausgelegt.

Ein Teil der Verbindungen, geführt von Marburg und Göttingen, forderte jetzt Aufhebung des Aktivitätszwanges. Sie sagten, sie könnten um des Gewissens willen ihren Aktiven nicht mehr die Verpflichtung auferlegen, etwa in Halle oder Leipzig aktiv zu werden. Nach langen brieflichen Auseinandersetzungen wurde beschlossen, die Frage einem außerordentlichen Chargiertenconvent vorzulegen. Halle, weil zentral gelegen, wurde Tagungsort.

In Halle wurde damals drei Tage und zwei Nächte lang diskutiert mit einer Aufrichtigkeit, Entschlossenheit und Schärfe, wie sie im Wingolf möglich und üblich war. Es waren auch wirklich bedeutende Leute da. Auf Hallenser Seite Paul Tillich, Hermann Schafft, Lorenz Bertheau, Prof. Wilhelm Lütgert. Auf der Gegenseite Jansen (Marburg), Peschel (München) und viele andere.

Die Gegner des Aktivitätszwanges haben das Rennen gewonnen. Aber was wir als wunderbar in Erinnerung haben, bleibt die Kraft und die Wirklichkeit der Bruderschaft, die während der heißen Auseinandersetzungen, und zwar in steigendem Maße, bis zum Schluß geherrscht hat. Es war da eine Festigkeit und Bestimmtheit der Standpunkte, wie nur tapfere junge Männer sie bilden und vertreten können, aber auch eine Achtung und Anerkennung des anderen, wie sie eben nur echte brüderliche Liebe bilden und durchstehen können. Das war Hallenser Geist. Den haben alle gespürt und in sich aufgenommen. Das war allen fast überraschend spürbar, als nach der Schlußabstimmung, in der doch eigentlich das Band der Verbindungen gelokkert worden war, mit einer Begeisterung und Freude getrampelt wurde, wie ich es kaum einmal gehört hatte. [...]

Paul Tillich schrieb mir noch wenige Jahre vor seinem Tode, der Hallenser Chargiertenconvent sei unter den vielen großen Stunden, die er im Wingolf erlebte, wohl eine der größten gewesen. Daß das, was er damals unnachsichtig vertreten habe, das sei, wofür er dann lebenslang gekämpft habe.»

In seiner Autobiographie würdigt Tillich Martin Kähler als den Theologie-Professor, der seine theologische Entwicklung am meisten beeinflußt hat. Auch in Eduard Juhls Erinnerungen, die hier folgen, nimmt Martin Kähler den ersten Platz ein:

«In Halle saßen damals Koryphäen der theologischen Wissenschaft aller Disziplinen auf den Lehrstühlen. Allen voran Martin Kähler, dessen scharfgeschnittenen Gelehrtenkopf, umrahmt von der ehrwürdigen weißen, auf die Schultern herabwallenden Künstlermähne niemand vergaß, der ihn einmal gesehen hatte. Und wenn er seine Dogmatik und wohl noch mehr seine Ethik las, dann wuchs bisweilen das Katheder zur Kanzel empor, von der aus ein mit ganz seltener Vollmacht ausgestatteter Professor und Prediger den atemlos lauschenden Theologen und Nichttheologen tiefe Blicke in die rätselvollen Geheimnisse des Lebens tun ließ und manchem jungen Menschen Wegweiser und väterlicher Führer wurde.

Aber an Kählers Seite standen auch andere geistvolle Männer, die das Gesicht der damaligen Theologie geprägt haben und in ihrer Geschichte unvergessen bleiben. So der bedeutende Alttestamentler Kautzsch, der Neutestamentler Erich Haupt, der Kirchenhistoriker Friedrich Loofs, der die Kirchen- und Dogmengeschichte so lebendig dozierte, als erzählte er den interessantesten Roman, und dabei wurde er selber so lebhaft, daß er – bald von links, bald von rechts – mit fliegenden Rockschößen sich fast mehr auf die vordere Brüstung des Katheders schwang, als daß er hinter ihm stand. Und nicht zuletzt mein besonders verehrter Lehrer Wilhelm Lütgert, dessen „Famulus" ich war und den ich deshalb auch in Haus und Familie kennenlernte. Er war immer geistreich. Manche hielten ihn für eitel. Ich glaube, ihn besser kennengelernt zu haben, und weiß von seiner großen Bescheidenheit und Demut. Als Theologe hat auch er, vor allem durch seine gründliche Arbeit über den „Idealismus", bis heute noch einen Namen.

[. . .] So strömten denn in Halle viele zusammen, die wissen wollten, was „Theologie" sei, und viele, die sich darüber hinaus wohl auch mühen wollten, selber einmal einigermaßen brauchbare Theologen zu werden. Und im Hallenser Wingolf tauchten allerhand Leute auf, die in der kommenden „Kirchengeschichte" nicht bedeutungslos bleiben sollten, und nicht nur in der Kirchengeschichte.

So gab es dort die Namen Bertheau und Büchsel und manche andere mehr. So gab es auch einen Hermann Schafft (genannt: Sepp Schafft) und nicht zuletzt einen Paul Tillich. Man trug mit ihnen dasselbe Band und die gleiche „Couleur", man war vielleicht sogar ihr „Conchargierter". Sicherlich saß man mit ihnen – vielleicht sogar neben ihnen – auf derselben Hörsaalbank zu den Füßen Kählers oder Lütgers. Man hörte sie reden über dies und jenes auf der Kneipe und noch mehr in brennenden prinzipiellen Auseinandersetzungen auf dem „Convent" – und man redete vielleicht auch selber zu der gleichen Sache. Und wie oft ging es nach der Kneipe oder nach dem Convent noch zu einem gemeinsamen „Nachtbummel um die Pauluskirche", und man diskutierte dann bis weit nach Mitternacht über Himmel und Hölle, über Gott und den Teufel, über Gesellschaftsordnung, über soziale, politische, völkische Probleme und auch über die konkreten Alltagsfragen des studentischen und des Verbindungslebens.

Man fuhr vielleicht sogar auf demselben Fluß, in dem gleichen Kahn. Man hörte mit der gleichen Ergriffenheit dieselbe Nachtigall singen – und doch spürte man schon damals deutlich, gerade einem Paul Tillich gegenüber: in diesem hellen Kopf gehen schon jetzt Gedankenwelten um, denen gegenüber die Probleme vieler anderer nur kleinen Planeten oder winzigen Sternschnuppen gleichen. Und in seiner jugendlichen Brust brennt untergründig das Feuer von Vulkanen, dem gegenüber das Brennen, das auch in ungezählten anderen jungen Herzen glüht und auch sie bisweilen fast verzehren will, dennoch vielleicht nur wie ein flackerndes Strohfeuer wirkt.»

5.

Höhepunkt der Hallenser Studienjahre ist das Sommersemester 1907. Tillich wird zum Erstchargierten[11] *gewählt. Seine Aufgaben sind mannigfaltig. Das alle zwei Jahre gefeierte Wartburgfest steht an, der schon mehrere Jahre schwelende „Prinzipkampf" kommt zum offenen Austrag, und die Bundesstatuten müssen einer Revision unterzogen werden. Tillich als „X" der Verbindung ist in allem gefordert. Wie er sich diesen Aufgaben stellt, schildert Karl Themel:*

«[. . .] Ich bin 4 Jahre jünger als Tillich und kam zunächst mittelbar mit ihm in Berührung, als ich 1908 in Halle anfing, Theologie zu studieren. Ich trat damals in die Verbindung „Wingolf" ein. Fast die gesamte Aktivitas stand damals noch unter seinem geistigen Einfluß, obwohl er selbst schon nach Berlin gegangen war. Die älteren Semester schwärmten von ihm und führten immer wieder seine Worte an. Es waren alles gute konservative Leute aus Westfalen. Der Wingolfsbund hatte 1908 einen großen „Prinzipkampf" hinter sich, bei dem es um die Formulierung des Wingolfsprinzipes ging, die im Bundesstatut zum Ausdruck kommen sollte. Soweit ich mich erinnere, handelte es sich damals um die Aussage über Christus als „Sohn Gottes", die im Statut stehen sollte. Dem „liberalen" Marburger Wingolf stand der Hallenser gegenüber, der an einer biblisch formulierten Aussage im Bundesstatut festhielt. Der unbestrittene Führer in diesem Kampf auf der Hallenser Seite mit ihrer biblischen Formulierung war Paul Tillich. Er hat die scharf geschliffenen Bundesbriefe in diesem Prinzipkampf formuliert, die von Halle ausgingen. Sein Einfluß wirkte in der Verbindung noch nach. Ich lernte ihn dann auch persönlich kennen und habe einen ganzen Abend bis in die späte Nacht hinein mit ihm debattiert. Er war damals schon nicht mehr, wie Schafft [Alfred Fritz] schreibt, ein etwas linkisch und weltfremd erscheinender junger Student, sondern ein selbstbewußter, klar denkender und scharf formulierender Debatter, der durch seine Logik den Gegner einfach matt setzte. Es waren außerordentlich interessante Stunden. Ich selbst stand ihm und der ganzen Richtung, die er vertrat, in kritischer Distanz gegenüber, weil ich schon als Primaner mit Harnacks Geschichtsauffassung bekannt geworden war und die Notwendigkeit historisch-kritischer Arbeit an der Bibel vertrat, deren Methode und Ergebnisse von dieser Seite abgelehnt wurden; Nachwirkungen dieser Stellung finden sich auch bei Tillich in einzelnen Bemerkungen seiner „Systematischen Theologie". Jedenfalls war das hervorstechendste Merkmal in seiner Persönlichkeit, das alles beherrschte, die Fähigkeit, die Wirklichkeit logisch zu definieren, die Begriffe abzugrenzen und damit ihr Wesen und den Sachbestand ihrer Aussagen festzustellen. Diese außerordentliche Fähigkeit intellektueller Art hat bei ihm eine Vorherrschaft dieses psychischen Momentes zur Folge gehabt, die sich in seinem Lebensschicksal wie in seinem Schrifttum ausgewirkt hat. Hier liegt m. E. auch der Grund, daß die soziologischen Beziehungen und Begriffe bei ihm so entscheidende Bedeutung haben. Hier wird er aber auch m. E. zuweilen einseitig.»

6.

Im Laufe des Jahres 1906 erwacht in Tillich kritisches eigenständiges Denken. Doch der Brief an den Großvater Anfang März läßt davon noch nichts spüren.

«Lieber Großpapa!

Die herzlichsten Glücks- und Segenswünsche sende ich Dir zu Deinem Geburtstage. Möge der liebe Gott Dich gerade in diesem Jahre besonders segnen, damit Du mit um so mehr Freude die goldene Hochzeit feiern kannst. Vor allem gebe er Dir die Gesundheit und Frische für Deine Arbeit! Hoffentlich geht es Dir recht gut! Wie gern würde ich mit Euch feiern! Doch in 8 Tagen komme ich ja schon. – Mir geht es sehr gut. Zwar war das Semester und besonders das letzte Quartal sehr anstrengend. Doch habe ich es immer gut ausgehalten, ohne etwas von Krankheit zu spüren. Doch freue ich mich schon auf die Ruhe in den Ferien. Von dem Chargiertenkonvent wird Dir Papa schon erzählt haben, es war ein großartiges Trauerspiel und äußerst aufregend. Leider konnte Papa nicht mehr von Halle sehen. Doch habe ich mich gefreut, ihm wenigstens meine Bude zeigen zu können. Hoffentlich hat es ihn nicht zu sehr angestrengt. Es war außerordentlich gut, daß er gekommen war. Seine letzte Resolution (offiziell „Resolution Tillich“ genannt) war die letzte Rettung, an die wir Besiegten uns anklammern konnten. Unser Bundespessimismus ist durch den neuen Versuch, die alte biblische Grundlage dem Wingolf zu erhalten, wieder etwas gemildert. Wenn er nur glücklich gelingen würde!! – Die Kollegs, die durch all die Aufregung etwas in den Hintergrund getreten sind, schließen am sechsten. Ich habe viel davon gehabt und muß in den Ferien die Fülle des Stoffes, besonders von Lütgerts Dogmatik, allmählich verarbeiten. Die Vorlesungen im nächsten Semester sind glänzend; ich freue mich jetzt schon drauf, besonders auf Kähler. Auch die Verbindung wird im nächsten Semester ebenso gut bleiben wie jetzt; es ist bei weitem die beste, die ich im Bunde kennengelernt habe. Sicher kommt das zum großen Teil von dem engen Konnex, in dem wir zu den Professoren, vor allem Lütgert, stehen. Das nächste Semester steht also unter günstigen Auspizien. Dennoch freue ich mich sehr auf die Ferien, besonders auf Euch alle.

Herzliche Grüße an Großmama und Tante Grete.

Dein treuer Enkel Paul.»

7.

Der Brief des Vaters an Tillich vom 16. Juni 1906 läßt aufhorchen. Wenn auch Tillichs vorangegangener Brief nicht mehr vorhanden ist, so kann man unschwer ahnen, was er zum Inhalt hatte: Zweifel am hergebrachten Glauben, vielleicht veranlaßt durch seine philosophischen Studien bei dem Privatdozenten Fritz Medicus.

«Mein lieber Paul! Berlin, 16. 6. 1906

Deinen Brief vom 15. haben wir erhalten und daraus ersehen, daß Du hübsche Reisetage gehabt hast und daß es Dir körperlich gut geht. Es zieht sich aber durch Deinen Brief ein Ton von Mißstimmung und Müdigkeit, wenn ich mich nicht täusche. Und namentlich sind es Deine Bemerkungen über Deine jetzige Stellung zu den theologischen Fragen, die mich stutzig machen und etwas beunruhigen. Und darum drängt es mich, Dir in dieser Hinsicht einiges zur Ermutigung und zur weiteren Wegweisung zu schreiben.

Deine bisherige wissenschaftliche Entwicklung hat nun einen etwas einseitigen Verlauf genommen. Ihr Ausgangspunkt war ein philosophisch-theoretisches Interesse, das fort und fort gewachsen ist. Ich bin dabei beteiligt, weil ich, selber stark für systematische Probleme interessiert, viel mit Dir über diese Dinge gesprochen und Deinen Trieb gefördert habe. Vielleicht zu sehr. Dazu kam die theoretische Behandlung der Wingolfs-Fragen und Deine etwas früh begonnene Beschäftigung mit Dogmatik und Apologetik. Das alles kann dazu führen, das Christentum nur verstandesmäßig aufzufassen und begreifen zu wollen. Du kannst in Gefahr kommen, ein Intellektualist zu werden. Und das ist eine wirkliche *Gefahr*.

Groß aber ist der Gewinn, wenn sie rechtzeitig erkannt und überwunden wird, und diese Zeit ist wohl jetzt für Dich da. So gib einmal vorläufig den Versuch auf, die christliche Wahrheit intellektuell, spekulativ-theoretisch Dir zu beweisen und systematisch zu konstruieren. Es gibt noch andere theologische Wege, die nicht minder wissenschaftlich sind, namentlich die Exegese. Vergiß aber vor allem nicht, daß Christentum *Gewissens*sache ist, und darum lies einmal die Bibel, auch als sein [ein Wort unlesbar] mit suchendem Herzen und mit ernstem Gebet. Halte fest an der Verheißung „den Demütigen und den Aufrichtigen läßt es Gott wohlgelingen“, und gehe den praktischen Weg nach Johannes 7, 17. Denke an Deinen Konfirmationsspruch und handle nach Johannes 14, 21. Vergleiche Matthäus 11, 25 bis 30. Du wirst dann mehr verstehen lernen, was christliche Erfahrung ist. Die Gnosis kommt aus der Pistis, nicht umgekehrt. Gott und seine Offenbarung läßt sich nicht verstandesmäßig erfassen, das liegt in der Natur der Sache, ja im Wesen und Willen Gottes, dem wir uns erst beugen müssen, ehe er uns volles Licht gibt. Und er allein ist das Licht, nicht die menschliche Weisheit, die nur unter seinem Licht gedeihen kann. Gott offenbare sich Dir, mein lieber Sohn, immer reichlicher, und erleuchte Dich durch den neuen Geist von oben, der mehr ist als der Geist der Logik, *heiliger* Geist. Das erfleht für Dich mit vielen Gebeten

Dein Vater, der auch die Kämpfe geistigen Ringens kennengelernt hat, aber durch Gottes Hilfe und Gnade sagen kann: „Ich weiß, an wen ich glaube.“

Nun noch einzelnes, das ich diktieren kann, in bezug auf die Schlußsätze Deines Briefes. Obwohl sie nicht ganz klar sind, möchte ich Dich doch bitten zu prüfen, ob die bezeichneten Schwierigkeiten nicht mit der besonderen philosophischen Grundanschauung zusammenhängen, die Du bisher gepflegt und etwas stark festgehalten hast, auch unter dem Einfluß der Bücher, die Du gelesen, und einiger Philosophen, die Du gehört hast. Die Sache steht doch so: wenn ein philosophisches System sich nicht als brauchbar erweist, um die Grundwahrheiten des Christentums zu lösen, so sind die letzten festzuhalten und das

Erste ist aufzugeben, mit anderen Worten, man korrigiert sein System unter Gottes Leitung. Damit tut man der Wissenschaftlichkeit keinen Eintrag, im Gegenteil, man kommt zur rechten Wissenschaft.

Du schreibst, die objektive Wahrheit könne sich nicht geschichtlich vermitteln; das ist Fichte, Kant, die beide überhaupt keinen lebendigen Begriff der Geschichte haben können. Freilich, nicht die ewigen Ideen haben eine Geschichte, aber ihre Offenbarung und ihre Erkenntnis, „daß Gott die Liebe ist", ist ewige objektive Wahrheit, (nicht nur Werturteil, sondern Seinsurteil); aber diese Wahrheit ist erst durch Christi Person und Werk offenbart und bezeugt. Nur muß sie mit allem, was damit zusammenhängt, theologisch durchdacht und begründet werden.

Dies macht die Geschichte der Theologie aus, die eine Geschichte des Kampfes ist, weil auch in ihr Gottes Geist und Weltgeist einander gegenüber stehen, auch weil selbst die christlich-gläubige Erkenntnis ihrem Objekt nie adäquat werden kann. Daß übrigens die rationalistischen Theologen, von den Gnostikern an bis zu den modernen, Kirche und Christentum nicht haben totschlagen können, ist ein herrliches Zeugnis der christlichen Wahrheit. Eben solch Zeugnis liegt darin, daß die Wissenschaft immer wieder sich mit dem Christentum auseinandersetzen muß und die Theologie nie aufhört, sie, die des Schweißes der Edelsten wert ist.

Ferner, das Verhältnis von Wahrheit und Wertschätzung aufgrund von Erfahrungen ist Dir nicht klar, aber was wir an geistigen Erfahrungen haben und machen, wird weder nur im Gefühl noch nur vom Intellekt aufgenommen, sondern vom ganzen Geist, von der gesamten Persönlichkeit, und unser Geist, wenigstens der erleuchtete Geist, hat das Vermögen, deutlich zu unterscheiden, was nur subjektive Wertdeutung hat und was allgemein gültige objektive Wahrheit ist. Alle Werturteile des Gewissens ruhen auf der unmittelbaren Gewißheit, daß objektive Wahrheit dahintersteht. Wir sind durch die Kant-Ritschlsche Erkenntnistheorie viel zu sehr an das Wort „Werturteil" gewöhnt. Neuerdings hat man nachgewiesen, daß die meisten aller unserer Werturteile in Seins-Urteile übergreifen.

Doch genug von diesen theoretischen Erörterungen, die ich nur hinzufüge, weil sie Dinge betreffen, die – wie es mir scheint – Dich geistig ermüdet haben und zum Anstoß werden können. Es wäre mir darum sehr lieb, wenn Du mir recht bald Genaueres über Dein gegenwärtiges Denken und Fühlen schreiben wolltest, wobei es ja auf Einzelheiten nicht ankommt. – Berliner Stiftungsfest findet am 3. und 4. Juli statt. Wir freuen uns natürlich sehr, wenn Du dazu herkommen wolltest. Du kannst ja auch ebensogut, wenn Du willst, eher kommen, vielleicht über einen Sonntag. Gott behüte Dich an Leib und Seele. Es küßt Dich

Dein treuer Vater»

8.

Die kritische Haltung des Vaters hat nicht zu einem gänzlichen Gegensatz von Vater und Sohn geführt. Jedoch hat Tillich das Verhältnis zu seinem Vater immer in einer gewissen Ambivalenz gesehen. In seiner Autobiographie schreibt er:

«Am schwersten fiel es mir, den Einfluß des Autoritätssystems auf mein persönliches Leben zu überwinden, besonders auf religiösem und intellektuellem Gebiet. Sowohl mein Vater wie meine Mutter waren stark ausgeprägte Persönlichkeiten. Trotz liebevollster Fürsorge — oder gerade deswegen — fühlte ich mich aus diesem Grunde immer in meinem Denken und Handeln gehemmt. Jeder Versuch eines Ausbruchs wurde durch das unvermeidliche Schuldbewußtsein, hervorgerufen durch die Gleichsetzung elterlicher mit göttlicher Autorität, verhindert. Nur auf eine Art war Widerstand möglich: nämlich, indem man die durch das autoritäre väterliche System aufgerichteten Prinzipien auf dieses System selbst anwendete. Und diesen Weg wählte ich instinktiv: Als Anhänger der klassischen Orthodoxie liebte mein Vater die Philosophie und wandte sie an in der Überzeugung, daß zwischen einer wahren Philosophie und einer offenbarten Wahrheit kein Konflikt bestehen könnte. Die langen philosophischen Diskussionen, die sich daraus entwickelten, gehören zu den glücklichsten Erlebnissen einer positiven Beziehung zu meinem Vater. Und gerade in diesen Diskussionen geschah ein Durchbruch, zunächst nur theoretisch, später auch praktisch. Ein unabhängiger philosophischer Standpunkt wurde allmählich zu einer in jeder Hinsicht unabhängigen Haltung. Dieser schwierige und schmerzhafte Durchbruch zur Autonomie hat mich gegen jedes System des Denkens oder Lebens, das Unterwerfung fordert, immun gemacht.»

9.

Tillichs von Karl Themel angemerkte „Einseitigkeit“ veranlaßt seinen älteren Freund Friedrich Büchsel zu einer weit schärferen Kritik. Büchsel schreibt an seinen Freund Hermann Witte am 16. Juni 1907:

«[...] Mit der Verbindung bin ich nicht zufrieden, vor allem nicht mit Tillichs Art. Er richtet ja keinen direkten Schaden an. Aber er ist mir zu „hallensisch". Die Familie der „Zwar-Aber" war mir doch eben in gewissen Tiefen der schwarzen Seele heterogen. Er nimmt manches zu wichtig, namentlich in Bundessachen und schlägt zu sehr drein. Freilich muß ich fürchten, einem ruhigen Beobachter während meiner eigenen Chargenführung nicht besser gefallen zu haben. Aber richtig ist es doch nicht. Wenn man bescheidener von „sich" redet (ich denke bei „sich" hier nicht an die Person, sondern die Partei, die Tillich vertritt), wird man, glaube ich, mehr wirken, vor allem sich weniger Anfeindungen zuziehen [...]»

Am 29. 7. 1907 schreibt Büchsel an den gleichen Freund:

«[...] Danach kam das Stiftungsfest [...] Ich habe es in vollen Zügen mitgefeiert und fand es sehr gelungen. Das „Absolute" [Spitzname für Tillich] hat eine glänzende Rede[12] gehalten. Freilich war sie nicht einfach, aber von einer beneidenswerten Kräftigkeit und Sicherheit der Gedankenführung. Dazu ein knapper und fester Ausdruck. Ich habe ihn ordentlich bewundert [...]»

10.

Für Tillich als geborenen Brandenburger war es selbstverständlich, sein erstes Examen in Berlin abzulegen. Deshalb ging er im Herbst 1907 nach Berlin zurück. In den Ferien berichtet er über das hinter ihm liegende Sommer-Semester seinem Freunde Alfred Fritz, weil Fritz, der geborene Schwabe, schon an seine Heimatuniversität Tübingen zurückgekehrt war:

«Mein lieber Alfred!

Herzlichen Dank für Deinen „Verzicht auf das Recht", das Du zweifellos gehabt hättest, mir nicht zu schreiben und so Böses mit Bösem zu vergelten; aber die Lücke in der Reihe der Geburtstagsbriefe wäre ohne Deinen doch zu groß gewesen! Außerdem soll der erste historische Teil des Briefes Dir beweisen, daß die Schuld doch nicht so groß ist.

Also zunächst das Ende des Semesters: Gleich nach Straßburg[13] kam mir der Bornhäuser-Betrieb [Abschiedskneipe für Professor Bornhäuser] über den Kopf, war aber nachher ganz famos; ich hatte die Kneipe von demselben Platz zu leiten wie das Stiftungsfest, doch waren noch mehr Leute da. Die Rede war mir eine große Freude, da ich Bornhäuser vom homiletischen Seminar sehr schätze! Dann tönten Loofs, Häring, Schmuhl [Spitzname für Professor Lütgert] und Bornhäuser; die Sache dauerte bis 12 Uhr; am nächsten Tag dedizierte Bornhäuser mir sein Typ [Fotografie], dann kam der Schluß mit doppelter Arbeit.

Der letzte und schwerste Teil der Statutenrevision war noch zu erledigen, unter anderem die Hauptstatuten und den Komment. Letzterer brauchte nur unwesentlich geändert zu werden, so die Anstichsliederordnung[14] nach Tübinger Modus. Schwieriger waren die Hauptstatuten: Das Wichtigste und Komplizierteste war die Inaktivierungsordnung.[15] Wir haben nun sechssemestrige im Bunde, siebensemestrige in Halle und nach dem Examen ablehnbarer Antrag auf Philistration.[16] Es ist mir eine große Freude, daß ich dieses habe durchsetzen können; es war aber nur eine geringe Minorität dagegen.

Neu ist ferner, abgesehen von vielen Einzelheiten, die Geschäftsordnung des Convents und die A.H.C.-Wahlen[17], letzteres im Anschluß an „Fall Schafft" und zwei ähnliche Fälle entgegengesetzer Art in diesem Semester. Was die dauernden Conventsbeschlüsse betrifft, so haben wir die volle Restitution des Begräbnis-Paragraphen in bezug auf Duellanten erreicht, bei Selbstmördern das Verbot der Nichtbeteiligung nur durch das Wörtchen „pflegt sich nicht" erweicht.

Ferner haben wir das Wohnen auf dem Hause für Hallenser Brander [Brandfüxe][18] offiziell gemacht und die Auswahl dem B.C. [Burschenconvent] übergeben.

Der Schlußkonvent erreichte die schöne Länge von sieben Stunden, vor allem durch die 25 Jungburschen[19], die über einen scharfen Passus in der Historiographie [Semesterbericht] über ihre Faulheit eingeschnappt waren und sich sämtlich in den wildesten Tönen ergingen. Mit der Wahl der Chargierten bin ich durchaus zufrieden. Ahrend wird seine Sache schon machen und Häns'chen [Hans Balke] ist absolute Autorität. In Trotha[20] redete oder las vielmehr Ritter, inhaltlich sehr begabt; er hatte sich, wie er auch sagte, das Thema meiner Stiftungsfestpauke gestellt und führte es ergänzender Weise nach der voluntaristischen und vor allem persönlichen Seite hin aus. Das Schlußerbauungskränzchen von Manzel [Gerhard Heinzelmann] war das glänzendste, was ich gehört habe.

Und dann die Schlußkneipe: Der XX rezipierte [verlieh das Fuxenband an] Werdermann, dann hielt ich die Schlußpauke, die vielleicht mehr eine Selbstdarstellung der Gefühle als eine *allocutio* [Ansprache] war. Das letzte Hoch war doch nicht ganz leicht. Sie haben's wohl auch gemerkt! Dann paukte Amos [Hensmann] die Weggehenden, insbesondere mich, an und a.H.[21] antwortete ebenso, Dein Sprüchlein von der Juden Sehnsucht nach Jerusalem zitierend. Dann paukte Ahrend die Philister an und führte sich glänzend ein; und schließlich, für mich der Höhepunkt, hielt Fr. Büchsel mir, das Auge nicht von mir lassend, eine herrliche Rede über das, was Halle auch in Zukunft von mir erwarte: Tapferkeit und Bescheidenheit! Dann hielt der Indianer [Spitzname für Samuel Ragué] seine Bemoostenpauke[22] und sang ihn dann, und dann Schlußkneipe ex, Sommersemester ex, X ex und Halle ex. Du weißt ja so gut wie ich, was das heißt!

So oft auch vorher der Gedanke: Statutenrevision ex, Pauken ex, Verantwortung ex lockte; als es so weit war, erfand es sich, daß der Verlust den Gewinn unendlich überwog. Aber Du hast recht: Ruhe tut not; wenn ich sie hier nur finden könnte! Aber während Du in einer gewissen egoistischen Einsiedelei in Tübingen lebst, bin ich in einen großen Kreis von Familienpflichten gestellt, die mir nicht ganz leicht werden, sowohl wegen der langen Entwöhnung als auch wegen der unglaublichen Unruhe unseres Hauses, als auch wegen des Raubes an Zeit und Kraft. Aber mit einiger Energie läßt sich ja alles erreichen, und so hoffe ich auch, daran mich auf die Dauer zu gewöhnen.

Die erste Vorbedingung ist jetzt geschaffen, nämlich, meine Stube, die bisher nur Durchgang und Schlafflur war, ist durch ein großes Bücherregal mit Schlemmerbibliothek und durch eine spanische Wand in eine Wohn- und eine Schlafstube geteilt, so daß ich in ersterer Ruhe habe. In achttägiger Arbeit haben wir dann mit vereinigter Ästhetik die Ausschmückung auf für mein Empfinden schlemmerhafte Art besorgt. Du solltest sehen und staunen! – Ob es nicht doch nochmal möglich ist? – Die Hauptrolle spielen natürlich die Typs, mit denen ich mich als Ersatz ihrer Originale trauernd begnügen muß. Um die Fülle zu bergen, hat meine Schwester mir ein großartiges Album zum Geburtstag dediziert. Unter den übrigen Schikanen, u. a. Öttli „Geschichte Israels“ war mir von besonderer Bedeutung von Gilbert [van der Smissen] ein Bilderbuch „X-Semester“ mit reizenden kleinen Bildchen, allenthalben ausgeschnitten, und den diesbezüglichen Versen – eine dauernde Erinnerung. –

In Misdroy [Ostseebad] habe ich mich gut erholt; die Gefahr war mehr, von Mücken als von Walfischen aufgefressen zu werden. Das Zusammensein mit Schmuhls (Frau und Tochter) war reizend; er thronte mit meinem Vater im Strandkorb auf unserer Riesenburg[23], gegen die an sie verwandte Arbeitskraft ist die Statutenrevision Kinderspiel – „sie“ tönte mit meiner Schwester, und der Leibfux [Heinrich Meinhof] und ich patschten barfuß und hemdärmlich in den Gräben und auf den Wällen herum.

Zur Arbeit bin ich bis jetzt noch nicht gekommen; meine Sehnsucht ist ebenso groß wie meine Furcht, daß es mir körperlich nicht gelingen wird; es muß sich nun zeigen, wie weit der Wille fähig ist, den Körper zu regieren. Ich gehe jetzt ziemlich regelmäßig um elf ins Bett und stehe um acht auf: die ersten Anfänge zu einer normalen Lebensweise. Selbstverständlich werde ich nur Theologie arbeiten. Mein Hunger nach Realitäten ist riesengroß, viel größer als das Schreckgespenst des Examens.

Was das Denken betrifft, so bin ich gespannt, ob das Schmuhlsche Denkideal im „Lehnstuhl hinterm Ofen" wirklich fruchtbarer ist als das Heimsche des Denkens aus Not. Bis jetzt neige ich letzterem zu; denn der Reiz und das nötige Stück Nervosität fehlt bei Schmuhl. Aber vielleicht ändert sich das noch, zumal mein Lehnstuhl noch so sehr einem Schaukelstuhl gleicht, daß es nur wieder eines äußeren Anstoßes bedarf, um ihn in die gewagtesten Schwankungen zu setzen; nicht einmal vor dem Überkippen bei dieser Gelegenheit bin ich ganz sicher. Aber dann mehr, wenn Tatsachen vorliegen!

Augenblicklich korrigiere ich die Druckbogen der „Einführung in den Hallenser Wingolf" (Geschichte und Kählerpauken) und Statuten, später auch Komment. Im übrigen versende ich die Chargierten- und eigene Typs; ich habe auch zwei Menschen-Typs (großes Format von Heller) und zwei Wichs[24]-Typs. Was willst Du noch haben? Schreibe das noch vor Mitte September! Was macht der Rundbrief? Bitte schreibe mir noch einmal Deine Reihenfolge; ich hatte eine etwas andere für's Semester mit Balke beraten, so daß die eines Ortes nicht zusammen drankommen. Mit Jonas habe ich nicht mehr gesprochen; wenn Du ihn mitnehmen willst, wofür ich sehr bin, so schreibe ihm nochmal extra! Im übrigen bin ich im Begriff, die Geburtstagsbriefe und -karten zu beantworten, deren ich zu meiner Rührung dreißig empfing, gegen etwa drei im Vorjahr, und die Arbeit zu antworten, ist schön, wenn dies die einzige Art des „Bezogenbleibens" ist. Dem hast Du auch Deine sieben Seiten zu verdanken. Schreib' bald! Dies als *ceterum censeo* ...

Und nun leb' herzlich wohl und sei gegrüßt von

Deinem treuen Paul»

11.

Das im Brief erwähnte „Bilderbuch“ ist erhalten geblieben. Nicht alle Anspielungen sind heute noch verständlich. Die charakteristischsten Verse seien hier wiedergegeben:

«„Der X“. Ein Bilderbuch für Jung und Alt.

Wenn man auf die Beine sieht,
ist unser „X“ von Storchgeblüt.

Mit seinem logischen Verstand
war er bekannt im ganzen Land.

Ging etwas über seine Kraft,
so fragte er gleich Hermann Schafft.

Wär' der X nicht auf dem Fleck,
blieb die Karre stehn im Dreck.

Bundesbriefe schrieb er mächtig,
wild drauf los, ganz unbedächtig.

Wie ein Turm im Sturmesbraus
hielt unser X die Wartburg aus.

Mit ihm war nicht gut Kirschen essen,
der gute Bund war so vermessen.

Der Bundeskrieg, der war ihm Sport,
auf 100 Schritt roch er nach Mord.

Sieht man in Marburg aus dem Fenster,
erscheinet schrecklich als Gespenst „Er“!

In Halle ist's jetzt für Dich aus!
Die Schlußkneip noch, und dann nach Haus.»

12.

Über den Semesteranfang in Berlin berichtet Tillich an Alfred Fritz:

«Mein lieber Alfred!

Fast wage ich es nicht, auf eine Antwort auf Deinen letzten Brief mich einzulassen, denn Dein „Bombardement“ hat mir in der Tat Hören und Sehen geraubt. Wenn ich erst so weit wäre wie Du und nach überstandener „Not“ mich mit Begeisterung in den Geist stürzen könnte, der von [Adolf] Schlatter auf *Dich* einströmt, nicht von [Reinhold] Seeberg auf mich; denn der ist „modern (!) positiv“, d. h. wedernoch und äußerst pathetisch, was in meinem Alter auf die Nerven fällt, abgesehen von dem hanebüchenen Möv [Mief], der Albert [Kilger] und mich schon mehrmals der Ohnmacht nahegebracht hat. Das ist also keine „reine Freude“ (Witte!) und im besten Fall der Tiefpunkt des Tages.

Eine viel reinere Freude ist für mich die Kirchengeschichte, für die bis zum Ende der alten Kirchengeschichte jetzt Eindrücke allgemeiner Schächtelchen in meiner Großhirnrinde sind, wenn auch die Füllung bis jetzt nur aus allerhand wirren und Loofs-Kurtzschen Brocken[25] besteht. Wie ich als Tertianer ehrfurchtsvoll staunend die Köpfe der Primaner anstarrte, in der Voraussetzung, daß alle unregelmäßigen griechischen Verben darin sind, so würde ich es jetzt mit jedem machen, von dem ich glaubte, daß er den arianischen, donatistischen und monophysitischen Streit mit sämtlichen Konzilien und Kerls aufsagen könnte. Und doch muß mein eigner Kopf bald Gegenstand solcher Bewunderung sein!!

Vor der Dogmengeschichte stehe ich wie die Kuh vorm neuen Tor, und da es mir Seeberg scheinbar nicht öffnen will, so muß ich es wohl selbst einrennen, was nicht ganz ohne einige „Brüche“ abgehen wird. – Daß ich in der Einleitung [ins Neue Testament][26] bis zum Ende der „Briefe“ bald gedrungen bin, ist mir eine große Erleichterung, denn es mordet diese Arbeit geradezu meine Zeit, so schön sie auch an sich ist. Ist es nicht richtig gedacht, daß man dem wissenschaftlichen Urteil der Leute mehr trauen darf, denen es gleichgültig für ihre Dogmatik ist, ob ein Brief echt ist oder nicht, als denen, denen man das Herz bluten sieht, wenn sie die kleinste Kritik an der Tradition üben müssen? Daß man schließlich mit einigem Geschick jede Tradition retten kann, ist klar; aber daß man also befangener Arbeit mehr auf die Finger sehen muß, ist auch klar.

Eine gewisse Ausnahme bildet vielleicht die Evangelienkritik, wo auch die Negation ein dogmatisches Interesse hat, obgleich das in hohem Grade ausgeschaltet werden kann. So habe ich neulich Albert [Kilger] gegenüber vertreten, daß es mir, abgesehen von einem „rudimentären Traditionalismus im Gefühl“, gleichgültig wäre, von wem das Johannes-Evangelium stammt. Ich halte das für den einzig evangelischen Standpunkt, so schwer er auch in manchem zu erringen ist. (Daß [Adolf] Jülicher in „Johannes“ platt ist, glaube ich auch.) – [Hermann] Witte ist nun, nachdem sich seine frühere Philöse [Wirtin] nach theatralischen Krachszenen bei uns beklagt hatte, daß er „nicht normal“ sei, nach Neuenburger Str. 14 a gezogen! Er ist komisch, proletig,[27] begabt wie immer. Heute ist er mit Albert im Grunewald (ich hatte „Schnupfen“).

Was sagst Du zu dem Erlanger Stunk [Streit mit der Bruderverbindung Erlangen um den Aktivitätszwang]? Es war eine Übereilung und Unvorsichtigkeit von Halle! Wer weiß, was daraus noch werden kann! Ich habe sie angeschimpft; denk', hier in Berlin ist man sehr gegen sie! –

Was den Rundbrief betrifft, so wollte ich Dich noch bitten, die leeren Bögen an Hermann [Schafft] zu schicken, er befindet sich jetzt nach seinem letzten Brief in ziemlich gedrückter Stimmung, und jede derartige Erquickung wird ihm gut tun. Ich denke, Du kannst das ohne „Konvent“ tun; denn erstens würden's alle genehmigen, und zweitens wissen sie's nicht und drittens brauchen sie's nicht zu wissen! –

Eine Herzerquickung ist Vater Rhein [Ernst Rhein], der in seinen „liberalisierenden Tendenzen“ in dauernder Spannung zu seinem alten Herrn steht und das mit wahrhaft rührender Offenheit erzählt; es ist doch trotz aller unvergänglichen Komik ein Schlemmerkerl! –

Die sieben Füxe sind nun glücklich untergebracht,[28] und wir können uns ihnen ohne Lebensgefahr nähern. Einige scheinen nicht unbegabt; neulich bin ich ins A-H-C[17] gekommen, nachdem auf einer vorhergehenden P-C-Debatte[29] konstatiert war, daß meine Hallenser Orthodoxie sich bis jetzt als unschädlich erwiesen hätte (Konventsgeheimnis!) –

Wenn ich aus dem Zustand intellektueller Apathie erwacht sein werde, sollst Du einen Deinem ähnlichen Brief erhalten: manches an Schlatter ist keineswegs koscher! Aber ich *kann* jetzt nicht! *Denken ist schwer.* Heute kam Fr. Büchsel durch, nach *Soest,* wo er eineinhalb Jahr mindestens Inspektor am Predigerseminar ist.

O Medikus! O Halle! O Ritter! O Frau![30] Albert läßt herzlich grüßen! Sage Lorenz [Bertheau], daß ich den Berliner Wingolf *fast schon lieb* hätte! Er soll's mit Tübingen ebenso machen! Was macht Dein Bruder? Wie steht er sich mit seinem Leibburschen? Oh Häfele![30] Wenn Du ihn siehst, grüße ihn so herzlich wie möglich! Dito W. Schetelig und Daniel [Schubert]. Einen Brief bekommt er bald, ich schreibe jetzt gern!! Sage ihm, er soll sich auch darin ein Vorbild nehmen! *(Du auch!)*

Herzlichen Gruß»

13.

Schon in dem kleinen Spottgedicht der „Mulus-Zeitung“ wurde in Tillich ein gewisser Zwiespalt zwischen seinem geistigen Vorauseilen und seiner nachhinkenden allgemein-menschlichen Reife konstatiert. Tillich selbst hat in der Rückschau in den Tagebuchnotizen von 1935 seine innere Entwicklung durch „zu lange Kindheit, zu langes Nichtwissen und unreife Sehnsucht zur Tat“ (vgl. S. 234) charakterisiert. Die vorliegenden Dokumente sprechen dafür, daß diese Charakteristik nicht nur für seine Studentenzeit, sondern auch für die darauffolgenden Jahre weitgehend zutrifft, sofern Kompromißlosigkeit Mangel an menschlicher Reife voraussetzt. In einem in den „Wingolf-Blättern“ veröffentlichten Artikel schreibt Tillich:

«Wenn das Einende weder das Prinzipielle noch das Praktische ist, so muß es noch etwas Drittes geben, was zum Wesen des Wingolfs gehört. Dieses Dritte ist unsere geschichtlich gewordene Stellung innerhalb der Studentenschaft, und das, was uns auch jetzt noch zusammenhält, ist der gemeinsame Protest alles dessen, was Wingolfsfarbe trägt, gegen die Lebensgestaltung des überwiegenden Teils der gesamten Studentenschaft. Dieser Protest kommt zur Darstellung unbedingt in dem Punkte des Duells und der Sittlichkeit, bedingt im Punkte des Trinkens. Die Sonderstellung dieser drei Faktoren ist ohne Berücksichtigung der tatsächlichen geschichtlichen Situation aus dem Prinzip nicht abzuleiten. Daher das Schwanken in dieser Frage bei den beiden Gruppen, die ich die modernen nannte, die der D.C.S.V.[31] und der freien Studentenschaft Zugeneigten. Für alle dagegen, die das Korporative im Wingolf voll bejahen, besteht kein Zweifel, daß diese drei Punkte die Existenzfrage der „christlichen Studenten*verbindung* Wingolf“ ausmachen. Für sie ist auch kein Zweifel, daß der gegenwärtig entscheidendste der drei Punkte die Stellung zur Sittlichkeit ist, während es im Anfang die zum Duell und in der mittleren Zeit die zum Trinken war. Die Gesamtstimmung unserer Zeit ist diesen beiden Unsitten so wenig günstig, daß unser Protest ihnen gegenüber unbetont bleiben kann, ohne natürlich aufgegeben werden zu dürfen. Die sittliche Laxheit dagegen, von vielen zu einer christlichen Theorie erhoben, fordert unsere schärfste Beachtung und unsern schärfsten Protest, auch um unser selbst willen. Die Schärfe dieses Protestes kann aber allein darin bestehen, daß Wingolfit sein und sittlich rein sein (in dem ganz bestimmten, in gewisser Weise äußerlichen Sinn) unbedingt identisch sind. Das heißt, daß ein Fehlen hierin unter allen Umständen vom Wingolf ausschließt.»

14.

Das Jahr 1908 vergeht mit der Vorbereitung aufs erste theologische Examen. Von Friedrich Büchsel findet sich in einem Brief an Hermann Witte vom 21. Juni 1908 die folgende Bemerkung: „Tillich machte einen recht elenden Eindruck. Er ist in die Examensvorbereitung in einer unwürdigen Weise vertieft. Hoffentlich macht er sich nicht zu Schanden, ehe es losgeht ...“

Kurz nach der mündlichen Prüfung, die vom 31. Januar bis 2. Februar 1909 stattfindet, bekommt Tillichs Leben eine unvorhergesehene Wendung, die bestimmte Weichen für sein späteres Leben stellt. Er kommt zur Unterstützung von Pfarrer Klein in die pfarramtliche Praxis der Gemeinde Lichtenrade bei Berlin.

Auch nach Beendigung des Studiums hat Tillich noch weiter am Leben des Wingolfs teilgenommen. Allmählich findet er auch Geschmack an den Festbällen. Hans Spiecker hat eine kleine Szene in der Erinnerung festgehalten und als 75jähriger in den „Wingolfs-Blättern“ veröffentlicht:

«[...] Aber noch eine kleine persönliche Erinnerung zum Schluß. Beim Festball des Februarkommerses 1913 lernte ich Paul Tillich kennen, den damaligen Privatdozenten, später weltberühmt gewordenen Theologen und Philosophen, der vor wenigen Monaten im Alter von 78 Jahren gestorben ist. Tillich fand in mir einen für seine kühnen, auf theologischem und sozialpolitischem Gebiet revolutionären Ideen offenbar aufgeschlossenen jungen Wingolfsbruder. Wir standen mitten auf der Tanzfläche, die fröhlich sich drehenden Paare umwogten uns, wir verharrten wohl eine Stunde lang auf dem gleichen Fleck und philosophierten, d. h. er, ich war Zuhörer, mir ging eine neue Welt auf. Ich meine, das war Wingolf: Tanz und Problemgespräch, Frohsinn und Tiefe, im Gewühl und doch darüber hinaus, die Tanzfläche, um mich in Tillichs Terminologie auszudrücken, als Schnittpunkt der Vertikalen in der Horizontalen: eine Wingolfsbegegnung beim Februarfest vor 53 Jahren, für die ich heute noch dankbar bin. [...]»

ANMERKUNGEN

1 Vgl. G.W. 12, S. 32.

2 Vgl. G.W. 12, S. 66.

3 Kneipe = geselliges Beisammensein unter Beobachtung bestimmter Formen (Komment).

4 Horn = Trinkgefäß aus einem Tiergehörn gefertigt.

5 Couleur = Farben der Verbindung, im engeren Sinn Band und Mütze.

6 Familie = Untergruppe in großen Verbindungen.

7 Convent (Konvent) = Zusammenkunft zur Beratung und Beschließung.

8 Fuxmajor = XX = Zweitchargierter = Verantwortlicher für die neu eingetretenen „Füxe".

9 Bundes-X = Sprecher des gesamten Wingolfs-Bundes.

10 Vorort = geschäftsführende Verbindung innerhalb des Wingolfs-Bundes.

11 Erstchargierter = X = Sprecher der Verbindung.
Drittchargierter = XXX = Kneipwart = Verantwortlicher für den Ablauf der Kneipen.

12 Die im Deutsch. P.T.-Archiv vorhandene „Damenrede" ist sicher nicht die hier erwähnte Rede.

13 Straßburg = „Vorort" im Sommersemester 1907.

14 Anstichsliederordnung. Abgesehen von den fünf offiziellen Liedern auf der Kneipe konnten drei Brüder ein weiteres Lied anstimmen.

15 Inaktivierung = Beendigung der „aktiven" Zeit in der Verbindung.

16 Philister = „Alter Herr". Bei der Philistration wird dem Betreffenden, der von da an „alter Herr" ist, das Band endgültig verliehen.

17 A.H.C.-Wahlen = Wahlen zum Alt-Häuser-Collegium = Gremium, das die Beschlüsse des Convents vorbereitet.

18 Brandfux = Mitglied der Verbindung im 2. Semester.

19 Jungbursch = Mitglied der Verbindung im 3. Semester.

20 Trotha = traditioneller Ausflugsort.

21 a.H. = „altes Haus" = Bezeichnung für ein älteres Semester, den Namen des Betreffenden hat Tillich wohl versehentlich vergessen.

22 Bemoosten-Pauke = Abschiedsrede. „Den Bemoosten singen" = Feierlicher Abschied beim Übergang ins Berufsleben, wobei der Abschiednehmende singt: „Bemooster Bursche zieh ich aus" (Lied von Gustav Schwab) und die Umstehenden den Refrain wiederholen.

23 Paucks, Tillichs Leben, S. 29, verlegen die Sandburg von der Ostsee in die Märkischen Wälder, wo Tillich in einer Picknickpause Sandburgen von „twelve feet square and seven high" gebaut haben soll (Tillich's Life, S. 15). Diesem Mißverständnis folgt in Paucks, Tillich's Life, ein zweites. Verschiedentlich (S. 25, S. 80) ist dort von Tillichs „Harem" die Rede. Das Mißverständnis geht zurück auf den Bericht von Ruth

Schmidt: „Wir waren einmal zu fünfen während einer kurzen Ferienwoche [in Misdroy], Paul, seine beiden Schwestern, meine Schwester und ich [...] Wenn wir uns dann zum Gang an den Strand die damals üblichen Lodencapes griffen, rief Paul: ‚Sind alle meine Kebsweiber (= Capesweiber) beisammen?'" (Deutsch. P.T.-Archiv).

24 Wichs = offizielle Chargiertenbekleidung.

25 Friedrich Loofs und Heinrich Kurtz sind Verfasser kirchengeschichtlicher Werke.

26 Adolf Jülicher: Einleitung ins Neue Testament. Freiburg i. Br. – Leipzig 1894.

27 Proletig (Prolese = Vorlesung) bedeutet hier dozierend.

28 Gemeint ist, daß die Füxe von jeweils einem Burschen als „Leibfux" angenommen sind.

29 P-C = Personal Convent = Konvent zur Besprechung personeller Angelegenheiten.

30 Offensichtlich handelt es sich bei „Frau" um eine scherzhafte Bezeichnung eines Bundesbruders, wahrscheinlich eines Zimmergenossen, möglicherweise ein Kneipname.

31 D.C.S.V. = Deutsch-Christliche Studenten-Vereinigung.

III. VIKAR UND HILFSPREDIGER

1909–1914

Zeittafel

Zeitiges Frühjahr bis Oktober 1909:	Pfarrverweser in Lichtenrade.
Herbst 1909 bis Sommer 1910:	Berlin, Vorbereitung auf die Promotion.
27. Juli 1910:	Mündliche Prüfung in Breslau zum Dr. phil.
Herbst 1910 bis Frühjahr 1911:	Berlin, Vorbereitung auf den Dr. lic. theol.
1. April 1911 bis 31. März 1912:	Lehrvikar in Nauen.
16. Dezember 1911:	Mündliche Prüfung in Halle zum Dr. lic. theol.
5. bis 8. Mai 1912:	Zweites theologisches Examen vor dem Konsistorium der Provinz Brandenburg.
15. Juni bis 31. Juli 1912:	Hilfsprediger in Berlin-Treptow.
18. August 1912:	Ordination an der St. Matthäuskirche, Berlin.
Ende August 1912 bis Mitte Mai 1913:	Hilfsprediger an der Erlöserkirche in Berlin-Moabit.
Sommer 1913, Winter 1913/14 und Frühsommer 1914:	Vorbereitung auf die Habilitation, teils in Berlin, teils in Butterfelde/Neumark.
Herbst 1913:	Verlobung mit Greti Wever aus Butterfelde.
Anfang August bis Ende September 1914:	Hilfsprediger in Berlin-Lankwitz.
28. September 1914:	Hochzeit, Kriegstrauung in Butterfelde.
Anfang Oktober 1914:	Tillich meldet sich als freiwilliger Feldgeistlicher in Magdeburg.

1.

Vom 31. Januar bis 2. Februar hatte Tillich vor dem Königlichen Konsistorium der Provinz Brandenburg das erste theologische Examen abgelegt und mit „Recht gut" [1] *bestanden. Über die Prüfungspredigt über 1. Kor. 3, 21–23 enthielt das Zeugnis die Bemerkung: „Die Predigt wurde vollkommen sicher in würdigem Anstand mit genügend kräftiger Stimme und richtiger Betonung vorgetragen. Von Gestikulation sind Anfänge vorhanden." Die dogmatische wissenschaftliche Arbeit über „Welche Bedeutung hat der Gegensatz von monistischer und dualistischer Weltanschauung für die christliche Religion?" wurde mit „Vorzüglich" beurteilt, die neutestamentliche über: „Die Stellung des Logosbegriffs im Johannesevangelium mit „Recht gut". Mit dem Zeugnis wird Tillich „die Erlaubnis zur Vornahme geistlicher Amtshandlungen mit Ausnahme der Verwaltung der Sakramente" erteilt.*

Wie die Protokolle der Kirchenvorstandssitzungen der Gemeinde Lichtenrade bei Berlin [2] *ausweisen, war Tillich vom zeitigen Frühjahr bis zum Oktober 1909 als Vertreter des dortigen Pfarrers tätig. Am 14. März taucht sein Name erstmalig im Protokollbuch auf. Am 4. April verzeichnen die Kirchenbücher seine erste Beerdigung. Pfarrer Klein, den Tillich vertritt, ist für eine zwischenzeitliche Tätigkeit bei der „Deutschen Orientmission" beurlaubt worden. Er kehrt im Laufe des Sommers nach Lichtenrade zurück, behält aber Tillich zu seiner Unterstützung noch bis zum Oktober.*

Das älteste der Pfarrerskinder, Maria Klein, berichtet über Tillichs Aufenthalt in Lichtenrade:

«[...] Am 1. Januar 1909 trank er, den wir bisher persönlich nicht kannten, zum ersten Mal Kaffee bei uns im Pfarrhaus Lichtenrade nahe Berlin. Damals war Lichtenrade noch ein richtiges Dorf und nicht Groß-Berlin wie heute. Die von meiner Mutter besonders gemütlich und ausgedehnt gestalteten Kaffeestunden lernte Tillich während des Jahres 1909 schätzen und er kam auch in späteren Jahren so manches Mal um diese Stunde aus Berlin herbei. Ich war damals dreizehn Jahre alt und durfte meist teilnehmen. [...]

Am Lichtenrader Kaffeetisch diskutierten 1909 und in den Jahren danach stundenlang die verschiedensten jungen Leute, meist Theologen oder angehende Philosophen. Meine Mutter warf vermittelnde kluge Bemerkungen ein, während mein Vater, der sich nichts aus Kaffee machte, wahrscheinlich auch nichts aus den Diskussionen, zu Gemeindebesuchen unterwegs war. [...]

Da war zunächst Emanuel Hirsch, von Tillich als sein Freund „Mane" eingeführt. Dr. Richard Wegener[3] und dessen Freund Kurt Leese lernte Tillich in unserem Hause kennen. Wegener, der ja bereits den Doktortitel hatte, wurde bald von den Kindern „Dox" genannt. Tillich hieß einfach „Tillich", ob man ihn siezte oder duzte. Wie Kastor und Pollux, so standen die zu unzertrennlichen Dioskuren gewordenen „Dox und Tillich" an unserem Lichtenrader Himmel. [...]

Meinem Lichtenrader Elternhaus ist es zu verdanken, daß sich das Trio Paul Tillich, Richard Wegener und Kurt Leese schon früh begegnete und eine Freundschaft fürs ganze Leben schloß. [...]

Jeden Vormittag des Sommers 1909 saß Tillich auf unserer Veranda, im Herbst in eine Decke gehüllt, und bearbeitete, wie Dox sagte, „einen Kubikmeter Schelling". Durch nichts ließ er sich stören.

Waren aber die dafür vorgesehenen Stunden vorüber, dann tauchte ein ganz anderer Tillich auf.

Dann war Tillich ein liebenswürdiger Gartenhelfer unseres Vaters, [...] Er hackte, jätete, beschnitt den großen Garten. Und er liebte ihn wie wir alle.

Jahrzehnte später schrieb er aus East Hampton über die „philosophischen Birken" dieses Gartens. [...] Auf unserer „Birkenbank" saßen wir oft mit Tillich plaudernd oder diskutierend, auch als er längst nicht mehr Lichtenrader Vikar[4] war. Dann wieder spielte er Schach mit dem Hausherrn. Beide waren sich darin ziemlich ebenbürtig und führten Buch über Gewinnen und Verlieren. Meiner Erinnerung nach führten sie es weiter, als Tillich schon nicht mehr bei uns wohnte und uns nur ab und an besuchte.

Bei diesen späteren Besuchen war immer einer der ersten Wege Tillichs zu meines jüngeren Bruders sehenswertem Sandhaufen. Den hatte es 1909, als der kleine Bruder sieben Jahre alt war, noch nicht gegeben. Nun aber gab es ihn zu Tillichs Entzücken mit eingebauten kunstvollen Gängen, in denen Wasserströme sich wie in einem Gebirge zerteilten. Dann wieder durchfuhr den Haufen eine Spiel-Lokomotive und erschien bald hier, bald dort aus einem Tunnel ...[5]

[...] Nach Mahlow, der damaligen Filiale von Lichtenrade, führte ein Feldweg. [...] Tillich liebte diesen etwa dreiviertelstündigen Weg, vor allem im Vorfrühling, wenn er allwöchentlich die Passionsandachten in Mahlow halten mußte. Das erste Mal konnte unser Vater ihn nicht begleiten. So sollten wir älteren Kinder ihm den dortigen Küster vorstellen. [...]

Zu den nächsten Andachten ging Tillich aber lieber allein. Der Versenkung in die damals noch unendlich stille Natur oder der Meditation seiner bevorstehenden Predigt entsprach die Kinderbegleitung wohl nicht.»

2.

Unter den genannten Freunden verdient vor allem Richard Wegener besondere Erwähnung. Zweifellos war er für Tillich ein großer „Anreger“ in diesen Jahren. Er war damals schon promoviert, also Tillich in mancher Hinsicht voraus. Schon frühzeitig hatte er eine kritische Einstellung zu theologischen Aussagen und begünstigte dadurch Tillichs Loslösung von überkommenen Standpunkten. Tillich hat die Freundschaft mit ihm auch nicht aufgegeben, als das Verhältnis beider in der persönlichen Sphäre einer großen Belastung ausgesetzt war. Das geschah aber erst 10 Jahre später am Ende des Ersten Weltkrieges. Noch ist das Verhältnis der beiden ungetrübt.

Rund 50 Jahre später erfährt Richard Wegener eine uneingeschränkte Würdigung in einem Zeitungsartikel von Bruno Theek:

«[. . .] Als ich ihn kennen lernte, war er noch Vikar bei Pfarrer Klein in Berlin-Lichtenrade, der ein damals sehr verbreitetes Buch „Bilder aus der Kirchengeschichte“ geschrieben hatte. Klein und seine geistvolle und charmante Frau waren sehr gastfrei und versammelten gern um sich junge Leute, unter denen sich natürlich auch immer einige Kandidaten der Theologie befanden. Selbstverständlich waren wir alle zur Stelle, als unser Freund Wegener an einem Sonntag den Gottesdienst in der schlichten alten Dorfkirche von Lichtenrade halten mußte. [. . .] Als der Krieg zu Ende war, holte ausgerechnet Adolph Hoffmann, der erste Nachkriegs-Kultusminister in Preußen, der allem Religiösen feindlich war und als eine seiner ersten Amtshandlungen die bis dahin bestehende geistliche Schulaufsicht aufhob, den Theologen Richard Wegener ins Preußische Kultusministerium, wo er zusammen mit einem Herrn von Erdberg die Volkshochschulbewegung in amtliche Obhut nehmen sollte. Mit ihnen zusammen arbeitete ich an manchem Plan für die Bildung und Durchführung der Volkshochschulen mit und war auch als Dozent an verschiedenen dieser Einrichtungen [. . .] tätig. [. . .] Als dann die bis 1918 betriebene Kadettenanstalt Schloß Oranienstein zu einer Staatsschule umgewandelt wurde, übertrug man Dr. Wegener die Leitung. Die Nazis entfernten natürlich sofort den Sozialdemokraten Wegener aus dieser Stellung. Man machte ihn — den glänzenden Pädagogen — zum Direktor der kleinsten höheren Lehranstalt, die es damals in Preußen gab, der Lehrerbildungsanstalt in Kyritz, die kaum mehr als hundert Schüler gehabt haben dürfte.

Wegener war ein weitblickender Kopf und für einen Theologen von großem politischen Verständnis. Schon Jahre vor dem Ersten Weltkriege sah er den Sturz der Dynastien und die Ablösung der Monarchie durch eine Republik voraus [. . .]»

3.

Als die Lichtenrader Zeit zu Ende ist, verabschiedet sich Tillich mit einem Dankesbrief von der Pfarrfrau:

«[. . .] Ich möchte Ihnen und Herrn Pastor noch einmal meinen herzlichsten Dank aussprechen für die schöne Erinnerung, um die ich durch Sie reicher geworden bin, und den Vorrat an Kraft, aus dem ich hoffentlich noch lange schöpfen kann. Die Zeit in Lichtenrade erscheint mir immer als eine Art goldenes Zeitalter weit ungetrübten Naturgenusses und seliger Sorglosigkeit. Im Winter bleibe ich in Berlin und hoffe noch hin und wieder nach Elysium zu kommen. [. . .] Aufs Wiedersehen freut sich Ihr dankbarer P. Tillich.»

4.

Tillich lebt nach dem Weggang von Lichtenrade wieder in Berlin bei seinem Vater in der Neuenburger Straße und setzt die begonnenen Schelling-Studien fort. Aber Lichtenrade behält seine Anziehungskraft. Maria Klein schildert Tillichs Hin- und Herpendeln von der Großstadt zum ländlichen Pfarrhaus:

«[. . .] Eben war Tillich noch unser Spielgenosse, den meine kleineren Geschwister gar aus der Mittagsruhe mit Freudengeschrei holten, dann war er plötzlich verschwunden: nach Berlin, wohin etwa allstündlich ein Vorortzug fuhr mit dem Ziel Potsdamer Bahnhof. Ganz in der Nähe, am Potsdamer Platz lag das Café Josty. Eine ruhige Stätte, mitten in der Großstadt. [. . .] Tillich saß dort stundenlang mit seinen verschiedenen diskussionsbereiten Freunden.

Noch vor den zwanziger Jahren verlegten Tillich und seine Freunde ihre Zusammenkünfte auf den damals für den „richtigeren Westen“ Berlins gehaltenen Kurfürstendamm. Zunächst ins „Romanische Café“, dann in das „Café des Westens“, das sogenannte „Café Größenwahn“. Dort traf man nun nicht mehr nur Theologen und Philosophen, sondern vor allem auch bekannte Künstler.

[...] Nach langem Tage – Land und Stadt beinhaltend – betrat Tillich dann sein bescheidenes Bodenzimmer in unserem Hause. Tillich und Wegener bewohnten zwei durch eine stets offen bleibende Tür verbundene Dachkammern[6]. Wegener, der Tillichs Berlinfahrten meist nicht mitmachte, hatte dann wohl schon geschlafen. Doch nun wurde bis in die späte Nacht erneut diskutiert. [...]»

5.

Im Laufe des Jahres 1910 bietet sich für Tillich die Chance, sich um das Säkularstipendium der Stadt Berlin zu bewerben. Als „Säkularstipendium“ wurde es für eine philosophische, keine theologische Doktorarbeit vergeben. Halle kam als Promotionsort nicht in Frage, wahrscheinlich, weil Tillichs Lehrer, Fritz Medicus, als Privatdozent keine Doktoranden annehmen durfte.[7]

«Paul Tillich, cand. theol. Berlin, den 8.

Dem hochgeehrten Kuratorium spreche ich auf das Schreiben vom 4. Juni 1910 meinen ergebensten Dank für die Absicht aus, mir das evangelische Säkularstipendium zu verleihen.

Ich beehre mich zu erwidern, daß ich bereit bin, den statutengemäßen Bedingungen zu genügen und bis zum 1. August des Jahres den Dr. Grad zu erwerben. Ich habe mich bereits mit der philosophischen Fakultät in Breslau in Verbindung gesetzt. Das Examen rigorosum wird Ende Juli stattfinden; nach bestandener Prüfung werde ich mir erlauben, die Bescheinigung der Fakultät bis spätestens 1. August des Jahres einzureichen. Die Übersendung des Diploms und der Dissertation wird wegen der zur Ausfertigung bzw. zum Druck erforderlichen Zeit etwas später erfolgen. Ich darf wohl ohne weiteres annehmen, daß der letztgenannte nicht zu vermeidende Umstand dem Absatz 5 des § 11 der Statuten nicht widerspricht.

In dankbarer Ergebenheit
P. T.»

6.

Da die Zeit in Lichtenrade Tillich nicht als offizielles Vikariat angerechnet werden konnte, mußte er diese Ausbildung nachholen. Am 1. April 1911 wird er vom Konsistorium, dem Superintendenten Dr. Lang in Nauen als Lehrvikar zugewiesen. Von Tillich selbst gibt es über die Nauener Zeit keine Schilderungen.

In die Nauener Zeit fallen zwei wichtige Ereignisse: die „Pfingstkonferenz" in Kassel-Wilhelmshöhe[9] *und die Lizentiaten-Promotion. Teilnehmer an der Konferenz sind seine Wingolfbrüder Hans Balke, Friedrich Büchsel, Gerhard Heinzelmann, Hermann Strathmann und Hermann Schafft. Nach Aufzeichnungen von Hans Balke hat Heinzelmann ein Referat über „Paulus und die antiken Mysterienreligionen" gehalten, und Tillich hat als Diskussionsgrundlage 128 Thesen über „Die christliche Gewißheit und der historische Jesus" vorgelegt. Im Anschluß an die Konferenz entspinnt sich ein Briefwechsel zwischen Tillich und Büchsel, in dem Tillich die teilweise recht schwierigen Thesen erläutert und Büchsel ihn kritisch befragt. Tillich berichtet über die Pfingstkonferenz in seiner Autobiographie:*

«Ein für meine Entwicklung maßgebendes Dokument sind die Thesen, die ich Pfingsten 1911 einer Gruppe befreundeter Theologen vorlegte und in denen ich die Frage stellte und zu beantworten suchte, wie die christliche Lehre zu verstehen wäre, wenn die Nichtexistenz des historischen Jesus historisch wahrscheinlich würde. Ich halte den Radikalismus dieser Frage gegenüber Kompromissen, wie sie mir schon damals begegneten und jetzt von Emil Brunner wieder versucht worden sind, auch heute aufrecht. Nicht der historische Jesus, sondern das biblische Christusbild ist das Fundament des christlichen Glaubens. Nicht das täglich sich wandelnde Kunstprodukt historischer Technik, sondern das in realer menschlicher Erfahrung wurzelnde Realbild des kirchlichen Glaubens ist das Kriterium menschlichen Denkens und Handelns. Diese Stellungnahme hatte zur Folge, daß ich in Deutschland als radikaler Theologe angesehen wurde, während man in Amerika geneigt ist, mich den Barthianern zuzurechnen. Aber Zustimmung zum Barthschen Paradox, dem Paradox der Rechtfertigung, ist nicht Zustimmung zum Barthschen Supranaturalismus. Und Zustimmung zur historisch-kritischen Leistung der liberalen Theologie ist nicht Zustimmung zur liberalen Dogmatik.»

7.

Vom 1. April 1911 bis 31. März 1912 dauert Tillichs Lehrvikariat in Nauen. Über seine dortige Tätigkeit sind außer einer Eintragung im Taufregister, wonach er am 22. Oktober 1911 fünf Kinder getauft hat, keine weiteren Dokumente vorhanden. Sein Vikariatsvater, Superintendent Dr. Lang, bescheinigt ihm am Ende seines Vikariats seine Tätigkeit mit folgenden Worten:

«Der Candidat Dr. Tillich, seit dem 1. April 1911 als Vikar mir überwiesen, hat am Leben der Gemeinde mit ungemeiner innerer Anteilnahme sich beteiligt und für die ernsten Fragen unserer Zeit, wie die schweren Probleme der Arbeit in unserer Landeskirche, unter unserer Jugend, [und] den Arbeitern, ein tiefes Verständnis gezeigt.

In seinen Predigten, die er mit großem Fleiß vorbereitet hat, ist er mit tiefem Empfinden für die Bedürfnisse unserer Tage bemüht gewesen, Brot des Lebens darzubieten; das Gleiche darf von allen anderen Arbeiten gesagt werden, die er in dem Dienst der Gemeinde geleistet hat. Auch formell standen seine Darbietungen auf besonders anerkennenswerter Höhe. Daß Tillich während der ganzen Zeit mit eifrigem Streben bemüht gewesen ist, seine wissenschaftliche Erkenntnis nach vielen Seiten zu vertiefen, hat er durch das magna cum laude Ende Dezember 1911 absolvierte Licentiaten-Examen erwiesen. Es wird ihm darum das Zeugnis nicht versagt werden können, daß er die Zeit des Vikariats wohl benutzt hat, um seiner Zeit wohl vorbereitet in dem Dienst der Preußischen Landeskirche sich zu betätigen.» [8]

8.

Die von Dr. Lang erwähnte Lizentiaten-Promotion hatte zum Thema: „Mystik und Schuldbewußtsein in Schellings theologischer Entwicklung“. Die mündliche Prüfung hatte am 16. November 1911 stattgefunden, die feierliche Promotion folgt am 22. April 1912. Bei der öffentlichen Verteidigung fungiert als Opponent Julius Ebbinghaus. Sechs Tage vor dem offiziellen Akt schreibt er an Tillich:

«Halle/S. d. 16. 4. 12. Friedenstr. 25.
Lieber Herr Tillich.

Eben habe ich die Lektüre Ihrer Dissertation beendet; lassen Sie mich nur kurz sagen, daß ich nicht vor dem letzten Punkte aufgeblickt habe und nichts Besseres wünsche, als mit Ihnen über diese letzten Dinge zu philosophieren. Ob das freilich in einer offiziellen Opposition geschehen kann – dazu kann ich nicht so viel Hoffnung machen als ich selbst möchte. [...] Nicht ganz ohne Besorgnis bin ich auch, ob unsere Erörterung nicht der Philosophie mehr opfern würde, als bei der praktisch-theologischen Abzweckung des Aktes passend wäre. Aber das liegt eigentlich im Wesen der Sache, welche ja als Sache das Theologisch-Religiöse durchaus zum Gegenstand und Ziel hat. – In jedem Fall also wollen wir uns doch *Freitag Mittag* in Verbindung setzen. Nachm. oder Abend sind für mich frei. [...]

Mit herzl. Grüßen Ihr E.»

9.

Nachdem Tillich am 4. Mai 1912[9] *sein zweites theologisches Examen mit Note 2*[a] *bestanden hat, wird er der Erlösergemeinde in Berlin-Moabit als Hilfsprediger zugeteilt.*[10] *Von ihm selbst ist aus dieser Zeit keine Schilderung vorhanden. Die Kirchenbücher jedoch geben Kunde von seiner Tätigkeit. Er hat in den Moabiter acht Monaten 93 Kinder getauft, 31 Erwachsene und Kinder beerdigt und 14 Ehepaare getraut. Dabei lernte er zum ersten Mal das Milieu der Arbeiter und ihre Probleme kennen. Taufen von unehelichen Kindern, deren Mutter als Dienstmädchen ihr Brot verdiente, sind keine Seltenheit. Die von ihm Getrauten hatten folgende Berufe: Arbeiter, Aufseher, Lagerist, Maurer, Straßenbahnführer oder -schaffner, Schneider, Bademeister, Schlächter.*

Von Günther Dehn können wir erfahren, wie es im Anfang unseres Jahrhunderts in einer Gemeinde im Norden Berlins aussah. Er amtierte damals in einer benachbarten Gemeinde. In seinen Lebenserinnerungen schreibt er:

«Diese Gemeinde war nichts anderes als ein großer Häuserblock. Sie war 1907 von der Heilandskirche abgezweigt worden. Man konnte sie in etwa zwanzig Minuten umschreiten. Der Weg zur Kirche betrug von keiner Stelle her mehr als fünf Minuten. Man taxierte 1910 die Einwohnerzahl auf 46 000, von denen 38 000 evangelisch waren. Katholiken, zum Teil solche polnischer Zunge, gab es etwa 6000. Der Rest gehörte zu den Dissidenten oder Sekten. Jeder der vier Pfarrer hatte also – darin durchaus den Berliner kirchlichen Verhältnissen entsprechend – gegen 10 000 Seelen zu versorgen.

Meine Zehntausend, deren Hirte ich sein sollte, wohnten in 70 Häusern, so daß also jedes Haus mehr als 150 Bewohner hatte. Sie wohnten nicht gut. Die Häuser waren in den achtziger und neunziger Jahren von Privatunternehmern erbaut worden unter dem Gesichtspunkt, möglichst viel Geld einbringenden Wohnraum zu schaffen. An Licht und Luft, an Balkone und weite Höfe hatte man nicht gedacht. Die Klosetts befanden sich außerhalb der Wohnung auf einem Treppenabsatz und waren für mehrere Parteien bestimmt, was natürlich oft zu Zwistigkeiten führte. Die Mieten waren hoch. Sie nahmen in der Regel 25 % des Einkommens in Anspruch. Im Vorderhaus gab es Zweizimmerwohnungen, im Seitenflügel und im Quergebäude bestanden die Wohnungen nur aus Zimmer und Küche. Das Familienleben vollzog sich in der Küche, die natürlich auch als Schlafraum dienen mußte. Vater und Mutter schliefen im Zimmer. Kinder gab es genug. 1913 stellte ich fest, daß von den hundert Knaben und Mädchen, die ich zu konfirmieren hatte, nur neun keine Geschwister hatten, vierzig hatten zwei bis drei. In 35 Familien betrug die Zahl der Kinder vier bis sechs, in 15 sechs bis neun. Die Kindersterblichkeit war um die Jahrhundertwende noch sehr groß. Im Jahre 1908 sind in der Gemeinde noch 200 Kinder unter einem Jahr gestorben.

Das Proletariat war damals schon aus der Elendslage der siebziger und achtziger Jahre herausgekommen, aber es ging ihm immer noch schlecht genug. Der Verdienst hielt sich an der Grenze des Existenzminimums. Der ungelernte Arbeiter brachte es auf 20 bis 25 Mark in der Woche, der Arbeitsbursche auf 14 bis 16 Mark. Die gelernten oder auch nur angelernten Arbeiter in den großen Werken der Elektro- oder Metallindustrie verdienten 30 bis 35 Mark. Maurer konnten noch höher kommen. Der Maurerpolier erreichte ebenso wie der Werkmeister 60 Mark in der Woche. Sie rechneten sich schon nicht mehr zum Proletariat. Die jungen Mädchen arbeiteten gern in den Osram-Werken der AEG mit einem Wochenverdienst von 9 bis 14 Mark. Häufig verdiente die Mutter mit, als Putz- oder Waschfrau, oder sie trug Zeitungen aus, wobei die Kinder helfen mußten. Das frühe Aufstehen machte sie für die Schule müde und verringerte ihre Leistungen. Kinderarbeit war noch allgemein üblich, wenn sie auch für Kinder unter zwölf Jahren verboten war. Die Zwölf- bis Vierzehnjährigen pflegten häufig an den Nachmittagen drei bis vier Stunden beschäftigt zu sein. Die Hälfte meiner Konfirmanden, allerdings nur der Jungen, verdiente sich so drei bis vier Mark in der Woche, ebensoviel wie der Lehrling bekam. Dies Geld wurde meist für die Konfirmation gespart.»

10.

Daß Tillich in seiner Moabiter Zeit nachhaltige Eindrücke empfangen hat, bekundet ein Exkurs in seiner Züricher Vorlesung über „Das Leben und der Geist". Am 29. November 1963 erzählt er von seinen religionspädagogischen Erfahrungen aus dem Jahr 1912:

«Ich war Kandidat der Theologie und arbeitete in einer Gemeinde im Norden Berlins. Da machte ich die folgende Erfahrung: Berlin-N besteht meistens aus Arbeiterbevölkerung, und ich hatte die 12- und 13jährigen Jungen, ungefähr 20 in der Klasse, zu unterrichten. Und als ich anfing, mit ihnen zu reden, meldeten sie sich immerzu, und ich rief einen auf und er antwortete: „Der Glaube". Ich rief den nächsten auf, als wir über ein ganz anderes Problem sprachen, wieder kam die Antwort: „Glaube", und so ging es bis 20. Und dann entschloß ich mich, ein Verbot ausgehen zu lassen, das Wort Glaube in den nächsten Monaten in diesem Raum nicht mehr zu gebrauchen, und ich wünschte, statt der Arbeiterjungen wäre eine Reihe von Pfarrern dagewesen, und sie hätten sich wahrscheinlich in einem Gespräch ein bißchen raffinierter, aber nicht viel anders ausgedrückt und hätten alle 20, statt auf die theologischen Sachprobleme einzugehen, das Wort „Glaube" geantwortet.»

11.

In der Reformationsgemeinde wirkte zu gleicher Zeit als Hilfsprediger Tillichs Wingolfsbruder und Freund Theodor Burckhardt. Er berichtet über seine damaligen Begegnungen mit Tillich:

«[...] Zunächst war ja Tillich der von Philosophie und Theologie ganz besessene junge Mann, und ich besinne mich deutlich, daß er mir damals sagte, er müsse jetzt das wirkliche Leben kennen lernen, nachdem er sich immer nur geistig-wissenschaftlich betätigt hatte. Ich weiß, daß er unendlich fleißig an seinen Predigten arbeitete, sie bis Donnerstag abend fertig hatte, daß er überhaupt ein Nachtarbeiter war, der bis 3 oder 4 Uhr nachts arbeitete und dann bis 11 Uhr morgens schlief. Als junge Hilfsprediger haben wir uns über unsere Erfahrungen ausgetauscht und waren uns ziemlich einig in dem Vorschlag, eigentlich müsse für die jungen Theologen bei den Anforderungen, die an sie gestellt werden, ein Zölibat von mindestens fünf

Jahren Dauer eingerichtet werden. – Und dann forderte er mich auf, mit ihm das Berliner Nachtleben kennenzulernen. Ich erinnere mich, daß wir zwei- oder dreimal in die Berliner Nachtcafés gegangen sind, und nun lag uns bei unserer ganzen Wingolfitischen Erziehung nichts ferner, als uns selber mit den Frauen anzufreunden. Ich hatte einfach das Gefühl, ich muß – wenn ich Pastor sein will – auch das Leben kennenlernen, wie es wirklich ist – *nihil humanum a me alienum puto* –, nichts Menschliches darf mir fremd bleiben. [. . .]»

12.

Im Winter 1912/13 finden auf Richard Wegeners Vorschlag in verschiedenen Berliner Privathäusern „Offene Abende" statt, an denen Richard Wegener, Paul Tillich und Pastor Eduard Le Seur Referate als Einleitung zur Aussprache halten. Wegener und Tillich nannten scherzhaft diese Veranstaltungen „Vernunft-Abende", weil die geistigen Auseinandersetzungen auf dem gemeinsamen Fundament der menschlichen Vernunft ausgetragen wurden. Neben anderen Familien öffneten auch die Eltern zweier Freunde Tillichs ihr Haus für die „Vernunft-Abende": Geheimrat Dr. Leese und Pastor Burckhardt. Das Programm des Winters 1913 sah folgende Veranstaltungen vor:

«Programm der „Vernunft-Abende" im Winter 1913.

Kunstmystik und religiöse Mystik

Pastor Le Seur

7. Januar bei Frau Schweitzer, Hohenzollernstraße 13^{II}

Mystik und Schuldbewußtsein

Lic. Dr. Tillich

12. Januar bei P. Burckhardt, Dornburgerstraße 51^{III}
13. Januar bei Geh. Rat Dr. Leese, Pestalozzistraße 51^{III}
15. Januar bei Frau Dr. Friedlaender, Berlin-Lichterfelde-Ost, Boothstraße 21
21. Januar bei Frau Schweitzer

Erlösung

Dr. Wegener

22. Januar bei Frau Dr. Friedlaender
26. Januar bei Frau Geheimrat Delius, Schaperstraße 33
28. Januar bei P. Burckhardt
4. Februar bei Frau Schweitzer

Thema und Vortragender noch unbestimmt
(ev. aus der Korona)

5. Februar bei Frau Dr. Friedlaender
10. Februar bei Geh. Rat Dr. Leese
11. Februar
18. Februar bei Frau Schweitzer

Kultur und Religion
Lic. Dr. Tillich

19. Februar bei Frau Dr. Friedlaender
24. Februar bei Geh. Dr. Leese
25. Februar
4. März bei Frau Schweitzer [. . .]»

13.

Das Publikum der „Vernunft-Abende" setzte sich ausschließlich aus den sogenannten Gebildeten zusammen, von denen Tillich in der „Apologetik" [11] *sagt, daß „sie von der kirchlichen Verkündigung nicht mehr erreicht werden". Der Kreis war soziologisch einheitlich, aber in seinen Individuen wohl sehr heterogen. Die drei auf uns gekommenen Briefe, die Tillich nach den Vorträgen und Diskussionen erhielt, stellen eine interessante Palette verschiedenen Reagierens dar:*

Als ein Beispiel sei der Brief von Frida Winkelmann herausgegriffen:

«Sehr geehrter Herr Pastor, 5. 3. 1913

[. . .] Ich benutze doch gerade heut gern die Gelegenheit, um Ihnen noch einmal zu danken für das, was mir Ihre Vorträge, besonders der letzte, gegeben haben. Ich hätte heut, nein gestern, auch manche Fragen und Zweifel dem Redner entgegenhalten wollen; aber schließlich verschwand jeder einzelne Einwand gegenüber dem Eindruck lebendigen religiösen Lebens und Gestaltens. Und schließlich ist dieses Lebendige ja das Einzige, das überzeugt und die Skepsis niederschlägt.

Übrigens, Sie meinten gestern, die Dekadence unserer Zeit gehe für Sie aus der absoluten Negation auf den Gebieten der Theologie und Philosophie hervor. Wie weit das für die Theologie stimmt, kann ich nicht beurteilen. Aber ist auf philosophischem Gebiet nicht doch schon ein anderes am Werk? Ich denke an Bergson, bei dem ja gerade das Positive so stark hervortritt. Aber sicher kennen Sie ihn besser als ich. — Über das, wonach ich Sie gestern fragte, bin ich noch nicht ins Reine gekommen. Vielleicht darf ich mich gegebenenfalls noch einmal an Sie wenden.

Haben Sie nicht Lust, nach all den Anstrengungen des Winters einmal ein paar Stunden in unserer wunderschönen Waldesstille zu verbringen? Ich würde mich sehr freuen, wenn Sie einmal herauskämen; ich glaube, Sie würden hier eine der schönsten Gegenden in der Nähe Berlins kennen lernen, und nach einem recht langen Spaziergang durch den Frühlingswald würden Sie dann Station in meinem Heim machen.

Mit vorzüglicher Hochachtung
Frida Winckelmann»

14.

Über Tillichs innere Entwicklung in diesen Jahren wissen wir sehr wenig. Ein Brief von Hans Balke an Tillich gibt uns einen kleinen Einblick in seinen seelischen Zustand:

Bremen, den 10. Mai 1913
Hansastr. 43.

«Aber lieber Paul!

Warum hast Du mir zur Verlobung einen solch traurigen Brief geschrieben? Alter Junge, *so* darf es nicht bleiben; in Cassel warst Du doch nicht so resigniert; wenn ich Dir doch ein wenig Mut machen und Dir von meiner Freude ein wenig abgeben könnte! Wie gern täte ich's, es bliebe immer noch genug übrig. Eigentlich wollte ich Dir sofort antworten, hatte schon eine Stunde angesetzt, wo ich auf das Zusammensein mit meiner Adelheid verzichten wollte, um an Dich zu schreiben; [...]

My dear! Du hast natürlich recht mit der großen Blindheit, die über einen kommt, wenn man so was erlebt; man sieht freilich alles in einem ganz andern Licht, ja man kann noch viel mehr sagen, man wird geradezu ein ganz neuer Mensch. Die Frage ist nur, wo die Blindheit liegt, ob vor oder nach solch einem Erlebnis; das eine ist jedenfalls sicher, man darf den Kopf vor Glück und Freude hoch in den Himmel hinaufrecken und bleibt doch mit beiden Füßen auf der Erde. Wenn *Du* jetzt noch nicht die freudige Hoffnung hast, daß über Dich auch noch jene große „Blindheit" komme, so laß mich das um so fester für Dich glauben u. hoffen. [...] Ach, wenn ich Dir doch von meiner Zuversicht ein wenig abgeben könnte! Nur keine Resignation; ich meine, es sei nicht ganz recht, wenn Dein Brief wirklich den *ganzen* Inhalt Deines Herzens mir erschloß! Hat der, der Dein Leben, so wie es ist, Dir gab, wirklich das um Dich verdient? Ich möchte wünschen u. hoffen, was Du mir schriebst, war nur die *eine* Seite Deines Innern, dann verstehe ich sie sehr gut, habe auch etwas davon kennengelernt; vielleicht kann Dein nächster Gruß mir auch von der andern Seite ein wenig berichten! Gern würde ich Dir noch ein wenig von unserm Glück berichten, doch ich möchte Dich nicht noch trauriger machen; [. . .]

Von Herzen

Dein tr.

Hans»

15.

Während der Moabiter Zeit erwägt Tillich, ob er sich um die vakante Pfarrstelle in Moabit oder um die freiwerdende Inspektorenstelle am theologischen Konvikt in Bonn bewerben soll. Daneben führt er Habilitationsverhandlungen mit Halle. Die Bewerbung in Moabit zieht er zurück und Bonn zerschlägt sich, weil nur ein Verheirateter die Stelle erhalten kann. So wendet er sich intensiv seinen Studien mit dem Ziel der Habilitation zu. Er wohnt wieder bei seinem Vater, verbringt aber Wochen dieses Sommers 1913 bei seiner Schwester Johanna und deren Mann Alfred Fritz in dessen erster Pfarrstelle Butterfelde in der Neumark. Johanna berichtet ihrer Freundin Maria Klein über das Leben auf dem Lande:

«[. . .] Wir führen ein rechtes fröhliches, sonniges Sommerleben. Die gesamte Amtmännerei [Familie Wever], die jetzt aus etwa fünfzehn Leutchen besteht, und wir bilden eine lustige Badegesellschaft. Du würdest gewiß auch jetzt Freude daran haben und besonders an den beiden Vorträgen, die Paul uns allen hielt, zwei seiner Berliner Vorträge mit anschließender interessanter Diskussion [. . .] Den See genießen wir segelnder Weise. Es ist immer guter Wind und Spritzwellen, nicht so still und spiegelklar, wie es zu meinen liebsten Stimmungen gehört. [. . .]

Ich bin nicht sehr dafür, daß Paul nach Berlin kommt. Du weißt ja, wie er gleich seine Gesundheit ruiniert. Und er ist jetzt so wohl wie selten. Da sorgt und freut sich mein Schwesternherz immer [. . .] Alle grüßen Dich. Johanna.»

16.

Zu der erwähnten „lustigen Badegesellschaft" gehörte auch eine Kusine der Wevers: Anneliese Hamann. Sie hat sehr deutliche Erinnerungen an diesen Sommer 1913:

«Ich war damals Primanerin und habe alles sehr intensiv aufgenommen, was sich um mich herum ereignete. Da war also Paul Tillich zu

Gast; er war sehr vertieft in seine Arbeit, versammelte aber am Abend die Menschen, die dort zu Gast waren um sich. Und ich erinnere mich genau, wir saßen am See, es waren sehr warme Sommerabende, und er versuchte in sehr geschickter Weise die recht schwierige Materie, an der er arbeitete, an uns heranzubringen in Frage und Antwort. Das machte er sehr gut. Ich war sehr interessiert für diese Dinge; leider weiß ich nicht mehr die Thematik. An diesen Abenden hat sich Tillich wohl eine Basis schaffen wollen für seine spätere Dozententätigkeit, und da war die Frage für ihn wichtig: „Wie denken interessierte Menschen über meine Fragen? Wie denken die Menschen überhaupt?" Es war eigentlich ein kleines Seminar, das er uns hielt, und es hat uns alle außerordentlich beeindruckt, auch Greti Wever, die ebenso wie ich an den Veranstaltungen teilnahm.

Greti Wever war ein sehr differenzierter Mensch, sie war laufend vertieft in grundsätzliche Fragen und lehnte es ab, oberflächliche Bücher zu lesen. Oft las sie ganze Tage. Sie beschäftigte sich mit religionsphilosophischen Problemen, hat sich später auch mit C. G. Jung auseinandergesetzt. Sie diskutierte viel, und wählte sich dann Gesprächspartner, die sie weiterführen konnten, von flacher Unterhaltung wandte sie sich ab. So war es auch das Geistige, das die beiden Menschen, Greti und Paul, zusammenführte.»

17.

Im Herbst 1913 schreibt Tillich an Amtmann Wever:

Berlin, den 20. Sept. 1913
Neuenburger Str. 3.

«Hochverehrter Herr Amtmann!

Diese Zeilen haben den Zweck, Sie um das Größte zu bitten, was Sie mir gewähren können, Sie zu bitten, mir Ihre Tochter Greti für's Leben anzuvertrauen. Sie werden mir glauben, daß ich einen solchen Schritt nie tun würde, ohne die Gewißheit erlangt zu haben, daß unser beider Wesen innerlich und äußerlich zueinander gehört, daß wir uns vor allem in dem Tiefsten berühren, was im Menschen ist, und wo allein die Gewähr eines dauernden, innerlich unlöslichen Verhältnisses gegeben ist. Wenn das Gefühl um dieses Verbundensein die Liebe ist, so kann es sich doch bei uns nicht um ein blindes Verliebtsein handeln, sondern um ein bewußtes, immer neues Ringen umeinander, bei dem dennoch die Sicherheit des Findens nie entschwindet. – Dem entsprach auch unser Kennenlernen. Die entscheidenden Eindrücke empfingen wir voneinander bei den Gesprächen über die großen Lebensfragen, wo wir uns trotz der Verschiedenheit der Denkformen und Ausdrucksweise und des Unterschiedes der Lebenssphären immer wiederfanden. Die erste Aussprache über unser Verhältnis hatten wir am 22. August, aber eben wegen jener vielfachen Verschiedenheit gaben wir uns eine Zeit, in der wir uns frei und ungestört kennenlernen wollten, und beschlossen, die Entscheidung bis Weihnachten hinauszuschieben. Es liegt uns außerordentlich viel daran, daß es bei dieser Verabredung bleibt, weil wir beide zu selbständige Naturen sind, als daß wir einen solchen Schritt anders als in vollkommener Klarheit machen könnten. Hier liegt auch einer der Gründe, warum ich mich nicht eher an Sie gewandt habe: Erst durch die letzten Tage in Berlin, wo wir in aller Freiheit zusammensein konnten, ist uns der richtige Zeitpunkt gekommen. Daß Ihre Frau Gemahlin und Frl. Eva in gewisser Weise vorher orientiert werden mußten, lag in den äußeren Verhältnissen und war unvermeidlich, wenn wir uns öfter sehen wollten. Ausschlaggebend für mein Zögern war schließlich die äußere Seite, das Materielle, über das ich mich erst hier in Berlin orientieren konnte. Wie bekannt, verdient man als Privatdozent nicht mehr als die Kolleggelder, d. h. nichts irgendwie Sicheres oder Erhebliches. Infolgedessen habe ich mich nach einer Stellung umgesehen, die eine gewisse materielle Grundlage geben kann, und stehe vor der Wahl, mich entweder um einen kirchenregimentlichen Nebenauftrag in Berlin oder eine studentische Konviktsinspektor-Stelle in Bonn zu bewerben; ich habe beide Bewerbungen eingereicht, denke aber, daß ich gegebenenfalls Bonn annehmen werde. Dort hätte ich 1500 M Gehalt, dazu im ersten Jahr 300 M Stipendium, im zweiten Jahr eine wesentliche Erhöhung des Stipendiums, dazu das Privatdozentenstipendium. Also eine Grundlage von ca. 2000 M; dazu würde ich, das ist das Resultat unserer Verhandlungen, von meinem Vater jährlich 1000 M aus meinem Erbe erhalten. Freudig aber könnte ich Ihre Tochter nur dann aus ihren gegenwärtigen Verhältnissen herausreißen in die Enge einer städtischen Existenz, wenn wir von Ihnen aus dem Erbe Ihrer Tochter noch einen Zuschuß von jährlich ca. 1000 M erhielten. Und das ist die Bitte, die ich in dieser Beziehung an Sie richte. –

Alles andere möchte ich der mündlichen Aussprache überlassen, die, wie ich denke, in etwa 10 Tagen möglich sein wird. Mit der Bitte um Ihr Vertrauen bin ich

Ihr sehr ergebener
Dr. Paul Tillich
Lic. theol.»

18.

Die „Gewißheit ... daß unser beider Wesen innerlich und äußerlich zueinander gehört" finden wir nicht in einem Brief Gretis an ihre Kusine Margarete Hamann:

Berlin, Ansbacher Str. 32, Frau Strölau

«Meine liebe Dicki, 11. 11. 1913

damals in den letzten Tagen, wie Du bei uns warst, fragte mich Dr. Tillich, ob ich ihn heiraten könnte. Es kam mir doch sehr überraschend. Ich sagte ja, fühlte mich aber recht unglücklich dabei. Dann kam die Einquartierung und Herr v. Gross, der mir eine Freude war zu sehen und zu hören wie ich ihn. Da ging es dem armen Paulchen schlecht, und ich wußte nicht, was nun eigentlich los war. Dann war ich 14 Tage in Berlin bei einem Ohrenarzt. Wir waren den ganzen Tag zusammen und hatten uns dann erst richtig kennengelernt und richtig verlobt. Dann waren wir wieder in Butterfelde zusammen und nun vier Wochen in Berlin. Ich lerne hier Stärkewäsche plätten und habe nachmittags einen Kursus bei Singer im Namensticken auf der Maschine. Die Zeit vergeht unendlich schnell. Abends kommt immer Paul. Und ich muß mich oft immer wieder von Neuem wundern, wie ich noch so etwas erleben kann. Diese große rührende Liebe von ihm, die mich immer zu verstehen sucht und mir von allem gibt, was in ihm ist, an Verstand und Wissen und Erleben. Ich habe oft gesagt, ich möchte nur einen Menschen, der das Leben und die Frauen kennt. Nun habe ich einen, dem ich die erste Frau und die erste Liebe bin. Es ist ein eigenes Gefühl, man kann fast, über sich selber lachend, wieder jung dabei werden. Das wollte ich Dir heute erzählen. Denn Du sollst es doch eher wissen wie die andern. Ich hätte Dir schon eher geschrieben, wenn ich mir klarer darüber gewesen wäre. Sprich aber mit niemandem davon, in Mecklenburg weiß es noch keiner. [...] Meinem armen, kleinen Sthamer sagte ich's, wie ich ihn in Berlin traf. Es wurde mir mächtig sauer. Daß er Theologe ist, wird mir so schwer zu sagen. Es kommt mir manchmal wie eine Ironie vor, er und ich, die allem äußeren Religionswesen gänzlich abgeneigt ist. Aber er ist nicht so wie sein Titel, und seine Vorträge sind mehr suchende Wahrheiten als Gewißheiten. – Ich bin müde heut abend, ein andermal schreibe ich Dir mehr.

Es grüßt Dich in alter Treue

D. Greti»

19.

Einseitig für Tillich Partei nehmend, aber in ihrer Prognose die Zukunft treffend vorausahnend, schreibt Maria Klein an Tillich:

Lichtenrade, 23. 10. 13

«[...] Ich glaube, daß Greti durch ihre Gegenwart gewaltige Macht über Sie hat. Deshalb müßten Sie sich einmal ein Vierteljahr mindestens von ihr trennen [...] Greti beherrscht so sehr jede Situation. Sie ist äußerlich so vollkommen und imponierend, aber sie ist hart und unerbittlich, das fühle ich, sie ist das, glaube ich, gegen jeden, weil sie es gegen sich selbst ist, außer gegen Sie. Ich wünschte aber, Sie bekämen eine Frau, die nicht hoch von sich selbst denkt, sondern die sich selbst ganz schwach und klein vorkommt, und die doch all Ihre Interessen versteht, die Sie mit sich ziehen können ans Licht, in dem Kampfe, den Sie kämpfen. Denn Ihr ganzes Leben ist doch ein Suchen nach Gott. Und ich glaube, Greti ist nicht gerade eine suchende Natur. [...]»

20.

Skeptisch betrachtete Tillichs Verlobung sein Schwager Alfred Fritz. Er schreibt an seine von Butterfelde eine Zeitlang abwesende Frau:

21. 3. 14

«[...] Ob Du wohl Paul nochmal gesehen hast? Ich muß so viel an ihn denken. Greti sagt, er habe heute fröhlich geschrieben. Es ist doch so schwer, daß man gar nicht helfen kann und daß gar keine Aussicht ist, daß der tiefe Riß im Religiösen sich schließt. Ich bin überzeugt, damit wäre alles andere gut, und auch wir würden uns drüben dann restlos wohlfühlen. Auch Er ist nicht gekommen, den Frieden zu bringen, sondern das Schwert. Wenn man nur wüßte, was man tun soll. Ich wundere mich, daß Paul gar nicht mit Vater reden mag, ich hätte mit dem meinen längst geredet, lieber, als mit all den Fernstehenden. Es ist doch eine prinzipielle Frage, nicht nur eine persönliche. [...]»

10. 6. 14

«[...] Mit Greti und Paul habe ich heute Kaffee getrunken, es war sehr gemütlich. Greti will wirklich näher kommen, aber der Wände sind so viele und sie dauert mich fast, daß sie in diese theologische Welt kam, die ihr so fremd ist. Es ist so schwer, ihr die rechte Antwort zu geben. [...]»

21.

Die offizielle Verlobung wird im Januar 1914 gefeiert, die Hochzeit findet am 28. September statt. Der ausgebrochene Krieg und eine Beinverletzung von Vater Wever erlauben nur eine kleine familiäre Feier. Mutter Wever berichtet darüber ihrem schon im Feld stehenden Sohn Wolf:

«[...] Unsere Grüße von Gretis Trauung wirst Du erhalten haben. Paul sein großer Wunsch ist nun erfüllt, und ist er hoffentlich den Strapazen gewachsen. Er sollte sich am Mittwoch in Magdeburg melden, das Nähere wissen wir noch nicht. Pferd und Bursche sind ihm gestellt, und er selber ist in grauer Uniform. Greti ist mit ihm gefahren und bleibt so lange in Magdeburg, bis er ausrückt. Ob er nun nach Westen oder Osten kommt, wußte er auch nicht genau. Die Trauung war hier im Hause, da Vater nicht laufen konnte, und waren nur wir und seine Geschwister anwesend. Die Rede vom alten Tillich hätte tiefer sein können in der jetzigen Zeit, oder verlangt man als Mutter zu viel für sein eigenes Kind? Greti kommt natürlich nach hier zurück. [...]»

22.

Kurz nach Ausbruch des Krieges muß das kleine Tagebuch Tillichs entstanden sein; es befindet sich zusammen mit einigen anderen Kriegsaufzeichnungen in einem Notizbuch und stellt einen gedrängten Rückblick auf die letzten fünf Jahre dar (1909–1914). Nicht alle Anspielungen darin sind für uns heute verständlich:

Eigentlich bin ich für ein Tagebuch zu ironisch veranlagt. Es ist mir nicht möglich, mich selbst so ernstzunehmen, wie es ein rechtes Tagebuch verlangt. Und selbst diese beiden Sätze kommen mir in ihrer Ernsthaftigkeit schon einigermaßen lächerlich vor. Warum ich es dennoch schreibe? Weil ich ästhetische Bedürfnisse habe und hin und wieder sogar produktiver Art; außerdem, weil ich Interesse an den Tatsachen habe, die mich in den letzten Monaten in den Kreis der großen Begebenheiten des Weltkrieges hineinstellen. Einer Einigung von historischer und ästhetischer Absicht dient das folgende; dennoch wäre es nicht richtig, Dichtung und Wahrheit als Motto darüber zu setzen, denn ich will nichts dichten, aber ich will betrachten und durch die

Betrachtung kommt das ästhetische Element herein. Man könnte auch sagen, das philosophische, und in dem Ganzen eine individuelle Geschichtsphilosophie sehen. Aber wo sind hier die Grenzen von Dichtung und Philosophie? Natur-Philosophie ist Natur-Dichtung. Geschichts-Philosophie ist Geschichts-Dichtung, und daß sie das sind, ist ihre Wahrheit – aber ich bitte mir von mir und etwaigen Lesern ernsthaft aus, in keinem Augenblick das ironische Lächeln zu vergessen, das über dem Ganzen schweben soll als guter Geist.

Mein Leben hat Systematik, und am meisten dann, wenn es aus seinem System herausfiel. Sein System war die Idealität und das System realisierte sich in den letzten Jahren durch Abfälle der Idee von sich selbst ins Reale.

Das fing an um die Osterzeit des Jahres 1909, als ich Pfarrverweser in Lichtenrade bei Berlin wurde nach eben bestandenem ersten Examen. Es fing an, aber es hielt sich ganz innerhalb der Grenzen seiner Idealität; es war ein Gefühl, ahnend erstaunt, aber es war wenig Realität darin. Ich sprach es eines Vormittags im Tiergarten aus kurz vor dem Wartburgfest, als ich mit Albert Kilger auf einer Bank saß und er mir sagte, ich wäre der Freund seines Kopfes, [Hermann] Schafft seines Willens, Alfred [Fritz] seines Herzens. Ich sagte, ich hätte jetzt zum ersten Mal gefühlt, was Leben heißt. –

Es war die Frühlingswärme, das Pfarrhaus, die Kinder, das Ingelein [Klein], das Spiel, die Arbeit, es war dann Schelling's Naturphilosophie und die Birkengruppe im Sommerwind ... es war die Lebensfreude, die Gesundheit, das Wohlgefühl von Körper und Geist. Es war Ahnen der Realität, die Idee sah die Erde im Traum, und es gelüstete sie, Erde zu werden, aber sie wußte es noch nicht.

Der Herbst und Winter war der Doktorarbeit gewidmet. Es war der Herbst, wo ich mit Friedrich Büchsel und dem „Bärentöter" [Heinrich Meinhof] die Küsten von Misdroy unsicher machte.

Ein Bazillus lag in der Luft, angeregt durch Debatten und Vorkommnisse im Berliner Wingolf. *Sexualia* bildeten den Inhalt realer Gespräche, aber es blieb noch immer im Ideellen, besonders auf der großen Frühlingsreise nach Kassel, [zu Hermann Schafft] Halle, Merzwiese. Kometenabende[12] in Merzwiese, die abenteuerliche Doktorangelegenheit, unbeirrt durch eine Schweizerreise, hielt die Idee in Atem – bis in den Herbst 1910 in Heringsdorf.

Und es kam „Sirenchen" und die Idee wurde verführt und wurde Erde. Nachher verstand ich den Moment und schrieb Tagebuchblätter, erfrischend ironisch, fast egoisch, und der entscheidende Satz muß etwa gelautet haben „Sie besiegte mich wie Salome den Herodes durch einen Tanz". Aber das wußte ich erst etwas später. Die Sache selbst vollzog sich so, daß ich ihr Kierkegaard vorlas und sie mir aus ihrem Leben erzählte ...

Im Winter stürzte ich mich in die Realität. Ich suchte sie allenthalben und fand sie ... aber ideell, nicht mehr abstrakt, nicht mehr ahnend, sondern mich berauschend und mit Intelligenz den Rausch genießend. Auch Romantik war dabei. Die Herbstdämmerstunden in Lichterfelde bei Dox rings um ihr Haus hatten Romantik. Seit diesen Tagen ist die Herbstdämmerung Fiebergift in meinem Blute, daß es nach Bogenlampen und Walzern schreit ...

Im Frühling 1911 kam das Vikariat in Nauen, beginnend mit der Paris-London-Reise. In Paris waren die ersten ernsthaften Kämpfe mit Johanna [Tillich]. Sonst hatte die Idealität Übergewicht. Von Nauen aus wurde der Winter 1910 partiell fortgesetzt. Wesentlich neue Momente brachte er nicht. Ein paar Bekanntschaften, deren Sensus wesentlich ideell war. Statt dessen brachte er den Lizenziaten und das zweite Examen, die Ordination und den einen Monat in Treptow. Der Gefühlsinhalt dieses Monats war unvergeßlich. Es war das groteske Gefühl, daß all die Tausende, die in den Häusern des Bezirks wohnten, und die Hunderttausende, die in den Straßen nach Treptow wanderten, mir gehören. Es war ein aus geistigen und sinnlichen Elementen kompliziert zusammengesetzes Machtgefühl.

Es folgt das große Jahr an der Erlöserkirche in Moabit. Es war der dionysische Taumel, der meine Seele ununterbrochen schwingen ließ, der die Nüchternheiten wunderbarer Kraft ein Jahr lang ausgeschaltet hatte. Es war die dionysische Realität, zu der die apollinische Idee meines Lebens sich gewandelt hatte. Da es immer im Ideellen blieb, so gab es keine Ernüchterung und der Reichtum der Eindrücke war so groß, daß nicht einmal Zeit zum Nüchternwerden da war. Für 3 Jahre meines Lebens würde ich dies eine nicht hergeben ...

Und nun heißt es schweigend verzeichnen, was geschah. Es ist die Grundlage, auf der mein Lebensbau steht. Da ist es zu gefährlich, die Fundamente bloßzulegen. Im August 1913 war die Verlobung, im Winter das Zusammensein [mit Greti] in Berlin, die Arbeitszeit in Butterfelde, die Dogmatik[13] und Habilitationsschrift, die Abweisung der Bonner Inspektur ... eine der entscheidendsten Taten der Zeit ... und der Tag, wo ich durch einen Brief von Eckart von Sydow nach Berlin gerufen wurde.

„Willst Du Dich in diesen weltgeschichtlichen Tagen in Butterfelde vergraben?" schrieb er. Ich wollte es nicht. Über die schon bewachte Oderbrücke ging es nach Berlin, wo ich in absolut überfüllten Zügen auf dem Stettiner Bahnhof ankam. Vor den Säulen drängten sich die Leute, um den ominösen roten Anschlag zu lesen, der, wie ich bald erfuhr, den Kriegszustand verkündigte. Kaum angekommen, ging es zurück „Unter die Linden". Im Café Kerkau erzählte ein Student die Worte der eben gehaltenen Kaiserrede: „Wir sind hinterlistig überfallen worden". Da brach ich fast zusammen vor innerlichem Entsetzen,[14] denn ich wußte, was das bedeutet. Der Lokalanzeiger ließ diese Stelle fort. Am Abend saßen wir mit Eckart und Papa auf der Kranzlerterrasse, neben uns Jüdinnen, aber Papa unterhielt sich lebhaft, die Extrablätter mit den Ultimaten kamen.

Der Sonnabend war furchtbar, von 10 Uhr an auf der Straße. Die Zeit des Ultimatums lief ab, keine Antworten, alle Stunden Extrablätter von neuen Zeitungen, in wilden Fluschen von den Omnibussen herabgeschleudert. Alle halbe Stunde zum Depeschensaal des „Lokalanzeigers"; das Umschwenken der englischen Presse; Mittag ... Nachmittag, von 3 Uhr an unter dem Schloß; um 9 Uhr das Auto, der Ruf: „Mobil". Ich einer der ersten, die es verstehen. Debatte über das, was er gesagt hat. Durchbruch der Schutzmannreihe; Singen von „Eine feste Burg"; tiefste Bewegung ...»

ANMERKUNGEN

1 Daß Tillichs Angaben in seinen „Autobiographischen Betrachtungen", G.W. 12, S. 58–77, mit Irrtümern behaftet sind, sei hier angemerkt. In G.W. 12, S. 64 gibt er für sein zweites theologisches Examen das Jahr 1911 an. (Richtiges Datum: 4. Mai 1912) und für den philosophischen Doktor in Breslau ebenfalls das Jahr 1911 (richtiges Datum: 27. Juli 1910). An diesem Beispiel wird deutlich, daß Interviews und Erinnerungsberichte in jedem Fall an den vorhandenen Dokumenten nachgeprüft werden müssen. Paucks übernehmen in Tillichs Leben. S. 47, die falschen Daten.

2 Aus dem Protokollbuch der Kirchenvorstandssitzungen der Kirchengemeinde Lichtenrade b. Berlin.
„Verhandelt Lichtenrade, den 25. 1. 1909
1. Der Gemeinderat ist einstimmig einverstanden, daß Pastor Klein für 3 Monate, etwa vom 1. März bis 1. Juni, in den Direktorgeschäften der D.O.M. in Potsdam aushilft und sich in dieser Zeit in der Gemeinde von einem Candidaten oder Hilfsprediger auf seine Kosten vertreten läßt, soweit er nicht selbst hier sein Amt versehen kann."

3 Wegener hatte bereits am 29. 6. 1908 in Rostock promoviert. Er bereitete sich damals also keineswegs auf seine Doktorprüfung vor, wie bei Paucks, Tillichs Leben, S. 43, behauptet wird.

4 Aus der Lichtenrader Zeit sind eine Reihe von Predigten, Trauungs- und Beerdigungsansprachen erhalten. Bei den Predigten findet sich ein zweimaliger Zyklus, der sich von März bis ungefähr Pfingsten erstreckt. Das legt die Vermutung nahe, daß Tillich auch noch nach seinem Weggang von Lichtenrade gastweise dort gepredigt hat.

5 Was bei Paucks, Tillichs Leben, S. 45 mitgeteilt wird, bezieht sich also nicht – was auch völlig undenkbar wäre – auf Tillichs Umgang mit seinen Konfirmanden, sondern auf den mit den viel kleineren Pfarrerskindern.

6 Erst zu dieser Zeit bewohnten Tillich und Wegener in Lichtenrade benachbarte Zimmer im Nordflügel des Pfarrhauses, nicht, wie bei Paucks, Tillichs Leben S. 43, im Jahre 1909. Wegener war im Jahr 1908 zur Unterstützung von Pfarrer Klein in Lichtenrade; seit 19. 12. 1908 war er jedoch Hilfsprediger in Hennickendorf bei Herzfelde, hat also Tillichs frühe Tätigkeit in Lichtenrade gar nicht miterlebt.

7 Das Dissertationsthema lautete: „Die religionsgeschichtliche Konstruktion in Schellings positiver Philosophie, ihre Voraussetzungen und Prinzipien". Die mündliche Prüfung fand am 27. 7. 1910 statt, die feierliche Promotion am 22. 8. 1910.

8 Das Aktenstück „Kandidaten 1911 ff" im Ephoralarchiv in Nauen bringt den Bericht über den Kandidaten Tillich. Es ist ein Konzept und hat keine Überschrift.

9 Archiv des Konsistoriums Berlin-West, Registerband Pfarramtskandidaten 1890–1934, Zweite Theologische Prüfung, sowie das ihm erteilte Zeugnis. Das bei Paucks, Tillichs Leben, S. 47 angegebene Datum 27. 7. 1912 stimmt nicht.

10 Tillich war von Ende August 1912 bis Mitte Mai 1913 Hilfsprediger in Berlin-Moabit. Tillichs Tätigkeit in Treptow vom 15. 6. bis 31. 7. 1912 wird bei Paucks, Tillichs Leben, überhaupt nicht erwähnt. Vom 20. August bis Ende September 1914 war Tillich Hilfsprediger in Berlin-Lankwitz (Akten der Kirchengemeinde Berlin-Lankwitz), nicht aber wie bei Paucks, Tillichs Leben, S. 47, erwähnt, wieder in Berlin-Moabit.

11 Vgl. G.W. 13, S. 37.

12 In Merzwiese amtierte damals Pastor Horn, der Tillich für die Doktorprüfung in Aramäisch vorbereitete. Dessen Tochter Trude Horn wurde später die zweite Frau von Alfred Fritz. „Kometenabende" bezieht sich auf den Halleyschen Kometen, der 1910 wochenlang sichtbar war.

13 Von der Dogmatik existiert im Deutsch. P.T.-Archiv eine handschriftliche Kopie von Richard Wegener.

14 Das Tagebuch wurde von Paucks nicht zur Kenntnis genommen. Darum kommen sie zu falschen Schlußfolgerungen bezügl. Tillichs Einstellung zum Kriege.

IV. DER ERSTE WELTKRIEG

1914–1918

Zeittafel

(Zusammengestellt nach Tagebuchnotizen von Paul Tillich. Es wurden hier nur solche Orte aufgeführt, die noch heute auf einer Michelin-Karte auffindbar sind.)

Kampfgebiet an der Aisne

Oktober 1914 bis Mai 1915:	Bieuxy bei Soissons.
Dezember 1914:	Verleihung des Eisernen Kreuzes 2. Klasse.
7. bis 28. April 1915:	Heimaturlaub.
Mai 1915 bis August 1915:	Juvigny bei Soissons.
September 1915:	Heimaturlaub.

Kampfgebiet Champagne

Oktober 1915:	Verlegung in die Champagne in die Gegend von Liry, Aure, Sommepy-Tahure.
30./31. Oktober 1915:	Schlacht bei Tahure (Butte de Tahure).
Weihnachten 1915:	Gottesdienst in der Kirche von Aure.
28. Januar bis März 1916:	Außerhalb der Kampfzone in Wasigny bei Rethel.
März 1916:	Heimaturlaub.

Kampfgebiet Verdun

Mai 1916:	Verlegung in die Kampfzone von Verdun.
Juni 1916:	Kämpfe um Verdun, 5 Tage Lazarettdienst in Bezonvaux.

1. Juli bis 23. Juli 1916:	Heimaturlaub, 3. 7. Probevorlesung, 20. 7. Antrittsvorlesung in Halle.
August 1916:	Rückkehr zur Truppe, Olizy, Vaux-Mouzon.
5. September bis 16. September 1916:	Heimaturlaub.

Kampfgebiet an der Somme

16. September 1916:	Rückkehr zur Truppe.
18. September 1916:	Verlegung an die Somme, Abtransport nach Arancy.
21. September bis 10. Oktober 1916:	Bapaume, Roquigny, Ytres, Haplincourt, Ryaulcourt, Béaulencourt, Villers-au-flos, Riberont.
11. Oktober bis 17. Oktober 1916:	Ausflüge nach Cambrai, Valanciennes und Lille.

Zurück in die Champagne

18. Oktober 1916:	Fahrt nach Vaux-Mouzon.
28. Dezember 1916:	Fahrt nach Pierrespont.
7. Januar 1917:	Fahrt nach Villerupt.
28. Januar 1917:	Fahrt nach Chaumont.
23. Februar bis Mitte März 1917:	Heimaturlaub.
22. März 1917:	Beschießung von Chaumont.
12. April 1917:	Krach mit Exzellenz von Bonin.
13. April 1917:	Fahrt nach Sassey.
14. April 1917:	Fahrt nach Sedan.
21. April 1917:	Fahrt nach Tagnon.
22. April 1917:	Fahrt nach Avançon.
24. und 27. April 1917:	Fahrt nach Isles.
15. Mai 1917:	Fahrt nach Charleville.

Mai 1917 bis Juni 1917:	Wasigny und Perthes bei Rethel.
4. Juni 1917:	Marsch nach Lager „Blankenburg“.
10. Juli bis 5. August 1917:	Heimaturlaub.
5. August 1917:	Rückkehr nach Château-Porcien, Anelles und Rethel.
16. September 1917 bis 15. März 1918:	Keine Aufzeichnungen.
Oktober 1917:	Heimaturlaub zur Hochzeit der Schwester Elisabeth mit Erhard Seeberger.
Februar 1918:	Heimaturlaub.
15. März 1918:	„Abmarsch“.
31. März 1918 bis 7. April 1918:	Lazarett-Aufenthalt in Guise.

Kampfgebiet Champagne

7. April 1918:	Abfahrt nach Lesquelles, Le Thuel, Robert-Champ.
9. Juni 1918:	Verleihung des Eisernen Kreuzes I. Klasse.
29. Mai 1918 bis 17. Juni 1918:	Acis, Le Châtelet.
Juli 1918:	Fünf Tage Heimaturlaub.
30. Juli 1918:	Versetzung in die Garnison Spandau.

1.

Margot Hahl erinnert sich an die rauschhafte Begeisterung in den ersten Tagen und Wochen des Krieges:

«Mitten in einen strahlenden, heißen Sommer brachen die Augusttage der Mobilmachung, der Kriegserklärungen, der ersten Siege herein – und wenn man auch schon länger, besonders seit dem Mord in Serajewo, wie auf einem Vulkan gelebt hatte in Ahnung des nicht mehr zu vermeidenden Krieges, so war nun die Wirklichkeit ganz anders. Allgemein wurde der Krieg empfunden als „notwendiger Verteidigungskrieg gegen eine drohende Umzingelung Deutschlands", wie der Reichskanzler Bethmann-Hollweg proklamiert hatte. Ganz anders 1939! Da gab es beim Volk nur lähmendes Entsetzen, eisiges Schweigen, tiefe Angst und Tränen, bei dem Heer entweder fanatische oder verbissene Pflichterfüllung. Zu Kriegsbeginn 1914 jedoch herrschte allgemein eine geradezu rauschhafte Begeisterung; alle Volksschichten waren geeint, zu den Waffen drängten unzählige Freiwillige, junge und ältere Männer; jeder wollte „dem Vaterland dienen". Die Menschen umarmten sich auf der Straße, lachend, mit Blumen am Helm und am Arm ihrer jungen Frauen marschierten die Soldaten ins Feld. Die Eisenbahnwaggons der Truppentransporte waren mit Blumen und Inschriften geschmückt: „Weihnachten sind wir wieder zu Hause" – natürlich als Sieger! Alle sangen: „Deutschland, Deutschland über alles", „Es braust ein Ruf wie Donnerhall", „Die Wacht am Rhein", „Siegreich woll'n wir Frankreich schlagen, sterben als ein tapfrer Held". – Tiefste Trauer und eine Ahnung des großen Sterbens befiel viele Menschen zum ersten Mal nach dem Verbluten der Studentenregimenter vor Langemarck im August 1914, als sie mit Bajonetten gegen das Maschinengewehrfeuer anstürmten und reihenweise fielen.

Von der Kriegsbegeisterung gibt es viele zeitgenössische Zeugnisse verschiedenster Art. Thomas Mann schreibt 1914 an seinen Bruder: „Ich bin noch immer wie im Traum ... Welche Heimsuchung! Wie wird Europa aussehen, innerlich und äußerlich, wenn sie vorüber ist? [...] Muß man nicht dankbar sein für das vollkommen Unerwartete, so große Dinge erleben zu dürfen? Mein Hauptgefühl ist eine ungeheure Neugier, und, ich gestehe es, die tiefste Sympathie für dieses verhaßte, schicksals- und rätselvolle Deutschland ... Unser Sieg scheint ja in der Konsequenz der Geschichte zu liegen – aber Deutschlands Wege und Schicksale sind nicht wie andere [...] man fühlt, das alles wird *neu* sein müssen nach dieser tiefen, gewaltigen Heimsuchung und daß die deutsche Seele stärker, stolzer, freier, glücklicher daraus hervorgehen wird. So sei es." [1]

Rainer Maria Rilke schreibt im August 1914: „Wer hätte das gedacht! Und nun denkt man nichts als dies, und jedes Frühere ist wie unvordenklich geworden, abgetrennt von einem durch Schluchten und Höhen nicht mehr fühlbaren Gefühls ... Aber im September 1914 schreibt er: „Wir alle stürzten in das plötzlich aufgerichtete und aufgetane gemeinsame Herz – jetzt haben wir wohl das Gegenteil zu überstehen und auszuhalten: den Rückschlag in das verlassene namenlose eigene Herz. Was ist alle äußere Sicherheit bei aller Lebens- und Todesnot im innersten Dasein!“ [2] So empfand der Dichter schon einen Monat nach Kriegsbeginn.

Harry Graf Keßler schreibt an Hugo von Hoffmannsthal am 17. 8. 1914 aus Rußland: ‹Die Stimmung unserer Truppen und die Organisation des Ganzen ist so glänzend, daß an dem endlichen Sieg nicht zu zweifeln ist. Überhaupt haben diese ersten Kriegswochen in unserem deutschen Volk irgend etwas aus unbewußten Tiefen emporsteigen lassen, das ich nur mit einer Art von ernster und heiterer Heiligkeit vergleichen kann. Das ganze Volk ist wie umgewandelt und in eine neue Form gegossen. Schon das ist ein unschätzbarer Gewinn dieses Krieges, und es miterlebt zu haben, wird wohl die größte Erfahrung unseres Lebens sein.›[3]

So dachten sie am Kriegsanfang, wo Max Weber von den Studenten sagte: ‹Diese Jugend, die bisher Form und Gehalt ihres Seins abseits vom Ganzen gesucht hat, ist bereit, sich dienend dem Ganzen zu opfern. Keiner aus diesem durch Geist und Schönheit geformten Kreis wird sich zum Einsatz zu schade sein ... Die Stunde ist da und von ungeahnter Erhabenheit. Es ist – die Stunde der Entselbstung, der gemeinsamen Entrückung in das Ganze. Heiße Liebe zur Gemeinschaft zerbricht die Schranken des Ich.›[4]

Dabei starb dann die Jugend für bürgerliche Ideale („mit Gott für König und Vaterland“), für eine Haltung, die schon längst nicht mehr die ihre war; bei den Sozialisten, den Freideutschen, dem Wandervogel, weiten Kreisen der Liberalen gab es längst einen Aufbruch zu neuen Zielen.

Statt des kurzen sieghaften Krieges gab es im Westen den langen, zermürbenden Stellungskrieg, den uns Tillichs Briefe so deutlich vor Augen führen. Im Lauf der Kriegsjahre mit ihren Entbehrungen und all dem Leid in der Heimat, dem Hunger und Elend zu Haus und an der Front schwand die Kriegsbegeisterung. Zwar war das Volk zu Hause nur mittelbar betroffen, nicht wie die Franzosen, auf deren Boden die furchtbaren Kämpfe sich abspielten. Aber die Soldaten wurden immer mehr durch das schwere, leidensvolle Erleben bis in die Wurzeln erschüttert. Das Ausharren im Krieg wurde ihnen zu einer schweren Pflicht, aus der es keinen Ausweg gab. Drinnen und draußen breitete sich tiefe Trauer aus – Verelendung, Kälte, Hunger, Tod! Die heroischen Gefühle schwanden dahin im Granathagel, die kriegsbegeisternden Lieder wurden kaum noch gesungen. Zweifel am Sinn des Geschehens bemächtigte sich der meisten. Die Frage: „Wozu das Ganze?“ nagte auch in den Tapfersten oder wurde durch Willensanstrengung in ihnen niedergehalten. Anders als 1914 schrieb Max

Weber 1916: ‹Als jahrelanger Alltag wird er [der Krieg] in jeder Hinsicht satanisch werden und mit der physischen auch die moralische Widerstandskraft des bedrängten Volkes aufreiben.›[5]»

2.

Die wenigen Tage in Magdeburg, wo Tillich sich zu „stellen“ hatte, sind rasch vorüber. Schon nach einigen Tagen kommt Tillich an die Westfront. Die Eisenbahn bringt ihn an die belgische Grenze, dann erreicht er in einem unbequemen Pferdewagen die Gegend bei Namur, schließlich seinen Bestimmungsort Bieuxy, ein winziges Dorf im Rücken der Aisne-Front, nicht weit von Soissons.

Sein späterer Freund, der Brigadeadjutant Erich Pfeiffer, berichtet über Tillichs Auftauchen in Bieuxy:

«Nach der Marne-Schlacht September 1914 wurden die deutschen Truppen, die ungeheure Leistungen hinter sich hatten, in einer etwas rückwärts gelegenen Stellung neu gruppiert und aufgefrischt. Und mit dem ersten Ersatz kam auch ein junger Berliner Theologe, Paul Tillich, an die Front, aus deren vorderster Linie man die Türme von Soissons in aller Deutlichkeit sehen konnte. Er wurde der 7. Reserve-Division zugeteilt und dazu bestimmt, die evangelische Seelsorge in deren Gebiet zu übernehmen. Gleichzeitig mit ihm wurde für den katholischen Sektor Pfarrer Kapell berufen. [...] Tillich, schmal und schlank, ein wenig zurückhaltend, ja außerhalb seines Amtes ein wenig schüchtern. Und doch kann er die gehobene Atmosphäre seines Elternhauses nicht verleugnen. Irgendein geistiger Schleier umgibt seine durchaus noch jugendliche Persönlichkeit. Von der selbstbewußten Würde eines Geistlichen damaliger Prägung ist nicht viel zu spüren. Dem Leben der großen Welt steht er noch fern. Im Grunde ist er noch ein großer Junge und diese hier seine erste selbständige Aufgabe.

[...] Und eines Tages tauchen beide beim Brigadegeneral der drei Infanterie-Regimenter auf – sie seien nunmehr seinem Stabe zugeteilt: Der Divisionsstab liegt zu weit ab. Er hat sich auch stark vergrößert. Vor allem die Infanterie soll ihre Seelsorger näher bei sich haben. Das bedeutet allerdings ein Quartier, das vielfach unter französischem Artilleriebeschuß liegt. Und so beginnen beide, für fast 2 Jahre, Leid und Freud mit der Truppe in vorderer und vorderster Linie zu teilen. Bei aller geistlichen Tätigkeit werden sie allmählich doch auch „Soldat“; denn sie alle – Offizier, Mann und ihre Seelsorger – sitzen in dem gleichen Boot. Und die Fahrt geht sehr bald durch die Hölle der großen Abwehrschlachten [...]»

3.

Bieuxy erhält durch seine Lage in einer Talsenke keinen direkten Beschuß, aber die Nähe der Front ist deutlich spürbar. Tillich berichtet über seine ersten Eindrücke seinem Schwager Alfred Fritz:

«Lieber Frede! Bieuxy, den 17. Oktober 1914

Ich hoffe, daß Du von allerhand Winkeln her allerhand über mich gehört hast, von den unruhigen Tagen in Magdeburg, von der achttägigen Reise unter mancherlei Abenteuern, Quartieren und Hermann Schafft, durch Belgien und Frankreich, von dem stolzen ersten Ritt von der letzten Eisenbahnstation 13 km durch die Lande bis zu meiner Division; von der relativen Ruhe, die hier herrscht und auch durch die andauernde Kanonade nicht wesentlich gestört wird. So bleibt denn nicht viel Neues zu erzählen. Über die allgemeine kriegerische Lage bist Du besser orientiert als ich. Heut sagte der Generalstabsoffizier, es könnte noch 14 Tage und länger dauern, ehe eine Änderung eintritt. Wir wünschen alle, daß es bald vorwärts geht. Die VII. Reserve-Division, die bei dem berühmten Einmarsch in Belgien und Frankreich immer voran war, liegt jetzt eingegraben in die Schützengräben und hat kaum etwas anderes zu tun als zu hören, wie die Granaten und Schrapnells drüber hinsausen, ohne Schaden zu tun. Ich glaube kaum, daß es mir möglich sein wird, einmal in die Schützengräben zu kommen. Es geht nur nachts und gerade dann wird viel geschossen. Die Umgebung des Dorfes wie die meisten anderen ist wüst und scheußlich, das unausgedroschene Getreide liegt faulend umher, dazwischen zerbrochene Wagen, Fahrräder, Kisten und dergleichen; plötzlich ein penetranter Gestank: ein Pferd, das nicht tief genug vergraben ist, eine sehr häufige Erscheinung. Im übrigen ist die ganze Umgebung der Häuser eine große Bedürfnisanstalt, was auch nicht zur Erhöhung der Reize dient. Ein paar Schritt von unserem Hause entfernt sind etwa 20 Soldaten begraben, aus irgend einem früheren Gefecht, einfache Holzkreuze mit Laub, Name und Datum bei einigen eingebrannt. Auf dem Grab der Helm. – Heute war ich auf dem Kirchhof in Tartiers, weit vorn, dunkle Tannen, eine Mauer aus Quadersteinen, von dort einen wundervollen Blick auf das Aisne-Tal, von dem Granaten und Schrapnells angeflogen kamen und zwei Kilometer entfernt platzen, zwei Schrapnells sogar noch näher; ein dünner Blitz und ein weißes Wölkchen in der Luft zeigt den Ort an. Wenn die Kanonen von den Seiten ertönen – wir liegen im Halbkreis nach vorn – dann wird mir manchmal unheimlich zumut, ob wir die

Stellung werden halten können. Kriegsbilder gibt es natürlich trotzdem genug. Alle Dörfer sind besetzt mit Kolonnen, Stäben, Reserven, letztere allerdings in lächerlich geringer Zahl. Franzosen sieht man selten, nur ganz alte Männer, alle anderen werden weggetrieben, teilweise unter Bedeckung zur Arbeit gezwungen: Dreschen und Kartoffelhacken. Frauen sind noch eine ganze Menge da, die von uns verpflegt werden müssen, da sie sonst längst verhungert wären; das Land ist bis zum Äußersten ausgesogen. In einer großen Scheune lagen mehrere 100 alte Männer, Frauen und Kinder auf Stroh aus den beschossenen Dörfern, ein jammervolles Bild, besonders ein alter zittriger [1 Wort unlesbar] von 80 Jahren und eine uralte völlig verschrumpfte Frau. Am tragischsten berührt mich die reiche Ernte, die auf den Feldern steht und ganz verdirbt. In der Gegend werden fast nur Rüben gepflanzt und gedeihen großartig, dazwischen etwas Weizen. Beides ist verloren. Armes Land! Die Häuser sind natürlich zum großen Teil wüst und leer, alles weggenommen und zerbrochen; wir selbst haben schon zwei Herde aus anderen Häusern requiriert, d. h. einfach genommen, da niemand da war, der einen Bon empfing. Betten, Schränke – alles ist weg. – Merkwürdig ist oft der Gegensatz der Ruhe auf den Feldern – nur hier und da in der nebligen Dämmerung ein Reiter – und dem ungeheuren Geschehen, was auf diesen Feldern täglich sich vollzieht. Diese einsamen Umschaus sind das Großartigste der mancherlei Erlebnisse. – Meine geistliche Tätigkeit beläuft sich auf vier bis fünf Gottesdienste die Woche, je eine halbe Stunde lang. Ich rede kräftig, aggressiv, aber immer stark mystisch-religiös, und das verstehen sie, nachdem, was ich bisher erfahren habe. Ein Oberstleutnant, der vorher sehr schnodderig war, kam nach drei Tagen und bat um einen neuen Gottesdienst. Ich habe bis jetzt geredet vor der Bagage, einer Jägerkompanie, einem Reservebataillon; morgen, Sonntag, eine andere Jägerkompanie und ein Kürassierregiment. Bei den Jägern hatte ich auf meine Bitte eine Kollekte von 180.– M für die Ostpreußen – massenhaft Ein- und Zweimark-Stücke. Die geistliche Versorgung ist übrigens jetzt völlig ausreichend. Öfter als acht Tage kann man unter keinen Umständen an dieselben Leute. Die Lazarette, auch das hier im Dorf, haben einen eigenen Geistlichen. Dazu kommen wir also gar nicht. Einzelseelsorge ist kaum möglich. Daß es vorher überhaupt nicht viel Möglichkeiten gab, lag an den Märschen. Das Geschrei ist also nicht ganz begründet gewesen. Und doch solltest Du hier sein! Grüß' mein liebes, liebes Wumming[6]! Lies den Brief Greti vor und schicke ihn an Papa und Großmamma!

Dein tr. Paul.»

4.

Tillich schreibt an die Familie Wever auf die Nachricht vom Tode des ältesten Sohnes Wolf:

Oktober 1914

«Wenn Ihr diesen Brief bekommt, sind die schwersten Tage hinter Euch, aber in gleicher Stärke bleibt der Schmerz noch auf lange hin, und kann er Euch nie mehr verlassen. Zwei Kinder in vollster schönster Jugend – das ist so bitter wie weniges. Und der eine der älteste Sohn! Und doch ist es etwas Großes zu denken, daß er den „schönen, den schönsten Tod" gehabt hat, daß er, der Soldat, an hervorragender Stelle fürs Vaterland gefallen ist. Die wunderbare Versöhnung, die meiner Empfindung nach über all dem tausendfachen Sterben um uns her schwebt, daß all diese Toten nicht für sich gestorben sind, sondern für etwas, das größer ist als jeder einzelne. So wird das Sterben nicht bloß wie sonst zu einem Naturereignis, dem wir in machtloser Bitterkeit gegenüber stehen, sondern zu einer Tat, in die wir unsern ganzen Willen, unser Bestes, unsre innerste Persönlichkeit hineinlegen. Dadurch wird bewiesen, daß die Persönlichkeit allem Natürlichen, auch dem Sterben, überlegen ist. So ist denn auch, das ist meine innerste Gewißheit, unser lieber Wolf zu dem Leben zurückgekehrt, aus dem alles persönliche Leben stammt, zu der ewigen Heimat, die niemanden lieber aufnimmt als den Helden, der sein Leben in der Zeit gering geachtet hat um der ewigen Güter willen. Diese Gewißheit, liebe Eltern, trägt mich jetzt hindurch, durch all das Sterben um mich her und hilft mir hinweg über den Gedanken, daß auch ich jederzeit diesen Weg gehen kann. Diese Gewißheit trägt auch Greti und macht sie stark und doch nicht bitter und verzweifelt. Und nun eine Bitte: den einen geliebten Sohn habt Ihr verloren, und niemand und nichts auf der Welt kann ihn Euch ersetzen. Aber das bitte ich, daß Ihr mich noch mehr als bisher als Euren Sohn betrachtet, der dankbar ist für alle Liebe, die Ihr ihn fühlen laßt, insonderheit von Dir, liebe Mutter, die mir die eigene ersetzen soll. Ich habe in diesen Tagen an dem Schmerz, der mich gepackt hat, recht tief empfunden, wie eng ich schon zu Euch gehöre und wie ich Wolf schon als Bruder fühlte. Eins weiß ich, der ewige Wille, der über uns allen steht, will auch mit dem Schwersten und Unbegreiflichsten nicht unser Weh, sondern zuletzt unser Bestes, untereinander und für jeden allein. Diese Gewißheit macht uns alle stark.

Euer Paul»

5.

Schon zwei Wochen später ist die „relative Ruhe" vorbei, Tillich erlebt die ersten Kämpfe:

«[...] Plötzlich klirren alle Fenster und auf die Ohren legt sich ein Druck, der nicht weichen will; von allen Seiten, von den Wänden zurückgeworfen, der Knall, das Rollen, das Dröhnen, das entsetzliche Zischen; es drängt sich zwischen den Ställen durch; es wälzt sich die Straße entlang, es hallt wider von den Höhen; es schlägt klatschend immer von Neuem ums Ohr; und dabei stehen die nächsten „Schweren" 4 km entfernt. Stumm und ernst steht der ganze Stab nebeneinander und horcht. Mich packt ein ähnliches Entsetzen wie am Tage der Mobilisierung. Jetzt in jedem dieser Augenblicke sausen hunderte von Zentnern Eisen auf die Schützengräben der Franzosen; wo sie hinschlagen, werden metertiefe Löcher gerissen und eine Feuer-, Rauch- und Eisensäule von 10 m und mehr erhebt sich. In diesem Augenblick stehen wir hier und sehen, wie dort hinten Menschen wie wir die Hölle bereitet wird; [...]

Ich reiße mich los und gehe zu meinem Burschen, wecke ihn und lasse ihn satteln; gepackt im Falle etwaigen Aufbruchs nach vorn oder hinten hatten wir schon vorher; dann gehe ich auf die Höhe und sehe den ganzen Horizont einen dunkelroten Blitz nach dem anderen aufleuchten. Ein grandioses Schauspiel für Augen und Ohren. Ein Schauspiel, und die Mitspieler sind Blutende und Sterbende. Dann gehe ich zurück. Die Kanonade war in den oberen Oktaven begleitet worden durch ununterbrochene Infanteriesalven. Plötzlich hören diese auf; es ist 12.30, der Sturm beginnt. Dann gehen wir ins Zimmer und warten auf Nachrichten.

Exzellenz spricht im Stabszimmer mit dem Generalstäbler ... Endlich höre ich von 13 Verwundeten; es ist also kein Grund, wegzureiten, und ich gehe ins Bett, etwa 2 Uhr. Morgens schlafe ich bis 10, höre, daß ein Erfolg nicht errungen ist; man kennt nur die feindlichen Positionen besser. Heute donnert es den ganzen Tag weiter. Verwundet sind etwa 50; werden nunmehr vom Lazarettpfarrer versorgt. — So endete das erste Gefecht, das ich erlebt habe.»

6.

Tillichs Weihnachtsbrief an seinen Vater ist von Heimweh und Erinnerungen an die frühe Kindheit überschattet:

«Lieber Papa! Bieuxy, 14. Dezember 1914

Noch 10 Tage und es ist Weihnachten, und ich bin nicht bei Euch, das erste Mal in meinem Leben! Und doch werde ich bei Euch sein. Am 23. abends werde ich in Deine Schlafstube gehen und unter Elisabeths Hilfe die Baukästen herbeischleppen und unter dem – ich weiß nicht, wann – von Elisabeth geschmückten Weihnachtsbaum auf Zeitungspapier ausschütten, und dann werde ich eine Krippe bauen im Stil eines zerschossenen französischen Bauernhauses, so eins, worin ich wohne, und derweil wirst Du Klavier spielen und mit Bauplänen im Kopf werde ich einschlafen. Und am 24. morgens werde ich eiligst zu Ende bauen und die übriggebliebenen blauen Steine in dem alten Kasten unter dem Weihnachtsbaum stellen und dann schnell noch in die Oranienstraße gehen, um Dir den Lutherkalender zu kaufen. Und dann werde ich Brühkartoffeln mit Euch essen und nach Tisch mich mit Elisabeth über die Verteilung der Pralinées auf die Teller veruneinen, dann in die Kirche stürmen und konstatieren, daß auch in diesem Jahr am rechten Weihnachtsbaum 15, am linken 11 Lichter sind. Dann werde ich mir von der eben entschwindenden Frau Schmidt ein gesegnetes Weihnachtsfest wünschen lassen und nachher entweder mit Elisabeth zur Potsdamer Brücke gehen, um für Tante Grete Kraftschokolade zu kaufen – zurück natürlich auf Elisabeths Befehl, die es bezahlen will, aber kein Geld bei sich hat – fahren; oder mit Elisabeth eine Partie Schach spielen, bis es klingelt und Großmama und Tante Grete kommen und Du durch die Tür rufst: „Hier kann niemand mehr rein!“ Und dann sitzen wir in Deinem Zimmer und warten und erzählen uns was und werden müde; und dann wirfst Du auch Toni heraus, und sie kommt, und dann kommst Du selbst, und die Türen gehen auf und der seligste Moment des Jahres ist da, und Du spielst: „Vom Himmel hoch ...“, Strophe eins und zwei, und betest ... diesmal auch für den, der da draußen Weihnachten feiert ... und dann geht's an die Geschenke in preußischer Ordnung, am Jüngsten anfangend ... aber ich habe schon längst mit einem Blick das Wesentliche erhascht und wundere mich, daß diesmal mein Platz leer ist ... und dann geht's in die gute Stube, und ich freue mich über den Kuß des Dankes. Freilich weiß ich nicht recht, wofür – diesmal ... und dann blase ich das Licht in der Krippe und die kleinen Kerzen unten aus, und dann breitet Tonichen die Fülle der Überraschungen aus, und dann geht man wieder an den Weihnachtstisch ... und dann wieder zurück ... das Häppchen Neunauge, was jeder kosten darf, hat Appetit gemacht ... und dann ...

Verzeih' den Hauch der Sentimentalität, der über diesen Zeilen liegt; so schlimm ist es nicht; denn während ich so mit Euch bin im Geiste, werde ich auch hier Weihnachten feiern, ein Weihnachten ohnegleichen in dem furchtbarsten aller Kriege, unter dem Donner der Kanonen, im Feindesland, Offizier in der siegreichen deutschen Armee, Träger des Eisernen Kreuzes, und was mehr ist, Träger der Weihnachtsbotschaft an Tausende von Herzen, die empfänglich sind, wie nie zuvor und nie wieder. Das ist so groß und so erhebend, daß der Ton der Wehmut überklungen wird von den starken mächtigen Akkorden des Heldenkampfes rings um mich her.

Ein Bild freilich wird dazwischen aufzucken, ein drittes Weihnachtsbild, wie eine Vision, noch zukünftig: wie in meiner kleinen Wohnung in Halle[7] zwei Menschen unter einem Weihnachtsbaum stehen, ihrem ersten Weihnachtsbaum in ihrem Heim ... doch genug davon, damit der andere Ton nicht siegt. –

Und nun wünsche ich Dir ein schönes, wertvolles Weihnachtsfest; und wenn Du in diesen Tagen nicht nur den Vater, sondern auch den Sohn zum ersten Mal vermißt, so sei doch froh mit mir, daß ich all das Große so unmittelbar mitmachen kann. Und wenn dieses Fest in diesem Jahr, wo eine Welt sich umdreht, etwas anderes bei Euch ist als sonst, so ist es doch wert, dieses Weihnachten in vollster Anteilnahme gefeiert zu haben, von dem noch in Jahrhunderten die Rede sein wird.

Wann aber wird wahr werden, was die Engel singen: „Friede auf Erden"? Oft schon hat mich die Sehnsucht nach Hause gepackt; alle Leute haben hier nur die eine Frage: Wann wird's zu Ende sein? Und doch ist es unabsehbar! Sogar, und das ist mir ein großer Schmerz, ist unabsehbar, wie lange wir hier noch liegen werden. Ich dränge nach vorwärts und wäre es in Rußland. Aber es geht nicht vorwärts. Der große Sieg, das ist mein Weihnachtswunsch!

Dein Paul.»

7.

An seinen früheren Lehrer in Halle, seiner Zeit Privatdozent, jetzt Professor in Zürich, Fritz Medicus, berichtet Tillich am Anfang des neuen Jahres:

«Hochverehrter Herr Professor! Bieuxy, 4. Januar 1915

Als Felddivisionspfarrer bin ich seit 11. Oktober hier an der [ein Wort unlesbar]. Es geht in all diesen Gegenden weder vorwärts noch rückwärts. Hoffentlich bald wieder richtig vorwärts. Ich habe viel zu tun. Die Arbeit ist aber wundervoll, besonders Weihnachten und Sylvester hatten wir herrliche Gottesdienste. Hier gibt es sehr viele und große Kalksteinhöhlen. In diesen feiern wir, wo irgend möglich, um gegen feindliches Feuer sicher zu sein. Sie können sich gar nicht denken, was für eine Begierde nach Religion in den Leuten wachgeworden ist und wie wirksam sie sich durch die substantielle Religiosität der Jugendzeit erweist, jetzt, wo ein Anlaß da ist, sie aktuell werden zu lassen. Man hat nur die echt evangelische Aufgabe auszudrücken, was alle erleben. Man predigt niemand an, wie so oft im Frieden. Was würde Fichte zu dieser Zeit sagen? Unverdienterweise habe ich auch das Eiserne Kreuz bekommen. Es grüßt Sie herzlich Ihr dankbar ergebener Paul Tillich.»

8.

Noch vergehen einige Monate in der bisherigen Ruhestellung:

«Lieber Papa! Bieuxy, 9. März 1915

Daß Ihr schon drei Wochen keine Nachricht habt, kann ich mir kaum denken; habt Ihr die Briefe nicht bekommen, die ich an Eva Wever geschrieben habe; sonst fordert sie nach! Aber möglich ist es schon, daß man drei Wochen vergehen läßt und weiß nicht, wo sie geblieben sind. Es liegt daran, daß hier der Krieg seit dieser Zeit vollständig aufgehört hat. Die Franzosen haben ihre Batterien anscheinend größtenteils in die Champagne gezogen; oder kriegen keine Munition; jedenfalls schießen sie nicht. Wir ebensowenig; so ist alles ruhig und gleichmäßig. Ein Tag vergeht wie der andere, nichts hebt ihn heraus; es ist alles ein großes Warten, ein Warten auf den Osten und seine Entscheidungen; aus dieser Stimmung heraus kam meine Sehnsucht nach dem Osten;[8] es war natürlich mehr poetisch als ernst gemeint; selbstverständlich wird hier ausgehalten, bis man abberufen wird. Aber es ist viel schwerer, als Ihr denkt, für alle, Offiziere wie Mannschaften. Der Aggressiv-Geist, der über alle Strapazen hinweg hilft, schläft ein. Wohin man kommt, die sehnsüchtige Frage: „Herr Pfarrer, wird es bald Frieden geben?“ Entbehrungen und Strapazen sind viel leichter zu ertragen als diese schlechthinnige Passivität in feindlichem Artilleriefeuer.[9] Stell Dir vor, unsere Regimenter 27 und 36, die Nouvron besetzt halten, in 12tägigem Wechsel; monatelang wußten sie ganz genau, daß von ihnen, die hineingingen, etwa 50 nicht gesund herauskamen: die meisten schwer verwundet, viele tot, viele leicht verwundet, einige krank; nachts ziehen sie oft durch Bieuxy bei der Ablösung, dunkle, graue Reihen mit hier und dort blitzenden Taschenlampen, ein dumpfes Murmeln, Warten, dann weiter, in 3/4 Stunden kann schon der erste durch einen Feuerüberfall hinweggerafft werden, und wenn sie herauskommen, blaß, mager, grau das Gesicht, lehmbraun der Anzug, viele verlaust, alle hustend, daß die Stimme des Redners kaum durchkommt. Ein stilles, wunderbares Heldentum, von dem wenig gesprochen wird und das doch alles andere überragt ... und dann hinten in den großen Orten, in den Kapuas [?] unserer Armee, der Gegensatz: Weib und Wein, die untätige Ruhe, die groteske Langeweile, die Kleinlichkeit und andere üble Geister; wir ragen nur mit wenig Dörfern bis an die Grenze dieser Zone; aber schwer genug ist es, plötzlich aus der Sphäre des Heldentums in der der Zote zu sitzen, und mancher traurige Gedanke für die Zukunft wird lebendig. Die Größe des Krieges, das Begeisternde, Fortreißende der ersten Wochen, der Kämpfe im Osten fehlt; so wird das Kleine und Drückende, die ganze Last und Negativität des Krieges offenbar.

Ich habe ja meine Arbeit, und wenn ich einen schönen Gottesdienst habe, ist alle Traurigkeit fort vor dem Wehen des Gottes-Geistes von Herz zu Herz, nicht immer, lange nicht immer, ist es so, oft infolge von Äußerlichkeiten, aber doch noch oft genug; schwer dagegen ist die Vorbereitung; der Gedankenkreis ist außerordentlich beschränkt; die Rücksicht auf das Militärische, Vermeiden jedes negativen Tons wegen der Offiziere notwendig, auch sachlich zum Teil begründet, die Redezeit etwa 12 Minuten. Einiges ist unendlich wirksam; und es ist die Aufgabe, das Wenige in unendlicher Variation zu wiederholen. Ich möchte jetzt nirgends anders sein als an der Front, aber daß wir den Schmerz des Krieges in dieser Zeit so real an uns selbst erleben wie irgendeiner in Wunden und Krankheit – das glaubt nur! Und das ist ja gut so im letzten Grunde. Das ist das eigentliche Kriegserleben, nicht äußere Eindrücke, wie ich es mir gewünscht hätte! Und das gibt uns den wahren Predigtstoff. Körperlich geht es mir dauernd gut. Tonis Paket ist noch nicht da. Wenn ich mal länger nicht schreibe, liegt es an äußerem Erlebnismangel. Leb wohl und sei vielmals gegrüßt von Deinem Paul.»

9.

Nach dem ersten Urlaub im April 1915, den Tillich mit Greti zum Teil in Wiesbaden verlebt, wird Ende Mai eine Umgruppierung vorgenommen, und Tillich bezieht mit dem Stab das stattliche Gutshaus in

Juvigny, 20 km ostwärts von Bieuxy. Der Sommer vergeht ohne größere Kampfhandlungen, die Front ist festgefahren, und Tillich kann viele Gottesdienste halten. In den Mußestunden versuchen einige Offiziere — mit ihnen Tillich — das sogenannte „Schloß" etwas wohnlicher zu gestalten. Bescheidene Geselligkeit bringt etwas Abwechslung in den eintönigen Alltag. Auch Tillichs 29. Geburtstag wird durch kleine Geschenke und ein geselliges Beisammensein der Offiziere nach dem gemeinsamen Abendessen gefeiert.

Er gibt darüber eine ausführliche Schilderung:

Juv., 21. August 1915

«[. . .] Am nächsten Morgen[10] um acht weckte mich Schröder und gratulierte mir. Auf Befragen, woher er es wüßte, sagte der treue Kerl, er hätte es in meinem Soldbuch gelesen und in sein Notizbuch geschrieben; ich war wirklich gerührt über die Liebe und Anhänglichkeit, die darin lag. Dann feierte ich für mich erst durch einen langen, schönen Spaziergang; als ich zurückkam, las ich zur Überwindung aller Müdigkeiten ein paar kräftige Kapitel aus Zarathustra „Vom Ja zum Leben". Nach Tisch las ich die Briefe, soweit sie nicht schon am Tage vorher gekommen waren, und ließ mich dann in das Reich der Gefühle und Wehmut und Erinnerung tragen durch Münchhausens „Balladen und ritterliche Lieder" . . . Nach dem Kaffee machte ich einen langen Ritt[11] durch die spätsommerlich dunstigen Felder; auf dem Nouvron-Plateau platzten ununterbrochen die Granaten und hinten im Westen beim IX. Corps ein dumpfer Schlag nach dem anderen. Die Sonne war halb verhüllt im Dunst, und ich dachte an den anderen 20. August, wo ich 8 Jahre alt wurde und wir mit Großpapa von Stubbenkammer nach Lohme gingen und ich vielleicht zum ersten Mal Sonnenuntergang als Erlebnis empfand . . .

Als ich nach Hause kam, sagte mir der Bursche, Herr Hauptmann ließe sagen, es sollte niemand durchs Eßzimmer gehen, Exzellenz hätte eine wichtige militärische Besprechung. Da wußte ich, daß Pulkowski geplaudert hatte und man meinen Geburtstag wußte. Vorher aber hatte ich noch eine sehr nette Überraschung; unser Koch, dem Schröder natürlich davon erzählt hatte, hatte mir eine großartige Torte gebacken, und als ich nach Tisch rauf kam, stand sie da, auch ein Beweis, wieviel Gemüt in den viel verlästerten Sachsen steckt . . .

Zum Abendbrot wurde ich dann hereingerufen und fand meinen Stuhl umkränzt, die Bilder und das ganze Zimmer geschmückt; aber schon stieß mich Pfeiffer weiter und im Eingang stand Exzellenz [von Bonin] mit einer gelben Rose und hielt mir eine kleine Geburtstagsrede, dankte im Namen aller Zuhörer der Brigade und wünschte mir Erfüllung meiner akademischen Ziele; dann gratulierten alle und führten mich zu dem Geburtstagstisch. Das Tischchen vor dem Sitz der Nische (rechts unten) war durch ein größeres ersetzt; darauf standen Sträuße und ein schön gemaltes Plakat mit den Worten: „Unserem Dekorations-Strategen zum Neuen Jahr viel Glück und Segen". Die „Dekoration" bezieht sich darauf, daß ich „Chef der Innendekoration" bin, der Stratege darauf, daß ich die Karten der verschiedenen Kriegsschauplätze unter mir habe und öfter Exzellenz über die allgemeine Lage in Rußland, etc., Vortrag halten muß; auf diesen Punkt bezieht sich auch das schönste der Geschenke, ein amtlicher Brief mit 7 Brigade-Siegeln, „Eilt sehr", „Durch Spezialboten an den Chef des Generalstabs", etc. und drinnen das vor zwei Stunden angekommene Telegramm mit der Nachricht von den 85 000 Russen in Nowogeorgiewsk; die Überraschung war vollständig gelungen. Weiter waren auf dem Tisch brennende Leuchter, 29 Kerzen, die so ermöglicht waren, daß 4 davon in Form einer römischen 10 zusammen 20 ergaben ... dann Holzvögel, die die gefangenen Russen hier in entzückender Ausführung machen. Dann ein Bild aus dem Kunstwart, eine Spanierin, die Adrienne vorstellen soll, eine Französin in Coucy, der ich im Auftrag von Exzellenz mit Pfeiffer zusammen eine Rose überbracht habe und mit der er uns nunmehr anödet, weiter Zuckerwerk, 2 Flaschen Sekt, ein weißer und ein schwarzer Springer als Symbol unseres Schachspieles ... Ihr könnt Euch denken, wie beweglich mir das war, insbesondere auch diese Liebenswürdigkeit von Exzellenz, der den ganzen Nachmittag herumgetobt war, um alles zu machen. Zum Abendbrot gab es dann kaltes Rebhuhn, und nachher gingen wir in die Bar und tranken eine Flasche Sekt; die Lichter glänzten, die Blumen dufteten, und als die Lichter langsam erloschen, sagte Exzellenz: „Es ist wie Weihnachten"; das war mein Geburtstag in Frankreich am 20. August 1915.

In der Nacht aber wurde ich zweimal wach, so donnerten die Kanonen und erinnerten mich daran, daß es Kriegsgeburtstag war, und in diesem Jahre mehr noch als sonst der 90. Psalm Wahrheit ist, den ich an jedem Geburtstag und an jedem Sylvester mir in die Seele klingen lasse und der doch noch gewaltiger ist als alles Donnern der Kanonen.

Euer Paul»

10.

Im Oktober wird das Quartier in Juvigny aufgegeben.
Erich Pfeiffer berichtet:

«[...] Die Division wird zur Abwehr am Brennpunkt Tahure in die Champagne-Schlacht eingesetzt [...] Fortan sind auf mehr als sechs Monate elende Erdlöcher unser aller Behausung.

Sämtliche Dörfer im weiten Umkreis sind bereits zerstört. Kein Zivilist ist mehr zu sehen. Essen nur noch aus der Feldküche. Der Kaffee ist kein echter Kaffee und der Thee kein echter Thee. In Wintertagen wird nur ab und zu etwas Alkohol geliefert. Denn der Nachschub muß sich auf das Allernotwendigste beschränken. Das Schlimmste aber sind die Wege. Die Herbst- und Winterregen verwandeln den Kreideboden in eine zähflüssige Masse. Wenn man in sie hineingerät, kann man sich kaum von ihr lösen. Nach und nach versucht man Bohlenwege anzulegen. Sie sind vor allem den Fahrzeugen vorbehalten. Nachts huschen die Ratten über sie hinweg. In diesen Monaten ist Paul Tillich ein echter Frontsoldat geworden. Sein Dienst wurde ebenso schwierig, ebenso gefahrvoll wie der jedes anderen. Aber da war keinerlei Nervosität, keine Ängstlichkeit, keine Drückebergerei. Und das entging auch der fechtenden Truppe nicht. Fortschreitend liefen anerkennende Berichte und Äußerungen ein, so daß dem Divisionspfarrer Paul Tillich schon sehr frühzeitig das Eiserne Kreuz verliehen werden konnte – eine Auszeichnung, auf die zur damaligen Zeit jeder Frontkämpfer noch besonders stolz sein konnte [...]»

11.

Über die Schlacht bei Tahure berichtet Tillich an seine Familie gemeinsam:

«Tagelang wurde von nichts anderem gesprochen als von dem „Angriff“. Die Gegensätze der oberen Instanzen wurden bekannt, die Truppe und ihre unmittelbaren Führer waren dagegen; aus höheren Rücksichten wurde es durchgedrückt. Der Vorabend war dumpf und drückend, wie Schlachtvorabende in alten Berichten geschildert werden, wie immer saßen Ebermann, Kapell und ich im Zimmer; ich schrieb die Stimmung nieder in einem Brief an Greti; dann gingen wir ins Bett.

Morgens 9 Uhr standen die Dakarts [Dogcarts!] von Kapell und mir mit den nötigsten Sachen für ein paar Tage, ein Kopfkissen, einigen Decken, Büchsen usw. bereit zur Abfahrt in den Unterstand. Exzellenz und Pfeiffer waren für die Gefechtstage in einen anderen gegangen. So wurde dieser für uns frei; und das war bei der weiten Entfernung unseres Quartierortes von den Hauptarbeitsstätten nötig. Wie der Unterstand aussieht, wißt Ihr ja aus dem Bild; er ist so gut und sicher wie nur irgendeiner und würde selbst einen schweren Volltreffer zur Not aushalten; rechts und links, vorn und hinten stehen schwere Batterien; und jedesmal, wenn einer der 21er Mörser einen Schuß abfeuert, bebt die Erde und alles wackelt, die Pferde zittern; nur der Mensch gewöhnt sich so bald daran, daß er nicht mehr hinhört. – Rechts und links von unserem Unterstand befinden sich übrigens die der Leute, Burschen, Stabswache, Ordonnanzen usw. Unser Unterstand hat ein „Wohn“- und ein „Schlafzimmer“, d. h. der Hauptraum, der von einem Tisch mit Stühlen rings herum gänzlich ausgefüllt ist, geht nach links einige Stufen tiefer in ein Loch mit zwei Holzgestellen und einem Gang dazwischen. Auf dem Holz liegt ein Strohsack; und halb angezogen mit zwei Decken über einem, träumt man dort trotz Mörser und Granaten die süßesten Träume. Fenster gibt es übrigens nicht, so daß man immer Kerzen brennen muß, was am Tage nicht sehr sympathisch ist ...

Dort kamen wir also um 10 an, räumten ein und warteten des Schlages 11, wo die Kanonade beginnen sollte; es war kein Trommelfeuer, das unsere Batterien machten, und doch dröhnte ununterbrochen, Schuß auf Schuß. In dem engen Tal hörten wir nur das Feuern der nächsten Batterien; erst wenn man etwas auf die Höhe ging, brauste einem der ganze Höllenlärm um die Ohren. Inzwischen aßen wir friedlich Mittag, das unten Gekochte wurde warm gemacht und schmeckte trefflich.

Um 2 Uhr gingen wir über die Höhen zum Tunnel. Jenseits der Straße Sommepy–Souain lagerten die Qualmwolken der französischen Granaten. Es war wie ein unaufhörliches Prasseln, wie in einem Hexenkessel brodelte und zischte es; wir waren wie eingesponnen von den Flugbahnen unserer Geschosse ... am Bahndamm im Unterstand lag ein schwerverwundeter Bayer; Kapell gab ihm die letzte Ölung. Im Tunnel wimmelte es von Truppen, alle in gehobener Stimmung, wie sie immer eintritt, wenn unsere Artillerie schießt. Am Tunnelausgang oben im Wald standen die Feldkanonen. Die letzte halbe Stunde vor dem Sturm ist gekommen; es wird herausgeschossen was noch da ist; wie ein unerhörtes Sturmesbrausen rast es über den Bahneinschnitt hinweg. Der Gegner antwortet. Seine Granaten krepieren an den Bahnabhängen; es ist 4 Uhr; etwas stiller ist es schon, still wird es in uns vor Erwartung. Wir trinken mit den Ärzten im Eisenbahnwagen, dem Bataillons-Stabs-Quartier, Kaffee. Ein Leutnant sitzt am Telefon; endlich wird der Major vom Oberst gerufen: „Angriff der [ein Wort unlesbar] Divisionen schreitet gut vorwärts.“ Der Major tritt an die Schiebetür des Viehwagens und ruft es den Leuten zu. Ich stehe unter den Mannschaften, krieche mit ihnen den künstlichen Sprengtrichter hinauf und lasse Blitz und Donner über mich weggehen. Jetzt wird das Artillerie-Wäldchen mit Gasgranaten belegt; weißer Qualm zieht sich zu uns herüber und verstänkert die Kleider; verirrte Gewehrkugeln singen hier und dort wie zwitschernde Vögel . . ., die ersten Gefangenen werden gemeldet; wir gehen zum anderen Tunnelausgang, dort liegen schon Verwundete, auch verwundete Franzosen mit ihren bläulich-grauen Stahlhelmen. Aber wir müssen weiter, immer am Bahndamm entlang. Zu einer anderen Verbandsstelle. Trupps Gefangener werden vorbeigeführt. Verschüttete begegnen uns, die kaum vorwärts kommen. Wir nehmen sie an den Arm, rechts ein Wiesbadener, links ein Posener, so humpeln wir den Bahndamm entlang. Neue Verwundete . . . weiter nach Lager „Neupaderborn“, wo mehrere Bataillone liegen; es ist stiller geworden und Nebeldunst verhüllt den Vollmond. Hier wird in enger Hütte der erste flüchtige Verband angelegt . . ., dunkle Gruppen, Sanitätswagen; wir gehen zurück zum Tunnel, neue Verwundete; es ist 2 Uhr nachts und wir gehen zurück, im Mondschein und Nebel den Weg verfehlend, endlich auf einer Protze in rippenzerbrechendem Trab nach Haus in den Unterstand.

Das volle Kampfziel ist nicht erreicht, das sickert allmählich durch, und so kam der 31. [Oktober], der Tag der Angriffe und Gegenangriffe, des furchtbarsten Ringens. Um Mittag standen wir auf einer Höhe; es war so gewaltig, daß die ganze Erde wie das Fell einer Trommel schien, auf das ein Rasender einschlägt. — Und dann bei Einbruch der Dunkelheit marschierten wir los. Es war das gewaltigste militärische und kriegerische Schauspiel, das ich je gesehen, vielleicht eins der großartigsten überhaupt. Nirgends im ganzen russischen Feldzug, vielleicht überhaupt niemals, ist so viel schwere Artillerie auf beiden Seiten in einem verhältnismäßig kleinen Punkt vereinigt gewesen; die Erde bebte jetzt buchstäblich, die Blitze der Abschüsse zuckten ununterbrochen an allen Teilen des Schlachtfeldes. Die Einschläge flammten wie Leucht- und Glutkugeln, und die Leuchtraketen verbreiteten Tageshelle. Drüben auf der Höhe schlugen französische Brandgranaten ein; Fontänen von Feuer spritzten in die Höhe; Schwefeldämpfe lagern auf dem Plateau, über das wir gehen; ich taumelte mehr als ich ging vor der sinnverwirrenden Größe der Eindrücke. Das eigene Leben wurde wie ein Atom in diesem Toben der Elemente durch Menschen gegen Menschen; aber in mir bohrte ein bitterer Schmerz über das Leiden und Sterben, das jede dieser Sekunden über meine armen Regimenter bringt. Endlich, halb bewußtlos, begleitet von dem Brausen der Schlacht, steigen wir in den Tunnel hinab. Das Bataillon ist abgerückt und liegt in Bereitschaft, d. h. Tag und Nacht in Gräben ohne Dach und Unterstand, ausgesetzt dem feindlichen Feuer.

Wieder gehen wir die alten Wege und hören an allen Ecken die trübe Nachricht: nur ein geringer Teil des Beabsichtigten erreicht, große Verluste, viele Gefangene verloren, von der eigenen Artillerie beschossen, die Nebenregimenter nicht mitgegangen usw., wie es nach jeder derartigen Sache durch die Luft schwirrt. Wir zweifeln und fürchten und hoffen. Auf einem Lastwagen geht's zurück durch die blutige Nacht. Am Wegekreuz unten kommen ein paar Jäger an. Es war 11 Uhr nachts; und sie erzählen: Bartenstein ist gefallen und was nun kam, will ich morgen berichten.

Mein letzter Bericht schloß mit dem Augenblick, wo am 31. abends um 11 der Jäger mir von dem Tode Bartensteins berichtete; wir kannten uns von Anfang an; wir kamen uns näher, als sein Vater starb und er mir viel davon erzählte; dann wurde er auf 14 Tage stellvertretender Brigade-Adjutant, und wir gingen öfters zusammen in den Wald, und seine Jägerliebe für alles, was kreucht und fleucht, sein feines Ohr für alle Stimmen in der Natur, seine Jagderzählungen und die Erzählungen von seiner Brautzeit und eben geschlossenen Ehe, die Bilder von seinem Kriegsmädel und seiner „Hochzeitsreise“, wie wir, nach Koblenz und Aßmannshausen . . . das alles spann Fäden der Sympathie zwischen uns. Und dann kam die Beerdigung von Baumann. Bartenstein hatte die Nacht vorher 30 Franzosen gefangengenommen, ohne einen Mann zu verlieren, ein echter Jägerstreich; als ich ihn begrüßte, erschrak ich, sein Gesicht war verändert durch die Anstrengungen und – durch Todesahnungen. Nachher kam er zu mir; ich schleppte Kaffee und Mittag- und Abendbrot, alles in einer Stunde heran; er konnte sich bei mir waschen, der höchste Genuß seit 14 Tagen; dann ging er, und ich war voll Sorge um ihn und mit mir noch andere, die ihn gesehen hatten. Um meiner Frau willen möchte ich zurückkehren . . . hatte er mir öfters gesagt . . . Nun ist sein Wunsch nicht erfüllt worden. Das alles, und vor allem der Gedanke an seine Frau, durchtobte mich. Ich konnte nicht ins Bett; ich schickte Kapell weg und ging zum Hauptverbandsplatz; und das war gut; denn entgegen der Verabredung war niemand da ... so blieb ich denn die Nacht im Schwerverwundeten-Saal. Stunde auf Stunde verrann, Wagen kamen, Autos fuhren, immer wieder Neue, erst in den Verbandsraum, dann zu mir in die Baracke. Irgendwann trank ich Kaffee in der Verwundetenküche; alle Stunde schlugen 5 Granaten auf der Höhe nebenan ein, daß man herausging und dann die Verwundeten beruhigte; es waren ganz Alte und ganz Junge, Bekannte und Neue aus den neuen Sturmregimentern; jeder erzählte etwas anderes, jeder erzählte, daß die eigene Artillerie ihn verwundet hätte. Alle waren trüb und elend; wenige stöhnten, nur einer mußte amputiert werden. Fast jede Stunde starb einer und wurde hinausgetragen, rechts und links die Wache bildend zum Eingang. Zwanzig waren es geworden, als die Nacht zu Ende ging, und sie ging zu Ende. Grau und fahl beleuchtete der Morgen Verwundete und Tote; dann telegraphierte ich an Kapell, er soll mich ablösen, ob evangelisch oder katholisch, was machte es in diesen Stunden! Um 9 Uhr kam er. Und ich fuhr ab; um 10.30 Uhr lag ich im Unterstand und schlief bis 5 Uhr nachmittags. Dann ging es die alten Wege. Auf dem Hauptverbandsplatz war der Dohrmann[?]; bei einem Glase Bier dachten wir an vergangene Zeiten; er blieb die Nacht da; wir gingen zurück eine Stunde gegen Regen und Sturm durch 30 cm Kalkschlamm, Schritt für Schritt. Bis zu den Knien war eine glatte weiße Schicht.

Nachmittag war Bartenstein's Beerdigung. Ich konnte und wollte nicht reden; aber die Liturgie hielt ich, wie für Baumann; es waren die drei schwersten Hände Erde im ganzen Krieg, und sie blieben kleben als weißer Lehm, daß man sie hinabschleudern mußte. Dann war alles vorbei; aber zwei Stunden später lagen sieben sarglose Leichen nebeneinander vor mir und ich sprach etwas, aber meine Seele war bei dem einen Grab ... Und so ist es geblieben bis heut', Tag für Tag, zwei- oft dreimal ...

Aber die *„Butte de Tahure“* [12] ist fest in unseren Händen.»

12.

Erich Pfeiffer schildert die Weihnachtszeit in diesem Frontabschnitt:

«[...] Weihnachten 1915. Unvergeßlich für jeden, der in der halbzerstörten Kirche des Dorfes Aure in der Champagne die von Paul Tillich gestaltete Feier mitmachte. An der Front war es ruhig. Wer in diesem Abschnitt nicht in den Schützengräben bereitgestellt war, der beeilte sich, diesen einmaligen Abend nicht zu versäumen. Kaum konnte der Kirchenraum die Teilnehmer fassen.

Paul Tillich war es gelungen, ihn festlich auszuschmücken – wie, das blieb sein Geheimnis; denn die karge Umgebung konnte kaum etwas dazu beitragen. Und mit welch klaren, schlichten, ergreifenden Worten vermochte er die Weihnachts-Botschaft mit der derzeitigen Lage und der Hoffnung auf einen baldigen ehrenvollen Frieden zu verbinden.

Und gerade jene undogmatische Schlichtheit, die im Menschlichen das Göttliche sucht, war es, die dem Theologen Paul Tillich so viele Herzen gewann. Seine Art, das Wort Gottes zu verkünden, war anders als man es sonst gewohnt war – in der Auffassung freier, aber doch nicht weniger zwingend und zum Nachdenken anregend [...]»

13.

Tillichs Weihnachtsbrief an seinen Vater ist nüchterner als der von 1914:

«Lieber Papa! 19. Dezember 1915

Habe vielen herzlichen Dank für Deinen Weihnachtsbrief; er hat mir viel gegeben, vor allem durch die Liebe, die hinter jedem Deiner Worte steht. Da es aber der menschlichen Natur nicht möglich ist, dauernd auf die Abgründe zu starren, von denen sie umgeben ist, da das Leben die einfache Forderung der Selbsterhaltung stellt und durchsetzt, indem es die Sinne und Gedanken mit dem Unmittelbaren erfüllt, darum will ich nun, soweit es geht, all das Besprochene ruhen und im Unterbewußtsein sich entwickeln lassen; das Resultat wird dann selbst Unmittelbarkeit und Lebensgefühl.

So will ich Dir zunächst einmal von dem Wichtigsten, den persönlichen Unmittelbarkeiten berichten, den Verhandlungen über meinen Beruf. Ich habe bei Madrasch in Königsberg N/M meine Dissertation, d. h. den Pflichtbogen, in Druck gegeben; bis jetzt sind zwei Bogen durch meine Hände gegangen und druckfertig, der erste schon ganz gedruckt. Ich erwarte täglich den dritten. Zugleich habe ich an die Fakultät [in Halle] den Antrag gestellt, daß mir Probevorlesung und Habilitation vom Felde aus gestattet würden, möglichst bald nach Einlieferung der Exemplare. Die Fakultät antwortete sehr liebenswürdig, daß sie mir das Kolloquium erließe und jederzeit zur Abhaltung der

Habilitation bereit wäre. Von den von mir vorgeschlagenen Themata wurde bestimmt: „Der Begriff des christlichen Volkes", das schwerste, aber am meisten zeitgemäße. Ganz klar bin ich mir über die Behandlung noch nicht. Es wird sich um die Verhältnisbegriffe: Christianisiertes Volk auf der einen und Volkskirche auf der anderen Seite handeln. Hoffentlich finde ich genügend Zeit, um etwas Vernünftiges zu machen. Mitte Januar würde ich dann einen Tag Urlaub nehmen und die Sache abmachen. Längerer Urlaub würde mir den Frühlings- oder Sommerurlaub verderben.

Der Gedanke, daß ich nochmal in den so lange erwarteten und ersehnten Beruf treten sollte, ist mir unfaßbar, wie der Friede überhaupt, auf den ich vor $1^1/_2$ bis 2 Jahren nicht rechne. Ob ich dann noch für geistige Arbeit im produktiv-wissenschaftlichen Sinne fähig sein werde, ist mir sehr zweifelhaft, und noch zweifelhafter, ob dann in Deutschland genug Geld ist, um einen Privatdozenten zu ernähren. Aber das ist ferne, ferne Zukunft; und was auch geschehen mag, die Ewigkeit bleibt uns. Und das sagt mir und uns allen hier draußen der Weihnachtsbaum.

Viele Weihnachtsgrüße hin zu den Euren!

In dankbarer Liebe Dein Paul.»

14.

Im Februar wird die Truppe aus dem Frontabschnitt herausgezogen und nach rückwärts in das Dorf Wasigny verlegt. Erich Pfeiffer berichtet:

«[...] Nicht viel später begannen für Paul Tillich die vielleicht schönsten Wochen seines Soldatentums. Die Kämpfe an der Front sind in dem üblichen Stellungskrieg versandet. Man kann endlich daran denken, für die eingesetzte Truppe menschenwürdigere Unterkünfte zu schaffen. Für den Brigadestab werden Wohnbaracken aufgestellt, und Paul Tillich übernimmt es, sie einzurichten und auszuschmücken. Irgendwoher besorgt er Stoff für die Gardinen und sogar für Tischdecken. Aus den Kunst-Zeitschriften, die neben anderem Lesematerial nun wieder reichlich geliefert werden, schneidet er die wertvollsten Bilder heraus und schmückt damit die Wände. Und vor allem ist es endlich wieder möglich, in ruhigen Stunden nach Herzenslust zu debattieren und zu philosophieren. Die anfängliche Zurückhaltung hat Paul Tillich inzwischen ganz abgestreift. Er ist nun schon längst ein vollwertiger und in allen Dingen erfahrener Kriegskamerad geworden: Für alles, was den „Landser“ bewegt, hat er Verständnis. Und auch er wird von ihm verstanden [...]

Schon nach wenigen Tagen kommt die Division zum Einsatz vor Verdun. Verdun ist wohl die konzentrierteste Schlacht der Weltgeschichte. Monatelanges Trommelfeuer, ein unerhörter Verbrauch an Menschen und Material, ein Kampf um jeden Meter Erde. Bis weit ins Hinterland versuchen schwere und schwerste Batterien jegliche Bewegung, jeglichen Nachschub lahmzulegen.

Die 7. Res.-Division, deren evangelischer Pfarrer Paul Tillich ist, erstürmt den Caillette Wald, eine der glänzendsten Leistungen des Krieges überhaupt. Sie weist alle Gegenangriffe zurück, sie schiebt Woche für Woche ihre Linie etwas weiter vor. Aber dann ist sie ausgeblutet. Nach 3½ wöchentlichem Großkampf wird auch sie herausgezogen. Paul Tillich bleibt nichts anderes übrig, als die Verwundeten zu besuchen, die Sterbenden zu trösten, die Gefallenen zu bestatten [...]»

15.

In den Tagen der Schlacht hat Tillich nur kurze Postkarten an seine Familie geschrieben:

29. Mai 1916

«Viel Segenswünsche den beiden Geburtstagskindern! Ich werde an Euch denken. Denkt auch an mich. Wir haben es nötig. Schreiben kann ich nichts. Das Gewaltige verschließt den Mund.

Gestern traf ich Gerhard Winkler, unter dessen Corps-Kommando wir jetzt kämpfen. Auch den Eroberer von Douaumont, Oberleutnant Brandis, mit [Name unlesbar] traf ich.

In Liebe und Treue und Sehnsucht
Euer Paul»

31. Mai 1916

«Lieber Papa!

Deinen Brief erhalten! Herzlichen Dank! Um uns tobt die Hölle! Jede Vorstellung versagt. Oktober 1915 war in jeder Beziehung ein Vorspiel. Ich hoffe, daß die Kräfte reichen. Mögt Ihr den Geburtstag in der Freude über unseren Sieg feiern! Dies mein höchster Wunsch!

Euer Paul»

8. Juni 1916

«Herzlichen Gruß aus der Welt von Eisen, Feuer und Blut, aus den Erdhöhlen, unserem liebsten Aufenthalt, und dem Tag und Nacht ununterbrochenem Erdbeben . . .

Nach 5 absolut schlaflosen Tagen und Nächten habe ich jetzt ein paar Tage mit Gier geschlafen und gegessen und fühle mich sehr wohl.

In Liebe
Dein Paul.»

16.

Über Tillichs Tätigkeit als Seelsorger an den frisch Verwundeten und den Sterbenden während der Schlacht bei Verdun ist der folgende Bericht erhalten geblieben:

«Auf einem Truppenverbandsplatz im feindlichen Feuer
von Lic. theol. Dr. Paul Tillich,
Privatdozent in Halle a. S.
Überetatsmäßiger freiwilliger Feldgeistlicher der 7. Reserve-Division.

Während der Hauptverbandsplatz nach Möglichkeit außerhalb des Feuerbereichs der feindlichen Artillerie angelegt wird, befanden sich die Truppenverbandplätze nahe an der Front und sind dem Artilleriefeuer ausgesetzt [. . .]

Gleich nach unserer Ankunft begann das gewaltige deutsche Trommelfeuer auf den Caillette-Wald zwischen Vaux und Douaumont, dem dann am Mittag der glänzende erfolgreiche Sturm provinzialsächsischer Reserve-Regimenter auf Caillette und Chapitre-Wald folgte. Der „Schloßkeller" hatte freilich nichts mit „Schloß" zu tun; ein größeres Haus, halb in Trümmern, darunter einige morsche Kellergewölbe, schon von den Franzosen vor Wegnahme des Ortes durch schweres Gebälk gestützt, zwei Löcher als Eingang, zwei enge niedrige Treppen, die Gewölbe an der höchsten Stelle mannshoch, vier Räume, im Ganzen für etwa 40 liegende Verwundete Platz. Davon ein Raum besetzt von über 100 Krankenträgern, ein anderer als Verbandsraum zur Hälfte belegt; der Ort den größten Teil des Tages unter feindlichem Feuer, der Schutz des Gewölbes gegen schwerere Kaliber völlig unzureichend, die Zugangsstraßen der Krankenwagen eineinhalb Stunden weit unter Artillerie-Feuer, bei Sperrfeuer überhaupt unpassierbar [. . .]

An drei dieser Nächte denke ich mit besonderem Grauen zurück. In der einen war die Überfüllung so groß geworden, daß die Ärzte nicht mehr arbeiten konnten. Auf dem Verbandtisch, unter ihm, in allen

Gängen, standen die Tragen. Dazwischen die Krankenträger, die Übermenschliches geleistet hatten, in Schichten übereinander, Arme und Beine verschlungen, in dumpfem Schlaf, kein Gedanke an Liegen, obgleich man schon über 48 Stunden in Bewegung war, kein Platz zum Sitzen. So brachte ich eine Stunde stehend zu, mit geschlossenen Augen, bis neue Verwundete draußen ankamen . . . Die andere Nacht mußten wir einen großen Teil außerhalb des Kellers lassen. Es regnete und war bitter kalt. Wir legten sie in die oberen Räume, die etwas Schutz gegen Regen boten. Aber die Kälte trieb selbst die Schwerverwundeten von ihrer Trage, daß sie fiebernd auf den Steintrümmern umherkletterten, abwechselnd wachten mein Kollege und ich bei ihnen. Sie wimmerten nach warmem Kaffee, aber die Krankenwagen waren nicht herangekommen. Zwei Flaschen Kognak verteilte ich nachts zwischen 2 und 3. Eine Granate streift am Dachstuhl vorbei, Schreie des Schreckens von den so empfindlichen und nervös schwer erschütterten Verwundeten. In der nächsten Nacht baue ich mit ein paar Sanitätsmannschaften ein Zimmer aus, verschließe alle Öffnungen, aber bald ist es voll und die anderen müssen in Zug oder Regen stehen. Endlich, am vierten Tage, ließ es nach und am fünften ging der Abtransport glatt und regelmäßig. Wir kehrten zum Hauptverbandplatz zurück und lösten unsere Kollegen ab, die nun ihrerseits für Lazarette und Gottesdienste frei wurden.

Unsere Aufgabe in diesen Tagen war es, in all dem Schrecken und Grauen eine Beruhigung und Entspannung zu geben. Um religiöse oder seelsorgerische Gespräche konnte es sich überhaupt nicht handeln. Als ein bekannter Offizier unglaublich erschüttert durch seine nicht einmal besonders schwere Wunde ankam, hielt ich ihm eine Stunde lang die Hand, dann und wann an vergangene fröhliche Stunden erinnernd, bis er ruhig geworden war, und so gingen wir von Mann zu Mann, antworteten auf ihre erregten Fragen, ließen uns erzählen von ihren furchtbaren Erlebnissen – das erste, was ihnen auf dem Herzen liegt. Den besonders Unruhigen hielten wir lange die Hand, sie einschläfernd; mit den Verbitterten, die in ihrer fiebrigen Erregung zornige Reden hielten, sprachen wir ruhig. Alle fragte ich nach Heimat und Beruf und Familie, ihre Gedanken hinweglenkend auf eine bessere Vergangenheit und Zukunft. Mit den Leichtverwundeten sprach ich über ihren Beruf möglichst eingehend. Schnell bildet sich eine Gruppe, und die anderen hören zu. Eine Ablenkung ist erreicht. Die Sterbenden befinden sich unter starkem Morphium. Die Kopfschüsse führen ohnedies zur Bewußtlosigkeit. Nur einen Fall bewußten klaren Sterbens erlebte ich. – –

Noch manche Bilder des Schreckens stehen vor meiner Seele und werden in ihr bleiben, solange ich lebe. Wir alle, Ärzte und Pfarrer, empfinden diese Tage im „Schloßkeller“ zu B. als einen Wendepunkt unseres Kriegslebens. Körperlich und seelisch können wir nicht mehr das werden, was wir vorher waren. Und doch wollten wir diese Tage nicht missen. Es waren die größten und schwersten Stunden in unserem Feldprediger-Beruf.»

17.

Tillichs Habilitation in Halle war seit geraumer Zeit für den Monat Juli 1916 vorgesehen. Da nach gut drei Wochen der gesamte Truppenteil aus dem Kampfgebiet Verdun zurückgezogen wird, kann sein geplanter Urlaub bewilligt werden. Am 3. Juli findet die nicht-öffentliche Probevorlesung und am 20. Juli die Antrittsvorlesung statt. Das ihm gestellte Thema lautet: „Volk und Christentum“.

Die Anerkennung seiner Arbeit war gewissen Schwierigkeiten innerhalb der Fakultät begegnet. Professor Lütgert hatte Tillich schon im Sommer 1915 die Bedenken seiner Kollegen mitgeteilt und ihm empfohlen, der Arbeit einen anderen Titel zu geben:

«Lieber Herr Tillich! Halle, 8. Juli 1915

Endlich kann ich Ihnen definitive Antwort geben. Wir sind alle und speziell ich so in Anspruch genommen, daß die Geschäfte nur langsam gehen.

Ich teile Ihnen also das Urteil der Fakultät mit. Gegen die vorige Arbeit wendeten die Kollegen ein, daß sie zu ausschließlich nur philosophisch wäre. Es wurde Ihnen gesagt, daß Sie diesmal eine theologische Arbeit vorlegen sollten.

Auch gegen diese Arbeit haben die Referenten eingewendet, daß sie besonders in ihrem ersten Kapitel viel zu sehr philosophisch wäre. Sie haben dabei davon abgesehen, ihren abweichenden theologischen Standpunkt geltend zu machen, und die Verhandlung hat sich in den Grenzen gehalten, daß Ihr theologischer Standpunkt und auch Ihre Methode für die Beurteilung der Arbeit nicht maßgebend sein dürfte.

Allein besonders der Korreferent hat mit Recht geltend gemacht, daß die Arbeit auch nicht wirklich historisch sei. Sie entspricht nicht dem, was der Titel sagt: Sie ist nicht eine Entwicklung des Begriffs des Übernatürlichen im älteren Supranaturalismus. Wie dieser Begriff entstanden ist, wie er begründet ist, wie er sich zu dem entsprechenden Begriff des Supranaturalismus verhält und wie zur Orthodoxie, dies alles wird gar nicht berührt. Der Begriff wird nicht einmal für sich dargestellt. Am eigentümlichsten wirkt dies in den christologischen Partien. Die Arbeit ist nicht historisch, sondern rein logisch, rein dialektisch. Und zwar geht sie von den Voraussetzungen der Identitätsphilosophie wie von einer selbstverständlichen Sache aus. Von der Dialektik aus, die mit ihr gegeben ist, wird der Supranaturalismus geprüft und bekommt selbstverständlich immer Unrecht.

Sie haben uns die Sache also nicht leicht gemacht. Wir unsrerseits möchten Ihnen die Sache aber nicht erschweren. Wir haben alle das Interesse, Ihnen besonders jetzt die Vorarbeit für Ihre Habilitation nicht unnötig schwer zu machen. So habe ich denn als dritter Referent eine Fakultätssitzung abgewartet und in ihr referiert, und wir haben demgemäß beschlossen. Unsere einstimmige Meinung war die, daß die Arbeit, so wie sie ist, unter diesem Titel nicht in die Welt gehen kann, denn sie ist eben keine historische Darstellung des Begriffes beim Supranaturalismus, nicht einmal eine systematische. Die Darstellung muß aber ihrem Namen entsprechen.

Will man nun genau sagen, was Ihre Arbeit eigentlich bringt, so läßt sich das nur in den Titel fassen:

„Der Begriff des Übernatürlichen im älteren Supranaturalismus, beurteilt vom Standpunkt der Schellingschen Identitätsphilosophie aus.“ [13]

Das ist der wirkliche Inhalt der Arbeit. Sie ist rein formal logisch-dialektisch, lediglich die Kritik eines Begriffes.

Nun will die Fakultät damit einverstanden sein, daß Sie die Arbeit unter diesem Titel drucken lassen. Ganz günstig für Sie ist eine solche Proklamation eines bestimmten Standpunktes nicht, und Sie könnten durch ein Vorwort sich über diesen Standpunkt aussprechen. Allein, es läßt sich nun einmal, so wie Sie die Arbeit angelegt haben, nicht ändern.

Die Hauptsache ist ja jetzt auch für Sie, daß Sie sich habilitieren können. Dies möchten wir in Ihrem Interesse nicht verzögern. Eine Umarbeitung zu einer wirklich historischen Arbeit ist nicht mit kleinen Änderungen gemacht. Die ganze Arbeit müßte anders angelegt sein, und ich fürchte nicht nur, daß dazu Zeit und Arbeitsgelegenheit jetzt bei Ihnen nicht ausreicht, sondern auch, daß Sie das wirklich nicht wollen und können. Sie wollen eben die Überlegenheit der Schellingschen Dialektik über den Supranaturalismus darstellen. Das wollen wir Ihnen nicht einschränken. Wir nehmen also die Arbeit so an, wie sie ist, unter der angegebenen Titeländerung, die durch ein Vorwort begründet werden müßte.

Sie bekommen die Arbeit am Anfang des August. Das ist in keinem Falle zu spät. Denn es ist ja so gut wie sicher, daß wir im nächsten Semester noch nicht wieder in geordneten Verhältnissen arbeiten können. Bis zum Anfang des Semesters kann die Arbeit aber fertig sein.

Es hat uns gefreut, Ihre Frau Gemahlin bei uns gesehen zu haben. Sie wird Ihnen von uns erzählt haben. Alles ist Krieg bis in die Themata der Seminare hinein. Ich lasse Kriegsethik behandeln: Kants ewigen Frieden, Fichtes wahrhaftigen Krieg, Hegel, Clausewitz, Treitschke usw. Sie leben in der Wirklichkeit des Krieges, und das wird noch lehrreicher sein. Aus Ihrem letzten Brief ersehe ich, daß Sie nicht übermäßig zu tun haben. Oder wechselt Ihre Stellung? Übrigens bedarf es eines besondern Antrags an die Fakultät nicht mehr. Ich muß schließen, weil ich noch viel Geschäftliches zu tun habe.

Mit bestem Gruß Ihr

W. Lütgert»

18.

Am 1. August 1916 wird Hauptmann Pfeiffer zu einem anderen Truppenteil versetzt. Mit diesem Datum enden seine Aufzeichnungen der mit Tillich gemeinsam verlebten Kriegszeit.

Durch die Vorbereitungen zur Habilitation bekommt Tillich erneut Impulse zu wissenschaftlichem Arbeiten, und mit dem früheren Eifer nützt er nun jede freie Zeit, sich mit der neueren Philosophie zu beschäftigen. Im philosophischen Bereich nimmt ihn Friedrich Nietzsche gefangen, im theologischen Rudolf Otto mit seinem Buch „Das Heilige". Aber er geht nicht nur seinen philosophisch-theologischen Neigungen nach; systematisch studiert er die Philosophie des ausgehenden 19. und des beginnenden 20. Jahrhunderts. Der Rundbrief der alten Wingolffreunde, in dem Tillich über das Wesen des Philosophen nachgedacht hat, gibt Zeugnis von der Intensität, mit der er sich wieder seinem eigentlichen Beruf, der philosophischen Reflexion, zuwendet:

«Liebe Freunde! Im Felde den 19. August 1917

[...] Es war an der Somme, zwischen Bapaume und Peronne auf den Landstraßen und in den Reservegräben, wo plötzlich, fast genau nach zwei Kriegsjahren,[14] die „Lust am Spekulieren" wieder in mir erwachte; und das ist geblieben. Ich hatte für dies Sommersemester und habe für das nächste Wintersemester in Halle Kollegs angekündet [...] und zwar: „Geschichte der Religionsphilosophie von Kant bis zur Gegenwart“ und „Einleitung in die Theologie und Religionswissenschaft“. Darauf habe ich mich nun etwas vorbereitet, das heißt, ich habe mich mal über die Stellung der Theologie im System der Wissenschaften[15] überhaupt zu vergewissern gesucht, habe zu diesem Zweck Untersuchungen über das System der Wissenschaften und die grundlegenden Methoden gemacht, und habe allerlei höchst wichtige und interessante Probleme entdeckt, die mir schließlich eine Beschäftigung mit der modernen Logik und Methodologie zur unabweisbaren Pflicht machten. So habe ich denn augenblicklich die ganzen Koffer voll Logiken und schwimme nach 3 Jahren geistigen Zappelns endlich einmal wieder wie der Fisch im Wasser. Wir sind jetzt drei evangelische Pfarrer, so daß ich etwas mehr Zeit habe, außerdem nütze ich die Zeit intensiv aus. Es sind die Jahre, die über Sein und Nichtsein meines Berufes entscheiden. Bin ich jetzt dauernd draußen, so kann ich die Dozentur an den Nagel hängen. Ich möchte noch zu Alberts [Kilger] Zitat: ἡ γνῶσις φυσιοῖ, ἡ δὲ ἀγάπη οἰκοδομεῖ [1. Kor. 8,1] [Das Wissen bläst auf, aber die Liebe bessert] das Wort ergreifen. Ich möchte diesem Satz das kontradiktorische Gegenteil gegenüberstellen, nicht um ihn zu negieren, sondern um ihn in seiner Geltung auf eine ganz bestimmte Beziehung einzuschränken; denn, wird er absolut genommen, so wird er unwahr! Ich bestreite zunächst, daß das Wissen, insofern es Wissen ist, aufbläht. Es gibt drei Fälle, in denen das Wissen aufbläht:

1. Das Halbwissen bei den sogenannten Halbgebildeten, wie häufig Lehrern und dergleichen,
2. das reine Fachgelehrtentum, das den weiten Blick verliert und sich als „Autorität“ weiß,
3. die sophistisch-schauspielerische Skepsis, die sich mit Rethorik und Dialektik über den andern erhebt ohne sachliches Interesse an der Wahrheit. Mit diesen letzteren, zum Teil auch den zweiten hat Paulus offenbar zu tun gehabt, mit Nr. 2 bei den „Schriftgelehrten“, mit Nr. 3 bei den griechischen Schulphilosophen.

   Alle diese drei Klassen kann man in den Satz zusammenfassen:

   Das Nicht-Wissen (im Sinne von Halb- und Schein- und Buchstaben-Wissen) bläht auf. Das Wissen aber „bessert“, wie Luther übersetzt.

Ich stelle damit ein Ideal auf, das allerdings im Neuen Testament nicht zu finden ist, das aber doch mit 2 Fundamenten der neutestamentlichen Ethik zusammenhängt:

1. Die Hingabe der Persönlichkeit,
2. die Wahrhaftigkeit.

Die Hingabe wird im Neuen Testament in erster Linie bezüglich Gottes gedacht; diese Hingabe meine ich, und wenn die Gleichung Gott und Wahrheit gilt, so stelle ich dem neutestamentlichen Weg, durch die Hingabe an Gott zur Wahrheit zu kommen, den umgekehrten entgegen, durch die Hingabe an die Wahrheit zu Gott zu kommen. Die Wahrhaftigkeit ist im Christentum ausgebildet durch die Selbsterforschung des Gewissens und durch die Forderung des *Be*kennens. Sie ist aber nicht ausgebildet im Sinne der schlechthinnigen Objektivität und Gewissenhaftigkeit in bezug auf das *Er*kennen.

Damit habe ich die neuen Richtlinien aus den alten abgeleitet. Die Umkehrung des Weges in Nr. 1 ist bedingt durch Nr. 2, insofern die radikale Objektivität im Namen der Wahrheit und aus Wahrhaftigkeit auch Gott zum Problem macht.

Die „Demut" des „Wissenden" in diesem Sinne wird zunächst darin bestehen, daß er sich als Nichtwissenden weiß; aber schon *dieses* Wissen erhebt ihn objektiv über alle, die etwas zu wissen glauben, und, im Sinne der Wahrhaftigkeit (aber *nur* in diesem Sinne) auch über alle Gläubigen! Darin liegt schon eine Gefahr, und diese Gefahr wird zum Verderben, wenn er auf dieser Stufe des Wissens bewußt stehen bleibt, d. h. dogmatischer Skeptiker wird; dann tritt die *unwissende* Ironie des Skeptikers gegen alle übigen ein, die nicht tief genug ist, auch gegen sich selbst ironisch zu sein.

Wird diese Stufe überschritten, so entsteht der Suchende, der nur findet, um weiter zu suchen! Er nimmt das Gefundene, aber er legt es nicht als Besitz in den Schrank, sondern er betrachtet es von allen Seiten, bis es ihm nicht mehr genügt, aber auf die Spur führt zu neuen Funden; er hat überall seine Frage, seine innere Antithese, seinen Verdacht! Er ist von Grund auf mißtrauisch; er fragt nicht nur, was ist das für ein Gedanke, sondern auch, warum denkt dieser so, warum *muß* er so denken? Er gräbt in den Hintergründen der Seelen, um die versteckten Wurzeln der Überzeugung, Glauben, Parteistellungen, inneren Gewißheiten usw. auszugraben. Er ist überhaupt sehr mißtrauisch gegen das Pathos der Überzeugung, gegen Zeitmeinungen, Schlagworte, aber auch gegen Gläubige und besonders Märtyrer. Am mißtrauischsten ist er gegen sich selbst und alle Gedanken, die ihm süß eingehen, ihm Erhebung und Frieden bringen, weil er weiß, daß nicht nur die Anatomie des Menschen, sondern auch die Anatomie der Seele und des Kosmos häßlich ist! Ihm ist es auch kein Gegenbeweis gegen die Wahrheit, wenn jemand oder vielleicht sein eigenes Herz sagt: Dann müßte ich verzweifeln, dann könnte ich nicht leben; er verwechselt den schönen Schein in aller Kunst und allem Glauben nicht mit der Wahrheit. Aber er weiß auch, daß dieser schöne Schein eine der grundlegendsten Notwendigkeiten des Lebens ist, und darum bekämpft er ihn nicht, sondern weiß, daß er selber irgendwie dauernd von ihm lebt! Doch auch gegen solche Gedanken ist er vorsichtig! Er kann auch eine dritte Stufe erreichen, er kann Systematiker werden; er kann schöpferisch neue Gedanken in die Welt werfen in Form von Wissenschaft oder Rede oder Poesie oder Kunst oder Politik: er kann einen eisernen Ring neuer Gedanken schmieden, indem er seine Zeit einfängt. Aber er selbst sieht auch noch über sein System hinaus. Er läßt sich auch durch seinen Königspalast seinen Blick nicht einengen, sondern dann und wann geht er heraus in die Wüsten des Gedankens, sich diesen Raubtieren aussetzend, mit ihnen kämpfend, vielleicht, um zuletzt von einem zerrissen zu werden, der ihm zu stark ist – und darin bleibt er, auch wenn er König im Reich der Gedanken geworden wäre, der Demütige, der wahrhaft Wissende, daß er wieder und wieder in die Wüste geht!

Zu dieser Wahrhaftigkeit gehört vollkommene Hingebung; die Glücksfrage auch in Form der Seligkeitsfrage bleibt untergeordnet. Der Wissende ist notwendig einsam; denn nur wenige haben seine Kraft, und die sie haben, gehen ihre eigenen Wege. Er kann im letzten Grunde nie verstanden werden, denn ihn zu verstehen, müßte man erlebt haben, was er erlebt hat. Aber in wie geringem Maße ist das möglich – er muß sich darum auch immer wieder losreißen von seinen „Kreisen“ den alten und den neuen, damit sie ihm nicht geistig zum Gefängnis werden, und wenn dazu die liebsten und nächsten Menschen gehören; er kann auch nicht bloß Deutscher oder Protestant oder Christ sein, er hat auch gegen diese „Kreise“ seine Freiheit zu wahren. Das alles aber ist mit viel Schmerz verbunden. Das Schwerste aber sind die Abgründe, in die er selbst steigen muß, das Ringen mit Gott und Teufel, mit Optimismus und Pessimismus, mit Materie und Geist, das selbstzerstörende Immerwiederumreißen aller Gebäude, der Radikalismus der Selbstkritik, der in die Seele dringt wie das schärfste Messer. Dazu die Geister der Vergangenheit, die ihn immer wieder einfangen wollen, die Erinnerungen, die Seligkeiten, der Friede des Glaubens, das gute Gewissen – alles Werte, die ihn fangen, halten wollen, daß er müde werde in seinem Suchen! Und dabei ist ihm versagt, was auch der Märtyrer noch hat, das Pathos der Überzeugung, der Fanatismus des Glaubens, der Opferwille für einen Glauben. Das einzige Glück, das ihm bleibt, ist das eiskalte, aber überirdische Glück seiner Freiheit und seines Hinabschauens, Hindurchschauens.

Wenn ich nun in diese Worte selbst einen Hauch Pathos gemischt habe, so ist das ein Beweis, daß ich meinem Ideal noch fern bin, wie ich das auch weiß und fühle; aber es ist mein Ideal, *ein* Ideal, nicht *das* Ideal; wie könnte es *das* Ideal je werden!

Und ich will auch bekennen um seiner selbst willen, daß, wenn es auch in mir war seit langer Zeit und immer wirkte, ich den Mut, es zu bekennen, durch Nietzsche gewonnen habe, der mir *dadurch* sehr viel geworden ist! Es zu bekennen, nicht nur im Sinne, daß ich es ausspreche, sondern in dem Sinne, daß ich mich selbst zu ihm bekenne; denn das ist nicht leicht, wenn man daher kommt, woher ich komme.

Nun noch einige Bemerkungen dazu:

Ihr werdet fragen, wie sich das mit meiner Theologie, überhaupt mit einer Theologie und Religion verträgt. Ich will das jetzt nicht beantworten; ich will nur sagen, *daß* es sich verträgt, und hinweisen, auf meinen vorletzten Brief über theologisches Prinzip und aktuelle Religion: Die höchste Leistung des theologischen Prinzips, d. h. des Paradoxes der „Rechtfertigung" ist der Begriff „Gott des Gottlosen" oder „fromm sein als wäre man gottlos – gottlos sein, als wäre man fromm".[16] Doch davon ein andermal.

Dann möchte ich nicht so mißverstanden werden, als hätte ich etwa das Ideal des „Forschers" oder des „Philosophen vom Fach" aufgestellt. Mein Ideal hat keine direkten Beziehungen zu irgendeinem Beruf. Der Forscher und der Philosoph sind eher hinderlich, da sie zu dem „(Nicht)-Wissen" führen, das aufbläht. Jeder Beruf kann in gleicher Weise zum Wissen führen, „Wissende" schaffen; wohl gibt der Gelehrtenberuf manche Hilfe, und das Ideal der reinen Objektivität hat er uns zuerst gezeigt, aber den Hilfen entsprechen Hindernisse, besonders infolge des öffentlichen Kampfes der Meinungen, der wie nichts anderes festnagelt, unfrei macht.

Darum ist auch keine Schwierigkeit, vielmehr eine Notwendigkeit, daß sich mit dem Ideal des Wissens das Ideal der ἀγάπη [Liebe] verbindet. Ich wäre versucht, meine Antithese auch hier durchzuführen und etwa in umgekehrter Übertreibung die Wirkungen der Liebe in Richtung des φυσιεῖν [Aufblähens] zu nennen und mir würde das nicht schwer werden; aber der Einwand, daß dies nicht die „wahre Liebe ist", liegt zu nah, als daß ich ihn herausfordern will. Ich verstehe jetzt unter „Liebe" die Kraft der „lebendigen Organisation" in Unterschied von der Mechanisierung durch das Gesetz. Nun entspricht zweifellos dem Ideal der Individuation, das ich gezeichnet habe, das der Organisation. Und in diesem Sinne stimme ich Albert zu, daß alles nach ἀγάπη schreit.

Der Krieg ist Desorganisation und Mechanisierung zugleich; der Einzelne wird zerstört, oder er wird herabgedrückt zum Maschinenteil. (Inwiefern sich im Felde, vor dem Tode, neue höhere Organisationen der Liebe bilden, ist eine andere Frage.) Aber eben um der neuen Organisation willen muß der Krieg sein; denn er ist nur der Ausdruck für das Absterbenmüssen alter Organisationen, die einst ἀγάπη und Leben waren und dann Gesetz wurden und erstarrten. So ist es in der großen Politik, wo ich Albert gegen Alfred unbedingt recht gebe. So ist es im Inneren: Neue Organisationsverhältnisse aufgrund neuer Quellen der schöpferischen Liebe. Ihr erseht daraus, daß die Liebe in diesem Sinne unter Umständen hart, „antisozial", imperialistisch, ja kapitalistisch sein kann, daß sie mit Militarismus und Aristokratismus verbunden sein kann, wenn nur das Leben dahintersteht, das sich neu organisieren will von Mensch zu Mensch, von Beruf zu Beruf, von Volk zu Volk. Ich kann die höchsten Leistungen der Liebe weder in der gegenseitigen Seelsorge noch Leibessorge sehen, sondern in dem Schaffen von Beziehungen, Abhängigkeiten, inneren Lebensgemeinschaften, in dem Führen und Sich-Führen-Lassen, kurz in dem innerlichst gefaßten Organisieren aller seelischen und physischen Verhältnisse entsprechend der Wahrheit! Und damit schließen sich beide Ideale Wahrheit und Liebe zusammen und entwickeln sich subjektiv die Wahrheit zur Wahrhaftigkeit und die Liebe zur Weisheit!

Über die Weisheit wäre noch mancherlei zu sagen, dieses wahre „Formalprinzip" jeder Gemeinschaft, doch genug für diesmal!

Wenn ich das Geschriebene überlese, so habe ich das Gefühl, noch lange nicht alles gesagt zu haben, was zu sagen wäre, und andererseits viel zu viel gesagt zu haben. Es sind die feinsten, persönlichsten Dinge, die eigentlich zu fein sind, um in den Mund genommen zu werden. Ich bitte Euch darum, mir für dieses Mal die Wohltat des Briefgeheimnisses zukommen zu lassen (abgesehen natürlich von Euren Frauen). Was Ihr aber dazu sagt, falls Ihr Lust und Zeit habt, etwas zu sagen, wird mir sehr lieb zu hören sein!

In aller Freundschaft
Euer Paul»

19.

Im Frühjahr 1918 hat Tillichs Gesundheitszustand einen Tiefstand erreicht,[17] *aber bis zur Rückkehr in die Heimat vergehen noch vier Monate; erst am 1. August wird er Garnisonpfarrer in Spandau.*

«Lieber Papa! 2. April 1918

Nachtmärsche – Biwaks – Flieger – Granaten – tote Engländer – Wüsteneien, und als wir dann in den Kampf sollten, versagten die Nerven; unser Arzt schickte mich zur Erholung ins Lazarett;[18] nahe der Front. In spätestens 14 Tagen hoffe ich zurück zu sein; nach Deutschland wollte ich nicht; es geht mir nicht einmal besonders schlecht, damals nach Verdun war es viel schlimmer; aber ich konnte es nicht mehr leisten; das zeigt mir, daß es an der Zeit ist, überhaupt zurückzukommen, wie so viele, zumal ja noch viele herausmöchten. Ich bin also bereit zu kommen, wenn Ihr mich braucht und ruft (reklamiert). Der Abschied von der Division wird mir das Herz bluten lassen; schon der Weggang in diesen Tagen ist mir bitter geworden; aber es muß wohl sein; hier bin ich nichts Ganzes mehr. Und das ist ein unerträglicher Gedanke; in der Heimat werde ich mit den Erlebnissen des Feldes vielleicht manchem etwas geben können. Steckt mich, wohin Ihr wollt, nur daß ich in Friedenau wohnen kann, damit ich nicht zwei Wohnungen bezahlen muß, und wenig Amtshandlungen, höchstens alle 14 Tage Predigt habe. Am besten wäre wohl die verhandelte Stelle in Neukölln. Zugleich würde ich vor Antritt vier Wochen Urlaub erbitten, um den Krieg auszukurieren; ich hoffe, daß das geht. Besprich also die Sache mit Steinhausen und nimm dieses als offizielle Anschrift an den Dezernenten von Berlin-Land!

Hier im Lazarett ist es ebenso ruhig wie langweilig; auf die Dauer helfen kann das natürlich nicht, aber ich wollte nicht so plötzlich, fluchtähnlich die Division verlassen; das macht einen schlechten Eindruck; am schwersten wird mir die Trennung von unseren Infanterie-Leutnants, die mich alle kennen und gern gehört haben. Wenn alles klappt, kann ich vielleicht schon zu Deinem Geburtstag bei Euch sein. Antworte mir bitte gleich an meine Divisionsadresse.

Dein Paul.

Bei der Reklamation zu beachten, daß ich außer „Überetatmäßiger", „Freiwilliger" bin, dann geht es leichter.»

ANMERKUNGEN

1 Thomas Mann: Briefe 1889–1933. Frankfurt a. M. 1961, S. 111.

2 Rainer Maria Rilke: Briefe 1914–1921. Leipzig 1937. Brief an Anna Frfr. v. Münchhausen, S. 8.

3 Harry Graf Keßler. Briefwechsel mit Hugo v. Hoffmansthal 1898–1929. Frankfurt a. M. 1961. Brief vom 17. 8. 1914, S. 384.

4 Marianne Weber: Max Weber, Heidelberg 1950, Kap. 16.

5 a.a.O., Kap. 17.

6 Der Kosename „Wumming“ für Tillichs Schwester Johanna führt bei Paucks, Tillichs Leben, S. 28 zu einem gravierenden Irrtum. Sie behaupten, Tillich habe seine Schwester mit „Frau“ angeredet und ziehen daraus in Tillichs Leben, S. 90, den Schluß: „Einiges scheint darauf hinzudeuten, daß er in sie verliebt war.“ Vgl. auch Paucks, Tillich's Life, S. 80. Der Irrtum ist nur so zu erklären, daß sich in das Interview von Paul Tillich mit Marion Pauck der Hörfehler einschlich: Wumming = Woman. Die vorhandenen Briefe von Tillich an seine Schwester weisen eindeutig aus, daß die Anrede „Frau“ niemals gebraucht wurde.

7 Tillich rechnete fest damit, daß er sich in Halle habilitieren und nach dem Krieg seine Privatdozenten-Tätigkeit dort aufnehmen würde.

8 Tillichs Bemerkung bezieht sich auf ein von ihm verfaßtes Gedicht, in dem er seine „Sehnsucht“ nach dem Osten zum Ausdruck bringt.

9 Bei Paucks, Tillichs Leben, S. 56, ist diese Bemerkung ins Gegenteil verkehrt: „In den ersten Märztagen klagte er ein wenig großsprecherisch seinem Vater gegenüber, das feindliche Feuer sei zu passiv ...“ Durch dieses Mißverständnis kommen Paucks zu dem Etikett „großsprecherisch“ für Tillich. Vgl. auch Paucks, Tillich's Life, S. 43. Alle Weltkriegsbriefe Tillichs bekunden das Gegenteil, nämlich Bescheidenheit.

10 Bei Paucks, Tillichs Leben, S. 56 heißt es: „In der Tat hatte man ihm zu Ehren ein zweitägiges Fest vorbereitet.“ Tillichs Brief weist aus, daß seine Geburtstagsfeier auf den 20. 8. abends beschränkt blieb. Was Paucks an Einzelheiten beschreiben, bezieht sich nicht auf Tillichs Geburtstag, sondern auf eine Einladung junger Offiziere.

11 Tillich machte seinen Ausritt allein, nicht „alle machten eine Ausfahrt“, wie Paucks in Tillichs Leben, S. 56 behaupten.

12 Das berühmt-berüchtigte Schlachtfeld hieß „Butte de Tahure“, nicht „Batte de Tur“, wie Paucks in Tillichs Leben, S. 62, irrtümlich angeben. Außerdem trifft die Angabe 17 b, S. 304, in Paucks, Tillichs Leben nicht zu, wonach der zitierte Satz aus einem undatierten Fragment stammen soll. Es handelt sich um die Fortsetzung des Rundbriefes nach der Schlacht bei Tahure.

13 Endgültiger Titel der Habilitationsarbeit lautete: „Der Begriff des Übernatürlichen, sein dialektischer Charakter und das Prinzip der Identität, dargestellt an der supranaturalistischen Theologie vor Schleiermacher“.

14 Der Rundbrief bekundet, daß Tillich schon 1916 wieder mit wissenschaftlichen Arbeiten begann, nicht erst 1917, wie Paucks in Tillichs Leben, S. 65, angeben.

15 Tillichs „Das System der Wissenschaften nach Gegenständen und Methoden“ erschien 1923.

16 Ihre reife Ausformung erhielten diese Gedanken viele Jahre später in: Der Mut zum Sein. G.W. 11, S. 13–139.

17 Laut Krankenbuchlager, Berlin, war Tillich im Lazarett Guise vom 31. März bis 7. April 1914.

V. KRIEGSBRIEFE AN EINE STUDENTIN

1915–1918

Neben der ausgedehnten Korrespondenz mit seiner Frau, seiner Familie im weitesten Sinne und mit den verschiedenen Freunden schreibt Tillich regelmäßig, wenn auch in größeren Abständen, an Maria Klein:

1.

Bieuxy, 11. Januar 1915

«Liebe Maria! Nun ist soweit Friede geworden, daß ich mal zum Schreiben komme. Hab Dank für Deinen Brief! Alles, was man jetzt aus der Heimat hört, macht einem Freude. Und besonders, wenn es von Freund (und Freundinnen) kommt. Ich habe mich wirklich öfter nach dem langen Weg im Lichtenrader Garten gesehnt und als Rudi von [ein Wort unlesbar] schrieb, war mir ganz wehmütig. Daß Du nun (endlich) zu der großen Tat des Examens kommst, freut mich sehr für Dich (ich denke, Du wirst nachher anders ins Leben sehen, freier und fröhlicher). Hoffentlich bekomme ich bald die Nachricht mit „bestanden". Im übrigen der Rat eines alten Examens-Roués: Arbeite in den letzten Tagen nur noch ein bis zwei Stunden den Tag, so Dinge, die man sich mal ansehen muß. Und dann betrachte die Sache mit weit geringerem Ernst als eine „Sitzung im Pikadilly". Wenn Du ins Mündliche kommst, stelle Dir vor, Du säßest in einem Lehnstuhl und hättest mit Dox [Richard Wegener] eine gebildete Unterhaltung. Alles Gute, und mögest Du ein Bedauern empfinden, daß die netten Examenstage zu Ende sind!

(Menschen laß derweil sein!) Über Greti laß Dir keinerlei graue Haare wachsen. Du hast nicht den Schimmer einer Ahnung von ihr, und alle Gedanken, daß sie Dich nicht leiden kann und zwischen Dich und mich tritt, sind Quatsch, nicht wert, von der Feldpost nach Frankreich befördert zu werden. Daß Du auch jemand im Felde hast, um den Du Dich sorgst, ist schön für Dich und wird Dir die Erinnerung an diese große Zeit noch wertvoller machen.

Hier ist nichts los – so würdest Du wohl sagen. Zwar zu tun hatten wir viel. Weihnachten und Neujahr hatte ich zusammen 20 Gottesdienste mit den dazugehörigen Fahrten, Ritten und Schleichwegen. Sylvester hatte ich 6 Stunden durch Sturm und Regen zu reiten. Die Weihnachtsfeiern waren herrlich, herzbewegend, gewaltig; insbesondere in den Höhlen unter der Erde und die in den Dörfern, wo die Granaten [drei Worte unlesbar] einschlugen und die Mauern zitterten, während wir „Stille Nacht“ sangen. – Jetzt aber ist eine etwas trübe Zeit. Seit zwei Monaten mit Ausnahme von drei Tagen täglich Sturm und Regen, entsetzliches Wetter, Dreck, wie er in Rußland nicht so schlimm sein kann, Stagnation, trotz täglicher, mit Verlusten verbundener Artilleriekämpfe. Wenn es nur bald weiter ginge, das ist der offene oder versteckte Seufzer von uns allen.

Ich hatte an Dox eine wissenschaftliche Ausarbeitung geschickt, er schrieb mir nicht, ob sie angekommen ist. Bitte frage Mutti, ob sie etwas weiß, und antworte sofort! Grüße alle von Herzen! Viel Glück zu den nächsten Wochen!

Dein Paul Tillich.»

2.

Bieuxy, 22. Februar 1915

«Liebe Maria! Hunderttausend Russen und zwei Abiturientinnen-Studentinnen auf einen Tag. Hurra!! Meine herzlichsten Glückwünsche und uneingeschränkte Freude! (So lange habe ich gewartet mit Antworten auf Deinen Brief, denn alles, was ich geschrieben hätte, wäre überholt gewesen. Trotzdem hat er mir sehr viel Freude gemacht! Denn er drückt so vortrefflich die Seele meiner kleinen – oder nun großen – Freundin aus, daß ich gar nicht wüßte, wie ich besser in besagte Seele hineinblicken sollte; das ist sehr nett von Dir, liebes Mädel, und fordert natürlich die Gegenseitigkeit, wie Du nicht unrichtig bemerkst. Nun ist freilich ein alter Mann, wie ich hier geworden bin, nicht von Ferne so interessant wie ein junges Mädchen ... und darum sollst erst Du, dann ich drankommen.)

Daß Du ganz meinem Rat entsprechend Literatur, Philosophie, Theologie studieren willst und zwar mit dem ernsthaften Ziel, den Oberlehrer zu machen, freut mich sehr! Ich bitte Dich aber wirklich, die Sache vom ersten Semester ab ernst zu nehmen, sonst hast Du keine Frucht davon! Wofür man sich nicht innerlich ganz einsetzt, was man nur als Beschäftigung betreibt, ist unergiebig und befriedigt nicht; vor allem aber ist ja der harte Zwang da, dem Du ins Auge sehen mußt, daß Du äußerlich oder innerlich – was auch möglich ist, glaub es mir – den verlierst, den Du liebst. Und endlich noch ein Drittes: Du brauchst ganz besonders ein Rückgrat Deines Stolzes, und das kann einem Mädchen nur das Bewußtsein geben: ich kann auch allein bleiben; ich brauche niemand, auf den ich warten muß! Also laß in keinem Augenblick in Dir das Bewußtsein *„pro forma"* aufkommen; in demselben Augenblick ist Deine ganze Studentenzeit verloren und Du innerlich dauernd unglücklich, d. h. natürlich nicht: ochsen! Sondern d. h., sich in der Sphäre der geistigen Freiheit intellektuell und persönlich bilden, Beruf und Geistesleben harmonisch zu verschmelzen, weder beruflosen Geistreichtum noch geistloses Berufswissen sich aneignen. Die Grundlage dazu ist das philosophische Denken, das die Dinge von einer Einheit her betrachten lehrt und so den Beruf als notwendiges Glied im Ganzen erscheinen läßt. Das klingt alles etwas professörlich, ist aber nur der Ausdruck meiner eigenen akademischen Erfahrung und der unendlichen Dankbarkeit, mit der ich auf diese Zeit zurückblicke.

Viel schwieriger ist die andere Seite der Sache, nämlich die persönliche; Du wirst in Deiner ganzen akademischen Zeit und noch später hinaus ein großes Problem haben, und das ist die Intensität Deines persönlichen Glücksbedürfnisses; das, was ich oft Egozentrismus genannt habe. Auch aus Deinem Brief spricht das in überwältigender Offenheit. Du meinst, das, was Du mit Deinem Freund zu sprechen hast, sei so wichtig, daß die Vorsehung darum besondere Wege gehen müsse! Du willst die Faustischen Erlebnisse haben und doch glücklich sein ... Aber, beste Freundin: das wahre Erleben hat seine Wurzeln im Schmerz, und das Glück ist nur eine Blüte, die sich dann und wann öffnet! Dein Wort, Du seist nicht für das Glück geschaffen, ist nur der negative, an sich selbst nicht glaubende Ausdruck Deiner ungestümen Glücksforderung. Ich weiß, daß diese meine Worte keine Änderung bewirken können; sie sollen es auch nicht; im Grunde freue ich mich an Deiner Leidenschaft und Deinem Lebenswillen, der bis zur großen Schuld gehen will, um zu erleben! Ich kenne diese Empfindung; namentlich um der Tiefe des religiösen Lebens willen, habe ich selbst ähnliche Wünsche gehabt. Ich will auch nicht, daß Du irgendwo Halt machst aus philiströsen Rücksichten; und selbst, wenn die große Schuld in Deinem Leben einträte, würde ich Dich unbedingt bejahen und gerade dann! Aber ich will, daß Du eines Tages, wo Du statt des Glückes den Schmerz erlebt hast, an meine Worte denkst und nicht verzagst und nicht ironisch wirst, sondern merkst, daß nun überhaupt erst das wahre tiefe Erleben anfängt, da nämlich, wo der egozentrische Glückswille zerbrochen ist.

Du fragst nach mir: Nun, ich kann nur sagen, daß das, was ich eben geschrieben habe, der Ausdruck meines gegenwärtigen tiefsten Erlebens ist. Es ist die Zeit des vollendeten Schmerzes. Du kannst nicht ganz verstehen, welche Faktoren dabei mitwirken; einen nennst Du selbst, die geistige Einsamkeit, die innere Isoliertheit, die Öde und Ferne alles dessen, was man liebt. Dazu der Schrecken des Krieges; der eigene Tod, der oft genug nah gerückt wird, das tägliche Sterben ringsherum und die Dunkelheit der Zukunft; dazu einige weittragende Einsichten, die sich daraus entwickeln.

Deinem Vater habe ich vor ein paar Tagen für die schönen Gedichte gedankt. Lisa[1] meine herzlichsten Glückwünsche! Was und wo studiert sie? Dir alles Gute und Beste für die großen kommenden Jahre! Euch allen viele Grüße!

Dein Freund Paul Tillich.»

3.

Juvigny, 11. Juni 1915

«Liebe Maria! Ich kann nicht umhin, Dir zu Deinem letzten Brief meine höchste Anerkennung auszusprechen; noch über keinen habe ich mich so gefreut wie über diesen; es war ein kräftiger Keim von dem darin, was ich Dir so oft unter Damenhaftigkeit, Stolz, Zurückhaltung und dergleichen gröblich ins Gesicht geworfen habe.

So gefällst Du mir am meisten, und so betrachte ich unsere kommende wirkliche, d. h. aktuelle Freundschaft im Unterschied von der potentiellen, zwar seienden, aber noch nicht verwirklichten dieser Übergangszeit. Ich hatte Dich lieb als originelles Mädel, das eines Tages die Augen öffnete und mit Staunen in die Welt guckte und der ich hier und da, besonders auf dem Gebiet, das für kleine Kinder verboten war, eine Tür zu öffnen mir das Vergnügen machte, zumal ich ein lebhaftes Interesse an der künftigen [ein Wort unlesbar] Entwicklung der Lichtenrader Pfarrerstochter hatte. Daß ich dabei nicht merkte, wie ich selbst auf einmal selbigem ungeschlachtetem, reizendem Kinde die „Welt“ wurde, lag allein an meiner Harmlosigkeit, die ich in Frauensachen schon einige Male an den Tag gelegt habe. Außerdem gefiel mir das Mädel wirklich so gut, daß ich nicht gern einen Bruch vollzogen hätte und es erst tat, als ich es mußte ... So, das ist die Geschichte von dazumal, wie ich sie sehe, d. h. von mir aus ebenso harmlos wie töricht, von Dir aus ebenso ernst wie tragisch ... Nun kamen die Zwischenzeiten, wo Radikalismus Pflicht war; ich sah ein, daß unser Verhältnis auf einer anderen Grundlage wieder erneuert werden mußte. Und so kam meine Heirat und Deine Liebe – die erste Bedingung, dann Dein Studium mit der inneren und äußeren Freiheit, die es Dir hoffentlich bringt – die zweite Bedingung, und nun kann sich Deine Selbständigkeit entwickeln, bis die neue Basis völlig da ist, darauf habe ich gewartet und freue mich, daß es nun soweit ist ... Noch nicht genug, aber so, daß in mir der ernsthafte Wunsch lebt, nicht von Dir zu lassen, und die Gewißheit, daß wir noch eine wertvolle Gemeinschaft werden haben können. Und nun entschuldige, daß ich mit grotesk landsknechthafter Ehrlichkeit Dir das alles so sage und Dich so etwas zum Objekt in dieser Geschichte mache, aber vielleicht ist das mal das Beste; Du hast mich ja zu meiner Freude auch objektiviert, bis zur „Wut" gegen mich, über die ich mich im allertiefsten Grunde freue, weil ich hoffe, daß sie Übergang ist ... Deine Studien interessieren mich natürlich sehr; aber ich bin jetzt jeder intellektuellen Sphäre so fern gerückt, daß ich einfach nichts dazu sagen kann. Ich müßte, glaub ich, erst mal wieder ein Jahr hören, ehe ich lesen kann. – Viel interessanter ist mir eigentlich Dein Leben; ich fand es schade, daß Du die Studentinnen und die Studenten nicht sehr schätzt; äußerlich als Masse betrachtet mag das stimmen, aber Du solltest Gelegenheit suchen, mal eine einzelne oder einen netten Kreis kennen zu lernen, um aus der Tretmühle des Lichtenradener Idylls herauszukommen, wonach Du Dich ja oft selbst gesehnt hast ... und Deine Liebe darf Dir nicht ein Kloster werden. Sonst kannst Du das nicht sein, was Du sein mußt und wozu Du fähig bist. Du mußt hinaus ins große Leben – gesellschaftlich, intellektuell, moralisch. Du mußt die engen Pfarrhauswände und Lesehallendämmerung zersprengen und die Bogenlampen abwechselnd mit der Sonne Dir aufs Haupt scheinen lassen, besonders aber die Bogenlampen.

In diesem Sinne (welcher natürlich unmoralisch ist)

In alter Freundschaft

Dein Paul.»

4.

Liry, 25. Oktober 1915

«L. Maria! Deinen Brief erhielt ich als einzigen in den drei Tagen, wo wir in der Gegend von Nailly lagen. Schon damals war die bezeichnete Batterie nicht mehr da. Jetzt sind wir seit 14 Tagen in der

Champagne im Gewühl der wüstesten Schlacht dieses Krieges, die noch immer andauert und zu dem Schrecklichsten gehört, was er gebracht hat ...

Wir liegen in einem ziemlich üblen Quartier zu dreien in einem Zimmer. Tag und Nacht ein ungeheures Getriebe vor unserem Haus. Truppen aller Waffengattungen, aller Nummern, Preußen, Bayern, Sachsen ... Vielleicht ... Es ist ein riesiges Feldlager von vielen Quadratkilometern, Lager an Lager, Stellung neben Stellung; dabei alles öde, dürre, unfruchtbare Gegend. Kalkwellen, Kiefernwäldchen, zertretene Täler. Es fließt täglich viel, sehr viel Blut in diesen dürren Kalk, zuweilen an einem Tag so viel, wie in einem Monat bei Soissons, nach übereinstimmendem Zeugnis aller, die aus Rußland zurück sind, viel schlimmer als dort. Ob wir lange hier bleiben, ist zweifelhaft; niemand wünscht es. — — Es waren doch schöne Tage im September und gut, daß ich nicht länger gewartet hatte, denn längst ist aller Urlaub verboten. Was macht der Studienplan fürs Wintersemester? Ich bin neugierig auf Lisas [1] Troeltsch-Bericht. Was hat man doch alles in der Kultur an Geist und Menschen, Freunden und Freundinnen und hier! Und so aussichtslos ist der Krieg!!

Mit herzlichen Grüßen und den besten Wünschen fürs neue Semester bin ich Dein tr. Paul T.»

5.

2. Januar 1916

«Liebe Maria! Dein Brief war mir eine große Freude! Daß ich Lisa [3] so schnell antwortete, war insofern selbstverständlich, als mit dem Lesen des Briefes mir sofort die Antwortgedankengänge gekommen waren und ich sie schreiben mußte, um nicht herauszukommen. Das ist bei persönlichen Briefen ganz anders, wo man aus dem persönlichen Erleben jeden Augenblick schreiben kann. — Was Du schreibst, ist im Grunde richtig. Ich habe es selbst öfter gedacht. Der Mensch als Mensch ist mir immer etwas relativ Fremdes gewesen; er war mir Disputator, Spielkamerad oder dergl., aber nicht Mensch. Das werde ich nie ganz verlieren, es wird innerlich schwer für mich sein und kann nur langsam geändert werden. Ich bin im Grunde ein Sach-Mensch, kein Personen-Mensch. Das haben auch meine Freunde immer empfunden, und darum habe ich auch außer meiner Frau noch nie einem Menschen am allernächsten gestanden, ich kam immer an zweiter

Stelle; und ich fand das nach einigen Kämpfen ganz in der Ordnung; und niemand kann wissen, ob es nicht mein Lebtag so bleiben wird. – Weihnachten war schwer und stumpf, aber ich habe gepredigt über das Wort: „Das Licht leuchtet in der Finsternis", das Du ja auch brauchen kannst, arme Freundin.

In Treue
Dein Paul T.»

6.

11. Januar 1916

«Liebe Maria! Dein Brief hat mich lebhaft bewegt. Selbstverständlich erfährt niemand, auch Greti nicht, von allen Dingen, die das Innenleben eines anderen betreffen und vertraulich sind, nichts; auch Dein Brief ist vernichtet – und nun die Sache selbst: Nach meiner Meinung ist die Alternative, die Du stellst, verkehrt. Entweder Verlobung oder auseinander, das ist nicht richtig, sondern Du mußt an Dich selbst die Alternative stellen: entweder in Freundschaft weiter, oder wenn das nicht geht, Schluß. Nicht ihm, sondern Dir selbst mußt Du die Alternative stellen.

Mancherlei Gründe liegen dazu vor; zunächst der, daß es im innersten Wesen des Verkehrs der beiden Geschlechter begründet ist, daß die aktive Frau den Mann zurückstößt. Das Stellen einer Alternative ist eine Aktivität, die einen stark männlich empfindenden Mann unbewußt, abgesehen von allen Gründen, dazu bringen würde, die Alternative negativ zu entscheiden. Das ist nicht Konvention, sondern Natur, genau wie es Natur ist, daß der aggressive Mann von der Frau gewünscht wird.

Aber er hätte auch recht, nein zu sagen. Euer beiderseitiges Leben ist viel zu reich, als daß in dem jetzigen Stadium schon eine definitive Entscheidung an dem wesentlichsten und lebendigsten Punkte fallen dürfte. Ihr beide habt eine fast siebenjährige Zeit vor Euch, ehe Ihr heiraten könnt, und zwar Eure sieben innerlich bewegtesten Jahre, und in denen Ihr beide zahllose Menschen sehen und vielleicht lieben lernen werdet. Soll diese ganze Entwicklung von vornherein durch ein halbes Gelübde, wie es die Verlobung ist, schief und gewaltsam werden; die Jahre der höchsten Entwicklungsfreiheit kommen für ihn. Könntest Du es verantworten, diese Entwicklung zu belasten?

Und nun angenommen, Ihr wäret verlobt, meinst Du der Zustand der Verlobung ist weniger zwiespältig als der jetzige? Du könntest innigere Briefe schreiben, es könnten tiefere und leidenschaftlichere Töne mitklingen, aber das erträgt man nicht lange; frage selbst die kurz Verlobten, wie sie unter dem Zwiespalt gelitten haben, und nun sieben Jahre! Das ist eine psychologische Unmöglichkeit, zumal bei Deinem Temperament. Du deutest darum psychologisch richtig die Idee der freien Liebe an. Die hat aber nur ein sittliches Recht, wenn sie eine ebenso starke Bindung ist wie die wirkliche Ehe; und eine solche Bindung ist für Euch nicht möglich. Außerdem ist dieser Gedanke praktisch unmöglich, da er den Beruf aufgeben und Du das Elternhaus verlassen müßtest.

Du als Frau mußt die Selbstbeherrschung haben, Deine Liebe in die Form einer tiefen geistigen Freundschaft zu ergießen; das ist ihre Kraftprobe. Zersprengst Du diese Form, dann ist eines Tages die Liebe verschüttet. Ich freue mich, daß Dein Freund das gesehen hat. Und wenn Du von der Tiefe seiner Empfindung sprichst, so hast Du ja darin die Garantie, daß sie eines Tages zur vollen Gemeinschaft führen kann, nach Jahren williger innerer gegenseitiger Freiheit.

Ich rate Dir also: Zeige die Kraft Deiner Liebe darin, daß Du Gefühl und Temperament im Zaum hältst und vor allem jetzt nicht den, den Du liebst und der es schwer genug hat, vor eine qualvolle Alternative stellst. Sei dankbar, daß Du einen hast, der in dieser Zeit in Liebe an Dich denkt und gönne ihm vor allem denselben Trost!

In alter Freundschaft Dein Paul.»

7.

27. November 1916

«Liebe Maria! Vielen Dank für Deinen Brief! Er gab mir ein dunkles Bild von dem, was Du tust und bist. „Dunkel nicht nur für mein Wissen, sondern auch nach dem, was ich von Dir weiß" – wie Loofs in seiner Kirchengeschichte so „schön" sagt. Dunkel ist mir vor allem der eine Punkt, Dein Verhältnis zu Hans, das in irgendeiner Weise zu Ende zu sein scheint; wie, kann ich nur ahnen, es tat mir sehr leid um Dich, als ich es damals aus Deinem Brief herauslas, aber ich hatte den Gedanken: Es soll so sein, sie hatte sich zu fest daran gehängt, darum mußte es ihr genommen werden, damit sie frei wird. Warst Du frei geworden? Ich glaube, noch nicht ganz. Deine Resignation ist auch eine Art der Unfreiheit. In jeder Resignation ist Bitterkeit. Wir müssen uns aber hüten, in dieser Zeit bitter zu werden wie die meisten. Freilich kann ich eine empirische Hoffnung nicht verkünden, tue es auch meinen Leuten nicht; auch mir selbst nicht. Ich habe sie, aber ich hänge mich nicht daran. Ich reiße mich jeweilig unter Schmerzen davon los.

Ich habe immer die unmittelbarste und stärkste Empfindung in mir, nicht mehr eigentlich im Leben zu stehen; darum nehme ich mich auch nicht so wichtig! Einen Menschen finden, fröhlich werden, Gott erkennen, das sind alles Sachen des Lebens. Aber das Leben ist ja selbst kein Boden, der tragfähig ist. Nicht nur, daß man jeden Tag sterben kann, Du auch, sondern, daß alle sterben, wirklich sterben, diese unerhörte Tatsache, die jetzt tägliches Erlebnis ist . . . und dann das Leiden der Menschen . . . Ich bin reinster Eschatologe, nicht, daß ich kindliche Weltuntergangsfantasien hätte, sondern, daß ich den tatsächlichen Weltuntergang dieser Zeit miterlebe. Fast ausschließlich predige ich das „Ende". Du willst noch nicht das Ende, ich auch nicht, aber ich muß es wollen, weil es da ist. Du siehst noch etwas in der Welt, und wäre es Gotteserkenntnis, eine ganz „weltliche" Sache! Du hast auch viel erlebt, aber Du bist nicht über Leichenfelder gegangen, wirkliche und seelische! Wir wollen doch etwas neutestamentlicher empfinden und mit Fröhlichkeit auf das „Ende" warten und überzeugt sein, daß die Welt im argen liegt und unser Bürgertum im Himmel ist . . .

Das ist so die „Dominante" meiner Psychologie. Sonst bin ich bald fröhlicher, bald trauriger, je nach den Umständen. Jetzt sind wir in ruhiger Stellung und ruhiger Arbeit. Nebenbei erhole ich mich durch Aufkleben von Bildern und wissenschaftlichen Untersuchungen über das System der Wissenschaften.

Grüße Deinen Vater und danke ihm für die Postkarte mit den Versen und grüße Mutti und Elisabeth[1] und die andern, an die ich so oft denke.

Dein Paul.»

8.

14. Oktober 1917

«Liebe Maria! Nun war ich wieder mal fünf Tage in Berlin, und da es gänzlich unmöglich war, Dich zu sehen (Hochzeitsgesellschaft),[2] so will ich diese unschuldige Schuld dadurch abtragen, daß ich Dir schreibe und Dir damit zugleich beweise, daß ich an Dich und über Dich denke, auch über Dich rede. Dox hat mir auf meine Frage erzählt, daß Du einen Brief bekommen hättest, der Dich erfreut hat. Das war mir lieb zu hören, und ich wünsche Dir, daß es nicht der einzige bleiben möge. – Die Hochzeitstage waren schön. Etwas Helles in der allgemeinen Dunkelheit. Dox und [Eckart von] Sydow habe ich je einmal gesehen; nach langer Zeit zum erstenmal wieder Dürselens. Die drei Mädels haben in der Lebensanschauung manche Ähnlichkeit mit Dir (nicht davon reden!) „Berliner Pastorenkreise" wie wir alle; es ist etwas Absonderliches um diese Kreise; jedenfalls werden keine Stützen der Kirche daraus hervorgehen. Ich bin eigentlich mit dem Eindruck eines richtigen Desasters weggefahren. Nietzsche und die Sexualität, das sind die beiden Elemente, die ich überall wiederfinde. Sehr, sehr mannigfaltig natürlich und in höchst interessanten Variationen. Die Begriffe „Pastorenfamilie", in die Elisabeth hineingeheiratet hat, kam der ganzen jüngeren Generation in dem einfachen Ausdruck christlicher Frömmigkeit komisch vor.

Das ist die Lage! Es gibt noch andere Symptome, über die ich nicht reden will und kann, die andere Seite der Sache betreffend: Es gibt auch reine theologische Desasters, alles in allem immer dasselbe! Und hier im Felde! An der Theodicee bricht alles zusammen, was denken zu können glaubt! Wo sollen wir hinkommen? Und das sind doch nicht die Schlechtesten, die so denken und fühlen! Greti und Dox wollen, daß ich Philosoph werde! Was sagst Du dazu; mir kommt es wie Flucht vor, und ich will nicht auskneifen, aber habe ich noch ein Recht, mein Schicksal mit dem der Kirche zu verknüpfen?

Sonst geht es mir recht gut, besser als je. Ich arbeite sehr viel Philosophie – die ganzen modernen Schulen.

Es grüßt Dich Dein Paul.»

9.

5. Dezember 1917

«Liebe Maria! Dieser Brief soll zugleich Geburtstags-, Weihnachts- und Neujahrsbrief sein – natürlich wegen des Papiermangels. Als Geburtstagsbrief hätte er über Dich zu reden, evtl. über Dich und mich. Da kann ich nur sagen, daß ich mich wirklich sehr gefreut habe, als ich Deinen Brief las, weil mir daraus immer deutlicher sprach, was ich Dir schon vor Jahren so oft gesagt hatte: die „Dame" im besten Sinne ... Und daß diese Entwicklung fortdauern möge, ist mein „Segenswunsch" zum Geburtstag. Dazu gehört auch das, was Du über „Selbständigkeit" schreibst, denn ohne diese ist die „Dame" undenkbar. Und das hat auch Bedeutung für Deine Freunde: je mehr Du bist ohne sie, desto mehr kannst Du ihnen geben, desto gleichartiger und höherwertiger wird die Freundschaft. Und dies ist die „egoistische" Seite meines „Segenswunsches", und ich bin von beiden Seiten überzeugt, daß sie erfüllt werden und freue mich auf ein Zusammensein, das einmal frei ist mit der Belastung von Eile und Einmaligkeit.

Was den „Neujahrsbrief" betrifft, so müßte er sich auf den Frieden beziehen, der für Dich die konkrete Bedeutung einer Rückkehr und eines Wiederfindens im tiefsten Sinne haben sollte – das mein Neujahrswunsch.

Und nun Weihnachten! Ich meine damit das theologische Problem, das wir angeschnitten haben! Ich bin durch konsequentes Durchdenken des Rechtfertigungsgedankens schon lange zu der Paradoxie des „Glaubens ohne Gott" gekommen, dessen nähere Bestimmung und Entfaltung den Inhalt meines gegenwärtigen religionsphilosophischen Denkens bildet. Dein Gedanke der Unendlichkeit und des Lebens spielt dabei eine große Rolle. Doch darf das nicht zu einer neuen „Objektivierung" führen. Das „Leben" als Begriff, die „Unendlichkeit" als Gegenstand sind [nicht] philosophische, problematische Gottesbegriffe; sondern es handelt sich um die innere Unendlichkeit des Lebens als Aktus, die unendliche Lebendigkeit, das Transzendieren über jeden Gegenstand und alles Gegenständliche. Doch ist das nur die eine Seite; auf der andern steht das Ja zu allem Lebendigen und seiner inneren immanenten Unendlichkeit. Dieses beides zusammen ist wieder eine Seite, die als Freiheitsbewußtsein einem Abhängigkeitsbewußtsein gegenübersteht von einer Wertordnung, die aber auch nicht gegenständlich zu machen ist, sondern als „Wertgefühl" bezeichnet werden kann. So zerfiele das religiöse „Weltgefühl" in ein positives und negatives Freiheitsgefühl und in ein Wertgefühl.

Beide nun sind in sich rein „urständlich"; doch ist auch dieses nur wieder eine Seite, wenn auch die [ein Wort unlesbar], darauf aber baut sich auf in verschiedenen Modifikationen eine „gegenständliche", d. h. ein irgendwie gearteter Gottesbegriff, dessen Problematik nun kein Hindernis mehr ist für den Glauben. Denn nicht an ihn wird geglaubt, sondern er ist die Folge eines Glaubens, der in sich selber ruht. In dieser Richtung suche ich die Lösung. Leb wohl, und schreibe wieder Deinem Freund Paul.»

10.

10. Juli 1918

«Dein Brief ist mir ein weiterer in vielen Beweisen dafür, daß Ihr Leute in der Heimat auch nicht einen Schimmer von Verständnis für uns hier draußen habt, nicht einmal, wenn Ihr der Front etwas näher gekommen seid; eigentlich ist es ein unglaublicher Zustand, daß wir, die wir schon alle das Grauen hier draußen durchmachen, nun uns auch noch in unserer Existenz gegen Euch verteidigen müssen. So gegen die einen, daß uns eine gewisse Schwere des inneren Lebens anhaftet, gegen die anderen, daß unser Geist unbeweglich geworden ist, gegen die Dritten, daß man zu religiös, und gegen Dich, daß man genußsüchtig geworden ist. Diese Musterkarte, die auf Tatsachen beruht, wird Dir zu denken geben! Freilich bin ich genußsüchtig, wenn ich auf Urlaub komme: jedem Augenblick möchte ich die letzte Süße aussaugen; das sage ich und bekenne ich offen und mit mir alle, die hier draußen sind und ehrlich gegen sich und andere und noch einen Tropfen Blut haben. Und dieser Tropfen kann in Wallung kommen, wenn Ihr daheim uns Vorwürfe macht, die Ihr Ruhe, Sicherheit, Leben, Arbeit, Menschen, Haus, Beruf und hin und wieder Vergnügen habt. Und uns gönnt Ihr nicht die Minuten, die das Schicksal uns gönnt? Was wir sonst innerlich sind, daß uns eine Welt zerbrochen ist, daß wir uns nicht mehr als Lebende in vollem Sinne fühlen, daß wir alles zerdrücken müssen, was ein Menschenleben reich macht, das wißt Ihr nicht, wollt Ihr nicht sehen, könnt Ihr nicht ertragen und haltet Euch zur Erhaltung Eures Selbstbewußtseins an die paar Gramm Fleisch, die Ihr weniger kriegt, Ihr allesamt!

Und nun der andere Vorwurf: Vielleicht denken wir hier geringer von dem Wert eines Menschenlebens, wo die Besten täglich zertreten werden; aber Menschen als „Kino", das ist unwürdig, und gerade unwürdig für den, der Menschen hat sterben sehen. – Wenn Du aber Deine merkwürdigen Schlüsse aus der Tatsache gezogen hast, daß ich in den fünf Urlaubstagen, die zu dienstlichen Zwecken mir gegeben waren, keine Zusammenkunft mit Dir suchte, so war dies darin begründet, daß ich nichts davon erwartete für unser Verhältnis, weil mich die Hetze solcher Tage in einen vollkommenen Betäubungszustand versetzt – und dies besonders, nachdem Du mir monatelang keine Nachricht von Dir hattest zukommen lassen. Daraus schloß ich auf eine dauernde, nur durch meine Übersiedlung nach Berlin zu überwindende Eingeschnapptheit bei Dir, was Du mir nicht verdenken kannst. Dies Angriff und Verteidigung! – und nun meine verehrte, alte Freundin, wollen wir wieder Frieden schließen und ihn, wenn meine Hoffnungen sich verwirklichen sollten, in Berlin aufs Kräftigste betätigen. Einverstanden?

Dein Paul.»[3]

ANMERKUNGEN

1 Lisa ist Elisabeth Klein, die jüngere Schwester von Maria Klein.

2 Tillich nahm an der Hochzeit seiner Schwester Elisabeth mit Erhard Seeberger teil.

3 Die Briefe an Maria Klein waren nur in schwer leserlichen Fotokopien zugänglich (Fundort: Amerik. P.T.-Archiv). Sie wiesen zahlreiche Unterstreichungen auf, die offensichtlich von der Adressatin stammen. Sie wurden hier weggelassen.

VI. DIE EHE MIT GRETI WEVER

1914–1921

ZEITTAFEL

Herbst 1918:	Tillich in Spandau, Freundschaft zwischen Greti und Richard Wegener.
19. Juli 1919:	Geburt von Wolf Tillich.
28. Juli 1919:	Tod von Wolf Tillich.
5. Januar 1920:	Tod von Johanna Fritz geb. Tillich.
Februar 1920:	Greti verläßt Tillich.
Februar 1920:	Tillich lernt Hannah Werner kennen.
Juli 1920:	Hannah Werner heiratet Albert Gottschow.
25. November 1920:	Geburt von Klaus Eberhard Tillich.
22. November 1921:	Tillich und Greti werden geschieden.
1922:	Hannah und Albert Gottschow werden geschieden.

1.

Am 1. Januar 1919 wurde Tillich aus dem Kriegsdienst entlassen. Über das Ende seiner Tätigkeit im Heeresdienst schreibt Tillich in einem Rundbrief an seine Wingolffreunde:

«[...] Genau zwei Jahre liegen zwischen meinem letzten Schreiben und diesen Tagen. Sie haben mir nach fünf Monaten Winterquartier in verhältnismäßig ruhiger Champagne-Stellung die drei großen Offensiven Amiens, Aisne/Marne und die mißlungene in der Champagne gebracht. Bei der ersten brach ich mit den Nerven zusammen und kam infolgedessen im August 18 nach Spandau als Garnisonspfarrer. So habe ich den ganzen Zusammenbruch nicht mehr an der Front mitgemacht, dafür aber die Revolution in Berlin. Am 1. Januar wurde ich entlassen und habilitierte mich aus finanziellen und persönlichen Gründen nach Berlin um, wo ich nebenbei „Stadtvikar“ [1] bin und im Sommersemester meine erste Vorlesung „Das Christentum und die Gesellschaftsprobleme der Gegenwart“ gehalten habe ... Ich wohne Berlin-Friedenau, Taunusstr. 1 [...]»

2.

Kam Tillich auch beruflich seinem ersehnten Ziel näher, so erfuhr er in seinem privaten Leben eine bittere Enttäuschung. Schon während des Krieges hatte er gespürt, daß Greti wenig Beziehung zu seiner Familie gefunden hatte. Er schreibt darüber seinem Vater am 1. Juni 1915:

1. 6. 1915

«[...] Es wäre Greti und mir eine große Freude gewesen, wenn wir Dich am Ende unserer Reise noch zwei Tage hätten sehen können; aber ich verstehe ja, daß es Dir sehr schwierig war zu kommen. Aber danken möchte ich Dir insbesondere dafür, daß Du Greti Dein Vertrauen geschenkt hast, das, was sie am nötigsten braucht, da es ihr sonst niemand uneingeschränkt gibt von meinen Freunden und den anderen; Du weißt ja selbst, daß hier Schwierigkeiten liegen, die noch lange nicht überwunden sind; und darum ist es das Größte, was Du mir schenken kannst und geschenkt hast, daß Du ein völliges Ja für mein unendlich geliebtes Gretilein gefunden hast. Daß sie es auch für Dich hat, brauche ich nicht zu sagen; sie wird es in ihrer Offenheit Dir selbst gesagt haben. Und ich bitte Dich, dabei zu bleiben, auch wenn sich noch größere Schwierigkeiten finden sollten.

Vielen, vielen Dank dafür [...]»

3.

Zwei Jahre später, nachdem „Tante Toni" aus Altersgründen die Familie verlassen hat, schreibt Tillich:

«Lieber Papa! 12. November 1917

Nun denke ich, daß Du wieder in Berlin bist, allein, und vielleicht das Alleinsein zum ersten Mal empfindend, nun, wo auch Elisabeth – für immer – weg ist! Aber Du weißt ja, daß wir alle in Gedanken immer bei Dir sind, und in unserer Wohnung mit all den Erinnerungen, wo doch auch jetzt noch unser Mittelpunkt liegt. Ich würde mich ja freuen, wenn Greti Dir etwas ersetzen könnte, aber ich weiß, daß sie es nicht kann; sie empfindet die Unterschiede viel tiefer als die Einheiten, und der Familiengeist, wie er bei uns so stark und so schön ausgebildet ist, liegt ihr fern. Im Anfang war mir das so schmerzlich; jetzt, wo ich sie ganz kenne und verstehe und liebe, ist es mir relativ unwichtig im Verhältnis zu allem übrigen. In unseren „Kreis“ ist sie nicht eigentlich gekommen, wohl aber in den Kreis, den ich schon über unseren hinaus hatte, meine Freunde Wegener, Eckart [v. Sydow], mit denen sie viel verkehrt und die sie sehr schätzen und lieben [...]»

4.

Briefe von Greti an Tillich aus der Kriegszeit haben sich in Tillichs Nachlaß nicht gefunden. Die Briefe von ihm an sie hat sie kurz vor ihrem Tode vernichtet. Um den Fortgang der Ereignisse zu rekonstruieren, sind wir auf Berichte Dritter und auf Gretis spätere Tagebucheintragungen angewiesen. Fest steht, daß sich Greti schon während des Krieges von Tillich innerlich gelöst und sich seinem Freund Richard Wegener zugewandt hatte. Von dieser Tatsache wurde Tillich überrascht, als er aus dem Krieg zurückkehrte.

Anneliese Hamann versucht, diese Entwicklung etwas verständlich zu machen:

«Ein Hausfrauendasein im alten Sinne war Gretis Art fremd. Auf dem Gut ihrer Eltern, auf dem sie aufwuchs, meisterte sie einzelne Aufgaben großzügig und gut. In der Ehe fand sie wenig Zeit für alltägliche Dinge. Es war das Geistige, das sie an Tillich anzog, aber ich glaube, zu einer Ehe gehört mehr. Es ist ja nicht nötig, daß sich die beiden Menschen auf der ganzen Breite – z. B. auch auf der beruflichen Basis – verstehen. So fand Greti auch keine Motivation, Tillichs Vorlesungen zu besuchen, das um so weniger, als ihr zu dieser Zeit schon Richard Wegener schicksalhaft begegnet war. Er hat ihr erfüllt, was sie sich vom Leben erwartet hatte. Mit ihm verglichen war Tillich ein Jüngling, seine Entwicklung, allgemein menschliche Entwicklung, ist erst später gekommen. Sie fand ihn in gewisser Weise langweilig. Richard Wegener war ihr großer Traum.»

5.

Den Fortgang der Ereignisse schildert Anna Margarete Fehling, geborene Bahr:

«Die Anfänge meiner Bekanntschaft mit Paul Tillich sind nach wie vor ins Dunkel der Vergessenheit gehüllt. Mag sein, daß ich ihn zuerst als Dozent in einem Volkshochschulkurs erlebte, den ich gemeinsam mit meiner Freundin und Mitstudentin Lotte Salz besuchte. Von ihr wird später noch die Rede sein. Deutlich ist mir jedoch die Erinnerung an kurze Unterhaltungen mit Paul Tillich, bei denen es darum ging, ob für mich ein Studium mit Philosophie als Hauptfach überhaupt in Frage kommen könnte und, wenn ja, wie an die Sache heranzugehen wäre.

Ich erinnere mich weiter an einen Abend zu zweit im „Rheingold", bei dem die Unterhaltung im wesentlichen um Schelling kreiste, und war dankbar erfreut, als Tillich mir sukzessive sämtliche philosophischen Bände seiner Schellingausgabe borgte, die ich getreulich durchstudierte und exzerpierte.

Erst im Wintersemester 1920/21 lernte ich Tillich in seinem glänzenden Kolleg über den „Religiösen Gehalt und die religionsgeschichtliche Bedeutung der griechischen und abendländischen Philosophie" als Hochschullehrer kennen. Dazwischen lag für mich ein strahlendes Sommersemester in Greifswald, gemeinsam mit Lotte Salz.

Lotte Salz wirkte faszinierend: schwarzer Mittelscheitel durch das dichte glatte Haar gezogen, dicke Zöpfe vorn über die Ohren gelegt, strahlender Blick der dunklen braunen Augen.

Sie war wohl gute zwei Jahre älter als ich, an Lebenserfahrung weit mehr, so geriet ich von vornherein in ihr Kielwasser. Sie kam aus einem gepflegten Elternhaus. Der Vater, Jurist, nicht Rechtsanwalt, sondern in höherer Beamtenstellung gewesen, lebte seit einigen Jahren nicht mehr, hatte seiner Zeit auch in der Synagoge eine aktive Rolle gespielt [...]

Sie war für Männer, und wie mein Beispiel zeigt, nicht nur für Männer, unmittelbar anziehend. Dazu kam, daß sie eine intelligente Partnerin in der Unterhaltung über alle die damalige Zeit bewegenden geistigen Themen abgab. Ohne im einzelnen in Probleme tiefer einzudringen, hatte sie genug von allem aufgefaßt, um ausgesprochen „gescheit" auf alle Gesprächswünsche anderer einzugehen. Sie sprach gern selber, ging aber immer sehr aufmerksam auf den Partner ein.

Man würde Lotte Salz lebenssprühend genannt haben, doch sprühend ist nicht der richtige Ausdruck, da sie beim Sprechen und in ihren Bewegungen ruhig war, also ist „vital wirkend" richtiger. Ihre Haltung war ganz ohne die Koketterie etwa der Vorkriegs-Jungmädchen-Generation. Das hatte sie nicht nötig. Ihre natürliche Begabung zur Liebe (die damalige Zeit gebrauchte gern die Vokabel „erotisch") strahlte wohl von selber aus, ich könnte nicht sagen, wie.

Nach dieser langen Einleitung komme ich auf die Beziehungen zwischen Paul Tillich und Lotte Salz. Daß sie sich ergaben, war kaum verwunderlich. Paul Tillich, in dieser Lebensphase von Liebesbereitschaft, ja Liebeshunger, getrieben und fast verzehrt, mußte ihrer vitalen erotischen Attraktion erliegen und ein wenig den Kopf darüber verlieren. Er fand in ihr eine begabte, wissende Lehrmeisterin, darüber hinaus aber einen Menschen, der intensiv interessiert, seine weltanschaulich-sozialethisch-politische innere Umstellung und Ausweitung intelligent in Unterhaltung und vor allem auch zuhörend zu teilen vermochte. Was er nicht fand und wonach er sich wohl vor allem sehnte, war Liebe. Mit diesen Betrachtungen habe ich nun den engen Kreis reiner Erinnerungen gesprengt und mische, in der Kenntnis durch die weiteren vorliegenden Dokumente dazu ausgerüstet, meine, wie ich hoffe, zwar noch lückenhafte, aber so objektiv wie möglich gehaltene Deutung hinein.

Ich glaube, daß die reine Zuschauerrolle, die ich in diesem Jahr 1919 am Rande der Lebensvorgänge, die Paul Tillich betrafen, spielte, mir eine sachliche Meinungsbildung sehr erleichtert.

Ehe Lotte Salz und ich Ende April oder in den ersten Maitagen nach Greifswald aufbrachen, nahm mir Tillich das Versprechen ab, bald zu schreiben, und dessen habe ich mich dann auch – sein Brief vom 29. Mai bezeugt es – recht und schlecht entledigt.»

6.

Berlin-Friedenau, Taunusstr. 1.

«Liebe Anna-Margarete Bahr! 29. Mai 1919

So, nun habe auch ich das „Fräulein“ vermieden, was vielleicht noch „bedenklicher“ ist als der Verlust des „Herr“, weswegen ich zur Strafe auch dem demnächstigen Verlust des „Doktor“ noch entgegenhoffe ... Vielen Dank für Ihren Brief, der mir eine große Freude war und mich an den Nachmittag mit den gelben Blumen auf der roten Seidendecke erinnerte, die reizende Einweihung meines Zimmers[2] ...

Der Abend in Zehlendorf[3] war wirklich sehr nett für mich; man hatte das Gefühl, gern gehört zu werden; leider war das Gespräch mit Ihrer Frau Mutter und Frl. Schwester zu kurz; es kamen andere dazwischen und auf einmal waren sie weg, so daß ich keinen rechten Eindruck gewinnen konnte; um so mehr freut mich, daß meine Rede ihnen gefallen hat ...

Ich sitze jetzt so viel wie möglich auf meinem Balkon, der von blauen Glycinien märchenhaft überrankt ist und mir nach vier Kriegsjahren zum ersten Mal wieder das Gefühl einer Freude an der Natur gibt; denn im Krieg war die Natur entweiht; man hatte das Gefühl, daß ein Riß durch sie hindurchgeht; in jedes unvorstellbare Glücksgefühl über ihre Schönheit mischte sich die Reflexion auf das Grauenvolle ...

An Ihren Ritten möchte ich wirklich teilnehmen, und wäre bereit sogar noch mehr als meine ganzen Kollegeinnahmen (!?) zu opfern; doch würde ich wohl das Segeln vorziehen ...

Wie es Pfingsten wird, kann ich noch nicht sagen; meine Schwester ist nämlich auf drei Monate nach Schweden gereist und mein Schwager will nun mit mir zusammen sein; ein Wunsch, dem ich mich vielleicht nicht versagen kann! – Vor allem aber warte ich von Tag zu Tag vergeblich auf Nachricht von Lotte Salz; ist mein letzter Brief nicht angekommen; oder ist was mit ihr los? Sagen Sie ihr doch bitte, daß ich sehr warte, um mich entschließen zu können.

Herzliche Grüße und spätestens im Sommer
auf Wiedersehn!

Ihr P. Tillich»

7.

Anna Margarete Fehling fährt in ihren Erinnerungen fort:

«Warum Lotte Salz ihrerseits Tillich auf Antwort auf den seinen an sie so lange hatte warten lassen, könnte ich allenfalls konstruieren. Eine Vermittlungsrolle hatte ich zunächst nicht zu spielen. Doch ist die Erregung der Sätze, in denen der Brief gipfelt und die nur Lotte Salz gilt, unverkennbar, und ihr wie mir war klar, daß er sich durch nichts von dem Pfingstbesuch würde abhalten lassen.

Während er dann wirklich – so naturnah, wie nur denkbar – mit Lotte Salz in der Eldenaer Mühle hart an den Wiesen, die sich zum Ryck, dem Flüßchen, das Greifswald mit dem Greifswalder Bodden verbindet, hinunterziehen, hauste, hatte ich Besuch von meiner Schwester aus Berlin. Sie war Gewerbelehrerin für Kochen und Hauswirtschaft und machte ihrem Beruf wie unserer mütterlichen Küche Ehre, indem sie uns Vieren, ich kann nicht mehr sagen, ob oder wieviel weiteren Gästen dazu, bei meiner Hauswirtin ein Spargelessen bereitete, das mit allem notwendigen Zubehör, pommerischen Landschinken, Salat und jungen Kartoffeln mit Genuß verzehrt wurde. An diesen kulinarischen Auftakt schloß sich am nächsten Tag eine Fahrt nach Rügen. Momentbilder der Erinnerung zeigen auf der Wanderung zu viert durch die lichten Buchenwälder des Kreidekliffs von

Stubbenkammer, längs grüner Äcker und duftender goldener Lupinenfelder zurück nach Saßnitz einen für Tage aus der Großstadt erlösten, nun wirklich gelösten und beschwingten Tillich.

Mein nächstes Zusammensein mit Paul Tillich fand auf seinen dringlichen Wunsch unmittelbar nach meiner Rückkehr aus dem Greifswalder Sommersemester nach Berlin am 18. Juli 1919 im Hause seiner Schwiegereltern in Lichterfelde, Augustastraße, statt. Ich habe es mündlich ausreichend beschrieben. Dieses Mal kam ich in der Rolle eines Liebesboten zwischen ihm und Lotte Salz. Mir bereits der Brüchigkeit dieses Verhältnisses von ihrer Seite aus peinlich bewußt, stand ich seinem sichtlich heftig leidenschaftlichen Interesse an jeder Kleinigkeit, die ich etwa zu berichten hatte, ratlos gegenüber und aufs höchste verwirrt von der Situation, die ich im Hause antraf, da sie mir völlig überraschend war.

Ich hörte dann nachträglich, daß Tillich unmittelbar nach meinem Besuch, oder jedenfalls noch am gleichen Nachmittag, mit seiner Frau zu ihrer Entbindung ins Rittberghaus hinübergegangen war, wo ihr und Richard Wegeners Sohn zur Welt kam, auf der er paradoxerweise wohl nur von Tillich mit warmen Gefühlen erwartet worden war und die er dann so bald wieder verließ.[4] Unauslöschlich hat sich mir im Wortlaut Tillichs Äußerung gegenüber Lotte Salz eingeprägt, die ich von ihr erfuhr: „Ich hätte ihn so lieb gehabt". Denn wiederum paradoxerweise war er wohl der einzige, der von dem Tode dieses Kindes tief betroffen und schmerzlich bewegt war. So viel begriff ich schon damals von den Vorgängen in Tillichs Leben, ohne indessen seinerzeit weiter darüber nachzudenken.»

8.

In der Tillich-Familie ahnen wohl zu diesem Zeitpunkt nur Alfred und Johanna Fritz von der gescheiterten Ehe. Johanna weilt in Schweden bei Freunden, um sich für die Geburt ihres dritten Kindes zu kräftigen. Alfred berichtet ihr gelegentlich über die Probleme seines Schwagers:

Bremen, 29. 6. 1919

«[. . .] Brennend ist die Frage auf dem Gebiet der Sittlichkeit. Brauchen wir da nicht die geraden, klaren reinen Anschauungen, in denen wir groß wurden, und nicht die zersetzende Berlin W-Luft, aber waren diese Anschauungen nicht zugleich eng, hochmütig, weltfremd und haben uns um schöne Stunden gebracht? Es ist so schwer, das Leben zu genießen und doch zu meistern. In der klaren großen Natur findest Du vielleicht eher die Antworten als im engen Stadtdasein. Wir sind doch durch Pauls Wege sehr interessiert daran. Ich habe so sehr den gleichen Eindruck wie Du, daß er nicht auf dem seinem innersten Wesen entsprechenden Weg ist. Ich glaube auch kaum, daß Lotte Salz die einzige ist. Es waren zu viele, mit denen er auf Du und Du ist und Lotte S. ist ja immer in Greifswald, er aber sitzt allein in Berlin, das schwüle Luft förmlich ausatmet. Ich habe das selbst wieder so empfunden.

Schließlich entstehen all diese Probleme doch immer nur aus der unglücklichen Ehe. Sonst kennt man sie kaum. Oder möchtest Du, daß ich jetzt ein wenig Ablenkung suchte anstatt in Sehnsucht nach Dir allein mich zu plagen. Ich glaube doch kaum. – Paul sagt, 90% der Ehen sind unbefriedigend. Aber ist das nicht oft, weil man nicht den Willen und Mut zur glücklichen Ehe hat? Es ist aus unserer Harmonie heraus so schwer zu urteilen. Man kann dann auch zu verstehend sein. Ich glaube, für Paul gäbe es nur zwei Wege, entweder er muß zu Greti sagen: Ich habe Verlangen nach einem ganzen einzigen Verhältnis, willst Du es mit mir und Dich bezwingen, und kannst Du es? Wo nicht, laß uns auseinandergehen, und ich suche mir das ganze Verhältnis anderswo, oder er muß verzichten und neben ihr leben und sie doch als Einzige betrachten. Alles andere zersplittert ihn, macht ihn unharmonisch und zuletzt doch unbefriedigt, denn er vor allem braucht *einen* Menschen ganz, nur dann kann er die andere Beziehung als Reichtum und nicht als Ermattung pflegen. – Es klingt paradox, aber ist doch wohl richtig. Möglich ist Polygamie (in jeder auch seelischer Form) bloß aus einem ganz glücklichen Verhältnis heraus, das so reich und glücklich ist, daß es all das andere Erleben in sich hineinnimmt. Aber dann ist sie wohl nicht nötig und nicht Bedürfnis [...]»

Bremen, 19. 7. 1919

«[...] Ich hoffe, er [Paul] kann seinen Vorsatz ausführen, sich nun ganz auf die Wissenschaft zu werfen, es wäre sehr zu wünschen. Aber ich fürchte, sein [ein Wort unlesbar] wird es nicht dazu kommen lassen. Das ist ja nun das schwierigste Problem. So sehr ich ihn auch aus dem eigenen Erleben und meiner jetzigen körperlichen Not verstehen kann, ist das alles doch nur ein Symptom seiner „unglücklichen“ Ehe, denn so wird man doch wohl sagen dürfen. Obwohl er von Saßnitz strahlend und mit reichem Erleben zurückkam, sagte er doch selbst, daß er sich jetzt nur noch mehr nach einem monogamen Verhältnis sehne. Er ist im Grund sogar mehr darauf gerichtet als viele sonst. Er muß nur jemand haben, der ihn ganz schlicht und einfach recht von Herzen lieb hat, dann würden all diese Probleme von ihm abfallen. Aber Greti ist ein herzloser Egoist. Ich habe mit Frau Oberamtmann [Gretis Mutter] ganz offen über ihre Ehe gesprochen, und sie sieht sehr klar und sieht auch die Hauptschuld bei Greti. Sie rechnet damit, daß es eines Tages zu Ende geht. Ich glaube es vorerst nicht, einmal hängt Paul sehr an Greti, und dann ist ja das Konstituierende der Ehe, das volle Vertrauen noch da. Allerdings scheint es mehr ein sich gegenseitig Gewährenlassen zu sein als ein Miterleben auch der fremden Wege des Anderen. Aber ein ganz richtiges Verhältnis kann es wohl nie werden, weil Paul Greti in allen kleinen Dingen (und er hat viel solche) unsympathisch ist, ich würde sagen: „Er riecht ihr nicht gut genug." Erst versuchte sie, ihn nach ihren Sympathien zu modeln, und da die alte Natur bei Paulchen immer durchbricht, verzweifelt sie daran und lebt für sich. Es ist schade, daß so viel geistige Kraft Pauls sich in diesen Dingen zersplittert. Aber vielleicht war es auch nötig für ihn. Vater sprach zwar sehr deutlich von seiner Sorge, daß Paul nie zur eigentlich produktiven Arbeit kam, und hat wohl immer Bangen vor der „Dürselschen" Sprunghaftigkeit. Aber ich glaube doch, daß Paul Klarheit und Abgeklärtheit auch seines Denkens findet. Jetzt eben ist allerdings alles noch sehr chaotisch, und auch in seinem Kolleg erschrak ich über gewagte geniale Sprünge, die er nachher selbst als Luftsprünge zugab. Er müßte jetzt anstatt Dox E. Hirsch neben sich haben als Kontrolle, wenn sie sich nicht so weit auseinandergelebt haben, daß E. ihm nichts mehr sein kann [. . .]»

9.

Tillich und Greti standen weiter freundlich zueinander. Briefe von Greti, kurz vor der Geburt ihres Kindes, verraten die große Distanz zwischen ihnen, aber auch das Bemühen, weiter miteinander auszukommen. Tillich dachte nicht an Scheidung. Über die Vaterschaft des Kindes wahrte er tiefstes Stillschweigen.

«Mein lieber Paulus! Hotel Lindenberg, Wernigerode, 29. 5. 1919

[. . .] Ich könnte mir denken, daß Du jetzt in der roten Kirche wärest, falls Du Dich nicht gerade mit einer jungen Dame verabredet hast, da gegen diese heilige Pflicht nichts ankommen kann. Ich bin weder kirchlich, noch menschlich, noch wissenschaftlich aufgelegt. Ich lebe so wie in alten, schönen Tagen in Butterfelde. Mit einem Mal kann man es wieder; ich hätte es nicht gedacht. Ich habe jetzt grade Schleiermachers Briefe über Lucinde zu Ende gelesen; meistens schleppte ich ein Buch mit, ohne es aufzumachen. Es ist jetzt ja auch die schönste Zeit im Jahr und einem in die Hand gegeben, sie voll zu genießen. Ich muß oft an das Wort, von Barbusse geprägt, denken, daß die Erde so viel Raumesherrlichkeit hat und einem „die Gnadenschönheit" gegeben, das alles mitzuempfinden [...]

Wie es nun wohl mit Dox werden wird? Wenn dieses nicht der letzte erträgliche Monat wäre, so würde ich sein Kommen noch weiter hinausschieben. Es läuft einem ja nicht fort. Dox hat auf Reisen eine gleiche Unruhe wie Du; nicht, daß er auf alle Berge will, aber immer etwas Neues sehen. Und ich finde immer mehr, daß es doch überall gleich ist, wenn man nicht grade nach Italien fährt.

Ich habe längere Zeit nichts von ihm gehört. Fast fürchte ich, daß er mir übelgenommen hat, daß ich ihm geschrieben, er sollte nicht diesen schrecklichen Zeitungsstil schreiben. Allgemeine Berichte ohne persönliche Note, die mich doch allein interessiert. Das wäre mal wieder zu dumm von ihm und würde mich recht langweilen. Viel netter wäre es, wenn er mir bei seiner Ankunft eine kleine Liebesgeschichte erzählen könnte.

Wie geht es denn Dir damit? Erzähle mir mal davon. Wirst Du Pfingsten Lotte Salz besuchen? Ich rate Dir dringend dazu, um mal aus Berlin rauszukommen. Sei nicht schwerfällig, daß es da- und darum nicht ginge. Und auf dem Rückweg besuchst Du Pastor Stolzenburg. Du könntest wirklich viel von dem Mann haben und ihn Dir zu der theologischen Aussprache erziehen, die Du in Berlin doch nie finden wirst. Ergreif mal die Initiative und habe keine langen Bedenken wie alte Frauen [...]

Nun laß Dir's weiter gut gehen; Mutti schrieb ich jetzt, daß ich hier bin.

Herzl. Gruß
D. Greti»

10.

«Lieber Paulus, Wernigerode, 6. Juni 1919

Dein Brief hat mir große Freude gemacht. Darum will ich Dir auch gleich antworten. Draußen ist es kühl und unfreundlich geworden, aber von meinem Fenster ist der Blick noch immer so schön, daß ich nichts entbehre. Ich sitze allein vor einem großen Fliederstrauß; ich mag nicht unten im großen Saal sitzen wie die andern Leute, die dort ihre Briefe schreiben. Sie können nun mal nicht ohne Menschen sein, die man doch zu Hause reichlich genug hat [...]

Vor allem sehe ich, daß, ganz im Allgemeinen, es für jeden Ehemann durchaus ersprießlich ist, mal für einige Zeit ein Junggesellendasein zu führen. Nicht der Freiheit für Abenteuer wegen, sondern wegen der leichteren Bewegungsfreiheit. Man wird schneller eingeladen, kommt leichter hier und dorthin, wirkt ganz durch sich selber, ohne durch die Frau in irgendeiner Art behindert oder verdunkelt zu werden. Das Gegenstück zu meiner gesellschaftlichen Forderung, Ehepaare nicht immer zusammen einzuladen. Jeder ist doch nun mal ein eigenes Individuum, das nicht immer den anderen zur Ergänzung dabei haben muß.

Erst nun mal das Zusammentreffen mit Janensch. Da habe ich mich zu sehr gefreut. Hoffentlich ist sie in den Jahren etwas vernünftiger und weniger exaltiert geworden. Mit dieser kommenden Eroberung kannst Du Dich überall stolz sehen lassen. Du schreibst gar nicht, wie es bei Harnacks selber war [...]

Ja eigentlich ist es doch sehr traurig, daß alle diese Menschen, die Persönlichkeiten sein wollen, noch gar nicht zu dem Kern ihres Wesens vorgedrungen sind. Daß diese junge Generation noch gar nicht verläßlich ist. Ich müßte eigentlich sehr befriedigt sein, daß Ihr alle so langsam zu mir zurückkehrt, und um Euretwillen freut mich das, aber ich selber liebe doch so das Ganze, wo ich es um mich herum sehe, und überall bröckelt es ab.

Das ist sehr schön von Anna Br. gesagt, daß sie eine Epoche der Revolution „war". Aber dann habe ich über die Situation doch herzlich lachen müssen. Was der arme Paulus auch alles für Enttäuschungen erleben muß. Im eigenen Hause hat man eine Frau nicht mal mehr sicher, wenn man sie glücklich so weit geschleppt hat. Was ist Anna doch schwach, daß sie sich so von diesem Rüstow beeinflussen läßt, wenn sie auch genau weiß, daß er nicht ihre Ergänzung sein kann. Am schlimmsten fand ich ja, daß sie Dox heiraten wollte, mit Gewalt. Da übertrifft sie ja alle bürgerlichen Mädchen [...]

Nein, hiermit wollen wir ein Kreuz hinter Anna B. machen. Ich wünsche ihr viele Kinder und einen sehr starken Mann. – Wenn ich das gewußt hätte, daß Frau R. eine so anlehnungsbedürftige Frau ist – vielleicht hätte man es wissen müssen, da alle sehr mütterlichen Frauen anlehnungsbedürftig sind, – so hätte ich Dir dringend von ihr abgeraten.

Denn grade das, was Du suchst, sollst Du einer andern geben. Du willst ausruhen und sollst stützen und trösten. Außerdem wirst Du immer innerlich zu jung für diese älteren Frauen sein.

Ich lasse Lotte Salz grüßen, sie soll Dich recht gesund und frisch wieder machen [...]

Es freut mich, daß Du mit Deinem Nachbar gut auskommst und er mit Dir. Und seine kleine Dame Dir auch sympathisch ist. Ich möchte sehr gerne, daß sie bis zum 15. September bleiben, weil mir sonst mein Geld zu knapp wird und ich so lange wie möglich wegbleiben möchte und dann auf jeden Fall gleich nach Lichterfelde gehe. Ich kann mir ohne Grünes mein Leben gar nicht mehr vorstellen, besonders, wenn man dann nicht mehr weit gehen kann; das Einzige, was man noch hat für seinen armen Körper.

Ich wünschte, ich hätte schon alles überstanden; es ist mir doch schon oft recht über. Ich liebe das Angesehenwerden nicht.

Ich soll ja nun doch in eine Klinik.[5] Mir ist es auch so recht, Du kannst dann schon von August bis September in Misdroy bei Elisabeth sein, sie werden schon besser kochen als in einer Pension oder Du verabredest Dich sonst mit jemand. Aber zum Arbeiten wäre Misdroy sicher am geeignetsten, und Ruhe und Arbeit hast Du nachher durch ein Zwischensemester sicher sehr nötig. Und Dein Colleg im Winter muß sehr gut werden. Meinst Du nicht auch? Hauptsache ist, daß Dein Colleg Dich freut, ich denke, in Halle hättest Du es nie so halten können ohne allgemeine Entrüstung.

Nun will ich noch etwas spazieren gehen vor dem Essen, die Sonne kommt gerade durch. Schade, daß man in den letzten Tagen nicht mehr im Gras liegen konnte und in den Himmel sehen, das war in der vorigen Woche zu schön.

Hoffentlich haben wir zu Pfingsten alle gutes Wetter.

Herzl. Gruß
D. Greti»

11.

Die Ereignisse des Sommers 1919 bewirkten für Tillich die Loslösung von Bindungen, denen er sich bisher verpflichtet glaubte. In seiner Autobiographie heißt es:

«Nur unter schweren Kämpfen war es mir möglich, zur Bejahung geistiger und sittlicher Autonomie durchzustoßen. Die Autorität des Vaters, die zugleich persönliche und geistige Autorität war und die infolge der kirchlichen Stellung meines Vaters für mich mit der religiösen Offenbarungsautorität zusammenfiel, machte jede Äußerung autonomen Denkens zu einem religiösen Wagnis und verknüpfte Kritik der Autorität mit Schuldbewußtsein. Die uralte menschliche Erfahrung, daß neue Erkenntnis nur durch Brechung eines „Tabus" errungen werden kann, daß also autonomes Denken von Schuldbewußtsein gefolgt ist, war und ist eine fundamentale Erfahrung meines persönlichen Lebens. Sie hat die positive Folge gehabt, daß jeder Schritt in die theologische, ethische und politische Kritik unter Hemmungen stand, die oft erst nach jahrelangen Konflikten beseitigt werden konnten. Das steigerte die Bedeutung, die solche Einsichten für mich hatten, ihren Ernst und ihr Schwergewicht für mich. Wenn ich – oft sehr spät – zu Kenntnissen vorstieß, die für das durchschnittliche Bewußtsein der Intelligenz längst selbstverständlich und banal geworden waren, erhielten die gleichen Einsichten für mich den Charakter des Überraschenden, Konsequenzreichen, Umwälzenden.»

12.

Kurz nach Beginn des neuen Jahres erlebt Tillich eine schwere Erschütterung: Johanna stirbt an der Geburt ihres dritten Kindes.[6] *Ärztliches Versagen scheint den Tod verursacht zu haben. Tillich ist aufs Tiefste getroffen. Lotte Salz schreibt ihm gleich am nächsten Tage:*

«Paul, mein armer Junge! 6. 1. 1920

So ein schweres Jahr war 1919 und nun fängt 1920 auch gleich wieder so schrecklich an. Ich habe eben in Lichterfelde angeläutet und von Deinem Schwager erfahren, daß Du in Bremen bist, und aus welchem Anlaß. Du Armer, es wird Dir wenig erspart an Leiden. Gott muß Dir viel Kraft zutrauen, daß er so viel von Dir verlangt. Ich denke nun immer, was aus den Kindern wird; ob die nun nicht zu Deiner Schwester nach Dölzig kommen? Wenn es mit Greti und Dir anders läge, müßten sie zu Dir, Du hättest Freude daran. Ist das Neugeborene am Leben geblieben? Ach Paul, lieber Freund, ich merke, daß es sich nicht verwischen läßt, was einmal an Gemeinsamkeit zwischen uns aufgeblüht ist, und daß ich ganz stark und innig mit dir fühle und Dir mit dem ganzen bißchen, was ich bin und habe, helfen möchte. Ich bin froh, daß ich erst nächste Woche (am 15. ca.) fahre. Da kann ich Dich doch noch sprechen und Dir sagen, wie ich neben Dir stehe und mit Dir fühle. Laß mich's bald wissen, wenn Du wieder hier bist, ja? Ich schreibe nicht erst nach Bremen, weil ich annehme, daß es Dich da nicht mehr erreicht.

In herzlicher Freundschaft!

L. S.»

13.

Im Laufe des Winters 1920 verläßt Greti die Wohnung in der Taunusstraße und pachtet ein ländliches Grundstück mit Wohnlaube in Marienfelde. Nur schwer läßt sich nach diesen Enttäuschungen etwas über Tillichs Zustand sagen. Eine Äußerung, zwei Jahre später, wirft ein wenig Licht auf seine seelische Verfassung:

«[...] Als ich eine Frau hatte, wollte ich nichts, als ausschließlich für sie da sein. Aber sie hat mich verspottet und von sich weggestoßen. Das geschah aber, nachdem ich 32 Jahre, darunter vier Kriegsjahre, außer auf einigen Urläuben keine Frau angerührt habe. Da brach in mir der entschlossene Wille auf, die Schranken zu durchbrechen und zu lieben und zu besitzen und zu suchen, bis ich gefunden hatte. Und dann ging es mir so, daß, wo ich fand, das, was ich fand, von mir wegging ... Und so kam ich nicht zur Ruhe. Und als ich mich dann innerlich konzentriert hatte, da war es eine Kette von Leiden und Sehnsüchten und Verzweiflungen, und ich, der 35jährige Mann habe noch nie in meinem Leben auch nur einen Monat gehabt, wo ich eine Frau unzwiespältig und in Ruhe hätte lieben können, und das in Berlin, wo die Luft bis zur Sättigung mit Erotik geschwängert ist, und das bei einem Mann, der 12 Jahre später als andere angefangen hat zu lieben und 12 Jahre Kraft in sich aufgespeichert hat [...]» [7]

14.

Als am 25. November 1920 Gretis und Richard Wegeners zweites Kind geboren wird, betreibt Greti die Scheidung. Sie hat die feste Hoffnung, daß Wegener sie heiraten wird, muß aber bald ihren Irrtum erkennen. Durch Wegeners Weigerung entstehen für Tillich wieder neue Probleme. Gretis Mutter berichtet ihrer jüngeren Tochter Eva von der Katastrophe, die über Greti hereinbricht:

Lichterfelde, 21. 6. 1921

«[...] Paul war gestern nach langer Zeit bei mir zum Essen und sagte mir seinen Entschluß ... Er sagt, Greti darf jetzt nicht in Übereilung und Verzweiflung handeln, er will die Scheidung bis zum Frühling hinausschieben, und dann soll Greti sich entscheiden und ihm sagen, ob sie ihn wirklich liebhaben kann, denn eine Ehe wie früher will er nicht wieder. Das ist ihm nicht zu verdenken. Greti muß sich nun klar über die Sache werden ... Wenn Greti nun Paul als Mann nicht vertragen kann, dann soll sie auch endgültig von ihm gehen. Eine Ehe ohne Neigung geht nicht, man kommt sich selber so herabgewürdigt vor [...]»

Lichterfelde, 7. 7. 1921

«[...] Sonst, mein Eving, sind die letzten Tage hier trauriger, schwerer Art gewesen. Ich war Freitag in Gretis Garten und fand sie zitternd und blaß und ganz zerrüttet. Dox hatte ihr geschrieben, daß er sich von ihr trennen wollte, sie hätte es selbst verschuldet, sie wäre hart und lieblos zu ihm gewesen, sie paßten nicht mehr für einander, er würde für das Kind zahlen und damit Adieu. Greti war starr vor Schreck, Schmerz und in ihrem Innersten tief getroffen und schwer gekränkt und geht heute so hoffnungslos und trostlos umher wie nach Lessings Tode. Sie ist jetzt mit dem Kinde bei uns, um nicht so allein zu sein, und ich merke, daß ich ihr doch etwas sein kann, wenn ich auch den Jammer kaum mit ansehen kann [...]»

Lichterfelde, 12. 7. 1921

«[...] Greti hat immer so viel von Selbständigkeit gesprochen, aber das ist nur möglich, wenn man einen Beruf hat, der einen ernährt. In all der Not bietet nun Paul in seiner selbstlosen Art von Neuem seine Hand und sein Haus, umgibt sie in der rührendsten Sorge, und ich glaube, Greti nimmt es an und geht zum 1. Oktober zu ihm zurück und verkauft den Garten. Das geht nicht so schnell zu entscheiden, aber es wird kommen, und es wird das Rechte sein [...]

[...] Mir tut es so leid, daß Paul in so schlechten Ruf gekommen ist, wie Du auch von Le Soeur schreibst, und Greti ist doch die Alleinschuldige, die ihn auf diesen Weg gebracht hat. Nun ist er einmal drin, und ich fürchte, weder er noch Dox, noch Sydows kommen je wieder aus diesem Sumpf heraus. Ich hatte neulich mal ein sehr langes ernstes Gespräch mit Miesing [Gertrud v. Sydow], sie meinte, wer in der heutigen Welt stünde, besonders in der Stadt, der käme um all dies nicht herum, der müßte mit dem Zeitgeist rechnen. Ich komme da nicht mit, und wenn Ihr alle alt seid, dann werdet Ihr mir recht geben, daß die Moral und die Pflicht obenan stehen muß, um dauerndes Glück zu erzeugen [...]»

15.

Das erneute Begegnen von Tillich und Greti brachte ihnen beiden die Einsicht, daß eine wirkliche Ehe zwischen ihnen nicht möglich sei. Am 22. November 1921 wird die Scheidung ausgesprochen und Greti zum allein schuldigen Teil erklärt. Sie macht sich mit ihrem Kind ganz selbständig, eröffnet mit ihrer Schwester Eva eine Pension in Schwerin bei Teupitz und baut sich ein eigenes, sie erfüllendes Leben auf. Ihrem Tagebuch entnehmen wir einige auf ihre frühere Ehe bezogene Bemerkungen. Ihre Schwester Eva Detert sagt dazu: „In dem Tagebuch meiner Schwester, das sie von 1927 bis 1939 führte, finden sich viele Gedanken, die ihr Wesen offenbaren. Ständig stand sie im Ringen und Suchen nach dem Sinn des Lebens. Sie bejahte es, lebte gern, und all ihre Seelenstimmungen schrieb sie getreu nieder. Immer wieder finde ich Stellen, die sie selbst und die damalige Situation charakterisieren“:

24. 9. 1928

«[...] Ich glaube doch, daß ich ihn zum Mann gemacht habe; bei einem guten kleinen Frauchen hätte er sich nicht zu einer Persönlichkeit durchringen können. Daß ich es richtig gemacht habe, kann ich leider nicht behaupten und habe dafür ja auch leiden müssen. Eines Tages wird sein Weg ihn wohl noch einmal zu mir führen. [...]»

31. 12. 1929

«[...] Von Paul las ich sein neuestes Buch, seine Reden in den letzten Jahren [Religiöse Verwirklichung]. Ich bin ganz benommen, von dem, was er sagt. Es sind so freie tiefschürfende Gedanken, so frei von jeder Begrenzung, wie ich sie kaum gelesen habe. Aber das ist keine protestantische Kirchengestaltung mehr; das ist ein bahnbrechender Weg für eine neue Reformation. Das ist kein Erneuern mehr, sondern ein Neuschaffen. Ich selbst habe eine frohe Bejahung, daß ich auf eigenem Weg zu diesem Buch ja sagen kann und nicht als seine Frau auf seinem Weg habe folgen müssen.»

15. 1. 1930

«[...] Gestern habe ich einen Brief an Paul eingesteckt, ich habe ihm geschrieben, ob er mich im Frühjahr besuchen wollte. Ich habe es in Ruhe und mit gutem Gewissen getan. Ich brauche ihn nicht im geringsten, ich muß meinen eigenen Weg gehen. Aber vielleicht kann ich ihn nun besser bejahen und behandeln, da ich nichts mehr von ihm brauche. Sein Buch „Religiöse Verwirklichung“ hat meiner Entwicklung, die ich ihm nicht zu danken habe, nur recht gegeben.»

1. 2. 1930

«[. . .] Von Paul einen beglückten Brief, daß er mit großer Freude und einigem Herzklopfen uns besuchen will. Ich lese in meinen alten Tagebüchern, um die unwichtigen zu verbrennen. Ich wußte gar nicht mehr, wie mein Geist zusehends wuchs im Kampf mit und gegen Paul. Trotz nachträglicher Dankbarkeit sehe ich ein, daß doch alles so kommen mußte, wir waren beide zu große Anfänger und gaben uns das, was jeder zu seiner Entwicklung brauchte.»

16.

Nachdem die unangenehmen Scheidungs-Auseinandersetzungen vorbei sind, hat sich auch zwischen Tillich und Wegener wieder ein freundschaftliches Verhältnis angebahnt und ist bis zu Tillichs Tod so geblieben. Wegener schreibt:

«Lieber Paulus! 28. 8. 1921

[. . .] Daß Du Dich auf Deines Lebens Mitte in dieser Tragik findest, nimm hin. Sieh lieber vor Dich und denke, daß Du aus dieser Tragik Tiefe und Gehalt erntest.

Schließlich bin ich in analogem Fall. Ich schreite endlich zu einer Ehe (also zu einem Aufbau) aus *solcher* Negation heraus und muß sehen, ob mir nach *diesem* noch zu Aufschwung, zu Position, zu Aufbau eines Wesentlichen innere Kraft genug verblieb. Ich traue ein letztes Mal meiner seelischen Vitalität. Wenn ich glauben müßte, daß ich nur noch zu Halbem, Kümmerlichem fähig bin, würde ich es nicht wagen. Ich wage es nur, weil ich glaube, daß ich noch einmal, ja: erst jetzt, trotz und mit dieser „Tat", die hinter mir ist, Ganzes bauen werde. Letzter Aufstieg.

Diesen Bauwillen wünsche ich Dir und seine glückliche Vollendung zu dieser Mittzeit Deines Lebens.

Unsere alte Freundschaft könnte, trotz allem, zu diesem mutigen Weiterfliegen ein Motor sein.

Dein Dox»

ANMERKUNGEN

1 Die Ernennungsurkunde lautet: „Evangelisches Konsistorium der Provinz Brandenburg, Abteilung Berlin K II, No. 4682. Berlin SW 68 Lindenstraße 14, den 12. Dezember 1918. Wir übertragen Ihnen vom 1. Januar 1919 ab jederzeit widerruflich die Obliegenheiten eines Stadtvikars für Berlin, indem wir Sie zur Verfügung des Herrn Generalsuperintendenten D. Haendler stellen, bei dem Sie sich rechtzeitig melden wollen. Wegen Ihrer Besoldung wird besondere Verfügung ergehen, sobald Sie uns den Tag Ihres Dienstantritts angezeigt haben. Steinhausen."

2 Tillich hatte zusätzlich zu seiner Wohnung in Friedenau, Taunusstraße 1, ein Zimmer in der darunter liegenden Etage angemietet.

3 Der „Abend in Zehlendorf" bezieht sich offensichtlich auf Tillichs Vortrag über „Christentum und Sozialismus" bei einer Versammlung der USPD, am 14. 5. 1919, wofür er vom Konsistorium eine Rüge erhielt. Vgl. S. 145 f.

4 Wolf Tillich, geboren am 19. Juli 1919, starb noch in der Klinik am 28. Juli 1919. Paucks geben in Tillich's Life, S. 80 an: „Tillich's own child by Greti had died in infancy a few years earlier". Diese Behauptung beruht auf einem Irrtum, denn das am 19. Juli 1919 geborene Kind Wolf ist das erste in Tillichs Ehe. Auch in Tillich's Life nehmen Paucks keine Notiz davon, daß das Kind Wolf schon am 28. Juli 1919 starb. Sie verwechseln es mit dem am 25. November 1920 geborenen Kind Klaus Eberhard Tillich, das am Leben blieb. Da auch dessen Vater Richard Wegener war, betrieb Greti die Scheidung. Sie wurde am 22. November 1921 ausgesprochen.

5 Vgl. S. 130.

6 Den Autor der in mehreren Exemplaren vorhandenen gedruckten „Rede am Sarge von Johanna Fritz" schreiben Paucks in Tillich's Life, S. 85, Tillich zu. Tatsächlich war der Verfasser Pastor Büttner in Bremen. Obwohl Stil und Inhalt schon vermuten lassen, daß Tillich nicht der Autor sein kann, wird in Paucks, Tillichs Leben, S. 95, für ein Zitat aus dieser Rede „Unsere Entschlafene war ein suchender Mensch, ein rechter Heimwehmensch" trotz der inzwischen erfolgten Richtigstellung Tillich weiterhin als Autor benannt.

7 Diese Äußerung Tillichs steht in krassem Widerspruch zu Paucks, Tillich's Life, S. 298, Anm. 22 und zu Paucks, Tillichs Leben, S. 304 Anm. 22, wo Paucks Carl Zuckmayers Kriegserlebnisse ohne weiteres auf Tillich übertragen.

VII. PRIVATDOZENT IN BERLIN

1919–1924

ZEITTAFEL

15. Dezember 1918:	Entlassung vom Militär.
Anfang 1919:	Umhabilitation von Halle nach Berlin.
16. April 1919:	Vortrag in der Kant-Gesellschaft „Über die Idee einer Theologie der Kultur“.
Sommersemester 1919:	Erste Vorlesung als Privatdozent an der Universität Berlin.
1920:	Gründung des Kairos-Kreises.
1921:	Vorlesungen an der Deutschen Hochschule für Politik.
1922:	Erscheinen von: „Masse und Geist. Studien zur Philosophie der Masse“.
1923:	Erscheinen von „Das System der Wissenschaften nach Gegenständen und Methoden“.
1921–1924:	Mitarbeiter an den „Blätter[n] für religiösen Sozialismus“.
Wintersemester 1923/24:	Letztes Semester in Berlin. Berufung nach Marburg.
22. März 1924:	Tillich heiratet Hannah Gottschow, geb. Werner.
Sommer 1924:	Übersiedlung nach Marburg.

1.

Für Tillichs Berliner Zeit sind wir fast nur auf Berichte Dritter angewiesen. Das einzige Dokument aus Tillichs Feder ist sein Beitrag zum Wingolfrundbrief:

«Liebe Freunde! Im September 1919

[...] Auf mich hat, nachdem der erste patriotische Rausch sich in den ersten Monaten im Felde verzogen hatte, der Krieg eine doppelte Wirkung gehabt: Erst habe ich ihn als Verhängnis erlebt, nämlich das

Verhängnis der europäischen Kultur und ein „Ende“ schlechthin, in meinem eschatologischen Brief hier im Rundbrief habe ich dem Ausdruck gegeben, und dann habe ich ihn sehen lernen als notwendige Konsequenz einer bestimmten Gesellschaftsordnung und bestimmten, damit verknüpften Ideen. Und nun wurde aus dem furchtbaren Druck, unter dem ich im Felde Tag für Tag gestanden habe, eine starke, zornige Willensbewegung gegen die so aufgebaute Gesellschaft.

Das begann im Felde im Sommer 1918. Erst sah ich die erschütternde Größe des sozialen Gegensatzes zwischen den beiden Klassen, der Offiziersklasse und der Mannschaftsklasse, den Gegensatz zwischen Kriegsgewinnlern in der Heimat, Arbeitern und Unternehmern, und zerstörten Existenzen an der Front.

Dann in Berlin sah ich die ungeheure Größe der Not und die Last, die dem Volk auferlegt war von solchen, die nicht mitzutragen brauchten. Endlich sah ich die Bedingtheit der nationalen Idee und den furchtbaren Fluch, den ihre Verabsolutierung über die Menschheit gebracht hat. So war ich der Gesinnung nach Sozialist schon vor der Revolution, sie zwang dann zur politischen Stellungnahme, und ich habe theoretisch und praktisch für eine neue sozialistisch aufgebaute Gesellschaftsordnung Stellung genommen. Ich habe, ohne einer Partei anzugehören, für die SPD gestimmt, werde jetzt USPD wählen, da leider die Kommunisten ganz im bolschewistischen Fahrwasser sind. Ich habe im Winter viel über diese Dinge reden hören und zum Teil selbst geredet, bin mit einer Reihe von Führern der Unabhängigen in persönliche Berührung gekommen, und habe infolge der *Tatsache,* daß ich bei der USPD in Zehlendorf einen Vortrag über „Christentum und Sozialismus“ gehalten habe (*nicht* wegen des Inhalts des Vortrages!!) einen kleinen Kampf mit dem Konsistorium, der mit einer pflaumenweichen Antwort seitens des Konsistoriums endigte. Die Grundgedanken, die ich damals dem Konsistorium antwortete (zusammen mit meinem Freunde Dr. R. Wegener, der in gleicher Lage war), habe ich mit ihm in Form einer kleinen aus 30 Leitsätzen bestehenden Broschüre, drucken lassen: „Der Sozialismus als Kirchenfrage“, sie erscheint in diesem Monat im Grachtverlag, Berlin C 2, An der Schleuse 2, (Selbstverlag von Dr. Wegener). Ich würde mich sehr freuen, wenn Ihr Euch mit den dort entwickelten Gedanken durchdringen und auseinandersetzen würdet und evtl. hier Eure Meinung entwickeltet. Ich kann es mir darum sparen, hier all die Gründe zu entfalten und Gegengründe zu widerlegen, die in einer solchen Debatte üblicherweise anzukommen pflegen, da alles in diesen Thesen in konzentrierter Form zum Ausdruck gebracht ist. Nur dieses möchte ich zur Beruhigung vorwegnehmen: Meine Bejahung des Sozialismus und meine Stellungnahme in der Wahl für gewisse Parteien bedeutet nicht, daß ich diese Parteien in ihrem empirischen Bestande bejahen könnte. Da habe ich meine schärfste Kritik, auch gegen die Unabhängigen mit ihrer üblen Methode der Agitation, aber ich sehe hier die meiste sozialistische Energie und die meiste Umgestaltungsmöglichkeit für die Zukunft. Was ich will, ist eine neue aus dem Geist der christlichen Liebe und des Sozialismus geborene Gesellschaftsordnung, in der Kapitalismus und Nationalismus grundsätzlich überwunden sind. –

In meinem Kolleg hatte ich mir ein weites Programm gesteckt, bin aber faktisch nur zu einer Besprechung der religiösen und philosophischen Grundlagen der politischen Parteien gediehen. In dieser Form will ich die Sache im Zwischensemester wiederholen. Es handelte sich für mich zunächst nur um die rein politischen Richtungen: demokratisch, konservativ, anarchistisch, während ich den Gegensatz liberal-sozialistisch noch nicht berührt hatte, denn dieser ist seinem Wesen nach wirtschaftlich und kann sich mit jeder der drei politischen Richtungen verbinden. Ich habe versucht, die Demokratie als Konsequenz des säkularisierten Naturrechts des „Urstandes“, gegründet auf reine Rationalität, aufzufassen, das Konservative als irrationales Naturrecht des „Sündenstandes“, endlich habe ich den theoretischen Anarchismus zu einem System des demokratischen Föderalismus weiter zu entwikkeln versucht, in dem das Rationale, Demokratische, Zentralistische die allgemeine, leichte Form, das Irrationale, die Sozietäten (z. B. die „Räte“) den wirklichen Gehalt des politischen Lebens bilden. Das historische Material stammt meistens aus Troeltsch: „Die Soziallehren der christlichen Kirchen und Gruppen“, das große theologische Buch seit Harnacks Dogmengeschichte, das für jeden von Euch, der an der Weiterentwicklung der Theologie teilnehmen will, unumgänglich notwendig ist. Ihr habt dann aber nicht nur mehr davon, als wenn Ihr hunderte von Zeitschriften und dergleichen lest, sondern Ihr habt auch reichste Anregung für die praktische Behandlung der politischen Probleme vom Standpunkt der Kirche. Scheut bitte den Preis nicht und kauft's solange es zu haben ist!

Im April hielt ich in der Berliner Kantgesellschaft einen Vortrag über „Die Idee einer Theologie der Kultur“, der in den „Vorträgen der Kantgesellschaft“ im Winter gedruckt wird. Es handelt sich um das Problem, wie sich die spezifisch religiösen Kulturfunktionen, Glaubenslehre, Kultus, Heiligung, Gemeinschaft, Kirche, zu den entsprechenden Kulturfunktionen, aus denen sie einen Ausschnitt darstellen, verhalten, also zu Wissenschaft, Kunst, Personal-Sittlichkeit, Gesellschaft, Staat. Die Antwort ist, daß bei einem richtigen Religionsbegriff jene spezifischen religiösen Sphären keine eigne reale Gültigkeit mehr haben, sondern nur noch eine psychologisch-pädagogische, daß dafür die Kulturfunktionen selbst (zu denen natürlich auch die Anschauung der Natur und Technik gehört) an und für sich ein religiöses Moment in sich tragen, und zwar in dem Maße stärker, als ein überfließender Gehalt eine Form zerbricht und sich eine paradoxe Form schafft. So zum Beispiel die gotische und expressionistische Kunst, die große Metaphysik, die Person-Ekstatik Nietzsches, der mystische Liebeskommunismus, der föderalistisch-anarchistische Staatsgedanke — während die „akademische Kunst", die „Sachwissenschaft", die Kantische Moral, die Demokratie a priori „profan" sind. Dieses Profan darf nie heteronom von der Religion her beseitigt oder verkehrt werden; nur wo ein starker Inhalt selbst die Form zersprengt, offenbart sich die Religion. Die Analyse dieser Dinge wäre die Aufgabe einer „Theologie der Kultur" [...]

Augenblicklich bin ich mit Alfred in Misdroy.

Herzlichen Gruß vom Meer!

Euer Paul»

2.

Die Dokumente, die sich auf den von Tillich in seinem Rundbrief erwähnten Zusammenstoß mit dem Konsistorium beziehen, sind vollständig vorhanden:

Ausschnitt aus dem Zehlendorfer Anzeiger vom 12. Mai 1919:

«Unabhängige Sozialdemokratische Partei. Ortsgruppe Zehlendorf

Mittwoch, den 14. Mai 1919, abends 8 Uhr große öffentliche Versammlung in der Aula der Oberrealschule, Burggrafen-Straße.

„Christentum und Sozialismus"

Referenten: Pastor Dr. Wegener, Berlin, Lic. Dr. theol. Tillich, Privatdozent an der Universität Berlin.»

«Evangelisches Konsistorium der Mark Brandenburg, Abteilung Berlin K. VI, No.: 2741

Berlin S. W. 68, Lindenstraße 14, den 16. Mai 1919.

Im Zehlendorfer Anzeiger vom 12. d. Mts. ist eine Versammlung der Unabhängigen Sozialdemokratischen Partei (Ortsgruppe Zehlendorf) für den 14. d. Mts. mit dem Verhandlungsgegenstand:

„Christentum und Sozialismus“ angezeigt, in der Ew. Hochwürden mit als Referent genannt sind.

Sie wollen sich hierüber baldigst äußern.

Steinhausen»

«Dr. Richard Wegener, Jugendpastor
Berlin C. 2. An der Schleuse 2
Berlin, den 27. Mai 1919
Verfügung vom 16. Mai 1919 K VI, No.: 2741
betr.: Vortrag in Zehlendorf

Anbei übersende ich die Antwort auf die Anfrage des Ev. Konsistoriums vom 16. Mai 1919.

Da meine Anschauungen bezüglich der in Frage stehenden Probleme mit denen meines Korreferenten im wesentlichen übereinstimmen, haben wir uns erlaubt, unsere Überzeugung zu gemeinsamem Ausdruck zu bringen. Dr. Richard Wegener, Jugendpastor.»

1 Anlage [Christentum und Sozialismus. Antwort an das Konsistorium der Mark Brandenburg. G. W. 13, S. 15]

«1. An Herrn Pastor Dr. Wegener
C 2, An der Schleuse 2
durch den Herrn Superintendenten von Berlin-Kölln – Stadt
2. An Herrn Pastor Lic. Dr. Tillich, Hochehrwürden
Berlin-Friedenau, Taunusstr. 1
durch den Herrn Superintendenten in Teltow
Auf den Bericht vom 27. Mai 1919.

Von Ew. Hochehrwürden Ausführungen haben wir eingehend Kenntnis genommen.

Wir können ihnen in vielen Punkten nicht beistimmen, haben jedoch zur Zeit keinen Anlaß, näher darauf einzugehen.

Jedenfalls aber steht fest, daß die Anschauungen über den von Ihnen behandelten Stoff in weitgehendem Maße noch ungeklärt sind, daß die Gefahr schädlicher Verquickung von Politik und Religion dabei sehr nahe liegt und daß zweifellos viele Glieder der Kirche an dem Auftreten von Geistlichen in der Weise, wie Sie es getan haben, Anstoß nehmen.

In Rücksicht hierauf müssen wir es als unerwünscht bezeichnen, wenn Geistliche unserer Landeskirche in derartigen Versammlungen als Vortragende mitwirken, namentlich, wenn sie, wie [vier Worte unleserlich] in der Jugendpflege eine leitende Stellung einnehmen.[1]»

3.

Margot Hahl geb. Müller, die zeitlebens mit dem Ehepaar Tillich befreundet war, lernte zunächst Tillich als junge Theologiestudentin kennen. Ihre Erinnerungen aus der Berliner Zeit sind der wichtigste Beitrag zur Erhellung von Tillichs Leben in jenen Jahren:

«Es war die dunkle Zeit nach dem Kriege. Die „goldenen zwanziger Jahre" haben, wenn je, erst nach 1924 begonnen. Berlin 1919 – Hunger, Arbeitslosigkeit, Generalstreiks – wie oft gab es keine Verkehrsmittel und man mußte stundenlang laufen –, dazu die politischen Kämpfe, die Terrorakte der „Rechtsradikalen", die Ermordung Rosa Luxemburgs und Karl Liebknechts, später Erzbergers und Rathenaus, dazwischen noch der Kapp-Putsch. Vor diesem Hintergrund entfaltete sich das kulturelle Leben Berlins, vor allem die großartigen Theateraufführungen. Zu Fuß lief man zum Theater durch die dunklen Straßen, auf denen geschossen wurde; die Theater erleuchtet durch Notaggregate. Tollers „Masse Mensch" wurde aufgeführt, Hasenclevers „Der Sohn"; zugleich inszenierte Fehling die „Antigone" in der Volksbühne vor 2000 Arbeitern, lauter „unabhängigen Sozialdemokraten", zu denen sich auch Tillich zählte.

Der Sozialismus der Intellektuellen damals war vor allem eine schuldvolle gefühlsmäßige Bindung an die proletarischen Massen, aber politisch indifferent. Es gab Ausnahmen, z. B. Karl Barth, Karl Ludwig Schmidt, Siegmund-Schulze. Barth und Schmidt traten im Gegensatz zu Tillich, der diesen Schritt erst sehr spät vollzog, schon frühzeitig der SPD bei und betätigten sich zeitweise parteipolitisch, auch an der Basis. Siegmund-Schulze hatte sein Pfarramt aufgegeben und mietete im berüchtigsten Viertel von Berlin, Fruchtstr. 63, eine Wohnung und begründete darin die „Soziale Arbeitsgemeinschaft Berlin-Ost". Dort fanden die Vortrags- und Diskussionsabende mit Arbeitern und Studenten statt. Auch Tillich hielt gelegentlich in der Arbeitsgemeinschaft einen Vortrag. Obwohl er zu den Mitbegründern des religiösen Sozialismus zählt, blieb seine Beteiligung in der theoretischen Sphäre. Seine Artikel in den „Blätter[n] für religiösen Sozialismus" und später in den „Neue[n] Blätter[n] für den Sozialismus" waren Beiträge zum geistigen Fundament des religiösen Sozialismus, konnten aber von den breiten Massen der sozialdemokratischen Arbeiter gar nicht verstanden werden und sind sicher auch niemals bis zu ihnen gedrungen.

Es muß ganz kurz nach dem Kriege gewesen sein, als ich mit meinem Vater in dessen Pfarrerkreis um Rittelmeyer oder auch in einer Tagung des „Evangelisch-Sozialen Kongresses“ unter Harnacks Vorsitz Tillich dort bei der Diskussion sah und hörte – ich erinnere ihn nur noch als einen „Provinzler“ mit Schnurrbart und Kneifer, der aber in der Diskussion dem großen Harnack widersprach und meinem Vater tiefen Eindruck machte.[2]

Wie war damals die theologische Situation an den Universitäten? In Berlin herrschte noch der Hauptvertreter der liberalen Theologie, Harnack, neben ihm der strenge Lutheraner Holl, in der Philosophie war es vor allem Ernst Troeltsch, der die Zusammenhänge von Christentum und Kultur als Schüler Max Webers immer neu untersuchte und auch Tillich stark beeinflußte. Mich erinnerte an seine Art Diktion im Kolleg später die Art, wie Tillich seine Kollegs hielt. Beide waren ungeheuer intensiv, sprudelnd lebendig, bereit, die gleiche Sache in immer neu gefundenen Definitionen neu zu formulieren, beide bereit, jedes Novum mit ins Kolleg hineinzunehmen – ob es nun Spenglers eben erschienenes Buch „Der Untergang des Abendlandes“ war oder die Gründung der „Nationalversammlung“ in Weimar oder sonst ein politisches Ereignis. Dann kam Karl Barths „Römerbrief“, eine vollkommen neue Exegese. Es erschien Rudolf Ottos Buch „Das Heilige“ mit den Begriffen des *„Numinosen“*, des *„tremendum“* und *„fascinosum“;* man las Freuds gerade erschienene Vorlesungen zur Psychoanalyse, man hörte Einsteins Publikum über seine Relativitätstheorie, man verschlang die neu entdeckten Dostojewsky-Romane oder begeisterte sich für Stephan George, Hofmannsthal und Rilke. Daneben wirkte schon die expressionistische Lyrik eines Gottfried Benn. In unserer Sprache und in unseren Gefühlen hatten wir die gleiche Überschwenglichkeit wie die Lyriker. Die expressionistische Literatur kam dem beginnenden Libertinismus zu Hilfe, der Befreiung der Erotik aus der bürgerlichen Moral. Genauso wichtig war der Durchbruch der sozialistischen Bewegung; wir alle waren überzeugte Sozialisten und glaubten an ihre Verwirklichung in eschatologischer Erwartung. Von der Jugendbewegung her trugen wir in uns das Bild eines „Führers“, glaubten an die gleiche Erwartung einer neuen Zeit bei den Massen des „Proletariats“ – wir waren eigentlich alle in einer dauernden Ekstase, diskutierten Tage und Nächte und erhofften uns die Antworten auf unsere Fragen von den Dozenten und ihren Darlegungen oder wenigstens Hinweise auf die zu beschreitenden Wege.

Durch einen von Tillichs erstem Kolleg begeisterten Studenten aufmerksam gemacht, besuchte ich dann selbst im Zwischenmester 1919 Tillichs Kolleg „Die religiösen und philosophischen Grundlagen der politischen Richtungen“. Siehe da, aufs Podium stieg, nein sprang, ein moderner junger Mann, glattrasiert und mit Hornbrille – schon äußerlich ein anderer geworden. Das Kolleg faszinierte mich von Anfang an, und ich lernte, philosophisch zu denken. Ich begriff die „theonome" Staatsauffassung des Mittelalters, wie anderseits das Luthertum die „autonome" Staatsauffassung der Renaissance durch seine theologische Begründung festigte. Später folgte die Begründung der Staatsautorität durch Hegel, dessen Staat Bild und Wirklichkeit der Vernunft darstellt. Ich hörte von Stahl, dem konvertierten Juden, der der Begründer des Konservativismus wurde, für ihn war der Staat eine absolute, göttliche Institution. Es folgten die Staatslehren Fichtes und Schleiermachers mit ihrer nationalstaatlichen Idee; es war die Rede von der Romantik, natürlich fiel der Name Schelling.

Meine persönliche Begegnung mit Tillich erfolgte im Juli 1921 – es war der Abschiedsabend für Karl Ludwig Schmidt vor seinem Weggang als Ordinarius nach Gießen. Ich saß zwischen K. L. Schmidt und Tillich; der Abend war schon vorgeschritten, als mir Tillich überraschend einen Zettel zuschob, auf dem stand: „Wollen wir gehen?" Wir gingen und saßen dann die ganze warme Sommernacht über auf einer Bank im Tiergarten – er erzählte mir von seiner gescheiterten Ehe, von einer neuen Beziehung, die sich zu knüpfen beginne, von einer inneren Unsicherheit, seinen Schwierigkeiten. Ich habe nur zugehört und in mich voll Staunen aufgenommen, wie zerrissen und ratlos dieser Mann war, den ich doch nur als geistvollen Interpreten auf dem Katheder kannte. Er brauchte doch wohl nur einen Menschen, der zuhörte und mußte gespürt haben, daß ich dazu bereit war und nichts von ihm wollte – hatte ich doch viel zu viel Respekt und Bewunderung, um mir auch nur die Möglichkeit einer Freundschaft, überhaupt eines Interesses an mir vorstellen zu können. Durch die geistige Bindung an ihn war ich ihm zugetan und verstand sofort vieles. Mag sein, weil wir beide die gleiche geistige und seelische Herkunft hatten – das Pfarrhaus –, die gleiche Sprache sprachen, daß ich sofort die Schuldgefühle begriff, die ihn beherrschten, von denen er sich in einer Art Beichte befreien wollte. Nach diesem Gespräch vergingen einige Monate; eines Tages lag ein Brief von ihm da: „[...] Nach unserer Aussprache im Juli drängt es mich, Ihnen einiges von Dingen zu sagen, die mein persönliches Leben belasten, weitaus mehr als alles damalige ... Sie würden mir eine große Freude machen, wenn Sie am Freitag Abend zu mir kommen könnten, gleich nach dem Kolleg oder später. Frl. Winkler [Tante Toni] würde sich auch freuen, wenn Sie bei uns Abendbrot äßen [...]" So begann dann die Zeit der persönlichen Freundschaft.

Die Schwierigkeiten von Tillich verstand ich so gut, weil wir die gleichen Trennungen und Befreiungen zu vollziehen hatten. Sein Leben war noch voll innerer Widersprüche. Sich von der väterlichen Autorität zu lösen, haben es Pfarrerskinder besonders schwer: der Anblick des Vaters im Talar mit weißem Bäffchen und verändertem, in sich gekehrten Gesichtsausdruck, gleichsam dem Ausdruck des *character indelebilis* des Priesters. Jedes Pfarrerskind muß fertig werden mit dem Vater der „Kanzel" und dem Vater des „Alltags" – oft eine lange Belastung des Jugendlichen und öfter der Grund einer vollständigen Loslösung aus dieser Atmosphäre. Natürlich war auch das Positive der Pfarrerskinder uns gemeinsam: das Aufwachsen in den Pfarrhausgärten, die daraus erwachsende Liebe zur Natur – uns brauchte nicht erst die Jugendbewegung die „Naturmystik" zu eröffnen. Dann der Besitz der Choräle „von Kindesbeinen an", in dem stets die Kontinuität des Christseins gewahrt blieb, sie waren ein unverlierbares Gut an ursprünglicher Frömmigkeit. Wir gingen gern durch die Schrebergärten in Friedenau und sangen: „Geh aus mein Herz und suche Freud . . .". Nicht zu vergessen der gemeinsame Besitz des Griechischen, von dem Werner Heisenberg sagt: „Der Glanz, der vom Griechischen im ganzen Leben bleibt".

In diesem Winter 1920/21 besuchten wir oft das Theater, das revolutionäre wie das klassische. Tillich kannte noch wenig und war vielleicht darum ganz offen für die neuen Bildungserlebnisse nach 1918, z. B. das des Expressionismus. Durch Tillichs Jugendfreund Eckart v. Sydow, wurden wir in die moderne Kunst eingeführt. Gemeinsam erfuhren wir die Begegnung mit der expressionistischen Kunst, ich denke nur an die große Franz Marc-Ausstellung im April 1922. Im Kolleg griff er sofort das Erlebnis auf, erläuterte am „Turm der blauen Pferde" das Zerbrechen der Form, das neue Farberlebnis des Malers, den „Gehalt" der Bilder. „Es waren geistige Bilder – Tierschicksale –, sie waren Symbolik; Franz Marc war „ein Erbe der Romantik, seine Bilder wurzelten in einem pantheistischen Naturgefühl, das mythisch überhöht wurde."

Wie kam das alles unserem eigenen Erleben entgegen und wie gut konnte Tillich diesem Empfinden Ausdruck geben, er, der die Kraft des Wortes besaß. Obgleich er so viel älter war als wir, war er jung in seinem Wagnis zum Leben, in seiner stets wachen Neugier gegenüber Menschen und Dingen, in seinem bohrenden Fragen nach dem Lebenssinn, das ihn nie mehr losließ, das wir damals in der existentiellen Not und Angst des Proletariats, das noch kein Kleinbürgertum geworden war, zu spüren glaubten.

Zunehmend zog mich Tillich zu Arbeiten heran; ich durfte mit ihm Vorträge und Artikel durcharbeiten, mußte wohl auch Korrekturlesen. Er eröffnete mir den Zugang zu Husserls Phänomenologie, und von da aus war mir später das Verständnis des Existentialismus möglich. Was hatte er für ein enormes präsentes Wissen; er gestand, er habe von Kant bis Nietzsche und Husserl alle Philosophen gelesen, Zeile für Zeile, aber nicht nur gelesen, er hatte sie auch erfaßt, geordnet und begann gerade, seine Gedanken zu systematisieren. In dem laufenden Kolleg kam er zu den Begriffen des „Dämonischen", des „Unbedingten", des „Durchbruchs des Absoluten", auch des „Kairos" als „erfüllte Zeit", die in die Ewigkeit einbricht, ohne darin fixiert zu werden. Seine älteren Kollegen warfen ihm damals vor, er bleibe nicht sei seiner Aufgabe, er sei zu abstrakt, zu konstruiert und verwirre die Studenten. Genauso kritisierten sie natürlich seine Ehescheidung, seine Art zu leben. Einer warnte mich vor ihm wie vor einem Verführer, einem Zauberer. Tillich befand sich in einem Wandel, er begann sich zu befreien von den Hypertrophien und Verstiegenheiten seiner Vergangenheit, z. B. von seinem Wingolftum. Wieviele Schwierigkeiten waren aus diesem „Jungmannentum" des Wingolf gekommen! Ich kannte mehr Wingolfiten – auch mein Vater war Wingolfit gewesen – das strikte Keuschheitsgelübde bis zur Ehe richtete Verheerungen in diesen jungen Menschen an, die zwar vieles Körperliche ins Geistige verlagerten und auch sublimierten, sehr tiefe, manchmal auch homoerotisch gefärbte Freundschaften zu ihren Mitwingolfiten hatten, aber alle waren „verkorkst" in ihren Beziehungen zu Frauen, soweit sie nicht das Glück hatten, frühzeitig an eine „normale" Frau zu kommen.

In diesem Winter löste sich Tillich aus dem „Berliner Leben", das ja doch kein richtiges Leben war, durch das er aber durchmußte. Er erzählte mir viel von diesen Dingen, die eigentlich gar nicht zu ihm paßten. Nicht Dionysos, Pallas Athene war sein Gott. Das merkte man auch auf den Kostümfesten, wo er doch immer etwas verloren war, außer wenn seine geistvollen Aperçus ihn und die anderen beflügelten, saßen doch am gleichen Tisch wie er Professor Radbruch mit seiner attraktiven Frau, die Bildhauerin Renée Sintenis, der Architekt Poelzig und andere bekannte Persönlichkeiten dieser Jahre. Tillich konnte nicht gut tanzen, und die rauschhafte, unreflektierte Hingabe an diese Tollheiten lag nicht in seinen Möglichkeiten. – In der ersten Zeit verkehrte er öfter im Haus des Verlegers Paul Cassirer und dessen Frau Tilla Durieux. Hier trafen sich die Schlüsselfiguren der USPD unter der Führung von Rudolf Breitscheid.»

4.

Die äußere Existenzfrage wurde in der ganzen Zeit immer drängender, Tillich war inzwischen 37 geworden und noch Privatdozent. So bat er Margot Müller, Karl Ludwig Schmidt, zu dem sie einen guten Kontakt hatte, um Vermittlung anzugehen. Eine Professur in Marburg lag im Bereich des Möglichen; K. L. Schmidt kannte die Marburger Fakultät gut. Nach einem Besuch Tillichs in Gießen schreibt K. L. Schmidt an Margot Müller:

«[...] Ich bin erstaunt, was Tillich trotz seiner *physis* schafft, es ist schon etwas dran an der paulinischen Gewißheit, daß die Kraft in den Schwachen mächtig ist. Er muß jetzt aber seine Religionsphilosophie[3] [...] herausbringen. Wenn Du dem Geplagten einen Dienst tun willst, hilf, ihn aufzurichten; was er jetzt durchmacht (seine Zweifel, je wieder arbeiten zu können), machen alle *homines docti* durch, bei ihm ist nur das Ausmaß größer und gefährlicher. Er ist ein so ungemein feiner und gütiger Mensch, den man gern haben und umhegen muß, damit er nicht zerrieben wird. Er hat nun das Gefühl, einsam vergraben in Berlin zu sein [...]»

Ein Jahr später, 1923, nach einem weiteren Besuch Tillichs in Gießen, schreibt K. L. Schmidt:

«[...] Tillich entwickelte bei der Diskussion mit großer Kraft seine theonome Systematik als den einzig möglichen Weg, der zwischen Phänomenologie und Kritizismus hindurchführe. Was konnte er uns allen aus Berlin bringen! Er war jetzt mit Max Scheler zusammen – beide sprachen in der Berliner russischen Akademie für Religionsphilosophie –, er erzählte vom Kairoskreis; nach einjähriger Debatte sind Rüstow und Löwe ausgeschieden. Sonderbar ist die politische Gebrochenheit dieser Leute. Tillich und ich haben uns viel über Wissenschaft und Leben unterhalten, beide, Philosophie und Theologie arbeiten am Problem des menschlichen Lebens und Denkens – die Synthese ist unser Hauptanliegen [...]»

5.

Was der Kairos-Kreis eigentlich war, erfahren wir näher von Adolf Löwe:

«Der Begriff *„Kairos“* wurde der Kristallisationspunkt für einen elitären, aber völlig unorganisierten Kreis, der sich in gewissen Abständen zum gemeinsamen Gespräch in einem Berliner Restaurant traf. Die den Kern bildenden Mitglieder waren außer Tillich: Eduard Heimann, Carl Mennicke, Alexander Rüstow, Arnold Wolfers und ich. Rüstow zog sich später zurück, weil ihm der christliche Unterton nicht behagte, das Ganze war ihm zu wenig politisch. Das einigende Band des Kreises war die sozialistische Idee, gesehen in der religiösen Dimension. Ich bekenne, daß ich mich etwas *à la suite* empfand als Nichtchrist. Obschon das formale Kennwort „religiös“ war, so war der Charakter des Kreises doch unterschwellig spezifisch christlich. Daraus ergaben sich für mich keine prinzipiellen Schwierigkeiten.»

6.

Karl Ludwig Schmidt hatte gewiß recht mit seiner Bemerkung über die homines docti, deren allgemeine Labilität sich bei einem so sensiblen Menschen wie Tillich fast zur Unerträglichkeit steigerte. Tillich war sich dieser Schwäche bewußt und litt darunter. Anfang des Winters 1922/23 schreibt er an Margot Müller:

«[...] Zuerst habe ich am „System der Wissenschaften“ gearbeitet und es ganz neu gestaltet, bin aber noch nicht damit fertig. Dann kam als heftige Unterbrechung mein Vortrag in der Hochschule für Politik: „Über die Formkräfte der abendländischen Geistesgeschichte“. Ich habe 14 Tage daran gearbeitet, zum Schluß so, daß ich überhaupt nicht mehr schlafen konnte, weil die Traumgeister weitertrieben. Vor bald 14 Tagen habe ich ihn gehalten und habe mich jetzt noch nicht davon erholt. Es war eine Menge neuer Begriffe, die sich einstellten und die ich im ersten Ansturm irgendwie nehmen mußte, wie Dämonie, Theokratie usw. Dann kamen schwere Debatten mit Rüstow, die mich auch innerlich sehr erregen, da sie den Kreis fast zu sprengen drohen. Das wäre aber um so bedauerlicher, als wir jetzt in der Hochschule für Politik die Arbeitsgemeinschaft mit unseren Vorträgen machen und dort als geschlossener Kreis hervortreten. Aber die diktatorische Art von Rüstow macht uns allen das Leben schwer ... Das Kolleg ist wieder sehr gut besucht, etwa 50 Leute, die sehr energisch in den Besprechungsstunden mitarbeiten. Ich selbst bereite mich nicht wesentlich neu darauf vor, da ich für die literarischen Dinge Zeit behalten muß. Man kann eben nur eines machen. Im Sommer fange ich wieder mit der griechischen Philosophie an.

Finanziell bin ich für dieses Jahr gedeckt, da mir gestern ein Freund von Wolfers 20 Dollar = 150 000 M geschenkt hat. Da ich die Dollars liegen lasse, bis ich einen brauche, so bin ich von der Geldentwertung nicht mehr abhängig. Das ist sehr beruhigend. Nun hängt alles bloß davon ab, ob der „alte Madensack" von Körper mitmacht, was nach den Erfahrungen der letzten 14 Tage mir nach einer Zeit größter Frische doch zweifelhaft erscheint [. . .]»

7.

Ein kurioses Dokument aus Tillichs literarischem Nachlaß „Tillichs Schrift" veranschaulicht wohl recht treffend seine Seelenverfassung in dieser Lebensperiode. Bei näherem Zusehen entpuppt sich die Schriftanalyse als ein Versuch, unter dem Vorwand eines graphologischen Gutachtens, Tillich „einmal die Meinung zu sagen". Das kleine Schriftstück verrät trotz seiner Kritik Zuneigung und weibliches Verständnis. Die Verfasserin ist nicht bekannt:

«Schrift Tillich.

Ein Mensch, der sich heraushebt aus der Menge. Und der trotzdem hingeneigt steht zu ihr. Er hat Angst, sich zu über-heben, – weil er Angst hat vor *Isolierung* und Gefühlshärte gegen die anderen. So sehr einerseits der Drang in ihm steckt nach einem sachlichen ungetrübten Weltbild, so sehr tritt hinzu ein Verlangen nach Anlehnung an die Nächsten (wohl: um nicht mit *sich* umzufallen!!) Es stört sich in ihm die Linie: „Ich – Sache" mit der: Ich – Die Andern". Diese beiden ringen miteinander um Prävalenz.

Er ist sehr nachgiebig, weich und gar nicht sehr widerstandskräftig. Äußerste spirituelle Schärfe verbindet sich mit äußerster Gefühlsweichheit und -empfindsamkeit. Ein sehr zarter Mensch. Ein sehr sensitiver Mensch. Eine sehr gute Antenne, aufzufangen von den Nächsten und von der Umwelt.

Mit seiner scharfen Geistigkeit hat er eine selten starke Eindringungsgabe, bis zu außergewöhnlicher Tiefe. Er geht so tief ins Einzelne, daß darüber der Gesamtheitsüberblick leidet.

Eine sehr eigene und unbestechliche Denkweise, die ihn Neues finden läßt. Er will weit hinaus. Und in seinem Weltbild steht er so: ich lasse Dich nicht, du erschließest dich mir denn. Weil das stark sachliche Denken selten nüchtern und rein abstrakt dasteht *und* stets Gefühl im Gefolge hat: ein prädestinierter Religionsphilosoph (mit starken Wirkungsmöglichkeiten der Verkündung) [. . .]

Ein sehr dynamischer Mensch. In seinem Rhythmus noch unausgeglichen; es pulst zwar nie versiegend in ihm, aber nicht in einem befreienden Gleichmaß. Er ist rastlos; ohne stete Harmonie und ohne Ruhen in sich. Er hat noch nicht sein Gleichgewicht. Trotzdem so die eine Seite (Eindringlichkeit und Wesentlichkeit des Weltbildes und selten tiefer Ernst) recht reif und weit wirkt, besteht daneben viel Ungeklärtes. Er ist alt und jung. Man merkt mehr die Jugend im gewöhnlichen Umgang, das Alter liegt oft latent dahinter. Wem in sich er die Palme zu reichen habe, ob dem Verhältnis „Ich—Welt" oder dem „Ich—Ihr", weiß er selbst nicht zu entscheiden. Es sind beide noch nicht befriedigend konfrontiert.

Es gibt auch ein sehr starkes Verhalten zu sich selbst, dies liegt etwas einseitig auf dem Geistigen; also: *er* will Klarheit, *ihm* sollen sich die Dinge erschließen; aber auch: *er* will, daß man ihn liebt, aus übergroßer Angst vor Einsamkeit und Alleinsein heraus. Übrigens gibt es nicht selten masochistische Züge: er tut sich weh, sucht solche Situationen gar auf. Er genießt zuweilen das Verzichten auf sich.

Er hat Leid erlebt und Schmerz gesehen, aber das noch nicht überwunden. Er leidet fort, statt durch-leiden zu können.

Ihm fehlt gesunde Selbstbejahung. Er kennt den Drang, sich zu erleben, gut. Aber er traut dem nicht und glaubt, zu ihm nicht Ja sagen zu dürfen. Er hat viel Schuldgefühl. Viel Angst. Auf einer Seite könnte er oft härter mit sich sein; aber er kann nicht durchgreifen; weder in sich, noch in anderen. Zu wirklichen Härten hat er nicht den Mut; er ist überhaupt etwas zag, riskiert nicht, und neigt mehr zu Nachgeben. [. . .]

An einer Seite verschwendet er sich; um so krasser fehlt es dafür an andrem Ort. Haushalten und ein sicher verteiltes Kräftemaß fehlen [. . .]

Oft meint er gegen Hindernisse anrennen zu müssen, die nicht da sind, so Verschanzung gegen das Kommende, wohl weil es das Vergangene beschattet. Dabei kann er beides nicht lassen, und der Widerstreit der Gefühle schwankt zwischen Altem und Neuem und zerrt ihn nach zwei entgegengesetzten Seiten auseinander — so gleicht er wohl einer Maschine, die laufen soll, und man zwingt sie, zu gleicher Zeit im Vorwärts- und Rückwärtsgang zu arbeiten; Zerbrechen des Getriebes wäre die Folge. Daß das hier nicht geschieht, liegt an der großen Stärke der anströmenden Energiemassen. Viel Vitalität mit immer neuem Betätigungsdrang [. . .]

Im ganzen:

Eine sehr eigene Persönlichkeit mit überragenden Qualitäten auf den verschiedensten Gebieten. Sehr tätig; wenig oder gar nicht ausruhend. Ewig getrieben; weniger treibend. Stark wirkend und bewegend durch eine weiche reine Psyche; sehr liebeweckend. Aber dies nicht zuletzt dadurch, daß der andere spürt, wieviel Unerlöstes in ihm liegt.

Zwar lebensbejahend; dies rückhaltlos hingegeben, doch blind.

Ein sehr starker Idealist; unter Vernachlässigung der Mächtigkeit der Realität. (Dabei kann man *im* Realismus stehend sich trotzdem *über* ihn erheben, eben aus ihm heraus!)

Ein Mensch ohne bestimmten Fluchtpunkt, ohne *refugium* bei und in sich. Es pulst nach vielen Seiten und verpulst sich leicht hierbei. Ein Mensch mit sehr starker Tragik, der viel Weinen in sich trägt; viel, viel möchte und zu oft nicht kann; mit Ohnmacht neben Macht. Mit ungeheurem Liebebedürfnis und Liebereichtum – nur, wer das so stark *außen* sucht, wird leicht enttäuscht. [...]

Ein Heiliger, Greis und Kind zugleich. (Der dies vereint, heißt Weiser). Der sich tief verhakt mit dem gestirnten Himmel; mit Liebe und Offensein zu seinen Nächsten: ein Christ. Aber bei alldem ohne sichere Ruhe. Er meint, sich einsetzen zu müssen rastlos; wofür ein ungeheurer Born in ihm anschwillt:

das Leid und die Sehnsucht des Rastlosen nach Rast,
die Sehnsucht des Ich-Flüchtigen nach dem Ja zum Ich.»

ANMERKUNGEN

1 Die Dokumente standen für die Herausgabe dieses Bandes nur in der Form der Xerokopie zur Verfügung. Möglicherweise wären die vier unlesbaren Worte auf den im Amerik. P.T.-Archiv vorhandenen Originalen zu entziffern.

2 Paucks Behauptung in Tillich's Life, S. 61, und in Tillichs Leben, S. 72, wonach Tillich im ersten Jahr seiner Vorlesungstätigkeit seinen feldgrauen Rock mit dem Eisernen Kreuz getragen haben soll, machen Tillichs Engagement für den Sozialismus unglaubwürdig. Die Quelle, auf die sich Paucks berufen, Günther Dehn: Die alte Zeit – die vorigen Jahre, München 1962, S. 212, sagt auch etwas ganz anderes. Günther Dehn erwähnt Tillichs Auftauchen in dem Kreis um Rittelmeyer mit folgenden Worten: „Paul Tillich, anfangs noch in Feldpredigeruniform mit dem EK I, trug seine theologischen Entwürfe vor, die ja durchaus in Beziehung zum Sozialismus standen." Nach dieser Schilderung kann es sich nur um die Zeit vom 1. August bis 9. November 1918 handeln, in der Tillich als Garnisonspfarrer in Spandau eingesetzt war und selbstverständlich seine Uniform mit Rangabzeichen und Auszeichnungen zu tragen hatte. Aus Not trugen später die Männer noch ihre Uniformen auf, aber ohne jedes militärische Emblem. Das galt auch für Tillich. Es ist aus den genannten Gründen unmöglich, daß er bei seinen im Sommersemester 1919 einsetzenden Vorlesungen das EK I anlegte.

3 Tillichs „Religionsphilosophie" erschien erst 1925 im „Jahrbuch für Philosophie". Vgl. G.W. 14, S. 142.

VIII. PAULUS UND HANNAH

1.

Margot Hahls Erinnerungen erstrecken sich auch auf die Zeit, in der Tillich seine spätere Frau Hannah kennenlernte. Ohne zu wissen, daß sie verlobt war, ergriff ihn tiefe Liebe zu ihr, die beide in große Schwierigkeiten stürzte. Nach vierjährigem Ringen heirateten Tillich und Hannah am 22. März 1924.

Wenn überhaupt die Beziehung zweier Liebes- und Eheleute von einem Dritten erfühlt und angemessen reflektiert werden kann, so ist Margot Hahl aufgrund ihrer lebenslangen Freundschaft mit Paul und Hannah Tillich diejenige, der dieses Recht zugestanden werden darf. Beide, Tillich und Hannah, waren keine Ausnahmeerscheinungen, sie waren ausgesprochene Menschen ihrer Zeit, der ersten Nachkriegsepoche mit all dem Exzentrischen, den Verworrenheiten und dem Drang, nicht wieder in die bürgerliche Welt, die sich so brüchig erwiesen hatte, zurückzufallen.

«Es muß 1920 gewesen sein, als Tillich und Hannah auf einem Kostümfest[1] ihre schicksalhafte Begegnung hatten. Wie oft spielten diese Feste eine solche schicksalhafte Rolle! Man war zu Ekstasen immer bereit, ein hungriger Mensch ist leichter im Geist, man sprach in der Verfremdung durch das Kostüm – meist nur ein Fähnchen, das kaum verhüllte – viel gelöster und kam gleich zu ganz tiefen Gesprächen; in 10 Minuten übersprang man ein Jahr des Kennenlernens. Für die einen waren diese Gespräche, für die anderen das Tanzen das Befreiende – oder beides. Dort fand man die problematischen Menschen, nach denen man suchte, die schon außerhalb der Grenze des Bürgerlichen standen. Wie in der Kunst bei Malern wie Kandinsky, Jawlensky, Marc das Zerbrechen der Formen, der „Aufschrei" der Farben stattfand, bei den Dichtern des Expressionismus der „Rausch" galt, so ergriff die Sehnsucht nach Befreiung die jungen Menschen – frei sein von – von – von! So wurden viele zu Anarchisten und zu Libertinisten. Alle suchten nach den finsteren Jahren der Entbehrung und des Todes das Leben, und vielen waren seine, ach, so lockenden Formen identisch mit den vielerlei Gestalten der Liebe und all ihren Facetten. Wo eine Frau das Geheimnis des Lebens ahnen ließ, da war sie begehrenswert, sie hatte magische Anziehungskraft.

So war Hannah, als ich sie 1922 kennenlernte, aus großen geheimnisvollen Augen schaute sie einen an, sie sprach eine dichterische Sprache und lebte und liebte; sie handelte immer ganz emotional, für andere oft unverständlich. Sie war an sich eine elegante Erscheinung mit den schönen langen Beinen, ihren ausdrucksvollen Händen, ihrer Art zu gehen, auch sich zu kleiden, so einfach auch die Kleider waren. Tillich war von ihr fasziniert und ist es sein Leben lang geblieben.

Hannah war im Grunde ein sehr ernster Mensch, mit einem starken Besitzwillen und Selbstgefühl; sie war intelligent, aber nie intellektuell, während Tillich immer ein abstrakt denkender Intellektueller war. Hannah war ehrlich und daher oft schroff, Tillich war gütig, aber darum nicht immer aufrichtig. Diese Wesensverschiedenheit hat Konflikte hervorgerufen und auch eine Mauer zwischen den Partnern aufgerichtet, die aber nie eine Trennmauer war. Die Ambivalenz von Liebe und Haß, latent vorhanden in jeder Ehe, zeigte sich im Laufe der Jahre deutlicher, aber die gegenseitige Liebe siegte immer wieder. Dazu war Hannah *novarum rerum cupida,* sie hatte eine intuitive Menschenbeobachtung und -kenntnis. Sie brauchte wie alle selbstbewußten Frauen ein Szenarium; das hatte sie selbstverständlich in der Frankfurter Gesellschaft, in Amerika am Anfang nicht. Dort ist die Position des Hochschullehrers nicht *eo ipso* elitär. „Die persönliche Sphäre ist für mich das, was ich am schmerzlichsten vermisse“, sagte sie einmal in den ersten amerikanischen Jahren.

Tillich hatte immer seine Sphäre; seine Ausstrahlung, seine Fähigkeit, sofort Mittelpunkt zu sein, ohne es bewußt zu wollen. Seine Fröhlichkeit und sein Vermögen, sich in andere ganz einzufühlen, machten ihm das Einleben in Amerika leichter. Dabei war er niemals ohne irgendeine Qual – Arbeits- und Zeitdruck oder sonst eine Belastung –, aber sie konnte im Nu verflogen sein.

Es war eine seiner Eigenheiten, Gefühle und Erlebnisse, auch die der Liebe, in philosophischen oder religiösen Kategorien zu fixieren. So wurde Hannah für ihn das „konkrete Absolute“, die „konkrete Offenbarung des Absoluten“, so konnte er sie als „empirische Person verneinen und zugleich bejahen“, und darum konnte er seine Liebe zu ihr als „absolut und unerschütterlich“ bezeichnen.

Als er im Jahre 1922 seinen ersten „Kairos“-Aufsatz schrieb, galt dieser von ihm neuinterpretierte Begriff vor allem der Zeitenwende zum Sozialismus, aber er war auch der Niederschlag seines persönlichen Erlebens mit Hannah – *sein* „Kairos“ war jetzt gekommen, in dem er zu „seinem Unbedingten, seinem konkreten Absoluten durchstoße“.

Tillichs Anziehungskraft für andere beruhte vor allem auf seiner Einfühlungsgabe. Er ist öfter ein „Genie der Freundschaft" genannt worden. In einer besonderen Weise wendete er sich seinem Gesprächspartner zu und erweckte in diesem den Eindruck, als sei gerade er der für ihn wichtigste, er, Tillich, bringe ihm tiefe Sympathie entgegen. Dabei galt es eben für diesen Moment. Wenn Tillich es schon längst vergessen hatte, blieb bei dem Partner der Eindruck einer großen Zuneigung bestehen; diese Faszination, die er ausübte, die wunderbaren, geistvollen Worte, die er fand, verloren nie ihren Zauber.

Kam es später – vielleicht erst nach vielen Jahren – zu einer Wiederbegegnung, im Augenblick des Wiedersehens war die alte Beziehung wieder da, „als ob nichts geschehen wäre". Im Grunde seines Wesens war Tillich treu. Er hat niemals einen Menschen fallen lassen. Mochte seine Zeit auch noch so begrenzt sein, drohten seine vielen Verpflichtungen, ihn zu zerreißen, – und es war oft eine Unzahl von Menschen, die etwas von ihm wollten – er nahm sich die Zeit für ein Gespräch. Trotz des ungeheuren Zeitdrucks, der in den späteren Jahren fast immer auf ihm lastete, war er dann ganz bei dem Partner, ganz gegenwärtig und offen für alles, was der Betreffende von ihm erwartete.

Schon die vorangegangene geraffte Schilderung zeigt, wie vielschichtig beide Ehepartner waren. Darum kann man nicht summarisch sagen: *„The marriage was unhappy from its beginning"*, wie es in der amerikanischen Tillich-Biographie[2] heißt. Was soll überhaupt das Wort *„unhappy"* in einer Beziehung zwischen zwei so starken Persönlichkeiten aussagen? Die Schwierigkeiten dieser Ehe lagen eben von vornherein in der großen Verschiedenheit der inneren Lebenssphäre dieser beiden Menschen.

Ihre Ehe begann auf einem hohen Gipfel der Passion und Ekstase – dann mußte der Abstieg kommen zum Alltag, vorbei an Abgründen, durch Unwetter und Nebel, auf rutschigem Gelände, um dann doch in den letzten Jahren auf sanfte Hügel und in grüne Täler zu gelangen. Worin bestand die Dramatik dieser Ehe? Man könnte in einem Satz sagen: Die übersteigerten Erwartungen der Leidenschaft der beiden Partner konnten sich nicht erfüllen. Die Begegnung von Tillich und Hannah hatte ja begonnen Anfang der zwanziger Jahre im Zeichen einer neuaufbrechenden Erotik. Die Forderungen, die die Frauen an ihre Männer stellten, waren nicht mehr, nur in einer Ehe geborgen, Hausfrau und Mutter zu sein – es waren auf einmal auch ganz andere Dinge wichtig geworden. Auf die „schwere Arbeit der Liebe in der Ehe", wie Rilke sagt, waren beide Ehepartner nicht vorbereitet. Beide hätten sie arbeiten müssen an sich und miteinander am Bau der Ehe; das haben sie erst sehr spät begriffen. So führte die Unerfülltheit zu Versuchungen, deren sie nicht Herr wurden.

Hannahs tiefe Eifersucht, unter der beide unsagbar gelitten haben, war nicht in erster Linie Reaktion auf äußere Anlässe. Sie kam im Grunde daher, daß Tillich nie ganz erfaßbar war, daß er sich entzog – in sich selbst, in seine Arbeit, nach innen verkroch, er war oft gar nicht richtig da, und Hannah hatte vielleicht Angst, eine andere Frau könnte tiefer in sein Wesen eindringen, eine Angst, die ganz unbegründet war, denn sie stand ihm immer am nächsten. Wie oft hat er das ausgesprochen![3] Vielfach war es ganz einfach die Trauer um die verlorene Zeit, die ihr und den Kindern genommen und anderen gegeben wurde, z. B. seinen Studenten. Dazu wurde Tillich später in Amerika der berühmte Mann und Hannah ließ ihm überall den Vortritt; sie war stolz auf alle Ehrungen, die ihrem Mann zuteil wurden.
Nachdem Hannah sich einen eigenen Freundeskreis geschaffen und beide älter und reifer geworden waren, fanden sie ihre Form des Zusammenlebens. Dann kamen die friedvollen Jahre ihrer Ehe. Dann hatten sie es gut miteinander. Aber auch in den schwierigen Zeiten hat nie einer über den anderen auch nur ein böses Wort gesagt.

Und doch fehlen noch zwei wichtige Momente im Bild dieser Ehe. Das eine war die Psychoanalyse. Heinrich Goesch, der Jura und Philosophie studiert hatte und sich dann der Architektur zuwandte, vermittelte sie ihnen. Aber er war ja letztlich kein streng ausgebildeter Psychoanalytiker; er hatte sich die Psychoanalyse mehr oder weniger autodidaktisch angeeignet und betrieb sie einige Jahre als einzige Quelle des Gelderwerbs. Von beiden Tillichs wurde sie begierig aufgegriffen, ohne daß Tillich sich einer Analyse unterzog. Für Hannah war sie eine neue Weise der Selbstfindung, für Tillich vor allem der „Glücksfall für die Theologie“, wie es für Kant die Mathematik für die Philosophie gewesen war. Das betonte er in seinen Kollegs immer wieder. Er konnte sie in sein theologisches System hineinnehmen und an ihr mit Worten der Gegenwart alte theologische Begriffe erläutern, z. B. die „gefallene Welt“ und die „neue Kreatur“. Jedoch als an strenges wissenschaftliches Denken gewohnter Mensch lehnte er die laienhafte Psychoanalyse ab, weil er ihre oft zerstörerischen Folgen ahnte. Aber mit seinem vorsichtig abwägendem und teilweise ablehnendem Urteil konnte er sich Hannah gegenüber nicht durchsetzen. Nicht Tillichs Theologie, sondern Hannahs Psychoanalyse prägte den Familienalltag. Das griff auch auf die Erziehung der Kinder über, die psychoanalytisch bestimmt war. Tillich war oft unglücklich darüber, gab aber letztlich nach.

Das andere Moment betrifft Hannahs geringes Verständnis für Tillichs Theologie. Sie schätzte ihn als Kulturkritiker, als Philosophen, als Analytiker des Zeitgeschehens, aber sie bekannte selbst, daß sie sich aus dem theologischen Arbeitsgebiet ihres Mannes ganz heraushalte. Tillich hatte, wenn er auf diesen Punkt angesprochen wurde, die Formulierung zur Hand: „Hannah ist Heidin". Er selbst zog gerade als Theologe so viele Menschen an. Er war der „Heidenapostel" *par excellence,* wenn es richtig ist, den säkularisierten Menschen unseres 20. Jahrhunderts als „Heiden" zu bezeichnen. Was er bei seiner eigenen Frau nicht vermochte, das gelang ihm im höchsten Maße fremden Menschen gegenüber. Viele haben bekannt, daß sie der Kirche den Rücken gekehrt hätten, wenn sie Tillich nicht rechtzeitig begegnet wären. Und unter seinen theologischen Hörern, den zukünftigen Pfarrern, war mancher, der es in ähnlicher Weise von seinem Beruf aussagte. Wenn Tillich später gelegentlich von dem „Glück des Lehrens" sprach, hatte er vor allem diese Resonanz im Sinn, die er bei seinen Hörern auslöste. Von ihnen fühlte er sich in seinem Tiefsten verstanden, und daraus entwickelten sich persönliche Beziehungen, oft nur vorübergehender Art, aber auch Freundschaften und Bindungen fürs Leben.[4] Trotzdem konnte Tillich sagen: „Hannah stand mir stets am nächsten". Sie war für ihn die Verbindung zu der mythischen Welt des Weiblichen. Man denkt unwillkürlich an die Bindung von Schelling an Caroline. Aus all dem folgt, wie wenig es für diese Ehe zutrifft, wenn man sie nach herkömmlichen Maßstäben beurteilt oder gar dem einen oder andern „Schuld" beimißt.»

ANMERKUNGEN

1 Anna von Dehsen hat dieses Kostümfest miterlebt. Sie schreibt darüber: „Das große Fest im Kunstgewerbemuseum – ich glaube, es war das erste nach dem Ersten Weltkrieg – genossen wir in phantastischer Verkleidung, nahmen an dem bunten Treiben teil, bis die allgemeine Stimmung zu sehr später oder früher Stunde den Höhepunkt zu überschreiten drohte. Trude Immohr und ich beschlossen, den Heimweg anzutreten und Paul Tillich zum Mitkommen zu überreden. Der ruhte auf einem Sessel, die Füße auf einem Gartenstuhl und wurde von zwei Schönen flankiert und unterhalten – er lachte, lachte so herzlich, wie es seine Freunde nach seinem Tode beschrieben haben!"

2 Vgl. Paucks, Tillich's Life, S. 86.

3 Dazu eine Briefstelle aus einem 1922 oder 1923 von Tillich an Margot Müller gerichteten Brief: ... „Das Leben mit Hannah ist unerhört schön und stark. Ich bin, seit sie da ist, ein völlig anderer Mensch: Los von all dem Zerstreuenden, konzentriert auf eine neutrale Wirklichkeit und von da aus alles andere erfassend. Wir arbeiten und erleben alles gemeinsam. Die meisten Bekannten wissen, daß ich ohne sie nicht vorhanden bin und laden uns zusammen ein ... Wir erleben täglich von Neuem die ungeheure Vertiefung, die sich aus der Ausschließlichkeit in jeder Beziehung ergibt, und sind glücklich darin ..."

4 Den Text von S. 161, Z. 21 bis S. 162, Z. 21 schrieb Renate Albrecht.

IX. EXTRAORDINARIUS FÜR THEOLOGIE IN MARBURG

1924–1925

Zeittafel

Sommersemester 1924 und	
Wintersemester 1924/25:	Außerordentlicher Professor in Marburg.
Winter 1924/25:	Berufung an die Technische Hochschule Dresden als Professor für Religionswissenschaft.
Sommersemester 1925:	Vorlesungstätigkeit gleichzeitig in Marburg und Dresden.
Anfang Winter 1925/26:	Übersiedlung nach Dresden.

1.

Als Tillich nach 15jähriger Abwesenheit von Deutschland im Jahr 1948 in Marburg Gastvorlesungen hielt, fragte er sich selbst etwas verwundert, warum es ihm seinerzeit in Marburg nicht sonderlich gefallen habe. Die Gründe mögen vielfältig gewesen sein, nicht zuletzt war es der Wechsel von der Metropole in die Provinz. Für seinen Beruf als Hochschullehrer war der Wechsel notwendig, bedeutete er doch den Sprung vom Privatdozenten zum Professor. Und er bedeutete weiterhin, daß Tillich als Mitglied der Theologischen Fakultät sich seinem eigentlichen Fach, der systematischen Theologie zuwenden mußte. Befaßten sich seine Vorlesungen in Berlin noch mit dem Thema „Religion und Kultur", las er nun erstmalig „Dogmatik". So war Marburg für ihn nicht nur ein Ortswechsel, sondern auch ein Wechsel des geistigen Klimas. Von dem revolutionären Pathos Berlins war in dem idyllischen Marburg nichts zu spüren. Die theologischen Impulse, die durch Rudolf Bultmann, Friedrich Heiler u. a. wenig später ausgingen, waren noch in den Anfängen, und auch Heidegger hatte für Tillich noch nicht die Faszination, die ihn mit Marburg hätte aussöhnen können. So fällt sein Urteil über die Marburger Zeit in seinen „Autobiographischen Betrachtungen" nicht sehr positiv aus:

«Es war ein Glück, daß nach fast fünf Jahren in Berlin mein freundschaftlicher Berater, der Kultusminister Karl Heinrich Becker, mich gegen meinen Willen zur Übernahme einer theologischen Professur in Marburg drängte. Während meiner dreisemestrigen Vorlesungszeit dort erlebte ich die ersten radikalen Auswirkungen der neuen Orthodoxie auf die Theologiestudenten: das theologische Denken befaßte sich nicht mehr mit kulturellen Problemen. Theologen wie Schleiermacher, Harnack, Troeltsch, Otto wurden verachtet und verworfen, soziale und politische Gedanken aus der theologischen Diskussion verbannt. Der Gegensatz zu meinen Berliner Erlebnissen war überwältigend, zuerst deprimierend, dann anfeuernd – ein neuer Weg mußte gefunden werden. Damals begann ich in Marburg – es war 1925 – die Arbeit an meiner „Systematischen Theologie", deren erster Band 1951 erschienen ist. Zur gleichen Zeit war Heidegger Professor der Philosophie in Marburg und beeinflußte eine Reihe der besten Studenten. In ihm begegnete ich dem Existentialismus in der Ausprägung des 20. Jahrhunderts. Erst nach Jahren wurde mir der Einfluß dieser Begegnung auf mein eigenes Denken voll bewußt. Ich widerstrebte, ich versuchte zu bejahen, ich übernahm die neue Denkmethode, weniger ihre Ergebnisse.»

2.

Tillichs von ihm selbst bekanntes Bejahen der Heideggerschen Philosophie hat eine Entsprechung in der Reaktion der damaligen Heidegger-Schüler. Hans-Georg Gadamer, 1924 schon promoviert, aber noch nicht Privatdozent, hat sehr lebhafte Erinnerungen an Tillichs Auftauchen in Marburg:

«Tillich kam als Extraordinarius nach Marburg, das war wohl Rudolf Ottos Interesse zu verdanken. Zur gleichen Zeit lebte in Marburg Jakob Klein, der Tillich in Berlin kennengelernt hatte. Dann kam Tillich persönlich nach Marburg, und da muß ich etwas vorausschicken: Wir, d. h. Karl Löwith, Gerhard Krüger und ich, waren die heranwachsende Privatdozenten-Generation und waren eigentlich ein hochmütiges kleines Volk; wir hatten unseren Heidegger, der uns alle faszinierte. Er war einfach etwas Gewaltiges und beeindruckte uns nicht zuletzt durch sein ungeheures Arbeitsethos. Und da war Tillich für uns das Gegenbeispiel, eines zwar genialischen Menschen, aber nicht auf soliden Fundamenten der Gelehrsamkeit gegründet.

Ich erinnere mich, daß wir eines Abends zusammenkamen, Klein,

Krüger, ich und der junge Tillich. Klein war der Einladende. Die Absicht war eigentlich, Tillich etwas „hochzunehmen". Nun muß man von Tillich sagen, er inszenierte sich nicht, er war ungemein natürlich, eine *anima naturaliter americana.* Da erzählte er folgendes; und das habe ich heute noch im Gedächtnis: ‹Ja wissen Sie, das war bei mir so: ich habe kolossal viel diskutiert und hatte für alles meine Schubfächer, da habe ich dann den Schelling einfach herausgeholt.› Das war natürlich in den Augen der Heidegger-Schüler keine gute Empfehlung; denn das sah ja so aus, als ob man die Begriffe vorher hat, mit denen man an den Gegenstand herangeht, statt, vom Gegenstand ausgehend, die Begriffe zu bilden.

Damals war „Kairos" das dritte Wort bei Tillich. Aufs Ganze gesehen stand er in Marburg unter dem Druck von Heidegger, den er vor allem durch die Studenten zu spüren bekam. Die meisten Studenten standen ganz unter Heideggers Einfluß.

Es gibt eine berühmte Geschichte, die Heidegger von Tillich erzählte – sie ist etwas boshaft. Tillich habe ihn besucht und in seinem Studierzimmer die Augustin-Ausgabe gesehen und beim Anblick dieser großen Bücherreihe ausgerufen: ‹So viel hat der geschrieben!›

Ich möchte denken, daß Tillich in Marburg nicht sehr glücklich war. Die theologische Fakultät war damals durch Bultmann, v. Soden und indirekt von Heidegger sehr stark bestimmt und sehr kritisch gegenüber der dialektischen Gewandtheit von Tillich.

Das eigentliche Problem, um das es damals ging, war, wie man die große Überlieferung einordnen solle. Wir Heidegger-Schüler fanden Tillichs Art viel zu wenig fundiert in wirklicher Forschung, und ich muß sagen, daß uns Tillich in gewisser Weise später recht gegeben hat. Trotzdem waren wir ihm freundschaftlich gesonnen, er war ja sehr charmant, und man konnte ihm nicht böse sein. Die Wärme und die ungeheure Gutmütigkeit von Tillich verhinderten, daß unsere kleinen Frechheiten die Atmosphäre trübten. Ich denke an den erwähnten Abend bei Klein zurück mit dem Gefühl: Menschlich hat Tillich es eigentlich besser gemacht als wir.

Meine Reserve gegenüber Tillich bezog sich auf seine intellektuelle „Leichtfüßigkeit", auf seine Schnelligkeit, mit der er Positionen variierte; er war ja ungeheuer schlagfertig, hatte eine hohe dialektische Gewandtheit, aber der ganze Stil seines Denkens war in meinen Augen formal.

Mein Eindruck von ihm änderte sich erst 1948, als er bei den hessischen Ferienkursen, die in Marburg abgehalten und von mir arrangiert wurden, mitwirkte. Ich sah, welche innere Reifung in ihm vor sich gegangen war. Sie bestand darin, daß er viel aufmerksamer für andere geworden war. Er konnte auf einmal zuhören. Das konnte er früher nicht. Da ließ er sich mehr oder weniger Stichworte geben, und dann verlockte ihn die brillante Antwort.

Wir haben damals zum ersten Mal einen wirklich guten inneren Kontakt gehabt. Als ich in Marburg bei den Kursen war, traten die Studenten an mich heran und fragten, ob Tillich und ich nicht einmal über Heideggers eben erschienenen „Humanismusbrief" diskutieren wollten. Ich nahm die Anregung gern auf und ließ Tillich den Vortritt; er hielt das erste Referat und ich das zweite. Zu unserer Überraschung erschien nicht ein kleiner Kreis Interessierter, sondern 1000 Studenten, die das „Audi. max" bis auf den letzten Platz füllten. Es war ein großes Ereignis für Marburg, das damals seit Kant und außer Kant keine Philosophie kannte. Ich erinnere mich genau, wie Tillich sagte, im Hintergrund von Heidegger stünde die Franziskanische Lichttheorie; im übrigen äußerte er sich mit großem Respekt. Mein Eindruck von Tillichs eigenen Vorträgen war, als ob er zu große Gewichte mit einem kleinen magischen Finger bewegte. Aber was einen gewann, war sein naturhafter Optimismus! Er war ungeheuer positiv, nicht, daß er das Negative übersah, aber er suchte überall das Positive: *The courage to be!* Das war kein peripherer, sondern ein ganz tiefer Optimismus. Der strahlte so aus ihm, daß ich seine Erfolge in Amerika begriff. – Das ist meine Geschichte mit Tillich!»

3.

Harald Poelchau – damals 20jährig – spürte sehr rasch, daß sich Tillich nicht in den üblichen Gleisen der traditionellen Theologie bewegte. Er berichtet über seine Begegnungen mit Tillich regelmäßig seiner Braut in Berlin:[1]

«[...]Tillich, dessen Kolleg und Schleiermacher-Seminar mir am wichtigsten sind, bin ich persönlich nähergekommen. Auf einem Abendspaziergang erkannte er mich und sprach mich an. Auch im Persönlichen wie im Kolleg gefiel er mir sehr. Er ist 35 Jahre alt und in diesem Semester Professor a. o. geworden. [...]»

Und etwas später:

«[...] Die Vorlesungen sind hier wirklich hervorragend, und ich hätte es in Tübingen nicht für möglich gehalten, daß man mit solcher Teilnahme der einzelnen Stunde folgen kann und danach noch wie ein Bienenschwarm zusammensteht und diskutiert. Tillich und Otto behandeln gleichzeitig augenblicklich Luther und sein Rechtfertigungsproblem in ganz verschiedener Auffassung, das ist sehr anregend. Zudem habe ich es noch ganz besonders gut, da ich mit Tillich viel persönlich zusammen bin und alles durchsprechen kann. Nach seinem letzten Seminar forderte er mich auf, mitzugehen, und wir gingen eine Stunde lang spazieren, was mich sehr freute [...]

Der Vortrag in Gießen (über „Rechtfertigung und Zweifel") [2] war für mich sehr bedeutungsvoll, weil er ganz meiner Stellung entsprach, die ich nur nicht formulieren kann, zugleich aber auch, weil er zeigte, daß zwischen unserem Theologengeschlecht und unseren Vorgängern theologisch eine unüberbrückbare Trennung besteht. Die Gießener verstanden Tillich kaum intellektuell, d. h. sie konnten nicht folgen, geschweige denn, daß sie in der Diskussion irgendwie angreifen oder weiterführen konnten. Da der Vortrag gedruckt wird, werde ich ihn noch genau durcharbeiten und ihn dem Marburger Barthianer Bultmann [kurze Lücke] der ihn entscheidend angegriffen hatte. Um die Diskussion, die in Gießen nicht zum Austrag gekommen war, zu Ende zu bringen, haben wir Tillich und Bultmann zur Disputation in beschränkter Öffentlichkeit aufgefordert, die bis 1/4 12 Uhr dauerte und zu einer scharfen Absage Tillichs an die Barthsche Theologie führte.

Am Sonntag war ich mit Professor Bultmann bei Tillich zum Kaffee, um über soziale Fragen zu sprechen im Anschluß an die Ottoschen Tagungen. Es war trotz der angespannten Unterhaltung recht gemütlich. Als die anderen gingen, behielt mich Tillich noch da, und wir gingen zu dritt, er, sie und ich, noch etwa 1 1/2 Stunden spazieren, ein Ereignis, was, abgesehen von der Ehre, um die mich mancher beneidet, für mich immer für längere Zeit Bedeutung hat – es ist nicht das erste Mal –, da Tillich in sehr feiner Weise auf alles eingeht, sei es Strindberg oder der Köngener Bund, so daß ich hinterher immer viel klarer und freier bin und in der Nacht nicht schlafen kann. [...]»

In einem Interview wurde Harald Poelchau von Karin Schäfer-Kretzler gefragt, welche Gründe für „die scharfe Absage Tillichs an die Barthsche Theologie" maßgebend waren. Poelchau meinte, daß es wohl an dem Barthschen Biblizismus und der „Undialektik seiner Dialektik" läge. Und weiter: „Tillich sah sich veranlaßt, sich mit der Barthschen Theologie auseinanderzusetzen, weil die Marburger Studenten von Barth fasziniert waren. Die erste Auflage des Römerbriefes, einige Jahre zuvor erschienen, war doch eigentlich eine religiös-soziale Schrift, von der die sozialistisch gesinnten Studenten begeistert waren." Auf das spätere Verhältnis Tillich–Barth wird noch einzugehen sein.

Schon im Sommersemester 1925 wird Tillich nach Dresden berufen und hält in beiden Städten Vorlesungen. Harald Poelchau berichtet weiter:

«[...] Tillich fährt nun wirklich jede Woche nach Dresden und ist nur drei Abende in Marburg. Davon bin ich den einen bei ihm zum Abendbrot, jeden Mittwoch nach seinem Seminar. Wir unterhalten uns zu dritt, oder sie (Hannah) näht, und wir spielen Schach. Diese Abende sind für mich das Bedeutendste vom Semester. Außerdem sind wir jeden Freitagabend zusammen beim Tanzen, das sich jetzt zu einer gewissen Regelmäßigkeit eingebürgert hat.

Wir haben uns jetzt hier ein kleines Berliner Idyll eingerichtet; ein stud. theol. Dr. Spiegelberg bewohnt außerhalb Marburgs ein Gartenhaus mit einem Raum, den sie ganz modern eingerichtet haben, mit großen leuchtenden expressionistischen Bildern – ein bißchen Anthroposophie ist auch dabei –, wenig Möbeln und einem Grammophon mit allen Berliner Schlagern der letzten und vorletzten Saison. Gestern zog ich mit Tillich nach seinem Seminar gleich dort hinaus. Auf der Veranda wurde zu Abend gegessen – Tillichs hatten das Abendbrot mitgebracht – mit Feuerwerk und sanfter Tafelmusik. Unterdessen fanden sich noch einige Damen und Herren aus dem engeren Tillich-Kreis ein. Über dem Bett des Hauses wurde eine große Altarkerze entzündet, der Boden mit Teppichen belegt, und das Grammophon spielte die mir auch meist gut bekannten Stücke. Zuerst brachte Tillich mir mit starker Hand die Anfänge des Boston bei, dann durfte ich es mit seiner Frau versuchen. Nachher habe ich mit fast allen Damen getanzt, freilich, ob zu deren Freude oder Qual, ist eine andere Frage. Der zweijährige Junge von Spiegelbergs ist so gut erzogen, daß er sich das Treiben erst eine Stunde lang vom Bett aus ansah, dann jedoch fest einschlief und sich nicht stören ließ, obgleich wir bis ½ 1 Uhr tanzten. Das Ganze war sehr erfreulich und fast noch netter als in Berlin, wo man nur immer in öffentlichen Lokalen zusammenkam, aber freilich die Musik besser war. Auf dem Hin- und Rückweg wurde wie immer tüchtig philosophiert und über Tillichs Dogmatik sowie Kant und Hegel gestritten. Führen wir Studenten nicht ein komisches Dasein? [...]»

ANMERKUNGEN

1 Harald Poelchaus Schilderungen sind nur durch das Interview erhalten geblieben, das Karin Schäfer-Kretzler im Herbst 1968 mit Harald Poelchau hatte. Es wurde auf Kassette aufgenommen.

2 G.W. 8, S. 85–100.

X. ORDINARIUS FÜR RELIGIONSWISSENSCHAFT IN DRESDEN

1925–1929

ZEITTAFEL

17. Februar 1926:	Geburt der Tochter Erdmuthe.
1926:	Erscheinen von „Die religiöse Lage der Gegenwart“ und „Das Dämonische. Ein Beitrag zur Sinndeutung der Geschichte“.
Ab 1927:	Honorarprofessor in Leipzig.
März 1928:	Davoser Hochschulwochen und Studentenkonferenz in Aarau.
Wintersemester 1928/29:	Letzte Vorlesung in Dresden.
Winter 1928/29:	Berufung an die Universität Frankfurt als Professor für Philosophie und Soziologie, einschließlich Sozialpädagogik.

1.

Leonie Dotzler-Möllering, gebürtige Dresdenerin, schildert das Dresden der zwanziger Jahre:

«Mitte der zwanziger Jahre, als Tillich seinen Lehrstuhl in Dresden antrat, war Sachsens Metropole eine von heiterer Lebensfreude erfüllte Stadt. Nicht, daß diese Lebensbejahung und -lust ins Triviale, Gewöhnliche ausgeartet wäre! Die Atmosphäre blieb zwar locker, aber ihre Formen stets voller Anmut und harmonischer Gesetzmäßigkeit, waren nie derb oder geschmacklos. Man hätte glauben mögen, als wehe noch die barocke Luft ihrer Monarchen, als ströme ihr Fluidum aus den Schlössern und sandsteinernen Gebäuden, aus den bescheidenen Bürgerhäusern. Man hätte sich nicht gewundert, wäre man in den historischen Gassen der Sänfte der Gräfin Königsmark oder der Cosel begegnet. Im Sommer blühten die Blumen in verschwenderischer Fülle, und die Beete im Großen Garten verströmten ihren Duft und vereinten sich mit dem der Linden und des Flieders. Sie wehten durch die Straßen. Das war das Dresden, das Tillich aufnahm.

Schon vor dem Ersten Weltkrieg war Dresden, vielleicht auch dank seiner herrlichen Lage, eine ausgesprochene Fremdenstadt gewesen. Davon zeugten die im Zweiten Weltkrieg zerstörten Gotteshäuser der Fremden. Es gab eine amerikanische, eine englische und eine russische Kirche; Dresdens Weltoffenheit, seine Vorurteilslosigkeit zogen bedeutende Männer, vor allem Künstler und Gelehrte, aus Deutschland und aller Herren Länder an. In den zwanziger Jahren, bei zunehmender Industrialisierung der Randgebiete, rief Ministerialrat Dr. Ulich[1], der spätere Mann von Elsa Brandström, die Kulturwissenschaftliche Abteilung der Technischen Hochschule ins Leben und berief namhafte Wissenschaftler an diese neue Stätte: u. a. Christian Janentzki für deutsche Literatur, den Rickertschüler Richard Kroner für Philosophie, Fedor Stepun für Soziologie, Viktor Klemperer für Romanistik und schließlich Paul Tillich für Religionswissenschaft. Diese Professoren waren nicht nur durch ihre Arbeit verbunden. Einander freundschaftlich zugetan, bestimmten sie zu einem großen Teil das kulturelle und gesellschaftliche Leben der Stadt.

Da war das Haus Kroner in der Neustadt. In einer altmodischen, aber mit äußerstem Geschmack eingerichteten Villa sah es bald einen Kreis ungewöhnlicher und hochgebildeter Menschen in seinen Räumen, Männer und Frauen. Teestunden, Vorträge, Vorlesungen, exquisite Diners und Gartenfeste, für die der prachtvolle, bis zur Elbe reichende Garten einen herrlichen Rahmen gab, wechselten ab. Man spielte auch Theater, Künstler von Oper und Schauspiel sangen und rezitierten, man führte Charaden auf. Ebenso kultivierte Geselligkeit erlebte man im Haus von Professor Holldack und bei Carl Albicker, dem damals berühmten Bildhauer an der Kunstakademie. Eine großzügige und weitaus prächtigere Gastlichkeit entfalteten die reichen jüdischen Familien, ja sie waren mitbestimmend für das gesellschaftliche Leben dieser Jahre. Da waren die Häuser der Gebrüder Arnhold, *der* Bankleute des damaligen Dresden und das Haus Klemperer. Aber auch hohe Beamte hatten ihren *„jour fixe“*. Ebenfalls ein sogenanntes Haus führten die ausländischen Konsuln und einige Industrielle, darunter an erster Stelle der Brotfabrikant Erwin Bienert oder genauer seine Frau Ida.

Es dauerte nicht lange, bis Tillich Eingang in diese Häuser gefunden hatte und bald ein beliebter und geschätzter Gast geworden war. Ein Teil seiner neuen Bekannten besuchte regelmäßig seine Kollegs, wie überhaupt damals das sogenannte „Stadtpublikum“ zu den „Stammhörern“ der „Kulturwissenschaftlichen Abteilung“ gehörte.»

2.

Renate Albrecht begegnete Tillich als Studentin in Dresden und berichtet aus dieser Zeit:

«In meinem ersten Semester, Sommer 1928, besuchte ich auf Anraten eines Naturwissenschaftlers, des Privatdozenten Dr. Zaunick, Tillichs Kolleg „Die religiöse Seinsdeutung". Soweit bekannt geworden, hat Tillich eine „religiöse Seinsdeutung" nur dieses eine Mal gelesen. Der vorgetragene Stoff ging in abgewandelter Form in seine Ontologie-Vorlesungen ein, aber nicht in solcher Ausführlichkeit: Es war die Rede von Mut und Schwermut, Seinserfüllung und Seinsverfehlung, vom Dämonischen und Satanischen. Dies alles sollte der Inhalt christlicher Theologie sein? Da war zunächst keine Verbindung wahrnehmbar zu dem, was Kirche damals darstellte. Aber dieser von tiefem Ernst durchdrungene Professor schien zu behaupten, daß das, was er lehrte, auch die Lehre der Kirche sei – eine höchst aufregende Sache.

Es war jedoch nicht einfach, hinter Tillichs Gedankengänge zu kommen, denn seine Ausdrucksweise war äußerst abstrakt und schwierig, für eine 19jährige, der philosophischen Terminologie ungewohnte Studentin fast unverständlich. Und trotzdem zog mich die Vorlesung ungemein an. Unmöglich, auch nur eine Vorlesung zu versäumen! Ich bedauerte sehr bald, das Seminar nicht belegt zu haben, wagte aber nicht, noch verspätet hinzugehen.

Im Winter 1928/29 besuchte ich neben der Vorlesung „Die religiöse Geschichtsdeutung" auch das dazugehörige Seminar. Die theoretisch möglichen Geschichtsdeutungen wurden hier erarbeitet und durch Referate über konkrete geschichtsphilosophische Entwürfe dargestellt. Ich erinnere mich noch an das mir zugefallene Referat: „Joachim von Floris und der Chiliasmus". Hier im Seminar zeigte sich nun ein ganz anderer Tillich. Es war nicht nur jedes Wort, das er sprach, verständlich, er duldete auch keine philosophischen Fachausdrücke und verstiegene Formulierungen bei den anderen Seminarteilnehmern, die ja den jungen Semestern unverständlich bleiben mußten.

Eine kleine Szene verdient festgehalten zu werden: Tillich fragte: „Was ist Prädestination?" Darauf meine vorschnelle Antwort: „Gott hat alles, was sich ereignen wird, vorher bestimmt, und nach diesem Plan läuft die Geschichte ab." Tillich quittierte diese Antwort mit einem Lächeln: „Was Sie da eben beschrieben haben, ist die Karikatur der Prädestination." Und dann kam seine eigene Erklärung,[2] die alles ins rechte Lot rückte, aber niemals das Gefühl aufkommen ließ, als habe man etwas Dummes gesagt.

In diesen beiden Semestern kam es nur einmal zu einer persönlichen Begegnung, die wohl für Tillich im Umgang mit seinen Studenten charakteristisch war. Er hatte gelegentliches Schwatzen in der Vorlesung bemerkt und fragte in der Pause, was uns wohl beschäftigt habe. In der Peinlichkeit des Ertapptseins fanden wir rasch die Ausrede: „Wir haben nicht alles verstanden“, und darauf folgte prompt ein Privatissimum im Dresdner „Großen Garten“, bei dem er bereitwillig auf alle unausgegorenen Fragen der zwei 19jährigen Studentinnen einging. In Erinnerung geblieben ist mir aus dem weiteren Verlauf des Gesprächs seine These, daß sich in unserer Zeit eine Krise der Ehe ereigne und neue Formen sich anbahnten. B. B. Lindseys Buch über die Kameradschaftsehe[3] war gerade erschienen und Tillich empfahl es uns als Lektüre, sehr zum Erstaunen unserer Eltern. Wie sehr er recht behalten sollte mit seinem Gespür für zukünftige Entwicklungen, wurde uns 30 Jahre später bewußt!

Wie immer bei Tillich war das Gespräch mit der Feststellung eines Tatbestandes nicht beendet. Er hatte einen Maßstab parat, an dem das Bestehende und Zukünftige gemessen werden konnte: die Liebe! Was er damals meinte, zwei jungen Studentinnen in Herz und Gewissen pflanzen zu müssen, habe ich 40 Jahre später in seiner Ethik *„Morality and Beyond“* („Das religiöse Fundament des moralischen Handelns“) wiedergefunden: *eros, libido, philia, agape* sind Elemente der Liebe, aber die *agape*[4] ist ihrer aller Kriterium. Als ich das Kapitel über die Liebe las, erinnerte ich mich wieder sehr deutlich des damaligen Spaziergangs und erkannte, wie geradlinig sich Tillichs Gedanken über Jahrzehnte durchgehalten hatten. Der Kern der Sache war der gleiche geblieben.

Nach seinem Weggang Ostern 1929 kam Tillich gelegentlich zu Vorträgen nach Dresden, dankbar begrüßt von seinen Freunden und ehemaligen Studenten. Im Jahr 1931 beteiligte er sich an einem Vortragszyklus im Hygiene-Museum; es war das Jahr der großen Hygiene-Ausstellung, und das Thema „Religion und psychische Erkrankung“ stand zur Debatte. Von katholischer Seite war Pater Przywara zum Vortrag gebeten worden. Auch Tillichs alter Freund Fedor Stepun hatte sich eingefunden und sprach in der Diskussion. Die kleine Szene, die sich dann zwischen Tillich und Stepun abspielte, will ich hier wiederholen, weil sie seit meiner ersten Schilderung im Jahr 1958 einige Modifikationen[4a] durchgemacht hat. Stepun, geprägt von mystischer Frömmigkeit, hielt Tillich vor: „Von den Engländern hat man gesagt, daß, wenn sie ‚Gott' sagen, sie ‚Kattun' meinen. Von Ihnen, Herr Tillich, möchte man behaupten, daß, wenn Sie ‚Kattun' sagen, Sie ‚Gott' meinen. Warum sagen Sie nicht lieber gleich Gott?" Tillich antwortete darauf mit großem Ernst: „Solange die Menschen das Wort ‚Gott' nicht mehr verstehen, werde ich ‚Kattun' sagen, vorausgesetzt, sie verstehen, daß ich ihnen etwas von ‚Gott' sagen will.»

3.

In der Dresdener Zeit entfaltete Tillich eine ausgedehnte Vortragstätigkeit. Im Frühjahr 1928 sprach er auf der berühmt gewordenen Aarauer Studentenkonferenz in der Schweiz über: „Die protestantische Verkündigung und der Mensch der Gegenwart". In Dresden wiederholte er den Vortrag und erhielt beide Male ein lebhaftes Echo. Zwei Briefe seien als Beispiele wiedergegeben:

«Hochgeehrter Herr Professor, Aarau, 4. 4. 1928

Erlauben Sie mir, Ihnen im Namen des Zentral-Komitees der Aarauer Konferenz und auch ganz persönlich noch einmal den herzlichsten Dank auszusprechen für die Freundlichkeit, daß Sie unserer Bitte Folge geleistet haben. Ich glaube, daß gerade Ihr Vortrag erst in der Besinnung, erst in der Ruhe nach der Konferenz seine volle Wirkung haben konnte, erst, als man eben wieder in die Wirklichkeit gestellt wurde und den „gläubigen Realismus" so nötig brauchte wie das Brot. Mir wenigstens ist es so gegangen. Ich kann Ihnen nicht sagen, welche Freude es für mich war, neben der Stimme der Barthischen Theologie und neben dem religiös-sozialen Volksmann einen Menschen zu hören, mit dem man sprechen kann, auch wenn man das Wort „Gott" oder „Volk", „Gemeinschaft" usw. nicht in einem Sinn aussprechen kann, hinter dem der ganze Mensch steht. Sie haben den jungen Menschen, die mit der brennenden Problemlage der Relativität aller Wahrheiten nach Aarau gekommen sind, am nächsten gestanden. Darum waren Ihnen sicher auch manche Studenten sehr dankbar für den mutigen „gläubigen Realismus" [5] in dieser bejahten Welt der Relativität. So war sicher Ihr Vortrag ein „Vorstoß".

Mit den herzlichsten Osterwünschen
und vielem besten Dank grüßt Sie ehrerbietig
Ihr Franz Bäschlin
Aktuar des Zentral-Komitees.»

4.

«Sehr verehrter Herr Professor! Dresden-A 24, Bernhardstr. 9[I]
4. März 1928

Sie wollen es bitte nicht als Abmaßung erachten, wenn ich Ihnen auf Ihren Vortrag hin diese Zeilen schreibe. Indessen haben Ihre Ausführungen am Freitag mich so tief bewegt, ja im Innersten betroffen und bezwungen, daß ich Ihnen im Geiste aus dankbarem Herzen heraus die Hand drücken möchte. Ich habe den Eindruck, daß da allerdings gar nichts Erklügeltes oder Konstruiertes war, wie ein Dresdener Blatt meint bemerken zu müssen, daß hier vielmehr ein ganz Unmittelbares sich erschloß, ja daß Sie sich vielleicht selbst nicht voll bewußt waren, welche im eigentlichen Sinne des Wortes reformatorische Tat Sie vollbrachten, indem Sie eben nicht wieder nur ästhetisch über die Grenzsituation[6] philosophierten, sondern uns alle und sich selbst mit in die Grenzsituation hineinstellten. Wer diese Grenzsituation noch nie in seinem Leben erfahren hat, dem müssen Ihre Ausführungen freilich ein dunkles Rätsel bleiben, der wird Sie auch nie verstehen, wenn Sie das Gesagte in seiner Ausdrucksweise formten. Wie das Wort vom Kreuz den Griechen der urchristlichen Zeit ein Unverständnis und eine Torheit galt, so wird den „Griechen" unserer Tage auch Ihre „Grenzsituation" ein Unverständnis, vielleicht auch ein Ärgernis sein und wohl eben auch bleiben müssen. Vielleicht mag es Ihnen aber auch immerhin tröstlich sein, wenn ich Ihnen gestehe, daß es zwar schon seit einigen Jahren und zwar seit meinem Aufenthalt in Rom das Bestreben der mir obliegenden evangelischen Verkündigung gewesen ist, die Menschenseelen meiner Gemeinde immer wieder in die Grenzsituation hineinzuführen, ihnen auch nur hinter dieser Grenzsituation das beseligende Ja der Gnade Gottes spüren zu lassen; daß sich diese evangelische Verkündung aber in ihrer Ausschließlichkeit in mir Durchbruch verschafft hat gerade über Ihrem Vortrag.

Aber es mag Ihnen vielleicht ebenso tröstlich sein, wenn ich Ihnen den gleichen tiefen Dank von meiner Frau sagen soll. Sie ist von Haus aus Katholikin und hat mir seit Ihrem Vortrag immer wieder beglückt ausgesprochen, daß Sie am Freitag in einer ganz seltenen Klarheit ausgedrückt haben, was sie in gewissen Stunden dumpf geahnt und was sie vom Katholizismus hinweg zur Evangelischen Kirche getrieben in der Hoffnung, dort eben evangelische Verkündigung zu finden. Übrigens hat meine Frau Sie das erste Mal gehört, besitzt zudem auch keine akademische Vorbildung – ein Beweis, daß Sie sich wohl doch auch gewöhnlichen Sterblichen verständlich machen können, wofern bei diesen Sterblichen nur eben die Voraussetzung gegeben ist, die Dinge, von welchen Sie sprechen, überhaupt zu verstehen.

Jedenfalls, Ihnen hochverehrter Herr Professor, unseren herzlichsten Dank für Ihre uns beglückende Gabe. Ich hoffe, mich auch im neuen Semester wieder zu Ihren Hörern zählen zu dürfen und begrüße Sie zugleich im Namen meiner Frau herzlichst

Ihr sehr ergebener

Heinrich Herrmann.»

5.

Wie schon erwähnt, war es eine Vielzahl aus dem Durchschnitt herausragender Menschen, mit denen Tillich gesellschaftlich oder freundschaftlich verkehrte, aber einer bedarf besonderer Erwähnung — Heinrich Goesch! Heute — fünfzig Jahre später — ist es schwer zu ermessen, welchen Einfluß er auf das Ehepaar Tillich ausgeübt hat. Die Aussagen derer, die ihn wie auch Tillich damals gekannt haben, widersprechen sich, sowohl in der Beurteilung seines Charakters wie in seiner vielschichtigen Beziehung zu Tillichs. Manches deutet darauf hin, daß Tillichs Verhältnis zu Goesch ambivalent war. Unbestritten war Goesch ein großer „Anreger", und Tillich verdankte ihm die Begegnung mit der Psychoanalyse. Ohne Goesch wäre sie ihm wahrscheinlich erst viel später ins Blickfeld gekommen.

Paul Fechter und Rudolf Pechel gehören zu den positiven Beurteilern von Heinrich Goesch und haben ihm in ihren literarischen Veröffentlichungen ein Denkmal gesetzt. Rudolf Pechel sagt in seinem Rundfunkvortrag „Begegnungen mit exemplarischen Menschen" über ihn:

«[...] Er war ein Phänomen. Er lebte nicht nur aus dem Geiste, nein er war selbst Geist und konnte so zum Führer zum Geist für andere werden. Er verfügte über eine ungeheure Fähigkeit des Klärens und Systematisierens, des Ordnens und des sauberen Feststellens. Ich habe niemals wieder einen Menschen kennen gelernt, der so ganz aus dem Eigenen lebte und den nichts von den Äußerlichkeiten des Lebens beirren, ja nicht einmal beeinflussen konnte. Dies Insichruhn und aus eigener Kraft leben, souverän bis ins Letzte und trotz seiner Überlegenheit niemals überheblich, ist mir nie wieder begegnet [...]

Sein äußerer Lebensweg war ganz anders als der anderer Menschen. Er studierte Jura, war auch als Referendar eine Zeitlang tätig, bis er sich der Philosophie zuwandte. Seine innere Neigung galt der Architektur, und er hat diese Wissenschaft ergriffen mit dem Ziel für die neue, im Anfang des 20. Jahrhunderts einsetzende Strömung der Architektur die echten Grundlagen herauszuarbeiten. Es ist ein Ruhmesblatt für Karl Gross, den Direktor der Dresdner Kunstgewerbeakademie, daß er für den vierzigjährigen Goesch eine Professur für Architektur einrichtete, eigentlich ohne Verpflichtung, in Vorlesungen seine Erkenntnisse mitzuteilen. Im Grunde bestand seine Aufgabe nur darin, da zu sein und er selbst zu sein, um junge Menschen lebendig zu machen und sie zu lehren, das Richtige zu denken [...]

In Heinrich Goesch war eine großartige Mischung von strengster Logik und Mystik. Er ergriff auch die Psychoanalyse Freuds, deren Bedeutung für das Hinabtauchen in die Tiefen der eigenen Seele er bejahte. Auch sie wurde ihm ein Mittel zu sublimierter Vergeistigung. Heinrich Goesch hat nur wenig veröffentlicht. Er brauchte das nicht, da sein Einfluß auf Menschen, die zu ihm kamen, unbegrenzt war und ihn Äußerlichkeiten des Lebens nicht berührten. Er brauchte keine Bestätigung und Anerkennung durch andere [...]

Am 16. Februar 1930 setzte der Tod diesem Leben noch vor der Vollendung seines 50. Jahres ein Ende.»

6.

In den Berliner Kunstausstellungen der Nachkriegszeit war Tillich der expressionistischen Kunst begegnet. Er verdankte diese Begegnung vornehmlich seinem Jugendfreund Eckart von Sydow. Die Dresdener „Galerie“ hatte für den Expressionismus eine gesonderte Abteilung. Hier konnte Tillich seine Studien fortsetzen und durch Gespräche mit den Künstlern, die er auf der gesellschaftlichen Ebene kennenlernte, vertiefen. Den nachhaltigen Eindruck, den der Expressionismus auf ihn machte, schildert er in seiner Autobiographie selbst:

«Es war vor allem der Expressionismus, der in der deutschen Malerei im ersten Jahrzehnt des 20. Jahrhunderts aufgebrochen war und sich nach dem Krieg öffentliche Geltung, zum Teil unter schweren Kämpfen mit kleinbürgerlichem Unverständnis, verschafft hatte, an dem mir die formzersprengende Kraft des Gehalts und die ekstatische Bildform, die daraus notwendig folgt, aufging. Die für meine Offenbarungslehre maßgebende Kategorie des „Durchbruchs“ wurde im Zusammenhang damit gewonnen. Später, als die Wegwendung vom ursprünglichen Expressionismus zu einem neuen Realismus einsetzte, gewann ich aus der Anschauung des dabei entstehenden Stiles den Begriff des „gläubigen Realismus", den Zentralbegriff meines Buches „Die religiöse Lage der Gegenwart", das deswegen einer befreundeten Malerin gewidmet ist. Der Eindruck der verschiedenen Darstellungen von Persönlichkeit und Masse in der abendländischen Kunstgeschichte brachte Inspiration und Material für den Vortrag „Masse und Persönlichkeit". Meine wachsende Hinneigung zur alten Kirche und ihren Lösungen des Problems „Gott und Welt", „Staat und Kirche" wurde genährt durch den überwältigenden Eindruck, den die Reste der frühchristlichen Kunst in Italien machten. Was kein kirchengeschichtliches Studium zuwege gebracht hatte, das wirkten die Mosaiken der altrömischen Basiliken. Direkten Niederschlag fand die Verbindung mit der Malerei in dem Aufsatz „Religiöser Stil und religiöser Stoff in der bildenden Kunst", ferner in der Eröffnungsrede zu der Berliner Ausstellung für religiöse Kunst, vor allem aber in den entsprechenden Partien des „Systems der Wissenschaften", der „Religionsphilosophie" und in „Die religiöse Lage der Gegenwart".»

7.

Neben der Malerei erschloß sich Tillich eine zweite Kunstform — der Tanz. Dresden, damals die Hochburg des sogenannten Ausdruckstanzes, beherbergte eine Reihe berühmter Tanzschulen, an ihrer Spitze die Schule von Mary Wigman. Von hier gingen die künstlerischen Impulse über die ganze Welt. Jede Premiere der Wigman wurde zum glanzvollen Ereignis. Einem persönlichen Zufall verdankte Tillich die Verbindung zu einer Tanzgruppe, die sich aus der Wigmanschule herausgelöst hatte, zur „Steinweg-Gruppe". Gertrud Steinweg berichtet in ihren Erinnerungen, daß sich Tillich vor allem für ihre Gruppentänze „Meßgesänge" interessiert habe, die nach gregorianischer Musik getanzt wurden. Über ihre damaligen tänzerischen Impulse nachdenkend bemerkt sie: Unsere Tänze kamen aus einer „künstlerischen Religiosität".[7] Aus solchen persönlichen Begegnungen ist Tillichs Abschnitt über Tanzkunst in seinem Buch „Die religiöse Lage der Gegenwart" erwachsen:

«[...] Schon dieses ist bedeutungsvoll, daß sie [die Tanzkunst] im letzten Vierteljahrhundert eine völlige Erneuerung erfahren hat und wieder als eigene, geistige Ausdrucksmöglichkeit erfaßt ist. Dabei hat sie sich von ihren individuell-ästhetisierenden Anfängen her in wachsendem Maße in einer Richtung entwickelt, als deren Ziel man vielleicht den kultischen Tanz bezeichnen kann. Freilich gibt es für diese Dinge kaum einen ungünstigeren Boden als das christliche, speziell protestantische Abendland. Um so bedeutungsvoller sind Leistungen, wie sie in der Labanschule, besonders aber bei Mary Wigman vorliegen. Ihre Gruppentänze deuten auf eine Überwindung des Individualismus, die Figuren erstreben eine innere Erfüllung und Organisation des Raumes, die Ausdruckshandlungen suchen metaphysische Tiefen zu offenbaren. Das alles ist in den Anfängen, und es würde sofort aufs Schwerste gefährdet werden, wenn es von sich aus versuchen würde, Kultus in engerem Sinne zu schaffen [...]»

ANMERKUNGEN

1 Robert Ulich war nicht sächsischer Kultusminister, wie Paucks in Tillichs Leben, S. 105, schreiben, sondern als Ministerialrat Referent für Hochschulangelegenheiten im Kultusministerium.

2 Vgl. Systematische Theologie I, S. 310 und 327 ff.

3 B. B. Lindsey: Die Kameradschaftsehe, Stuttgart 1928.

4 Nach mehr als 20 Jahren (August 1951) formuliert Tillich in einem Brief an Renate Albrecht dieses Grundprinzip seines sittlichen Handelns mit folgenden Worten:
[...] „Ich habe viele Beziehungen, die mir wertvoll sind, in Deutschland aus verständlichen Gründen vor allem mit Frauen. Das ist beides, Geschenk und Gefahr. Ich bin mir dessen völlig bewußt. Und mein Kriterium ist: Alles ist falsch, wo die Agape als Kriterium fehlt. Die Versuchung ist nicht, dieses oder das zu tun, sondern es ohne Agape zu tun. Das gilt für *jede* Beziehung und ist die einzige Alternative zu gesetzlichen Regelungen, wie ich sie für mich selbst unter 1000 Qualen durchbrochen habe. Daß auch *mit* diesem Kriterium Schuld nicht zu vermeiden ist, ist klar.“ [...]

4a Was uns unbedingt angeht. In: Christ und Welt vom 28. 5. 1958.

5 Vgl. G.W. 4, S. 77 ff. und S. 88 ff.

6 Vgl. G.W. 12, S. 13–57.

7 Interview von Gertrud Steinweg durch Renate Albrecht, festgehalten auf Kassette.

XI. ORDINARIUS FÜR PHILOSOPHIE UND SOZIOLOGIE IN FRANKFURT a. M.

1929–1933

ZEITTAFEL

Frühjahr 1929:	Übersiedlung nach Frankfurt.
1930–1933:	Mitherausgeber der Zeitschrift: „Neue Blätter für den Sozialismus".
1930:	Erscheinen des Sammelbandes: „Religiöse Verwirklichung".
1933:	Erscheinen und Einstampfen von „Die sozialistische Entscheidung".
März 1933:	Suspendierung vom Amt.
Sommer 1933:	Saßnitz und Spiekeroog.
Sommer 1933:	Unterredung mit Minister Rust.
Ende Oktober 1933:	Emigration in die USA.

1.

Margot Hahl lebte während Tillichs Frankfurter Zeit im Saarland und hielt weiter gute Freundschaft mit beiden Tillichs. Aus eigener Anschauung berichtet sie über die Frankfurter Szene in jenen Jahren vor der Nazizeit:

«Frankfurt hatte eine besondere Atmosphäre, diese „großsprecherische Provinzhauptstadt", wie sie der Maler Max Beckmann nannte, der von 1925 bis 1933, bis er, von den Nazis entlassen, Professor am „Städelschen Institut" in Frankfurt war. Das Stadtbild des unzerstörten Frankfurt zu Tillichs Zeiten findet sich vielfältig in Beckmanns Zeichnungen und Radierungen: Die Synagoge – Vorahnung des Künstlers – der Eiserne Steg mit dem Dom im Hintergrund, die „schöne Aussicht" am Main. Dann malte er Bilder der Frankfurter Gesellschaft, besonders der *„nouveaux riches"*, die es dort in den zwanziger Jahren, wo die anrüchigen Geschäfte gediehen, besonders viel gab neben den alten angesehenen Frankurter Handelshäusern und Banken, die zu einem großen Teil alten jüdischen Familien gehörten.

Tillich und Beckmann, dessen großes Selbstbildnis von 1927 heute in der Harvard-Universität[1] hängt, nicht weit entfernt von Tillichs Maske, waren sich gleich im menschlichen ambivalenten Habitus, „der eine daseinsbejahender, sinnlicher, ja genußsüchtiger Mensch, der andere strebt nach metaphysischer Durchdringung der definierbaren Daseinsphänomene" – Beckmann als Maler, Tillich als Philosoph und Theologe. Die Frankfurter Jahre waren für Tillich bereichert durch ein geselliges Leben in der unerhört kultivierten feinsinnigen und geistvollen Frankfurter Gesellschaft, vor allem der Universität und des Großbürgertums. Als er im Jahre 1932 zum Dekan der Philosophischen Fakultät gewählt wurde, war das für ihn nicht nur ein beruflicher, sondern auch ein gesellschaftlicher Höhepunkt seiner Frankfurter Zeit. Die Frankfurter Gesellschaft hofierte den geistvollen Professor, der, wie sie meinte, den exklusiven Geselligkeiten durch seine Anwesenheit erhöhten Glanz verlieh.

Die Universitäten waren autonom, ohne politische oder wirtschaftliche Einflüsse, man lebte in einem Elfenbeinturm, umbrandet von dem immer mehr drohenden politischen Unheil, dem Zusammenbruch der noch so jungen Weimarer Republik und dem Aufkommen der Nazis; man lebte in sicherer Existenz in dem Meer der Arbeitslosen, die immer radikaler wurden, wie auch viele Schichten der satten Bürger, vor allem der Neureichen, Gegner der Republik oder vollständig politisch indifferent waren.»

2.

In Frankfurt hatte Tillich nun erstmalig einen Lehrstuhl für Philosophie und Soziologie einschließlich Sozialpädagogik[2]*. Sein früherer Lehrer Fritz Medicus schreibt zu seiner Berufung in der „Neuen Zürcher Zeitung"*[1a] *eine Würdigung dieses Ereignisses, die mit dem Satz endet: „Für die Zukunft der Philosophie bedeutet die Neubesetzung der Schelerschen Professur eine Verheißung." Für Tillich bedeutete sie zunächst Rückbesinnung auf seine früheren philosophischen Studien und die Vorbereitung völlig neuer Kollegs. Schon seine Antrittsvorlesung „Philosophie und Schicksal" bringt einen neuen Ton in seine bisherige Arbeit; sein Kolleg befaßt sich mit den Vorsokratikern. Es folgt „Geschichtsphilosophie", „Schelling und die innere Krisis des deutschen Idealismus", „Hegels Enzyklopädie der philosophischen Wissenschaften", Philosophiegeschichte und philosophische Ethik. Die Seminare waren oft Gemeinschaftsseminare mit Max Wertheimer, Kurt Riezler,*

Max Gelb, später mit seinem Habilitanten Theodor W. Adorno, der damals noch seinen ursprünglichen Namen „Wiesengrund“ trug. Vorlesungen und Seminare waren gut besucht; es bildete sich eine feste Schülerschaft.

Über Tillichs Berufung nach Frankfurt gibt der nachfolgende Brief des preußischen Ministeriums Auskunft:

«Der Preußische Minister für Wissenschaft, Kunst und Volksbildung

Berlin W 8, den 28. März 1929.
Unter den Linden 4

An
Herrn Professor
D. Dr. Paul Tillich
in Dresden.

Namens des Preußischen Staatsministeriums habe ich Sie zum ordentlichen Professor in der Philosophischen Fakultät der Universität zu Frankfurt a. M. ernannt.

Indem ich Ihnen die darüber ausgefertigte Bestallung übersende, verleihe ich Ihnen in dieser Fakultät die durch das Ausscheiden des Professors Cornelius freigewordene planmäßige Professur mit der Verpflichtung, die Philosophie und die Soziologie einschließlich Sozialpädagogik [2] in Vorlesungen und Übungen zu vertreten. Zugleich ernenne ich Sie zum Direktor des Seminars für Philosophie, sowie zum Direktor des Pädagogischen Seminars der Universität Frankfurt a. M. Sie wollen Ihr neues Amt zum Beginn des Sommersemesters 1929 übernehmen und das Verzeichnis der von Ihnen hierfür anzukündigenden Vorlesungen an den Dekan der Fakultät einsenden.

Unter Festsetzung Ihres Besoldungsdienstalters als planmäßiger Ordinarius auf den 1. April 1929 bewillige ich Ihnen von diesem Zeitpunkt ab zugleich unter Vorwegnahme der sämtlichen Alterszulagen ein Grundgehalt von jährlich 13 600 RM, in Worten: „Dreizehntausendsechshundert Reichsmark“, neben dem gesetzlichen Wohnungsgeldzuschuß und den etwaigen Kinderbeihilfen.

Diese Bezüge wird Ihnen die Universitätskasse in Frankfurt a. M. in monatlichen Teilbeträgen im voraus zahlen.

Für das Ihnen zufließende Unterrichtsgeld haben die Ihnen bekannten allgemeinen Bestimmungen Gültigkeit. Es wird Ihnen aber Gewähr dafür geleistet, daß Ihnen eine Einnahme an Vorlesungshonoraren von jährlich 7500 RM, in Worten: „Siebentausendfünfhundert Reichsmark“ verbleibt. Diese Zusicherung fällt fort mit dem Ablauf desjenigen Studiensemesters, in dem Sie von den amtlichen Verpflichtungen entbunden werden.

Einen rechtlichen Anspruch auf Gewährung von Umzugskosten haben Sie nicht. Es wird Ihnen jedoch die Erstattung der Umzugskosten im Rahmen der für die preußischen Beamten geltenden Bestimmungen zugesichert. Erforderlichenfalls wird Ihnen ein Zuschuß bis zur Höhe der tatsächlich entstandenen Umzugsauslagen, soweit diese sich nicht auf Neuanschaffungen und Erneuerungsarbeiten in Ihrer Wohnung erstrecken, gezahlt werden.

Ich bemerke, daß Ihnen die vorstehend genannten, sowie alle sonstigen mit Ihrer Universitätsstellung zusammenhängenden Bezüge nur gegen die Universität Frankfurt a. M. zustehen. Auch Ansprüche Hinterbliebener können nur gegen diese Universität geltend gemacht werden.

Über die hier nicht berührten Punkte 4, 5 und 6 der mit Ihnen getroffenen Vereinbarung ergeht besondere Verfügung.

Die beteiligten akademischen Behörden der Universität Frankfurt a. M. habe ich von Ihrer Ernennung in Kenntnis gesetzt.

Im Auftrage
Richter»

3.

Franz Walter Müller, Dekan der philosophischen Fakultät in Tillichs Todesjahr (1965), faßt Tillichs Wirksamkeit in Frankfurt in seinem Beileidsbrief an Hannah Tillich wie folgt zusammen:

«Mrs. Hannah Tillich
c/o University of Chicago
Divinity School
Chicago, Ill., 60637
U.S.A.

Frankfurt am Main, 2. 11. 1965
Mertonstraße 17

Sehr verehrte Frau Tillich!

Zur Zeit, als Paul Tillich an unsere Fakultät nach Frankfurt kam, war der politische Horizont in Deutschland schon düster geworden. Der Nationalsozialismus schickte sich an, die Macht zu erobern, die er in so furchtbarer Weise mißbrauchen sollte. Ihr Gatte gehörte zu der akademischen Minderheit dieses Landes, die bewußt und unbeirrt dahin zu wirken versuchte, das Heraufkommen der neuen Barbarei zu verhindern und einer freien, gerechten Gesellschaft den Weg zu bereiten. Er war der Repräsentant des anderen Deutschlands.

Daß der Theologe das philosophische Lehramt verwalten konnte, entspricht seinem Begriff der Theologie. Sie war ihm kein Fach neben der säkularen Lehre von der Wahrheit, sondern eins mit der Bemühung um den Sinn des eigenen und fremden Lebens, um die Frage nach dem Verhältnis von Bestehendem und dem, was anders ist. Zwischen Theorie und Praxis, Tun und Denken, Sonn- und Werktag hat er nie so starr zu scheiden gewußt, wie es in der Gegenwart immer mehr üblich wird. Bei allem radikalen Modernismus war er schlechthin ein Christ; wie in die Einzelheiten seiner unkonformistischen Schriften strahlte sein Glaube an das Andere, der seit jener Zeit nur wenig sich gewandelt hat, auch in sein praktisches Leben aus.

Darauf, daß er an unserer Fakultät gelehrt hat, darf sie sehr stolz sein, keineswegs nur, weil Paul Tillich heute zu den einflußreichsten Theologen zählt, sondern weil sie ihm damals die Philosophie anvertraute, unseren einzigen philosophischen Lehrstuhl. Die junge Frankfurter Universität war Heimstätte nicht weniger neuer intellektueller Tendenzen. Die trotz Weber und Simmel an vielen Hochschulen vernachlässigte Soziologie etwa hatte an der Wirtschafts- und Sozialwissenschaftlichen Fakultät ihren Platz; die Psychologie an der Naturwissenschaftlichen Fakultät gewährte einigen der bedeutendsten Vertreter der Gestalttheorie ein Arbeitsfeld. Es war kein Zufall, daß Paul Tillichs Vorgänger, Max Scheler, der Phänomenologe, nach Frankfurt sich gesehnt hatte. Schon vor seiner Berufung stand er mit jenen der Philosophie nahestehenden, fortschrittlichen Kreisen in Verbindung. Wie Sie wissen, hat nach sehr kurzer Zeit ein Herzleiden seine Tätigkeit abgeschnitten.

Paul Tillich hat die Beziehungen zwischen den Fakultäten noch enger gestaltet. Er hielt Seminarübungen, die neben ihm von Psychologen, Soziologen, ja von Angehörigen der medizinischen Fakultät – man denke an den kürzlich verstorbenen Kurt Goldstein – gemeinsam geleitet wurden. In seine Vorlesungen strömten viele der besten Studenten aus den verschiedensten Fächern. Mit Hilfe des philosophisch gebildeten Kurators Riezler, den die Fakultät zum Honorar-Professor machte, hat seine zugleich aufgeklärte und das theologische Erbe bewahrende Gesinnung immer tieferen Einfluß an der Universität geübt. Wäre sie unter den Gebildeten, und über sie hinaus, verbreitet gewesen, das Unheil wäre nicht eingetreten.

Tillich mußte fliehen und hat durch seine Arbeit in der neuen Heimat unendlichen Ruhm erworben. Den Menschen ist er stets freundlich geblieben, in der Sache jedoch hat er keine Konzessionen gemacht. Wie andere unbestechliche Denker erfährt seine Lehre auch heute von beiden Seiten über der Zustimmung auch Kritik, von den Totalitären der einen wie der anderen Richtung, ferner den orthodoxen Theologen, wie denen, die schon über ihn hinausgegangen sind und die Gottesidee in der christlichen Lehre eigentlich entbehrlich finden; wohl an keiner großen Universität jedoch bildet sein Denken nicht den Anstoß zu intensiver Reflexion. Und eben der geistige Ernst, weit mehr als die Zustimmung, war ihm entscheidend.

Die Fakultät ist sich bewußt, was sie selbst wie die ganze denkende Welt durch den Tod ihres großen Mitglieds verloren hat. Sie fühlt in ihrem Schmerz mit Ihnen, verehrte Frau Tillich, sich einig; unser Beileid ist tiefer, als ich es in meinen wenigen, armen Sätzen sagen konnte.

In aufrichtiger Hochachtung,

Ihr sehr ergebener

Franz Walter Müller»

4.

Als Adolf Löwe 1931 als Professor für Nationalökonomie nach Frankfurt berufen wird, formiert sich ein ähnlicher Gesprächskreis wie der Berliner „Kairos-Kreis". Außer Tillich und Löwe gehören ihm an: der damalige Kurator der Universität Kurt Riezler, Max Horkheimer, Friedrich Pollock, Leo Löwenthal — sie waren Mitglieder des „Instituts für Sozialforschung" — sowie Karl Mannheim und Max Wertheimer. Im Gegensatz zum ursprünglichen „Kairos-Kreis" beschäftigt sich der Frankfurter Kreis mit aktuellen Fragen der Politik, auch der Universitäts-Politik.

Durch ein Symposium der „Frankfurter Allgemeinen" veranlaßt, setzt sich Tillich mit dem Problem der Universitätsreform auseinander. Es ist das erste Mal seit seiner Wingolfzeit, daß er sich wieder mit praktisch-organisatorischen Dingen befaßt. Das Thema, das die Zeitung vorgab, lautete: „Gibt es noch eine Universität?" Tillich trägt zur Beantwortung dieser Frage den Artikel bei: „Fachhochschulen und Universität". Für die damalige Zeit waren seine Vorschläge geradezu revolutionär, er hatte förmlich in ein Wespennest gestochen. Weitblickende Geister applaudierten ihm, so auch Rudolph Binding, damals noch auf der Höhe seines schriftstellerischen Ruhms:

«Sehr geehrter Herr Tillich, 14. 12. 1931

in der Frage: Gibt es noch eine Universität?, zu der man ja nun allerhand Äußerungen vernommen hat, scheint mir fast das Erstaunlichste, daß so wenige die Vorstellung und Vorstellungskraft von dem haben, worum es geht.

Das aber gerade hatten *Sie* aufs deutlichste ausgesagt. Sie hatten doch wenigstens ein Gesicht: Sie *sahen* eine Gestalt einer Universitas. Mag man mit Ihrem Modell nicht einverstanden sein. Gut. Dann sollte einer ein anderes Modell machen. Aber das tut keiner Ihrer Gegner.

Natürlich kann man nicht über eine *Universitas* reden, wenn man gar nicht weiß, was das ist, was das heißt, was das war und was das sein könnte. Die Menschen von Geist sind daher alle auf Ihrer Seite. Aber – verdammt! – Sie haben wenig Kollegen.

Diese Zeilen richte ich nur an Sie, um Ihnen zu sagen, daß auch außerhalb der Professoren noch Menschen davon wissen, was und wo Fiktionen sind. Aus Fiktionen aber kann man nicht leben, man kann nur aus der Wahrheit leben.

Ihr sehr ergebener
Rudolph G. Binding»

5.

Helmuth Schreiner tritt an Tillich mit der Bitte heran, seine Meinung zu äußern, ob er in der Frage der Erteilung der öffentlichen Körperschaftsrechte an die Freidenker ein Gutachten abgeben wolle. Tillich antwortet:

«Lieber Schreiner! Frankfurt, 17. 7. 1930

Eine Aufforderung vom Ministerium habe ich nicht erhalten, möchte Dir aber doch meine Auffassung nicht verheimlichen. Ich würde es für einen ungeheuren Glücksfall für die ev. Kirche halten, wenn die Freidenker die Rechte einer öffentlichen Körperschaft erhielten. Es würde ihnen damit mit einem Schlage die stärkste agitatorische Waffe, die sie haben, entrissen werden, der Angriff auf die Verbindung von Staat und Kirche, von staatlicher Zwangseinziehung der Kirchensteuern, von beamtenmäßiger Sicherung der Geistlichen und so fort. Da ihre Hauptstoßkraft z. Z. im Proletariat liegt, würde ich natürlich vom Standpunkt des religiösen Sozialismus aus einen solchen Vorgang aufs stärkste begrüßen. Es wäre nach meiner Meinung der beste Riegel vor dem Hereintragen bürgerlich-religiöser Flachheit in das Proletariat.

Wenn Du es für angemessen hältst, ermächtige ich Dich, diese meine Auffassung wörtlich mit meinem Namen dem Ministerium mitzuteilen.

Mit herzlichem Gruß
Dein P. Tillich»

6.

In der Frankfurter Zeit wird Tillich Mitglied der Sozialdemokratischen Partei. Sein Beitrag zum Sozialismus besteht im reflektierenden Durchdringen und in der kritischen Analyse der politischen Phänomene. In der 1930 gegründeten Zeitschrift „Neue Blätter für den Sozialismus" [3] *setzt er seine religiös-sozialistischen Artikel fort. August Rathmann, der Schriftleiter der „Neuen Blätter", meint, der von Tillich im ersten Heft erschienene Aufsatz „Sozialismus" sei nach dem „Kommunistischen Manifest" wohl das hervorragendste Zeugnis sozialistischen Denkens.*

Der Brief von Beatrice Löwe kann sich seinem Inhalt nach eigentlich nur auf diesen Artikel beziehen. Befremdlich ist allerdings, daß der Brief am 3. 12. 1929 geschrieben wurde, der Aufsatz „Sozialismus" aber in der Januar-Nr. 1930 veröffentlicht war. Möglicherweise hatte Tillich der Verfasserin des Briefes den Artikel schon vorher im Manuskript zur Verfügung gestellt.

«Lieber Herr Tillich! Kiel, 3. Dezember 1929

Dieser Brief soll Ihnen danken für das, was Sie mir mit Ihrem Aufsatz gegeben haben! Es ist unendlich beglückend, dies, was man mehr oder weniger dunkel als das Rechte und Notwendige in sich fühlt, plötzlich geschrieben – und noch dazu in solch meisterhafter Form – in Händen zu halten.

Ich stehe nun wieder seit einiger Zeit in der sozialen Arbeit, die mir beruflich und menschlich gleich nahe ist. Bei all dem Schweren, was man da erlebt, ist das Traurigste der Untergrund immer wieder, die Sinnlosigkeit in dem Leben dieser Menschen. Sie läßt einen verstummen und will einem jede Hoffnung nehmen.

Lieber Herr Tillich, ich war skeptisch für die Zeitschrift! Seitdem ich Ihren Aufsatz kenne, weiß ich, daß sie gegründet werden *mußte* und daß es gut so ist. Und wären es nicht viele Menschen, so werden es sicher die wertvollsten sein, die sich aufgerüttelt fühlen durch *diesen* Geist des Sozialismus, den ich mit jeder Faser bejahe. Ich kann mir als Einleitendes nichts Schöneres vorstellen, als Ihre Arbeit es ist.

Ich mußte Ihnen dies sagen!

Ihnen und Ihrer lieben Frau und der kleinen Tochter alles Gute

Ihre

Beatrice Löwe.»

7.

Tillich hielt gelegentlich auch Vorträge im Rundfunk und konnte so seine religiös-sozialistischen Ideen an eine breite Zuhörerschaft gelangen lassen. Der Brief des Lehrers Gabriel ist mit größter Wahrscheinlichkeit die Reaktion auf seinen Rundfunkvortrag „Religiöser Sozialismus“:

«Hochverehrter Herr Professor! Zethau, 23. Juli 1930

Aus dankbarem Herzen muß ich Ihnen schreiben. Befreiend für mich waren Ihre Worte, die Sie am 22. Juli abends vor der Hörerschaft des Deutschlandsenders sprachen. Sie waren auch stark belebend, da sie mir die Überzeugung einpflanzten, daß Sozialismus und Religion keine Gegensätze sind. Sozialismus aus Erfahrung meiner Schlosserzeit (1919–1921) und Religion, vertieft und gewachsen unter dem Einfluß meines verehrten Seminardirektors in Dresden-Neustadt, eines wahrhaft edlen, frommen Menschen, stellten sich in mir während meiner Seminarzeit entgegen. Seit jenen Tagen trieb es mich zur Religion aus natürlichem Hange und seelischer Grundstimmung. Schon bei den Mystikern fand ich Gedanken, die in mir die Gewißheit hinterließen, daß Sozialismus im wahrsten und heiligsten Sinne zarte, innige Fäden hinüberwirke in die ewige Sphäre der Göttlichkeit. Der Verkehr mit Sozialdemokraten innerhalb unseres Lehrervereins, die mich gern für die Partei gewinnen möchten, ließen mich wanken an der Reife und Würdigkeit der verbreiteten materialistischen Ideen der Sozialdemokratie. Als ich mich mit Walther Rathenau beschäftigte und seiner sozialistischen Weltanschauung, fand ich im tiefsten Grund bestätigt die Worte, die Sie, verehrter Herr Professor, zu uns sprachen. Ich muß Ihnen gestehen, daß ich mich schon seit Freitag, als die „Sendung“ kam, darauf freute, Sie über dieses Thema sprechen zu hören. Da ich hier oben im Erzgebirge, abgeschieden von der Welt, als Junglehrer lebe, wäre es mir eine herzliche Freude, wenn ich erführe, wo ich mich mehr mit den Fragen des Religiösen Sozialismus auseinander setzen könnte. [...]

Bitte verzeihen Sie mir noch einmal, daß ich Ihre kostbare Zeit in Anspruch nehme, aber das Vertrauen zu Ihnen befahl mir zu schreiben.

Mit Hochachtung bin ich Ihr ergebener

Erich Gabriel, Lehrer
Zethau bei Mulda (Ahm. Freiberg) Erzgebirge.»

8.

Nach dem 1923 erschienenen „System der Wissenschaften" war Tillich noch nicht wieder durch ein größeres Werk hervorgetreten. Seine bisherigen Arbeiten waren verstreut in den verschiedensten Zeitschriften und darum für ein größeres Publikum relativ unzugänglich. So lag es nahe — sofern sich ein Verlag fand — das Bisherige in einem Band zusammengefaßt herauszubringen. Der Furche-Verlag war dazu bereit. „Religiöse Verwirklichung" nannte Tillich diesen ersten Sammelband seiner Arbeiten und widmete ihn seinen beiden alten Freunden Hermann Schafft und Alfred Fritz „nach 25 Jahren". Alfred Fritz dankte Tillich mit dem folgenden Brief:

«Lieber Paul! Teltow, 11. 12. 1929

Als ich kürzlich nach einem nicht gerade überragendem Vortrag von Lütgert über „Lutherrenaissance" mit ihm sprach und er mich nach den langen Jahren wieder aus dem Gedächtnis hervorholte, sagte er: „Sie sind doch der Fritz, dem Tillich sein neues Buch gewidmet hat". Er freute sich sehr, daß er mir als Erstem diese Kunde sagte, und über mein Erstaunen. Und nun kommt heute Dein Buch, und wenn es eigentlich auch erst unter den Weihnachtsbaum gehört, so muß ich Dir doch gleich für dies Zeichen Deiner Freundestreue danken. Es ist so sinnig, daß Du so die Laokoon-Gruppe nach 25 Jahren wieder aufstehen läßt. Hoffentlich sind wir beide Deinem Buch so gute Schutzheilige wie wir Dir sicher lebenslang treue Freunde bleiben werden. Aber ich denke, es hat das gar nicht nötig. Ich habe gleich heute in den mir teilweise unbekannten Aufsätzen gelesen, und es hat mich interessiert wie ein spannender Roman. Es ist Dir wohl zum ersten Mal gelungen, ganz schwere und neue Gedanken ganz klar und plastisch zu sagen, z. B. im Augustinvortrag, aber auch in den abstrakteren Vorträgen. Ich freue mich jedenfalls, daß es nun da ist und glaube, es ist so viel besser, als wenn jetzt schon etwas Systematisches wie Dogmatik herauskäme. Aber kommen muß sie auch nochmal. Nun wünsche ich dem Patenkind viel Glück und eine dicke Haut auf seiner Reise durch Kritikerstuben und Studentenbuden, und daß es in seiner tapferen Sachlichkeit mithelfe, daß ein glückliches kommendes Geschlecht wieder ganz in der Welt und ganz in der Kirche stehen darf und nicht bloß auf der Grenze.

Eigentlich bekam ich einen Schrecken, als ich die 25 las, und daß unsere Freundschaft nun schon Silberjubiläum feiert. Man wird alt. Und ich habe nicht wie Du und Hermann führende Bücher geschrieben, sondern bisher nur einige [ein Wort unlesbar] hervorgebracht. So verschieden ist das Schicksal. Aber einander sind wir wenigstens zum Schicksal geworden, Du in Johanna, und wir wieder in Greti; so ist unser Leben eng miteinander gewoben, ganz abgesehen vom Geheimnis, daß wir unter den so verschiedenen Lebenswegen uns immer wieder verstehen und in jeder Begegnung ohne Fremdheit am Vergangenen anknüpfen können [...]

Viel schöne Tage hat uns die Gemeinschaft der 25 Jahre gebracht und in trüben und stürmischen ein geborgenes Plätzchen. Hoffentlich bleibt's immer so. Du bist ja unter großem Reichtum von Menschen. In meinem Leben ist's still geworden, und die Zeit des Geöffnetseins für neue Menschen ist wohl fast vorüber. Da hält man um so fester die paar Erprobten fest und weiß, was man daran hat. Alles Gute, mein lieber Junge. Grüße Hannah.

Herzlich Dein Frede.»

9.

Margot Hahl beschreibt die schicksalhaften Monate des Jahres 1933:

«Auf die Ereignisse von 1933 war niemand vorbereitet. Es hatte zwar schon die Zeit vorher auch in der Universität tätliche Auseinandersetzungen zwischen Reichsbanner-Studenten und SA-Studenten gegeben, und Tillich, der in diesem Jahr Dekan war, war von Amts wegen mit diesen Unruhen befaßt. Die Schilderungen, wieweit er sich dabei exponiert hat, sind nicht eindeutig, so daß es heute schwierig ist, sich ein genaues Bild über seine damalige Rolle zu machen. Sicher ist, daß man seine politische Gesinnung kannte – schon aus seinen Schriften –, hatte er doch nie ein Hehl daraus gemacht, und seine Stellung als Dekan machte ihn natürlicherweise zum Sprecher der Nazi-Gegner.

Das Wintersemester ging noch ordnungsgemäß zu Ende, obwohl Hitler seit dem 30. Januar Reichskanzler war. Aber dann brachen die Ereignisse über alle herein, niemand hatte Hitlers „Mein Kampf" gelesen, man hatte ihn in den Universitätskreisen nicht ernst genommen, glaubte nicht, daß solche Eingriffe überhaupt möglich seien; das Ausmaß des Leidens, das auf die Juden, auf alle Sozialisten und Kommunisten zukam, lag außerhalb aller Vorstellung. Dabei hatten Menschen des Auslands schon ihre Stimme erhoben. Der Schweizer Rychner schrieb im Sommer 1931 an C. J. Burckhardt: „Ich fahre nun in Europas nächtlichste Gegend – es ist wie eine Reise aus der

Etappe an die Front. Brüning rechnet mit 2 Millionen Arbeitslosen, das sagt allerlei darüber aus, was man als Atmosphäre des Lebens zu erwarten haben wird ... Die Deutschen müssen nun wirklich das Leiden in seiner Schwere auf sich nehmen, ein Ausbiegen gibt es wohl nicht mehr." Deutschland wurde wieder gesehen als „die große, tragische, unheimliche Abenteurerfigur".[3] „Nie wird man ganz begreifen, wie diese abgedroschenen leeren Phrasen der Reden Hitlers solche Wirkungen haben konnten, es ist nur verständlich auf dem Hintergrund der Existenzangst weiter Volksschichten, die auf den Retter aus der Not hofften."[4]

Das „Dritte Reich" begann (nach der Reichstagswahl am 5. März 1933) gleich mit allen Konsequenzen. Am Schwarzen Brett konnte man es lesen: Wertheimer beurlaubt, Gelb beurlaubt, Tillich liest nicht, Karl Reinhardt, der Altphilologe – mit Tillich befreundet – legte aus Protest sein Amt nieder. Drei Studenten, die sich durch namentliche Unterschrift für das Verbleiben des Historikers Ernst Kantorowitsch eingesetzt hatten, wurden relegiert. Alle diese Menschen sahen sich in eine echte „Grenzsituation" versetzt, in eine Bedrohung, die an die Grenze des Daseins führt.»

10.

Auch für Tillich traf die „Grenzsituation" zu, aber er war sich zunächst noch nicht im klaren, ob und wann er sie verlassen und eine eindeutige Entscheidung fällen würde. In diese Zeit des Noch-nicht-entschieden-Seins fällt der Briefwechsel mit Karl Barth:

«Lieber Herr Barth! 29. 3. 1933

Eben erhalte ich von K. L. S. [Karl Ludwig Schmidt] aus Jena ein Zitat von Ihnen: „Über die Ideologie Tillichs bin ich einfach starr". Offenbar bezieht sich dieser Satz auf das Gespräch, das ich mit S. am Sonnabend abend hatte über die Stellung der Beamten zur SPD. Wie Sie an S. schreiben, sind Sie entschlossen, einer Forderung auf Austritt aus der SPD nicht nachzugeben, d. h. im Zweifelsfall ihre Stellung als preußischer Beamter aufzugeben.

Dieser Auffassung steht nicht etwa eine Privatideologie von mir gegenüber, sondern die Auffassung der Partei selbst sowohl in den zentralen wie in den lokalen Instanzen. Die Partei wünscht nicht, daß ihre Beamten ihre Beamtenqualität der Zugehörigkeit zur Partei opfern. Soviel ich sehe, liegen zwei Gründe dafür vor, einmal der, daß die Partei den tatsächlichen Einfluß der Beamten in ihren Stellungen für wesentlich wichtiger hält als das formale Bekenntnis zur Partei. In bestimmten mir bekannten Fällen hat sich das auch schon sehr konkret gezeigt. Andererseits habe ich den Eindruck, daß die Partei nach dem endgültigen Verbot ihrer Presse sich in ihrer manifesten Form in Liquidation befindet. Da sie diese Form nicht mehr als das angemessene Mittel, den Sozialismus zu vertreten, ansieht. Dies alles, ich betone das ausdrücklich, ist nicht *meine Ideologie*, sondern Auffassung und Verhaltungsweise der Partei selbst.

Unter diesen Umständen besteht bei meinen Frankfurter Freunden (auch Hamburger, Berliner usw.) vor allem auch bei solchen, die von Anfang an der SPD angehört haben, die Auffassung, daß die Zugehörigkeit zur Partei nicht zum *punctum confessionis* gemacht werden dürfe. Auch hier handelt es sich nicht um eine Ideologie von mir, sondern um die unmittelbare taktische Reaktion gerade der Politiker unter uns. Die Lage wird in dem Augenblick anders, wo uns ein Revers vorgelegt wird, der eine inhaltliche Bindung verlangt. In diesem Augenblick würde selbstverständlich genau so wie in Italien die Bekenntnispflicht eintreten.

Ich hoffe, daß Ihnen nach dieser Darlegung des Sachverhaltes meine Stellungnahme nicht so unverständlich und ideologisch erscheint, wie auf Grund des Berichtes von S. Andererseits verstehe ich Ihre Auffassung. Der Gedanke einer Zusammenkunft der SPD-Professoren ist in unserem Wunsch begründet, die beiderseitigen Auffassungen kennenzulernen und, wenn irgend möglich, zu einer gemeinsamen Entscheidung zu kommen. Ich würde es sehr bedauern, wenn Sie an einer solchen Besprechung nicht teilnehmen könnten.

Ende der Woche will ich nach Berlin fahren und hoffe, bei der Gelegenheit mich auch *materialiter* orientieren zu können. Vielleicht ist dann eine Besprechung mit Ihnen, wenn auch im kleinsten Kreise, noch möglich.

Mit herzlichem Gruß gez. Ihr P. Tillich»

11.

«Lieber Herr Tillich! Bergli-Oberrieden, 2. April 1933

Besten Dank für Ihren Brief vom 29. März. Er war in den Tat geeignet, mein „Starrsein" hinsichtlich Ihrer „Ideologie" aufzulockern. Ich habe, als ich in meinem Brief an K. L. S. jene Wendung brauchte, nicht gewußt, daß die SPD als solche „nicht wünscht, daß ihre Beamten ihre Beamtenqualität der Zugehörigkeit zur Partei opfern". Und ich habe ferner und vor allem nicht bedacht, was ich freilich hätte bedenken sollen: daß für Sie die Fragestellung in besten Treuen grundsätzlich eine ganz andere sein muß als für mich. Ich nehme also zur Kenntnis, daß die betreffende „Ideologie" nicht nur Ihre private, sondern auch die führender Stellen, vielleicht aller führenden Stellen der SPD ist. Und es ist mir deutlich, daß Sie das innere Recht dazu haben, sich diese Ideologie auch persönlich zu eigen zu machen. Es dient aber vielleicht der Klärung, wenn ich Ihnen ausdrücklich sage, daß ich und warum ich das für meine Person nicht tun kann.

Die Zugehörigkeit zur SPD bedeutet für mich nicht das Bekenntnis zur Idee und Weltanschauung des Sozialismus. Ich kann mich nach meiner Auffassung von der Exklusivität des christlichen Glaubensbekenntnisses zu keiner Idee noch Weltanschauung in einem ernsthaften Sinn „bekennen". So habe ich auch zum „Marxismus" als solchem kein innerlich notwendiges Verhältnis. Ich wüßte nicht, in welcher Weise er für mich als Lehrer der Theologie jemals Inhalt und Gegenstand meiner beruflichen Tätigkeit werden könnte. Er ist mir in dieser Hinsicht gleich nah und gleich fern wie etwa der heute herrschende Nationalismus. Ich kann ihm als Idee und Weltanschauung weder Furcht noch Liebe noch Vertrauen entgegenbringen.

Die Zugehörigkeit zur SPD bedeutet für mich schlechterdings eine praktische politische Entscheidung. Vor die verschiedenen Möglichkeiten gestellt, die der Mensch in dieser Hinsicht hat, halte ich es *rebus hic et nunc sic stantibus* für richtig, die Partei 1. der Arbeiterklasse, 2. der Demokratie, 3. des Nicht-Militarismus und 4. einer bewußten, aber verständigen Bejahung des deutschen Volkes und Staates zu ergreifen. Diese Erfordernisse einer gesunden Politik sehe ich in der SPD und nur in ihr erfüllt. Darum wähle ich diese Partei. Und weil ich die Verantwortung für die Existenz dieser Partei nicht anderen überlassen, sondern selber mitübernehmen will, darum bin ich ihr Mitglied. Ich könnte diese Entscheidung grundsätzlich auch in noch aktiveren Formen betätigen. Bis jetzt meinte ich, dazu weder das Zeug noch die Zeit noch den Ruf zu haben, und ich vermute bestimmt, daß es auch in Zukunft dabei bleiben *wird*. Ich könnte mich freilich auch nicht darauf festlegen, daß es durchaus dabei bleiben *muß*.

Damit wird einmal ein eventuell sich ereignender Angriff auf die akademische Lehrfreiheit für mich eine andere Bedeutung haben als für Sie. Ein Verbot des Bekenntnisses zur sozialistischen Idee im Rahmen meiner Lehrtätigkeit wäre mir gegenüber sinnlos, weil ich es nie übertreten habe und nach meiner grundsätzlichen Voraussetzung überhaupt nicht übertreten kann. Treffen könnte mich nur ein Verbot, die sozialistische Idee an der Stelle, wo auch ich sie zur Sprache zu bringen habe (in der theologischen Ethik) in aller Freiheit, d. h. ohne Rücksicht darauf, daß der gegenwärtige Staat der nationalistischen Idee den Vorzug gibt, bestimmt allein durch das theologische Thema, in Erwägung zu ziehen und in ihrer relativen kritischen Bedeutung zur Geltung zu bringen. Wenn man mir dies untersagen sollte, müßte ich mich widersetzen und die Konsequenzen auf mich nehmen. Wogegen, noch einmal: die Frage, ob ich den Sozialismus als Idee und Weltanschauung vortragen dürfe oder nicht, für mich gegenstandslos ist und gerade *kein punctum confessionis* sein kann.

Umgekehrt ist nun gerade die Freiheit zur rein politischen Entscheidung, Stellungnahme und eventuell Betätigung der Punkt, auf den für mich Alles ankommt. Diese Freiheit bzw. der bestimmte Gebrauch, den ich von ihr mache, indem ich mich vor Gleich- und Andersdenkenden, vor meinen Kollegen und Studenten, vor den Männern der Kirche und vor meinen theologischen Lesern und vor wem immer, den es interessieren mag, zur SPD stelle und mich als SPD-Mann ansprechen lasse — das gehört (im Unterschied zur Idee des Sozialismus!) zu meiner Existenz, und wer mich so nicht haben will, der kann mich überhaupt nicht haben. Ich könnte mir selbst und Anderen auch als Theologe nicht mehr glaubwürdig sein, wenn ich mir in dieser bürgerlichen Beziehung eine andere Entscheidung aufdrängen ließe als diese, die meiner Überzeugung in politischer Hinsicht entspricht. Sie verstehen mich: gerade weil ich im Unterschied zu Ihnen keine Rückzugslinie zu einem esoterischen Sozialismus habe! Der meinige ist *nur* exoterisch, und gerade darum kann ich auf den exoterischen Sozialismus, d. h. konkret auf das Parteibuch nicht verzichten. Die Sache würde natürlich gegenstandslos, wenn die SPD aufgelöst würde oder sich selbst auflöste oder wenn sie mich, wie es akademischen Parteigenossen in Thüringen widerfahren sein soll, um mir Konflikte zu ersparen, fürsorglich „ausschließen" sollte. Dann ist mir eben diese Entscheidung physisch unmöglich gemacht. Solange das nicht geschehen ist, einem bloßen Rat der Partei und vor allem einer Forderung des heutigen Staates gegenüber werde ich bei meiner Entscheidung bleiben müssen. Wenn ich dem preußischen Staat, der mich 1921 gerufen hat, ohne daß ich ein Anderer geworden wäre, 1933 nicht mehr gefalle, dann mag er mich eben 1933 wegschicken. Er kann viel, dieser Staat, er kann z. B. nach Gutdünken pensionieren und absetzen. Er kann aber nicht Alles, er kann z. B. nicht einen freien Mann zwingen, seinetwegen ein anderer zu werden. Ich sage das ohne Heldentrotz und Märtyrerlust. Es geht eben nicht.

Nebenan, aber nur nebenan, stelle ich wohl auch die politische Erwägung an, daß es wünschenswert sein könnte, wenn der heutige Staat vor den Augen des In- und Auslandes an einem freien Mann, der einen gewissen Namen hat, eben diese Erfahrung machen müßte, daß er zwar viel, aber nicht Alles kann. Ich will Ihnen sogar gestehen, daß ich wohl wünschte, es möchte in Deutschland noch einige andere freie Männer mit einigem Namen geben, die so dran wären, daß sie in Bezug auf dieses arme, kleine Parteibuch dabei bleiben müßten: es geht eben nicht. Aber da wird nun jeder seiner Voraussetzung entsprechend handeln müssen. Und ich sehe vollkommen ein, daß Ihre Voraussetzung Sie in dieser Sache zu einem anderen Ergebnis führen muß. Ich werde also an Ihnen nach wie vor nur das tadeln, daß Ihre Voraussetzung nicht auch in einer ordentlichen Theologie (*ohne* esoterischen Sozialismus!) besteht.

Mit freundlichem Gruß

Ihr
Karl Barth»

12.

Während der Osterferien wird Tillich, wie die Formel hieß, „vom Amt suspendiert". Obwohl ihm Horkheimer rät, sofort zu emigrieren, vermag er sich mit diesem Gedanken noch nicht vertraut zu machen. Sommer und Herbst 1933 bleiben Tillichs noch in Deutschland, mehrere Wochen in Saßnitz und Spiekeroog. Durch die sogenannten Notverordnungen war die persönliche Freiheit bedroht, Pressefreiheit, Postgeheimnis waren aufgehoben, die Sicherheit des Eigentums zweifelhaft. In der allgemeinen Unsicherheit wird die 7jährige Tochter Erdmuthe zu Freunden ins Saargebiet gegeben.

Im „Ermächtigungsgesetz" vom März 1933 waren alle Parteien aufgelöst, mißliebige und nichtarische Beamte entlassen, „Ruhe und Ordnung" waren wiederhergestellt. Aber Tillich hofft doch noch, in diesem Deutschland ein Wirkungsfeld zu behalten. Auch die neue Regierung will ihn halten. Er erhält eine Aufforderung des Ministers Rust zu einem Gespräch.

Das Ereignis, das schließlich zu Tillichs Emigration nach Amerika führt, ist durch Tillichs Freunde in verschiedener Weise erzählt worden. Er selbst hat es schriftlich nirgends dargestellt. Der Freund Adolf Löwe hat es, wie folgt, in Erinnerung behalten:

«Rust machte Tillich ein Angebot: ‹*Herr Tillich*›, sagte er, ‹jeder macht mal einen *faux pas,* wir wissen, daß Sie im Grunde zu uns gehören, ich möchte Ihnen den ersten theologischen Lehrstuhl an der Berliner Universität anbieten mit einer Bedingung, daß Sie die „Sozialistische Entscheidung" widerrufen.› Und Paulus hat ihm ins Gesicht gelacht und gesagt: ‹Sonst noch etwas?› und verließ ihn. Die Sache war sehr mutig von Tillich.

Er war entlassen, er konnte kein Wort Englisch, die Chancen, irgendwo unterzukommen, waren gering. Die Schweiz, ein deutschsprachiges Land, hatte andere Sorgen, als deutsche Professoren anzustellen, so fiel er scheinbar ins Leere... es war eine ganz verzweifelte Sache, er wußte nicht, was werden sollte, denn die Pensionen waren miserabel festgesetzt von den Nazis, und die Aufforderung vom *„Union Theological Seminary"* in New York kam erst Ende Oktober aus heiterem Himmel. Damit konnte man nicht rechnen.»

13.

Bevor das konkrete Angebot von „Union Theological Seminary", New York, eintrifft, steht Tillich in Verhandlungen mit Professor Friess von der Columbia-Universität. Welchen Inhalt die Verhandlungen hatten, ist unbekannt, der Antwortbrief Tillichs von 3. August 1933 läßt verschiedene Möglichkeiten offen:

Spiekeroog (Nordsee), Haus Seelust,
bei H. Wiethorn, 3. August 1933

«Sehr geehrter Herr Professor Friess!

Ihr Brief und Ihr Telegramm haben mich hier in Spiekeroog erreicht. Ich beeile mich zu antworten.

Zunächst meinen herzlichen Dank für Ihre Bemühungen um unser Zusammentreffen, an dem mir außerordentlich viel liegt. Ich habe eine ähnliche Mitteilung über die Verhältnisse an Columbia, wie Sie sie andeuten, durch Professor Niebuhr bekommen. Die Lage ist dadurch für mich in der Tat schwieriger geworden; und es ist mir doppelt wichtig, Sie zu sehen. Eine Einladung von Columbia habe ich übrigens noch nicht erhalten. Ich warte seit etwa einer Woche täglich auf den Brief, dessen Absendung mir am 19. Juli telegrafisch mitgeteilt wurde. Hoffentlich ist er nicht verloren gegangen.

Was unser Treffen betrifft, so möchte ich mir erlauben, Ihnen folgenden Vorschlag zu machen: Es wäre für Sie kein allzu großer Umweg, wenn Sie die Fahrt nach Paris über Köln machen würden. Auch für mich wäre es möglich, über Köln zu fahren, was von hier aus leicht zu erreichen ist. Da Sie nun nach Ihrem Brief am 14. 9. nach Paris fahren müssen, so wäre es vielleicht zweckmäßig, wenn wir uns am 13. in Köln träfen. Sie würden dadurch kaum einen Tag verlieren, und ich brauchte die für mich sehr weite und teure Reise nach Freiburg nicht zu machen. Wenn Ihnen dieser Vorschlag angenehm ist, würde ich Ihnen das Dom-Hotel in Köln als Wohnung empfehlen. Ich selbst könnte bei Verwandten wohnen.

Falls Ihnen mein Vorschlag nicht paßt, bitte ich Sie, mir einfach einen anderen Ort mit Angabe des Tages und des Hotels, wo wir uns treffen wollen, zu schreiben oder zu telegrafieren. Vielleicht wäre wegen der schlechten Postverbindung hierher telegrafieren besser. Meine Adresse bleibt bis auf weiteres Spiekeroog.
Mit herzlichem Dank und Gruß

Ihr sehr ergebener P. Tillich»

14.

Im Oktober ist die Entscheidung gefallen, Tillich entschließt sich in seiner hoffnungslosen Lage, dem Ruf des „Union Theological Seminary" in New York zu folgen, die Heimat, die Sprache, die doch seine Kraft war, aufzugeben, um mit Hannah und Erdmuthe ein neues Leben zu beginnen.

Den letzten Abend vor dem Einschiffen in Hamburg verbringt Tillich mit seinen beiden Schülern Walter Hunzinger und Max Behrmann und deren Frauen in Hamburg. Frau Behrmann berichtet darüber:

«Ich erlebte Paul Tillich erstmalig persönlich 1933 im Hause des meinem Mann befreundeten Pastors Walter Hunzinger. Er und seine Frau hatten Tillichs vor deren Ausreise in die Vereinigten Staaten einen Abend bei sich und uns dazugebeten. Da saß nun der berühmte Theologe, den die Heimat nicht mehr dulden wollte, nach aller Loslösung vom Vertrauten, vor sich die Ungewißheit des Fremden, Zukünftigen, ein Mann von siebenundvierzig Jahren, ohne Kenntnis der englischen Sprache, mit einer so gelösten Gelassenheit, daß ein Nicht-Wissender fast den Eindruck einer heiteren Behaglichkeit, eines unangefochtenen seelischen Gleichgewichts haben konnte. Kein zorniges, kein verächtliches Wort über diejenigen, die ihm schwerstes Leid zugefügt hatten. Er plauderte, liebenswürdig, sehr bescheiden wirkend, sich selbst und die eigenen Belange kaum erwähnend.»

ANMERKUNGEN

1 Genauer: Im Busch-Reisinger Museum in Cambridge/Mass.

1a Fritz Medicus: Zu Paul Tillichs Berufung nach Frankfurt. In: Zürcher Zeitung, Nr. 527 vom 19. 3. 1929.

2 Das Dokument widerspricht der Darstellung von Paucks in Tillichs Leben, S. 122: „Tillichs formaler Auftrag an der Frankfurter Universität war der Unterricht in Sozialpädagogik." Dagegen das Dokument: „... planmäßige Professur mit der Verpflichtung, die Philosophie und die Soziologie, einschließlich Sozialpädagogik, in Vorlesungen und Übungen zu vertreten."

3 In Paucks, Tillichs Leben, S. 85 ist die Darstellung der Entwicklung der „Blätter für den religiösen Sozialismus" in wesentlichen Punkten falsch. Die Zeitschrift wurde keineswegs nach 1925 einem anderen Herausgeber, August Rathmann, anvertraut, sondern sie ging ein. Hier liegt eine Verwechslung vor mit der Gründung der „Neuen Blätter für den Sozialismus", im Jahre 1930. August Rathmann wurde Schriftleiter dieser neuen Zeitschrift.

4 Max Rychner – C. J. Burckhardt: Briefwechsel 1926–1965. Frankfurt a. M. 1970. Brief vom 28. August 1931, S. 37.

XII. DIE ERSTEN SCHRITTE IN DER NEUEN WELT

1933—1934

ZEITTAFEL

Anfang November 1933:	Ankunft in New York.
20. Dezember 1933:	Entlassung aus dem preußischen Staatsdienst.
Februar 1934:	Beginn der Vorlesungen am *Union Theological Seminary*.

1.

Als Tillich Anfang November 1933 mit seiner Frau und der Tochter Erdmuthe im neuen Erdteil ankam, ließ er fast alles zurück, was bisher sein Leben bestimmt hatte. Neben der Heimat war es ein großer Kreis von Menschen, die ihm nahegestanden und denen er etwas bedeutet hatte. Von Anfang an versuchte er, die menschlichen Beziehungen nicht abreißen zu lassen. In der Hektik des New Yorker Lebens war eine Korrespondenz von Mensch zu Mensch fast unmöglich. Nur durch Rundbriefe, die an den ganzen Freundeskreis gerichtet waren — ungefähr 60 bis 70 Menschen — konnte er die Verbindung aufrechterhalten. In der Regel schrieb er einmal im Jahr einen ausführlichen Bericht (im ersten Jahr öfters) und zwischendurch manchmal kurze Informationsbriefe, besonders wenn er seinen Freunden Mitteilungen über bevorstehende Europareisen zukommen lassen wollte. Im Zweiten Weltkrieg reißt die Korrespondenz ab und setzt erst 1946 wieder ein. Abgesehen von dieser Unterbrechung sind die 26 Rundbriefe eine fast lückenlose Dokumentation über Tillichs Leben während seiner 32 amerikanischen Jahre.

Schon eine Woche nach der Ankunft in Amerika hat Tillich das Bedürfnis, den Zurückgebliebenen von den Erlebnissen der Reise, der Ankunft und den ersten Erlebnissen zu berichten:

«Ihr Lieben! New York City, 9. November 1933

Nun sind wir genau eine Woche hier und haben, seitdem wir den Hafen von Cherbourg verlassen haben, an niemand geschrieben. Es war unmöglich: Auf der Seefahrt, weil wir viele Stürme hatten und Hannah völlig außerstande war, eine Schreibmaschine zu bedienen. In diesen ersten Tagen in New York nicht, weil jede Stunde, ja jede Minute ausgefüllt und noch ist.

Der Abschiedstag in Hamburg war schön. Meine beiden besten Schüler Hunzinger und Behrmann, beides Hamburger Pastoren, waren am letzten Abend mit uns zusammen und gaben uns am nächsten Morgen das Geleit zur Bahn. Wir wohnten bei Hunzingers in der gleichen Wohnung, in der ich sehr oft bei Leese gewohnt habe, unmittelbar am Bahnhof, denn Hunzinger ist Leeses Nachfolger im dortigen Pfarramt.

Am Donnerstag Morgen bestiegen wir den Hapag-Zug, der infolge der Arbeitsgemeinschaft zwischen Hapag-Lloyd nach Bremerhaven fuhr. Dort gingen wir Mittag an Bord. Wir hatten eine schöne Kabine für 4 Betten mit Sofa, Tisch, 2 Waschtoiletten, großem Schrank, allerdings ziemlich weit hinten gelegen, so daß wir die Schiffsschrauben und die Schlingerbewegungen des Schiffes stark bemerkten. Die Touristenklasse ist sehr gut eingerichtet, die Verpflegung vorzüglich. Vergleiche die beigefügten Menüs. Der Magen kämpfte nicht nur mit dem Meer, sondern auch mit der Fülle des Angebotenen. Noch ehe es losging, nahmen wir den Lunch, wir drei an einem besonderen Tisch, von den Stewards mit großer Hochachtung bedient. Überhaupt spielten wir in der Touristenklasse, die größtenteils mittelständisch besetzt war, so etwas Prominentenrolle, d. h. wir spielten nicht, sondern wir wurden gespielt. Es waren viele Deutsche auf dem Schiff, die schon mehrere Jahre in Amerika gewesen waren, Deutschland besucht hatten und gern wieder nach Amerika zurückkehrten. Sehr wenige Ausländer und wenige Intellektuelle waren an Bord. In der 3. Klasse scheinen etwas mehr Intellektuelle gefahren zu sein. In der 1. Klasse fuhr der älteste Sohn von Stinnes und Frankfurter Bekannte, mit denen wir öfter zusammen waren.

Die Fahrt begann recht windig, und schon auf der Höhe von Spiekeroog, das wir noch genau kannten, schaukelte es nicht unerheblich, Hannah und Erdmuthe konnten schon das Dinner nicht mehr einnehmen. Am nächsten Tag kamen wir in den Kanal, wo es etwas ruhiger wurde und wo wir viele Stunden in dem herrlichen Sund zwischen Southampton und der Isle of Wight vor Anker lagen. Aber schon auf der abendlichen Fahrt quer über den Kanal nach Cherbourg schaukelte es so, daß Hannah und Erdmuthe mich wieder allein bei einem ausführlichen Dinner sitzen ließen.

Cherbourg bedeutet den Abschied von Europa. Am nächsten Morgen sahen wir gerade noch ein Stückchen Irland, schon gepackt von ozeanischen Wellen, die sich im Laufe des Tages unter dem Druck von Windstärke 9 vergrößerten. Hannah und Erdmuthe lagen totkrank in der Kabine, mit weitaus dem größten Teil aller Passagiere. Gegen Abend wurden die Luken, sogar des obersten Decks, mit Eisenplatten verschlossen, ebenso die Türen an der Nordseite. Wir fuhren in einem gewaltigen Nordweststurm mit Wellen, wie ich sie nie in meinem Leben gesehen habe, und starken Regenböen. Mit dem kleinen Rest der Passagiere dinnierte ich nun schon zum 3. Mal allein an meinem Tisch und sah mir nachher ein „doofes Kino" an, bei dessen Vorführung wir mehrfach von unseren Stühlen fielen. Es war aber eine vorzügliche Ablenkung, denn so ganz wohl fühlte sich niemand auf dem Schiff. Kurz nachdem ich ins Bett gegangen war, begannen die Koffer in der Kabine zu wandern. Nachdem ich sie festgestellt hatte, schlief ich herrlich gewiegt in meinem Oberbettchen. Am nächsten Tag beruhigte sich die See allmählich, und wir kamen in den Bereich des Golfstromes. Ich wundere mich, daß mir während der ganzen Fahrt nichts passiert ist. Ich führe es zum großen Teil auf den regelmäßigen Gebrauch von Vasano[1] zurück, durch das man zwar immer einen leisen Druck im Magen hatte, aber nicht seekrank wird. Hannah hat während der ganzen Fahrt fast nichts als Bier und Toast genommen.

Die zwei Tage im Golfstrom waren herrlich. Nachdem es vorher gehagelt hatte, war jetzt sizilianische Wärme. Ich ging abends bei herrlichem Mondschein noch um 11 Uhr ohne Mantel auf dem Deck spazieren, aber dann auf der Grenze vom Labradorstrom, der von Norden nach Süden geht, kam Nebel, eisige Kälte und ein neuer Sturm. An der Küste von Neufundland, die die Amerikaner das Höllenloch nennen, brauste es wieder eisig von Nordwesten. Abends bei blassem Mondschein und wildschäumendem Ozean hatte ich den Eindruck einer Polarlandschaft. Wieder verminderten sich die Gäste um 50 Prozent. Erdmuthe hielt diesmal aus und war überhaupt großartig und überaus vernünftig während der ganzen Fahrt. Nach dem Abendbrot lenkten die „Überlebenden" sich durch eine neue Methode des Tanzens ab, indem wir nicht nur dem Rhythmus der Musik folgten, sondern auch den Bewegungen des Fußbodens und bald schräg nach oben kletterten, bald langsam nach unten herabstiegen, gelegentlich auch auf den Fußboden fielen. Es war so eine vorzügliche gymnastische Bewegung, daß ich die Nacht besonders gut schlief, trotz Polarsturm und wilder Schaukelei. Dann wurde es stiller und die

Einfahrt in den Hafen von New York schien am Donnerstag Nachmittag bei dem herrlichsten Wetter vonstatten zu gehen, als plötzlich eine Stunde vor der Quarantänestation ein solcher Nebel über uns kam, daß wir stoppen und vor Anker gehen mußten. Es war großartig und unheimlich. Ringsumher die Nebelhörner der Feuerschiffe und zahlreichen anderen Ozeandampfern, die alle wie wir festlagen. Der Nebel war so dick, daß Schornsteine und Maste unseres Schiffes fantastisch in das Nichts hineinragten.

Sehr bald wurde klar, daß wir an diesem Abend nicht mehr hereinkommen würden. Ein Telegramm von Peter Heimann meldete uns, daß man am Land schon Bescheid wußte. Plötzlich gegen 9 Uhr zerriß der Nebel, ein eisiger Nordwestwind kam auf, alles wurde klar, Dutzende von großen Schiffen fuhren mit Lichtern an uns vorbei. Wir selbst fuhren los, angesichts der Lichter der New Yorker Bäderküste, dann die immer intensiver werdenden Lichter des inneren New York, die fantastischen Lichter der Wolkenkratzer, die Leuchtfeuer und die hell beleuchtete Freiheitsstatue mit brennend hochgehobener Fackel. An der Quarantänestation gingen wir vor Anker und schliefen noch eine Nacht auf dem Schiff. Abgesehen von dem Berichteten geschah wenig auf der Fahrt. Sehr eindrucksvoll war für mich die Besichtigung der Maschinenräume, die sich dem Eindruck nach von einem Dantischen Höllenring nicht sehr unterscheiden. Ich habe sehr viel Englisch gearbeitet und mit jedem, mit dem es möglich war, englisch gesprochen. Nett war die Bekanntschaft mit einem kalifornischen Farmer und Geflügelzüchter, der, wenn er will, täglich 1000 Eier produzieren kann. Zum Schluß lernte ich noch einen General-Sekretär aller christlichen Männerbünde kennen, der von mir wußte und ein sehr großes Material über unsere kirchliche Situation hatte.

Erdmuthe fand Kinder in der ersten Klasse und spielte so viel wie möglich Bordspiele. Hannah hatte sehr wenig von der Reise, da sie fast immer liegen mußte.

An einem Abend war Bockbierfest, wobei es sogar Kostüme gab, an einem Nachmittag ein sehr niedliches Kinderfest, im übrigen war Tanz und zum Kaffee und Abend Musik.

Gewaltig war der Eindruck des Ozeans. Ich erlebte, was es heißt, daß weitaus der größere Teil des Erdballs mit Wasser bedeckt ist und dachte oft an die ersten Worte der Schöpfungsgeschichte. Am Morgen um 6 Uhr wurden wir durch das übliche Trompetensignal geweckt und mußten uns beeilen, da um 7 Uhr die Kommissionen an Bord kommen sollten. Nachdem die Kommissionen eingestiegen waren, begann die Einfahrt in den New Yorker Hafen in dem Augenblick, als die Sonne blutrot über Brooklyn aufging. Es war wieder ein gewaltiger Eindruck, ganz anders, als am Abend, sehr hell und scharf in allen Konturen und doch als Gesamtbild überwältigend. Nach einer Stunde Fahrt durch die Upperbay und den Hudson legten wir nicht allzu weit von unserer künftigen Wohnung an. Erst jetzt wurden wir heruntergerufen, um der Kommission vorgeführt zu werden. Es ging aber glatt und schnell, und als wir von Bord gingen, empfing uns Prof. Frieß von Columbia, den ich vor einigen Wochen in Heidelberg getroffen hatte, Heimanns und unser Frankfurter Freund, Prof. Sommerfeld. Mit Hilfe von Prof. Frieß gelang es, ohne Schwierigkeiten mit unseren 25 Gepäckstücken durch den Zoll zu kommen und in dem Auto von Frieß zu unserer Wohnung zu fahren. Sie liegt in dem großen gotischen Gebäude des *Union Theological Seminary*. Hier erwartete uns eine erhebliche Überraschung. Statt in eine möblierte Wohnung von 2 Zimmern, kamen wir in eine eigentlich unmöblierte Wohnung von 8—10 Zimmern im Parterre des Professorenhauses. Einige dieser Zimmer waren in den letzten 8 Tagen mit echt amerikanischer Energie durch Betteln bei allen Leuten so weit möbliert worden, daß wir gut drin wohnen können. Ein paar Ergänzungen kamen in diesen Tagen nach, und jetzt haben wir uns mit Hilfe unserer Vorhänge so eingerichtet, daß wir recht gemütlich wohnen. Ein Teil der Zimmer, von dem wir allerdings nur das Eßzimmer eingerichtet haben, geht auf den gotischen Kreuzgang, der den großen Klosterhof umgibt, und ist ohne Luft und ohne viel Licht. Wir sitzen also mitten in Amerika in einem Stückchen europäischer, mittelalterlicher Romantik. Glücklicherweise erstreckt sich die Romantik nur auf den Baustil. Sonst haben wir drei *Bäder*, ebenso viel Toiletten, eine glänzend eingerichtete Küche, Warmwasser, Zentralheizung, Frigidaire, Gas, Telefon, Radioapparat!!! ... Von der Romantik stammt noch ein Kamin, der aber auch in den modernsten Wohnungen nicht fehlt, und wie ich höre, sehr gut benutzbar sein soll. Die Wohnung hat zwei Stock, oben sind drei sehr schöne Zimmer, mein Studierzimmer und Erdmuthes Schlaf- und Wohnzimmer, die beide auf den Klosterhof gehen, und unser Schlafzimmer, das schräg auf den *Broadway* sieht. Die erste Nacht konnte Hannah nicht schlafen. Jetzt haben wir uns völlig an den Lärm gewöhnt, der übrigens nicht so groß ist wie in einer durchschnittlichen Berliner Straße, da die amerikanischen Autos nicht hupen. Die Lage unseres Hauses ist großartig. In der oberen Stadt, hoch über dem Hudson, mit guter, oft sehr kalter, windiger Luft, unmittelbar am *Riverside-*

park, in dem man ein bis zwei Stunden am Fluß spazieren gehen kann. Wir wurden auf das Endzückendste empfangen. Die ersten Abende waren wir bei Niebuhr, dem Bruder meines Übersetzers und bedeutendsten Professors an *Union Seminary,* und Prof. Frieß, einem der Philosophen der Columbia-Universität, eingeladen. Mittags aßen wir mit Sommerfeld und Heimann in einem entzückenden Broadway Restaurant. Für einen halben Dollar bekommt man ein recht schönes Dinner. Die Einrichtung der Wohnung nahm viel Zeit in Anspruch und ist auch jetzt noch nicht ganz abgeschlossen. Vielleicht ergibt sich ein Weg, etwas nachkommen zu lassen.

Die Stadt kann nur langsam erobert werden. Sie ist grandios, fantastisch, unübersehbar. Gestern haben wir für Erdmuthe einen Mantel gekauft, im Hauptgeschäftsviertel unter dem *Empirestate-Building,* dem höchsten Gebäude der Welt. Besonders fantastisch wirken abends die Wolkenkratzer, die an einzelnen Fenstern beleuchtet und ohne irgendwelchen Vorhang sind. Es leuchtet wie lauter Perlen irgendwo am Himmel. Die architektonische Häßlichkeit des einzelnen, die für New York ebenso charakteristisch ist wie die Großartigkeit des Ganzen, verschwindet im Dunkel. Vorgestern besuchten wir meinen Frankfurter Kollegen, Prof. Wertheimer, der mit seiner Familie in einen entfernten Vorort in der Nähe einer großen *Bay* gezogen ist. Dabei mußten wir durch das Negerviertel, in das unsere 122. *Street* in ihrem östlichen Teil einmündet. Auch das war höchst eindrucksvoll. Am Abend des Wahltages (am Dienstag wurde hier ein neuer Bürgermeister gewählt, außerdem war Abstimmung über Prohibition in sechs Staaten) war ich ganz allein in dem Theater- und Vergnügungsviertel, wo sich der ganze Wahlrummel in der Nähe der großen Gebäude der *„New York Times"* abspielte. Besonders schön war es, wenn aus dem 50. Stockwerk irgend eines Wolkenkratzers zahlreiche Zettel herunterschwebten und die Straßen mit einer Papierschicht bedeckten. Die Straßen in dieser Gegend, die ich gestern auch Hannah und Erdmuthe zeigte (Mittelpunkt: der *Times Square),* heißen der „weiße Weg" infolge der unermeßlichen Lichtfülle der Kinos, Restaurants [ein Wort unlesbar] usw. Abgesehen davon haben wir nur die Geschäft[sstell]e in unserer Nähe, alle auf dem *Broadway,* besichtigt und die ungeheuren Obstmassen aller Sorten bewundert. Letzten Sonntag Nachmittag sind wir drei Stunden spazieren gegangen am Hudson entlang zu der neuen *Washington-Bridge,* die 1,5 km lang ist und in deren Mitte die Staaten New York und New Jersey zusammenstoßen. Der Blick von dort nach Norden ins Land hinein hat Ähnlichkeit mit dem Blick auf den Rhein von der Mainzer

Brücke aus. Wir hofften bald etwas von der amerikanischen Landschaft zu sehen. Bis zu der unteren Altstadt, Wallstreet usw. haben wir es noch nicht gebracht.

Meine Hauptarbeit ist Englisch lernen. Ich habe zwei Studenten, die täglich zwei Stunden mit mir arbeiten, außerdem besuche ich die Vorlesungen und will, sobald die Wohnungseinrichtung geschafft ist, auch viel Englisch lesen. Die Studenten sind ganz reizend, einer geht öfter mit Erdmuthe spazieren, die beiden anderen sind wirklich gute Pädagogen in englischer Sprache. Wir wollen auch das Radio anstellen, das in sehr verständlichem Englisch Vorträge bietet. Zu einem Kino war noch keine Zeit. Die stummen Filme heißen hier „*movies*" und die Sprechfilme „*talkies*". (Heute und übermorgen werden wir verschiedenen Kollegen vorgestellt, übermorgen kommt auch Wolfers, der auf der Yale-Universität eine vorzügliche Position hat.) Eine Stunde von hier in Princeton sitzen unsere großen Physiker und Mathematiker: Einstein, Weil, Ladenburg u. a., mit denen Wertheimer in wissenschaftlicher Verbindung steht. Ihr seht, es ist viel bedeutendes, wissenschaftliches Deutschland in New York und Umgebung versammelt. Im Übrigen wird mir trotz aller Arbeit immer noch schwer, Englisch zu sprechen, und vor allem, zu verstehen. Dagegen macht mir das Lesen verhältnismäßig wenig Mühe. Die Vorarbeit war, wie meine Studenten sagen, ausgezeichnet.

Hannah arbeitet sehr viel zu Haus. Infolge der großen Wohnung haben wir eine Negerin, Estelle mit Namen, engagiert, die ein bis zwei Stunden täglich hilft, ein sehr nettes Wesen, wie überhaupt die Neger einen ausgezeichneten Eindruck auf mich machen. Am ersten Tage aßen wir in einem vorzüglichen Negerlokal in der unteren Stadt.

Die finanzielle Lage ist etwas günstiger geworden, es sind 200 Dollar garantiert, womit es möglich ist, den Monat durchzukommen, wenn man freie Wohnung und Heizung hat. Auch sonst haben wir viele finanzielle Vorteile durch das Seminar, Handwerker, Telefon, einen verbilligten Mittagstisch, der recht gut ist, die größte theologische Bibliothek, die Amerika hat. Später werden Vorträge dazu kommen, von deren Einkommen ich allerdings einen Teil der garantierten Summe abtragen muß.

Die Tage vergehen im Sturm, wir kommen kaum dazu, an Deutschland zu denken. Merkwürdigerweise habe ich das Gefühl, räumlich gar nicht so weit weg zu sein. Auch geistig ist die Atmosphäre, in der wir hier leben, sehr heimatlich. In der Vorlesung von Prof. Niebuhr finde ich mich selbst in hohem Maße wieder, und die Probleme, mit denen sich die Studenten beschäftigen, sind die gleichen wie bei uns, soweit ich es bisher bemerken konnte. Jedenfalls fühlen wir uns vorläufig recht wohl und lassen keine Sentimentalität aufkommen. Wohl aber denken wir oft an Euch alle und haben manchmal den Wunsch, Euch schnell dies oder jenes zu erzählen, zu zeigen oder zu fragen. Dann erinnern wir uns, daß wir durch einen Ozean getrennt sind. Noch haben wir erst einen Brief bekommen, den von M. K., für den wir herzlich danken. Schreibt recht viel und denkt an uns!

Paulus, Hannah, Erdmuthe.»

2.

Im Dezember 1933 nach den ersten Wochen des Eingewöhnens folgt der zweite Rundbrief:

New York City, 606 W, 122nd Street,
Dezember 1, 1933

«Ihr Lieben!

Unser erster Bericht ging etwa zehn Tage nach unserer Ankunft fort. Nun sind wir schon genau vier Wochen hier und manches, was erster, überraschender Eindruck war, ist schon Gewohnheit geworden. Auch haben die Tage eine gewisse Regelmäßigkeit bekommen, so daß es nicht mehr sinnvoll ist, Euch einen Bericht in zeitlicher Abfolge zu geben. An seiner Stelle mag ein Querdurchschnitt durch unsere gegenwärtige Existenz treten.

Das Wichtigste ist nach wie vor die Bemühung um die englische Sprache. Am besten geht es mit Erdmuthe. Sie ist in der Horace-Mann-Schule und lernt dort das Englische rein mit dem Ohr, also nicht wie wir durch Bücher und auswendig Lernen. Sie kann uns darum schon manchmal in der Aussprache korrigieren. Außerdem lassen wir ihr von zwei Lehrerinnen etwas Nachhilfeunterricht im Englischen geben. Sie ist vorläufig in der untersten Klasse, soll aber, sobald sie noch etwas mehr Englisch kann, in die nächsthöhere Klasse, die ihr eigentlich zusteht, versetzt werden. Ihr selbst ist das sehr schmerzlich, da sie sich schon an die entzückenden Kinder ihrer Klasse gewöhnt hat. Wir haben eine Freistelle mit einer kleinen Zuzahlung in der an sich sehr teuren Schule bekommen. Die Schule ist wundervoll in ihrer Art, Disziplin ohne Willensbrechung durchzuführen. Es gibt keine Bänke, sondern Tischchen mit Stühlen, oder die Kinder sitzen auf der Erde im Kreise um die Lehrerin herum. Die Kinder arbeiten teilweise jedes für sich, ohne daß eine Beeinträchtigung der sehr guten Disziplin entstünde, Spielstunden wechseln mit Arbeitsstunden ab, es wird viel gemalt, und der ganze Unterricht scheint für alle Kinder ein reines Vergnügen zu sein. Ich hörte klagen, daß zu wenig wirkliches Wissen vermittelt würde, aber das können wir bis jetzt nicht beurteilen. Jedenfalls ist es für den Anfang das beste, was Erdmuthe hätte finden können.

Erdmuthe spielt viel mit dem 3jährigen Jungen unseres alttestamentlichen Kollegen Bewer, der ein Bonner Theologe ist und in seiner Familie Deutsch spricht. Im übrigen ist sie selig über den Fotografenapparat, den ihr ihre Patentante, Frau Wolfers, z. Zt. Yale-Universität, neulich geschenkt hat. Wir schicken Euch demnächst einige von ihr selbst aufgenommene Bilder von uns und unserer Umgebung.

Hannah lernt Englisch vor allem durch Gespräche mit Professorenfrauen und Studenten. Auch spricht sie viel mit der Negerfrau, die uns täglich zwei Stunden bedient. Hannah versteht schon einigermaßen ganz gut Tischunterhaltungen usw. Mir wird das am schwersten, dafür kann ich schon ganz gut wissenschaftliche Bücher lesen, weiß eine Menge Vokabeln und beginne jetzt mit der Vorbereitung meiner englischen Vorlesungen. Ich habe täglich zwei Studenten und höre mehrere Vorlesungen, dazu Vorträge und Gottesdienste. Und doch ist es immer wieder schwer, Englisch zu verstehen, weil die Laute so ganz anders sind als alles, was man lernen kann. Ein Fehler ist, daß wir so viel unter Deutschen und deutsch sprechenden Leuten sind und zuhause auch Deutsch sprechen. Man müßte eigentlich von früh bis spät das Ohr an die feinen Differenzen der englischen Vokalisation gewöhnen.

Neulich haben wir zum ersten mal den Kreis der *New School for Social Research* bei einem englischen Diskussionsabend kennen gelernt. Es waren einige alte Bekannte dabei, und wir saßen nachher noch lange zusammen. Die meisten dieser Professoren in dieser Fakultät, an die ich zuerst auch kommen sollte, wohnen weiter draußen in der Kolonie zusammen. Doch sind wir ganz froh, daß wir von vorneherein unter Amerikanern leben und in die spezifisch amerikanischen Universitätskreise hineinkommen. Die *New School* muß noch um ihre Verwurzelung in der amerikanischen Bildungswelt kämpfen.

Neulich waren wir eingeladen bei dem größten amerikanischen Anthropologen, dem Professor an der *Columbia-University* Boas, ein fabelhafter Mensch, der ein Jahr mit einer Eskimofamilie in einer Schneehütte zusammengelebt hat, um die Eskimokultur zu studieren. Er zeigte uns herrliche indianische Sachen, wie überhaupt das Studium der sogenannten Naturvölker hier noch im eigenem Lande betrieben werden kann. Es gibt im Südwesten noch Gegenden, wo sie ziemlich zahlreich und unangetastet leben. Hier haben wir noch keinen Indianer gesehen.

Neulich waren wir bei Hannahs Verwandten, d. h. eigentlich bei der besten Freundin von Hannahs Mutter. Sie zeigte uns das Geburtshaus und die Schule von Hannahs Mutter. Sie selbst wohnen auf der Höhe gegenüber dem mittleren Manhatten in herrlicher Lage am Hudson mit Blick auf den Hafen und die ganze Stadt.

Vor zwei Tagen war ich bei dem deutschen Generalkonsul, mit dem ich eine lange Unterhaltung hatte. Es ist hier großes Interesse für alle deutschen Dinge, besonders die kirchlichen. Es ist in den Kreisen der Professoren und Studenten das Hauptgesprächsthema. Was ihr tut, ist für den ganzen Protestantismus von größter Wichtigkeit. Die theologische Problematik hier kommt meinen eigenen theologischen Problemen sehr entgegen. Die Krisis des sogenannten „sozialen Evangeliums", der eigentlichen Form des amerikanischen theologischen Liberalismus, ist die Voraussetzung für die gegenwärtige theologische Diskussion. In der Philosophie hat man ebenfalls starke Krisengefühle und weiß nicht recht, wohin man gehen soll. Man ist sehr gespannt auf meine Darstellung der Existentialphilosophie, wahrscheinlich werde ich im Januar Vorträge in Chikago haben. Gestern haben wir ein herrliches Stück amerikanische Landschaft kennen gelernt. Wir sind den Hudson aufwärts gegangen, am Ostufer zwischen Parks und Villen hindurch und dann am Westufer zurück zwischen schroffen Felsen und dem Wasser, das die Breite eines oberitalienischen Sees hat. Der Hudson ist geologisch mehr ein Meerbusen als ein Fluß. Er hat Ebbe, Flut und Wellen. Wir wurden auf dem Rückweg im Mondschein ganz eingefangen von dieser Landschaft, die uns europäisch, heimatlich berührte. Dazu dann allerdings das herrliche Lichtermeer von New York, auf das wir zugingen. An den Ufern überall Feuer mit lagernden Jungen und Mädchen, ganz wie deutsche Wandervögel. Am Meer waren wir noch einmal inzwischen, in einem als vornehm geltenden Badeort, fast eine Stunde von hier entfernt mit herrlichem offenem Ozean, aber einer völlig verhunzten Landschaft: entsetzliche Gebäude, willkürlich hingesetzt, Teile des Strandes privatisiert, keine Spur von Einfühlung in die Landschaft. Man muß sehr weit fahren, um wirklich freie Meerlandschaft zu haben. Aber die Meerluft merken wir dauernd. Sie ist prickelnd, aufregend, ungeheuer wechselvoll. Gestern z. B. war noch neapolitanische Wärme, so daß wir abends ohne Mantel am Fluß saßen, heute ist Frost und eisiger Wind.

Die Stadt ist unsere immer wachsende Liebe und immer größere Versuchung. Selbst Hannah ist von ihr so gepackt, daß sie sich nur schwer entschließen konnte, heute diesen Brief zu schreiben, anstatt zum *Times Square* in ein Kino zu gehen. Wir haben inzwischen einiges Neue kennen gelernt: die Südspitze mit dem Blick auf die Freiheitsstatue, Fähren und Schiffe bis hin aufs Meer. Die *Brooklyn-Bridge,* die an vier Seilen hängt, deren jedes aus über 5000 Drähten besteht und wo die Fußgängerbrücke hoch über der Schnellbahnbrücke und den Autos und der Straßenbahnbrücke hingeht. Wir hatten bei dunstigem Wetter einen fatamorganahaften Blick auf die Wolkenkratzer der mittleren Stadt. Wir haben auch die Wallstreetgegend mit ihren Straßenschlünden und Bankwolkenkratzern kennen gelernt. Dann machten wir zu dreien eine Wanderung durch die Viertel, in denen die verschiedenen Nationen wohnen. Wir fingen an mit dem Türken-Armenier- und Rumänienviertel, gingen dann durch italienische Quartiere zum Chinesenviertel, das eine in sich geschlossene, wenn auch kleine Stadt darstellt und trotz einiger Aufmachung für Fremde höchst eigentümlich und faszinierend ist. Wir gerieten in ein echt chinesisches Lokal und aßen dort echt chinesisch, aber für meinen Geschmack nicht sehr beglückend zu Mittag. Neben uns eine Gesellschaft von 20 bis 30 mit Stäben Reis essende Chinesen! Am erschütterndsten war der Eindruck der Riesenghettos; lange Straßenzüge ganz bedeckt mit Tischen für alte Sachen und durchflutet von ungeheuren Menschenmassen. Im Negerviertel, in das die Straßen, in denen wir wohnen, in ihrem Ostende sämtlich einmünden, waren wir einmal am Abend. Wir wurden von dem Berichterstatter einer großen Zeitung geführt, zuerst in ein großes *Dinner*lokal, wo zum *Dinner* von 7 Uhr an eine äußerst prunkvolle Revue im Stile der ersten Jahre nach der Revolution sich entwickelte. Als um 9 Uhr das *Dinner* zuende war, war auch die Revue aus, und es wurde getanzt. Wir gingen in ein Vorort-Tanzlokal, in dem sich die gute Gesellschaft der näheren Umgebung ein Stelldichein gibt.

Von da in ein Negerkabarett, leider schon zu spät und kurz vor Schluß. Dann zuletzt in ein gewöhnliches besseres Aschinger (hier *Childe* genannt), in dem sich die ganz große Gesellschaft der Fifth Avenue nach ihren langweiligen Abendgesellschaften Sonnabend nachts von 3 Uhr an zu treffen pflegt. Das war vielleicht das Interessanteste, äußerst prunkvoll, aber nicht so stilvoll wie teilweise in Frankfurt. Wir waren auch in einer sogenannten Burleske, die den kühnsten Pariser Fantasien nichts nachgibt; eine merkwürdige Sache für das Land der Puritaner. Die Kinos sind hier vielfach verbunden mit Varieté und Revue. Außerdem gibt es im Film selber riesenhafte Revuen. Wir sahen eine mit großen *Girls*-Massen, die im Wasser die tollsten Figuren schwammen, (zum Schluß die amerikanische Flagge mit den Sternen, dazwischen kam einmal das Bild von Roosevelt) und die mit einem fast unermeßlichen Aufwand an Mädchen, Wasserkünsten und raffinierter Aufnahmeart (teilweise von oben, teilweise wie unter Wasser) ein kostspieliges Duplikat der üblichen Großen Revue darstellte.

Gestern hörten wir den „Troubadour", gespielt von der italienischen Operngruppe in Chicago, die bis zum Beginn der Metropolitan-Oper im Januar hier zu volkstümlichen Preisen spielt. Es gibt charakteristischerweise in ganz Amerika nur 5 Opern-Ensembles und auch die können sich nur mit Mühe halten. Dabei waren tausende von Menschen gestern in der Vorführung. Und wir waren beglückt von Musik und italienischer Sprache. Das Gebäude, ein Riesenzirkus mit fürchterlichem Gold und Rot, der goldene Vorhang mit viel Plüsch und Schmus, die Dekorationen das Vorsintflutlichste einer europäischen Schmierenbühne, aber zwei bis drei der Sänger (Troubadour, seine Mutter, die Zigeunerin und Leonore) herrlich.

Wir haben jetzt zum ersten Mal in den vier Ferientagen, die auf den *Thanksgivingday*, eine Art Erntedankfest, folgen, die beiden großen Galerien gesehen. Zuerst das Metropolitan-Museum, das in der ägyptischen und mykenischen Abteilung unglaubliche Schätze hat, in der Bildergalerie an die besten Stücke der europäischen Museen nicht heranreicht, aber doch einen breiten, guten Durchschnitt gibt, sogar einige sehr schöne von unseren geliebten primitiven Italienern hat.

Von dem unermeßlichen Museum für Naturgeschichte, in das wir mit Erdmuthe gingen, haben wir erst das unterste der vier Stockwerke gesehen, Indianer und Seetiere. Beides gleich erstaunlich, bei den Indianern besonders die als Götterbilder geschnitzten Türpfosten, bei den Seetieren die Riesenfische, deren Existenz wir gar nicht ahnten. Erdmuthe war unermüdlich und sehr gründlich. Der Hauptvorzug dieser Museen ist die Anschaulichkeit und pädagogische Meisterschaft der Aufstellung. Ein 1000fach vergrößertes Modell einer gewöhnlichen Mücke zeigte mir, daß ich mit Recht in jeder Mücke einen Dämon sehe. Es gibt kaum etwas Unheimlicheres. Für die Unterseetiere extra Räume mit verschiedenen Graden der Dunkelheit, je nach den Meerestiefen. Im Metropolitan-Museum standen Beispiele der schönsten Gemmen hinter einem Vergrößerungsglas, so daß man alle Einzelheiten genau erkennen konnte. Fabelhaft und für Hannah fast zu unheimlich war der genaue Wiederaufbau zweier ägyptischer Grabkammern. Neben den Ausgrabungen viele Fotos, die den ursprünglichen Ort der Grabkammern in der Wüste und ihre Ausgrabung zeigten. Wir werden noch oft hingehen müssen, um die Fülle an Material zu bewältigen.

Die amerikanische Geselligkeit zeigte sich uns bisher nur von der informellen Seite. „Informal" ist ein Ausdruck, der besagt, daß man zum Dinner keinen Smoking anziehen soll und die Frau kein großes Abendkleid. Wir haben noch keine Gelegenheit gehabt, eine formelle Gesellschaft mitzumachen. Die Universitätskreise sind wohl im Zusammenhang mit der Krise ausdrücklich auf Einfachheit eingestellt. Aber auch hier gibt es Unterschiede. New York ist in all diesen Dingen viel liberaler als die andern Universitäten.

Gewisse Dinge, die Euch dort Delikatessen sind, sind hier alltäglich, so z. B. Austern, die man am Bartisch essen kann, Artischocken, sogar Hummer (ein 1pfündiger Hummer, gekocht, 41 Cents, o Eckart!) Grapefruits, von denen wir jeden Morgen eine vor dem Kaffee essen ...

Interessant sind die amerikanischen Zeitungen. Wir haben die *„New York Times"* abonniert, die umfangreichste und best-informierte Zeitung der ganzen Welt. Man erfährt sehr sorgfältige, objektive Berichte ...»

3.

Kurz nach Weihnachten erhält Tillich vom preußischen Minister für Wissenschaft, Kunst und Volksbildung die offizielle Mitteilung seiner endgültigen Entlassung aus dem Staatsdienst. Er wurde aufgrund des § 4 des „Gesetzes zur Wiederherstellung des Berufsbeamtentums vom 7. April 1933" entlassen,[2] *und das bedeutete die Vernichtung jeder Hoffnung, nach Deutschland zurückkehren zu können. Kurz vor Beginn seiner Vorlesungen im Februar 1934 schreibt er nochmals an seine Freunde, ahnend, daß ihn der künftige Vorlesungsbetrieb völlig beanspruchen und weitere Briefe unmöglich machen wird:*

New York City, 606 West, 122nd Street,
February 1, 1934

«Ihr Lieben alle!

Zunächst meinen sehr, sehr herzlichen Dank für die vielen entzückenden Antworten, die unsere Rundbriefe und unsere persönlichen Weihnachtsbriefe gefunden haben. Wir hatten vielfach das Gefühl einer engeren Verbundenheit, als sie in der Zeit bestand, in der man sich sehen konnte. Das gemeinsame Stehen in einem großen Schicksal klingt aus jedem Eurer Briefe wider und hat uns viel geholfen in den wehmütigen Tagen um Weihnachten herum und in den schwierigen Tagen und Wochen, die auf die Nachricht von meiner endgültigen Einordnung in die Gruppe IV folgten. In der nächsten Woche beginnen meine Vorlesungen, und dann wird sicher keine Zeit mehr zum Schreiben sein, es sei denn in den sehr kurzen Ostertagen. Darum soll dies mein vorläufig letzter Rundbrief sein, falls nicht besondere Anlässe eintreten, wieder zu schreiben.

Von den Weihnachtstagen ist nicht viel zu sagen. Wir selbst hatten einen wunderschönen Baum, zu dem wir aber charakteristischerweise keine anständigen Lichter bekamen, da die Amerikaner zum Teil unter polizeilichem Druck wegen der Feuersgefahr fast nur bunte elektrische Lämpchen an ihren Baum tun und die früher zahlreich vorhandenen deutschen Kerzen in diesem Jahr bezeichnenderweise gänzlich fehlten. In den Weihnachtstagen selbst waren wir mittags und abends bei Amerikanern eingeladen, sehr schlicht und entzükkend, am ersten Weihnachtstag nachmittag zu einer wundervollen Hänsel- und Gretelaufführung in der *Metropolitan-Opera*. Zwischen Weihnachten und Neujahr verbrachten wir den kältesten Tag, der hier seit 17 Jahren gemessen worden ist, auf dem Lande bei unseren Freunden Sommerfelds von der *New York-University*, früher Germanist in Frankfurt a. M. Obgleich man fast eine Stunde braucht, um dorthin zu fahren, besteht die gesamte Landschaft meilen- und meilenweit aus kleinen und großen Landhäusern mit Gärten oder Parks, nirgends aber offene Landschaft, Wald oder Feld wie in Deutschland auch in der Nähe der großen Städte. Die Häuser selbst haben meist einen spezifisch amerikanischen Stil, der dadurch charakterisiert ist, daß eine Veranda rings um das Haus läuft und ein Aufbau aus Holzpfosten den Eingang markiert. Das ergibt einen ganz besonderen, mir sonst von nirgends her bekannten Eindruck.

In der Neujahrsnacht waren wir am *Times Square*, erst in einem großen Tanzraum mit ein paar tausend Menschen, die mit wenig Alkohol und viel Lustigkeit und noch viel mehr Lärm das Neue Jahr begrüßten, dann auf der Straße, wo ein geradezu unvorstellbarer Lärm, aber ohne Wüstheit und Betrunkenheit die Luft erfüllte. Das war so anstrengend, daß wir früher, als wir wollten, nach Hause gingen. In den Hotels und Privathäusern soll es zum Teil etwas toller zugegangen sein, doch ist das Gesamtbild günstiger als vor Aufhebung der Prohibition.

Über die Prohibition habe ich inzwischen einiges Neue begriffen.

Die ungeheure Wucht, mit der die Aufhebung durchgeführt und von allen Kreisen, mit denen ich darüber gesprochen habe, gebilligt wurde, ist in folgendem begründet: Die verbotene Alkoholeinfuhr war zu einem der größten und einträglichsten Geschäfte geworden, die es überhaupt in Amerika gab. Aber es war ein Geschäft, das infolge des gesetzlichen Verbotes in den Händen der Unterwelt und des Verbrechertums lag. Auf diese Weise sammelten sich riesige Kapitalien in den Händen von Verbrechern an und dadurch eine gewaltige Macht zur Durchführung der Korruption auf allen Gebieten. Dieser Zustand bedeutete geradezu eine Gefährdung der staatlichen Existenz der USA ... Es ist also nicht etwa ein Sieg des Alkoholkapitals über die Moral, sondern ein Sieg der öffentlichen Moral über das Verbrecherkapital. Theologisch kann man vielleicht sagen, daß wieder einmal, wie schon so oft in der Geschichte, der Versuch mißlungen ist, das Reich Gottes durch Gesetz zu realisieren. Im Januar waren wir alle krank infolge unglaublich schneller Temperaturstürze. Abends geht man noch im lauen Golfstromwind ohne Hut und im offenen Mantel am Fluß spazieren, am nächsten Morgen erwacht man im eisigkalten Zimmer, und draußen tobt ein Polarsturm, der einem den Atem einfrieren läßt, wenn man auch nur über die Straße geht. Zwischendurch hatten wir zweimal sehr netten Logierbesuch, zuerst von Arnold Wolfers mit seiner Frau, Erdmuthes Patentante, die in *Yale-University* in New Haven sitzen, dann von Ulichs aus Dresden, die direkt von Deutschland kamen und uns viel erzählt haben von Menschen und Dingen. Seine Frau ist die bekannte Schwedin und Wahldeutsche Elsa Brandström. Sie wurden beide hier in großer Aufmachung empfangen. Es ist jedesmal sehr aufregend, wenn deutsche Freunde kommen, und ein sehr schöner Weg, wenn man zum Pier geht und das Schiff aus Deutschland langsam einfährt. Nebenan lag die „Bremen“ und guckte mit ihrem mächtigen Bugspriet über das Trottoir der Uferstraße. Sie, Ulichs, kommen nach Boston an die *Harvard-University*. Endgültiges ist noch nicht entschieden. Jedenfalls brachten sie uns einen neuen Strom von Wärme und Heimat mit.

Dann waren wir zum Gegenbesuch bei Wolfers in New Haven von Freitag bis Sonntag voriger Woche. Man fährt zwei Stunden mit Schnellzug immer an der Küste entlang und kommt selbst auf diese Weise nirgends ganz aus den Häusern heraus. Dafür sehr viele wunderschöne Stellen, wo das Meer oder genauer der Sund zwischen Long Island und dem Festland in das Land hereinstößt. New Haven macht trotz seiner 200 000 Einwohner einen durchaus kleinstädtischen Eindruck. Zahllose einzelne Häuser im Landhausstil, vielfach im Kolonialstil, d. h. im alten schlichten Stil der englischen ersten Einwanderer. Die Universität natürlich gotisch mit fabelhaften, luxuriösen Neubauten. Wolfers wohnen im 8. Stock eines Wohnturmes mit weitem Blick über die Stadt und die sehr schöne bergige Landschaft. Wir machten eine Fahrt durch Connecticut, eine der kleinen schönen Neu-England-Staaten, und erlebten zum erstenmal wirkliche unbebaute amerikanische Landschaft, Berge und Täler mit stark wasserhaltigen Bergbächen usw. Schon die Tatsache einer reinen Landschaft, die mancher deutschen Mittelgebirgslandschaft ähnlich ist, wirkte unglaublich versöhnend auf mich. Am Mittag gleich nach der Ankunft habe ich meinen ersten englischen *speech* gehalten über die religiöse Lage. Es war ein Universitätsfrauenclub, größtenteils besucht von älteren Professorenfrauen im typischen Neuenglandstil, d. h. im wesentlichen unter Verzicht auf aesthetische Kategorien. Im übrigen ging es ganz gut, Wolfers behauptete, die englische Aussprache wäre hoffnungsvoll, und der Inhalt hat die Leute jedenfalls an- und aufgeregt. Am schwersten wurde mir die richtige Silbenbetonung. Die Rede dauerte etwa eine halbe Stunde. Dann waren wir im ganzen fünfmal eingeladen, zum Teil bei sehr netten Leuten. Die Weltlage steht im Mittelpunkt aller Gespräche. Das Gefühl des unvermeidlich kommenden Neuen hat auch die konservativsten Amerikaner gepackt. Dafür sorgt Roosevelt schon.

Das bringt mich auf mancherlei Gedanken, die die amerikanische Situation herausfordert. Zunächst etwas, was mir immer wieder auffällt, daß man hier durchweg in Weltperspektiven denkt. Die ostasiatischen Länder sind nicht sehr viel weiter entfernt als Europa. Sie sind eine ganz konkrete Realität für amerikanisches Denken. Und seit der neuen Verbindung mit Rußland laufen alle Gedanken und Gespräche immer einmal um die Erde herum. Dazu hat man das Negerproblem unmittelbar im Lande und die südamerikanische Welt unmittelbar vor den Toren. Von diesen Weltperspektiven aus werden auch die europäischen Probleme behandelt. Selbstverständlich stehen die deutschen Ereignisse durchaus im Zentrum. Die Nachrichten über das kleine Österreich nehmen in den großen Blättern mehr Raum ein als die über ganz China oder Südamerika. Ständig werden Vergleiche gemacht zwischen der eigenen Situation und derjenigen Europas bald nach dem Krieg. Einige unserer klugen Freunde behaupten freilich, der richtige Vergleich wäre die große Depression in den siebziger Jahren des vorigen Jahrhunderts. Doch ist das immerhin fraglich. Besonders, was die geistige Haltung der führenden Schichten gegenüber dem Fortschrittsglauben und der liberalen Form des Kapitalismus anbetrifft. Man hofft, durch die Rooseveltsche Überwindung der kapitalistischen Anarchie auf halbdemokratischem Wege in die neue Epoche herüberzukommen. Es liegen auch Anzeichen vor, daß das gelingen wird. Andererseits finden sich auch überall pessimistische Betrachtungen. Die eigentlich revolutionäre Schicht sind hier zurzeit die Farmer, die etwa 42 Prozent (?) der Bevölkerung ausmachen und in wachsendem Maße durch das New Yorker Kapital enteignet werden. Noch haben sie keine revolutionäre Organisation, ebensowenig eine revolutionäre Ideologie. Ihr ganzer Wille geht auf Herabsetzung ihrer Schulden und höhere Preise für agrarische Produkte. Das letztere ist recht begründet, wie wir selber bei unseren Einkäufen feststellen können. Die Arbeiterbewegung ist als politische Bewegung sehr schwach: in viele kleine kämpfende Gruppen gespalten, die ganz ähnliche ideologische Kämpfe führen, wie sie bei uns an der Tagesordnung waren. Mächtig ist allein die höchst konservative Gewerkschaftsbewegung. So ist hier sehr vieles ähnlich und doch auch ganz anders. Am wichtigsten ist zweifellos die tiefe Erschütterung des alten Fortschrittsoptimismus. Ich merke die Erschütterung natürlich am stärksten in der Theologie, wo meine Problemstellungen unmittelbar in die Situation passen. Aber auch in Philosophie und Pädagogik machen sich die gleichen Erschütterungen bemerkbar. Der Erziehungsgedanke scheint mir der wichtigste zu sein, den die Amerikaner überhaupt zur Zeit haben. Die positive Seite dieser Gedankenbildung haben wir an Erdmuthes Schule erlebt. Sie ist nach wie vor glücklich darin und denkt schon so viel in Englisch, daß sie selbständig englische Geschichten schreibt und schon besser englische Kinderbücher liest als ihre allerdings jüngeren Klassenkameraden. Eine ebenfalls höchst positive Wirkung der pädagogischen Idee ist die Stellung der Amerikaner zu den Universitäten, der wir und viele andere die Arbeitsmöglichkeit in Amerika verdanken. In dem uns betreffenden, jetzt herausgekommenen Bericht des *emergency committee* heißt es u. a.: *In a very real sense universities for Western democracies the Palladia of the idea of progress.*

Auch die erstaunliche Energie und unerhörte Volkstümlichkeit, mit der Roosevelt sein Werk in Angriff genommen hat, ist von diesem Glauben getragen, und doch finden sich Zeichen, daß er in den fortgeschrittensten Kreisen erschüttert wird. So hatte ich gestern mit William Adam Browns, dem *Chairmann* des *Federal Council of American Churches* ein *Lunch*-Gespräch, in dem er auf meine Einwände gegen den Erziehungsoptimismus sehr wenig zu antworten versuchte und mich aufforderte, über das Problem „Erziehung und Macht" etwas zu schreiben. In Yale hatte ich mit mehreren theologischen und philosophischen Professoren ein sehr interessantes Gespräch über den Sinn der tragischen Weltanschauung. Einer meiner Opponenten faßte das Tragische sofort als Erziehungsleiden auf und bejahte es als Mittel zur sittlichen Vervollkommnung. Ich fuhr demgegenüber das schwere Geschütz auf, was Reinhart, Riezler und Otto mir in ihren drei mit größter Dankbarkeit und Freude aufgenommenen Büchern über Sophokles, Parmenides und Dionysos geliefert hatten. Die in diesen Büchern lebende antike tragische Haltung ist Amerikanern äußerst schwer zu vermitteln. Und doch fand ich von einigen Seiten Unterstützung und Versuche, das recht tragische Element im alten Calvinismus aufzuweisen. Auch die Vertiefung der anthropologischen Einsichten führt hier und da zu einer Erschütterung des Fortschrittsoptimismus. Sehr deutlich kann man übrigens feststellen, wie eng diese Dinge mit der ökonomischen Tatsache der Krise des Hochkapitalismus verbunden sind.

Eine sehr interessante Theorie der neuesten Wolkenkratzer gab neulich einer unserer Freunde. Die beiden letzten und größten dieser Art, das *Empire-State-Building* und der *Rockefeller-Center* sind ausgesprochen unökonomisch. Sie sind, rein privatwirtschaftlich betrachtet, höchst unzweckmäßig und haben zu riesigen Geldverlusten geführt. Dafür sind sie eindeutig Symbole geworden, die den Übergang des Privaten in einen feudalen Kapitalismus anzeigen. Sie stehen in derselben Linie wie die alten Prunkbauten der Feudalherren, die ja auch ökonomisch eine ungeheuere Verschwendung bedeuteten, dafür aber von höchster symbolischer Kraft waren. Aus dem Privatinteresse wächst unmittelbar in dialektischem Umschlag eine neue Öffentlichkeit. Die unteren Geschosse des *Rockefeller-Center* sind allgemein zugänglich, mit riesigen, höchst fragwürdigen Fresken geschmückt, auch mit „Ravennatischen" Mosaiken, nur, daß an der Stelle, wo in Ravenna Christus steht, eine symbolische Verkörperung des Gedankens (thought) steht. –

Ganz groß ist hier das Musikleben. Die *Metropolitan Opera* ist unerhört in ihren Kräften: Orchester, Sänger und Dirigent (jetzt meistens Toscanini) allerersten Ranges. Ungezählte gute Konzerte mit den besten Kräften sind zu hören, für Deutschland komisches Programm: Brahms, Ravel, Rossini, Beethoven und Bach, viel Schumann, Haydn, moderne und alte Musik durcheinander, italienische Musik und russische, viel moderne Franzosen ... im Radio Opern- und Konzertübertragungen, die Hannah sehr genießt.

Ich selbst muß meine Zeit teilen zwischen Kollegvorbereitung, die äußerst mühsam ist, weil jeder Satz im Englischen erarbeitet werden muß (ich lege ein gedrucktes Programm meiner Columbia-Vorlesungen bei), und zahlreichen Besprechungen über mancherlei theoretische und praktische Probleme mit deutschen und amerikanischen Freunden.

New York ist wirklich der Schnittpunkt nicht nur aller amerikanischen Probleme und Tendenzen, sondern auch der europäisch-amerikanischen Beziehungen. Ich bin froh, daß ich gerade hier bin, obgleich ich mir bewußt bin, damit das eigentliche, d. h. provinzielle Amerika noch nicht kennen gelernt zu haben. Da ich aber in den nächsten Wochen Vorträge in Chicago und einigen anderen Orten habe, werde ich wenigstens einiges davon zu sehen bekommen. Alle Entscheidungen über die Zukunft sind im Schwebezustand. Ich kann darum nicht darüber schreiben. Auf die vielen persönlichen Briefe, die als Antwort auf meine Weihnachts-Neujahrsgrüße gekommen sind, will ich später antworten, wenn das Semester sich etwas eingespielt hat und ich einiges weiß, was ich jetzt noch nicht weiß. Dankbar bin ich für Zusendung von wichtigen Büchern und Broschüren, dabei kann es dem Einsender passieren, daß sich, wie bei Stepuns neuem Buch über das Antlitz Rußlands, sofort jemand findet, der eine englische Übersetzung vermittelt.

Im übrigen hat das Leben in vieler Beziehung den Charakter der Alltäglichkeit angenommen, was für das Arbeiten sehr nützlich, für das Schreiben ereignisschwangerer Briefe sehr schädlich ist. Weshalb ihr euch diesmal mit acht Seiten begnügen müßt!!! ...

Lebt alle wohl und gebt die Briefe schnell und mit richtigen Adressen weiter. Und schreibt, so oft ihr könnt.

Eure sehnsüchtigen Paulus und Hannah.»

ANMERKUNGEN

1 Die Angabe bei Paucks, Tillichs Leben, S. 147 könnte auf besondere Genauigkeit in den Details schließen lassen; nur deswegen sei erwähnt, daß das Mittel Dramamine nach Angabe der Herstellerfirma Searle erst 1948 in den Handel kam. Tillich selbst hat in seinem Rundbrief eindeutig Vasano angegeben.

2 Kopie des Entlassungsschreibens im Deutsch. P.T.-Archiv.

XIII. IN SORGE UM DIE ZURÜCKGEBLIEBENEN FREUNDE

1934

1.

Viele Freunde Tillichs stehen vor der gleichen Alternative wie er: Auswandern oder Dableiben. Aber ihr Leben ist gefährdeter als das seine, über Nacht droht ihnen Deportation und der damit meist verbundene Tod. Tillich sorgt sich so sehr um ihr Schicksal, daß er trotz aller Überlastung ihnen persönlich-handschriftlich schreibt. Die Empfängerin der Briefe ist Lily Pincus, eine der Mitbesitzer des „Hauses auf dem Küssel" bei Potsdam, für das Tillich im Jahre 1932 die Einweihungsrede „Das Wohnen, der Raum und die Zeit" [1] *gehalten hat. Während das Ehepaar Pincus der Auswanderung zuneigt, sind Günther und Claire Loewenfeld, die anderen Hausgenossen, für Dableiben, wenigstens zunächst. Claire Loewenfeld stand auf dem Standpunkt, daß Tillich so viel in Deutschland zu geben hätte, daß er nicht hätte auswandern sollen. Der Freund und Baumeister des Hauses, Stephan Hirzel, entschied sich zum Bleiben, womit viele Kompromisse verbunden waren. Ein anderer Freund Oscar Beyer, Gründer des „Kunstdienstes", mit der jüdischen Schwester von Günther Loewenfeld verheiratet, ging mit allerlei romantischen Ideen nach Kreta, und als seine Ideale an der dortigen Wirklichkeit scheiterten, kam er mit seiner Familie nach Deutschland zurück. Er blieb auch in Deutschland, als seine Freunde alle auswanderten. Im Jahre 1942 wurde seine Frau verhaftet und starb in einem Konzentrationslager. Tillichs Sorge war also berechtigt, er schreibt so drängend, um die Freunde vor dem Schlimmsten zu bewahren:*

«Liebe Lily! 1934

Eben habe ich aus meiner Schrift „Hegel und Goethe" [2] den letzten Absatz des Hegelvortrages gelesen. Während ich sonst meinen eigenen Schriften gleichgültig gegenüberstehe, war ich durch diese Lektüre aufs Tiefste erschüttert. Wer da gesprochen hat, war *nicht* ich, sondern eine mir fremde Kraft, der „Geist der Propheten", der im Neuen Testament zu den Gnadengaben gehört und über den niemand verfügen kann. Er muß in jener Stunde dagewesen sein; denn dort ist alles gesagt, was gesagt werden kann. Ich hatte keinerlei Erinnerung daran, daß *ich* es gesagt habe; aber es ist ja wohl *durch* mich gesagt worden, jetzt vor zwei Jahren, am 18. Januar 1932. Es enthält die ganze Zukunft, die gegenwärtige und die kommende; es formuliert so, daß kein Widerspruch möglich ist, daß ich selbst, als ich es heute las, mit meinem eigenen Widerspruch verstummte; nun verstehe ich, daß dieser Vortrag zu den Dingen gehört, die in ganz besonderem Maße an der negativen Gestaltung meines Schicksals mitgewirkt haben. Ich bin stolz darauf, und ich möchte fast sagen, was ich noch nie in meinem Leben über Worte und Gedanken von mir gesagt habe: Wer *hier* nicht mit mir ist, ganz und unbedingt, der ist ganz und unbedingt gegen mich, d. h. nicht gegen *mich*; denn diese Worte gehen weit über das hinaus, was ich bin und kann; aber gegen die Wahrheit. Denn dieses *ist* die Wahrheit.

Verzeih diese bei mir so ungewohnte Sprache; Du bist die erste, der ich unmittelbar nach dem Lesen darüber schreibe. Lies es bitte, lerne die entscheidenden Sätze auswendig und stärke damit die Schwankenden; vielleicht auch Dich selbst, wenn Du schwanken solltest; wie ich mich damit gestärkt habe.

Und ich habe Stärkung nötig. Es ist der zweite Tod, den ich hier erlebe; der erste begann in der Champagne-Schlacht 1915. Der erste war unvorstellbarer und drohender, dieser zweite ist feiner und bitterer. Das Äußere ist mehr Anlaß als Ursache; denn äußerlich ist alles in Ordnung; guter Kolleganfang, feine Studenten, wachsende Beherrschung der Sprache, eine Fülle feiner Menschen, große Aufgaben, erträgliche Wirtschaftslage; aber das alles ändert nicht die Tatsache des Stehens im Tode, in der Notwendigkeit, die Vergangenheit durchzuleben und durchzuleiden und die völlige Unfähigkeit, für mich selbst einen neuen Sinn zu finden. Doch das ist unser aller Schicksal, die wir abgeschnitten sind und zwischen „nicht mehr“ und „noch nicht“ stehen.

Mein Wunsch steht fest: drei Jahre völlig ruhiger Arbeit zur Zusammenfassung alles Gedachten und Erlebten; aber wo ist das möglich? Ich zweifle, daß hier ... ich zweifle, daß dort ... Wenn ich zu phantasieren hätte: Ein stiller Ort am südlichen Meer; aber wird mir noch ein stiller Ort geschenkt? Gibt es ihn noch in der Welt? Gibt es noch die Möglichkeit zur Ruhe? Will die Welt noch Schöpfungen in der Stille? Oder müssen wir hier sein und handelnd an der Geschichte teilnehmen, wozu alles hier drängt?

Wir sollten uns nicht so wichtig nehmen; sonst verliert die Entscheidung ihr Gewicht.»

2.

«Liebe Lily: 99 Claremont Av. N.Y.C. November 29, 1935

Schnell, um nicht wieder bis zum nächsten Schiff warten zu müssen, will ich ein paar Worte schreiben. Zunächst, daß in den letzten Monaten kein Mensch von mir etwas außer dienstlichen Antworten bekommen hat – weil es über menschliche Kräfte gegangen wäre. Man kann sich viel, aber nicht allen Schlaf abknapsen. Und das wäre nötig gewesen, wenn ich außer der unendlichen Manuskript-Arbeit noch hätte schreiben wollen. Zweitens muß ich Dir sagen, daß Dein großer Brief mehr als ein Brief, daß er ein menschliches und geistiges Dokument hohen Ranges ist. Drittens und vor allem, daß wir in Gedanken und Sorge und Liebe immer bei Euch sind und bei jeder Nachricht fragen: Wie geht's Euch?

Deine beiden Briefe zeigen es ja nun einigermaßen, innerlich und äußerlich. Sie bewegen uns sehr, und wir denken mit Intensität mit Euch und Euren Entscheidungen. So sehr ich Claires Haltung verstehe, so sehe ich sie durchaus im Lichte meiner letzten gedanklichen und z. T. auch praktischen Versuche, dort zu bleiben: d. h. ich sehe sie negativ und stehe ganz auf Deiner Seite. Ein Neuanfang unter den gegebenen Voraussetzungen scheint mir sinnlos zu sein. Ich halte es sinnlos für Euch, sowohl Geld wie Seele in einem Anfang zu investieren, der halb Anfang und halb Fortsetzung ist. Ich finde, solange es irgend geht, wirklich fortsetzen, das bleiben, was Ihr wart, ein Ort, der vielen etwas bedeutet. Und, wenn es nicht mehr möglich ist, radikal neu anfangen, in „einem Land, das ich Dir zeigen will", wie es zu Abraham gesagt war. Ich möchte das gern noch deutlicher sagen: *Ihr* seid durch ein uraltes Schicksal immer wieder auf das geworfen, was *wir* uns geistig erkämpfen müssen. Beides hat Gefahren. Unsere Gefahr ist, daß die meisten, da das Schicksal sie nicht zwingt, den Befehl an Abraham nicht hören. Eure Gefahr ist, daß es von den meisten nur als ein äußeres, nicht als ein geistiges Schicksal erfahren wird. Die wenigen aber auf beiden Seiten, die einen, denen Schicksal Geist wird, und den anderen, denen Geist Schicksal wird, sollen zusammenstehen und wissen, daß sie der Zeit und nicht dem Raum verantwortlich sind. Während ich dies schreibe, fällt mir die Rede zur Einweihung Eures Hauses ein. Ich habe sie vor mir und zitiere nur den Satz: „Wir müssen wieder und wieder den Raum verlassen, der uns umfängt, um der Zeit, um der Zukunft willen" [...]»

3.

Von dem folgenden Brief sind Datum und Empfänger unbekannt:

«Die Nachrichten, die ich in den letzten vier Wochen, schriftlich und mündlich, bekommen habe, zeigen, daß für mich an einen dauernden Aufenthalt in Deutschland zur Zeit überhaupt nicht zu denken ist und daß ein vorübergehender nicht nur mich, sondern auch diejenigen gefährdet, mit denen ich zusammen bin. Mir ist das gerade von seiten derer, die mich am liebsten da haben würden, deutlich gesagt worden. Die Dinge sind jetzt so weit, daß ständig Leute, auch aus den übrigen Teilen Europas, vor allem Schweiz und Frankreich, sagen und schreiben, daß auch dort eine ungestörte wissenschaftliche Existenz nicht mehr möglich ist, geschweige denn eine geistige Wirksamkeit. Die Möglichkeit, den Mund aufzutun, ist mir in Deutschland in keiner Weise gegeben, weder mündlich noch schriftlich. Und die Frage des freiwilligen Märtyrertums, sein Sinn oder seine Sinnlosigkeit, ist weder innerlich noch äußerlich so weit geklärt, daß ich darüber eine Entscheidung treffen könnte. So bleibt einfach die Lösung, für ein weiteres Jahr die hiesige Lage für menschliche und geistige Wandlung und Formung, ebenso wie für wissenschaftliche Konzentration zu benutzen. Nachdem die ersten Schwierigkeiten der englischen Sprache überwunden sind, halte ich auch das zweite für möglich, jedenfalls für möglicher als in der europäischen oder gar deutschen Situation.

Von der weiteren Perspektive, die hier in Amerika unmittelbar gegeben ist, und zugleich von der Grenzsituation der Emigrantenexistenz aus, gewinnen die Dinge ein anderes, großartigeres, aber zugleich furchtbareres und hoffnungsloseres Aussehen als aus dem nur europäischen oder gar nur deutschen Gesichtswinkel. Die Grundzüge des nachliberalen Zeitalters zeichnen sich deutlich ab: Der Entscheidungskampf geht zwischen faschistischem Feudalkapitalismus und kommunistischem Staatskapitalismus. Da die mittleren Schichten aller betroffenen Länder für den Faschismus votieren, ist seine Chance weitaus besser als die des Kommunismus. Da aber der Faschismus von der nationalistischen Ideologie lebt, treibt er notwendig zu Selbstvernichtungskriegen, die schließlich doch zum Siege irgendeines höchst herrschaftlich organisierten Kommunismus führen können. Geistig bedeutet das den Untergang der autonomen, problematischen und dialektischen Kultur, die seit etwa 500 Jahren einen wenn auch niemals vollständigen, so doch zeitweise sehr weitgehenden Sieg errungen hat. Philosophie, Wissenschaft, Technik werden nur noch insoweit erlaubt sein, als sie den Notwendigkeiten der faschistischen resp. kommunistischen Massenorganisation dienen. Religiös bedeutet es das Ende des Protestantismus als Versuch, die protestantische Grundhaltung in Form einer Kirche zu realisieren. Welche Formen der kommende Katholizismus haben wird, hängt mit den übrigen Entscheidungen zusammen. Der Kampf darüber ist erst in den Anfängen. Wahrscheinlich wird sich der römische mit dem heidnisch-germanischen Katholizismus in den Sieg teilen müssen. Was der Kommunismus in dieser Richtung bedeuten würde, ist mir dunkel, vielleicht eine Art mystischen Rationalismus, der aber gleichfalls von protestantischer Haltung weltenweit entfernt ist. *Unsere* Gedanken (religiöser Sozialismus) haben keine massenorganisierende Kraft, sie stehen dazu viel zu stark in der humanistischen und protestantischen Tradition. Was vom Protestantismus der Zeit gerettet wird, wird gerettet um den Preis orthodoxer Verhärtung und der Entstehung einer Sekte, in der zwar das protestantische Prinzip bewahrt, aber auch zugleich von der Wirklichkeit abgesperrt wird. Mein hiesiger alttestamentlicher Kollege sagte mir gestern, daß dies genau die Situation der Makkabäerkämpfe gewesen wäre, in denen das jüdische Prinzip auch nur um den Preis einer vollkommenen Abschließung und Verhärtung gerettet werden konnte.

Zwischen diesen verschiedenen Heteronomien kann die Autonomie nur noch in der Form der verfolgten, gejagten, teils heroischen, teils schlangenklugen Existenz „des Geistigen" gerettet werden. Ich würde nicht sagen, daß der Typus des Geistigen der höchste ist. Der religiöse steht höher, der politische ist vielleicht notwendiger. Aber er ist der beweglichste, lebendigste, der nie ruhende, immer dialektische, immer aufs höchste gefährdete Typ.

Er ist seit dem Auswandererbefehl an Abraham immer in irgendeiner Weise Emigrant. Er steht zwischen den Räumen wie der Prophet zwischen den Zeiten. Er kann übergehen in den Machtmenschen wie Lenin oder in den Intellektuellen wie die freien Geistigen im liberalen Zeitalter. Er kann zum Gelehrten werden wie die deutschen Professoren oder zum Priester. Soweit er dies ist, hört er auf, Geistiger zu sein, was nicht bedeutet, daß er es nicht in vielen Fällen sein muß und soll, denn das Dialektische als solches kann keine reale persönliche oder gesellschaftliche Existenz gründen. Wir erfahren jetzt mit der durch Verfolgung und Vertreibung sich vollziehenden Wiedergeburt des Geistigen zugleich seine Grenze, eine Grenze, die der Intellektuelle nicht sehen konnte und wollte und an der er zerbrochen ist.

So sehe ich unsere Gesamtsituation, muß aber hinzufügen, daß es zweifelhaft bleibt, inwieweit die junge amerikanische Kultur die Krise des Spätkapitalismus, die in ihr genauso stark ist wie überall, ohne die Katastrophen der europäischen Kultur überwinden wird. Nach meinen bisherigen Eindrücken glaube ich fast daran, daß sie es wird. Freilich auch sie nur mit Hilfe einer durchgreifenden Wandlung ihrer bisherigen Lebensformen.

Was bedeutet nun von diesen Perspektiven aus theologische und philosophische Arbeit, vom Standpunkt erstens des protestantischen Prinzips, zweitens der Existentialphilosophie, drittens des Willens, aus der Reichsgottesidee die sozialen Konsequenzen zu ziehen. Am Schnittpunkt dieser drei Tendenzen stehen Du und ich. Wir haben uns gegen die politischen und religiösen Kräfte entschieden, die von der einen oder der anderen Seite her eine heteronome Massenbeherrschung durchführten. Wir haben uns auch gegen protestantische Verhärtung und damit im Prinzip für den Typus des Geistigen entschieden. Du mehr von der religiösen-priesterlichen, ich mehr von der wissenschaftlichen und gesellschaftlichen Seite her. Aber dieser Unterschied ist unwichtig gegenüber dem gemeinsamen Ort, an dem wir stehen, und der, wie ich jetzt weiß, nicht erst seit 1933 der Ort „zwischen den Räumen" war. Darum fällt der Unterschied von innerer (du) und äußerer (ich), potentieller (früher) und aktueller (jetzt) Emigration kaum ins Gewicht. (Hannah hat hier zu jemandem gesagt: *We always have been like strange birds in Germany all the time*). Was können wir unter diesen Umständen tun? Ich ringe um eine Antwort, wie Du auch und wie viele, die an demselben Ort stehen, innen und außen. Die einen von uns neigen mehr dazu, rückblickend sich durch eine genaue Selbstbesinnung auf die vergangenen Jahrzehnte oder Jahrhunderte den Sinn der Gegenwart klar zu machen und durch diese Arbeit das Vergangene so weit als möglich zu retten und für kommende humanistische Perioden zu bewahren. Andere suchen nach der aktuellen Aufgabe für die wenigen Geistigen, die nach dem großen Zerbrechen der Rückgrate der meisten Intellektuellen, Professoren usw. übrig geblieben sind. Selbstverständlich werden sie dem Raum, in dem sie leben, dienen müssen, die konkreten Aufgaben, die er fordert, erfüllen müssen. Aber sie werden sich nicht an ihn binden dürfen, weder an den alten noch an die neuen, sie werden irgendwie zwischen den Räumen bleiben müssen. Das entspricht dem protestantischen Prinzip und seiner Grenzsituation. Es entspricht der dialektischen Haltung, wie sie Sokrates repräsentierte. Aber es schließt die dritte Seite, den Willen zur Verwirklichung im gegenwärtigen Augenblick aus. Wir werden diese Seite nur insoweit bewahren können, als wir die Prinzipien unseres Verwirklichungswillens, die sozialistische Haltung da wirksam werden lassen, wo wir konkret einem bestimmten Raum dienen. Aber es kann nicht, wie bisher, die Unbedingtheit haben, die es für uns hatte. Würden wir versuchen, sie zu behalten, so müßten wir uns in der Konsequenz der geschichtlichen Entwicklung, die sich nunmehr enthüllt hat, entschlossen auf eine der beiden Seiten stellen, die der Massengestaltung und der autoritären Religion dienen. Damit hätten wir das protestantische Prinzip und die humanistische Haltung aufgegeben. Aus diesem Konflikt sehe ich keinen Ausweg. Wir konnten nur solange daran glauben, Dialektik und Massengestaltung zu vereinigen, als genügend ungebrochene Gestaltungskräfte vorhanden zu sein schienen. Nachdem wir gesehen haben, daß diese Kräfte fehlen, weil die geistige Substanz der Vergangenheit aufgezehrt ist und das Problem der Massengestaltung das alles andere verschlingende Problem geworden ist, können wir nicht mehr an die Vereinigung beider Momente glauben.

Diese grausame Desillusionierung über den geschichtlichen Augenblick, in dem wir leben, ist das, was mir an dem Schicksal Deutschlands aufgegangen ist. Wir müssen sie tragen und unter Verzicht auf falsche Synthesen, die unser aller Verführung sind, unseren Ort als Geistige retten. Wie nötig das ist, zeigt mir das geistige Schicksal von Emanuel Hirsch, dessen letzte Schriften und Briefe mir beweisen, daß er nicht seine religiöse und wissenschaftliche, wohl aber seine geistige Existenz schlechthin verloren, sie dem Dämon des faschistischen Machtwillens geopfert hat. Gegen diese Opfer, die jetzt freiwillig und gezwungen überall gebracht werden, dürfen wir keine Illusionen stellen, sondern ein Wissen um die tragische Existenz des Geistes im Zeitalter des Zusammenbruchs einer autonomen abendländischen Kultur und Religion.

Bitte antworte mir auf diese Gedanken.»

ANMERKUNGEN

1 G.W. 9, S. 328–337.
2 G.W. 12, S. 125–150.

XIV. GASTVORLESUNGEN IN CHICAGO 1935

Zeittafel

Januar und Februar 1935:	Gastvorlesungen an der Universität Chicago.

1.

Schon nach einem Jahr wird Tillich zu Gastvorlesungen außerhalb von New York eingeladen. Er lehrt ein sogenanntes Quartal (Januar und Februar) an der Universität Chicago und hält einige Einzelvorträge an Universitäten und Colleges im weiteren Umkreis von Chicago. Der erste Teil des Rundbriefes vom 17. April 1935 schildert seine Erlebnisse in Chicago:

99 Claremont-Avenue New York City, 4/17/1935

«Liebe Freunde!

Unser letzter Rundbrief berichtete über unsere Erlebnisse im vorigen Sommer. Leider sind einige Exemplare bei einigen Leuten monatelang liegen geblieben. Ich bitte dringend, keinen Brief länger als eine Woche zu behalten. Je länger wir hier sind und je mehr wir in die Aufgabenfülle und menschlichen Beziehungen zu Amerika hereinkommen, desto schwieriger wird es uns, individuelle Korrespondenz durchzuführen und desto mehr müssen wir unsere Mitteilungen auf die Rundbriefe konzentrieren. Auch aus diesem Grunde bitten wir um schnelle Weitergabe.

Das Semester vor Weihnachten verlief verhältnismäßig ruhig vom Standpunkt des Reisens aus. Sonst sehr überlastet mit Arbeit und Menschen. Ich hatte zwei Vorlesungen, beide natürlich englisch. Die erste über die moderne Entwicklung der europäischen Religionsphilosophie, die zweite über die Lehre vom Menschen, jede zwei Stunden. In beiden Vorlesungen hatte ich je 25—30 Studenten, eine für den hiesigen Universitätsbetrieb hohe Anzahl. In Chicago, wo ich in dem Semester nach Weihnachten das Kolleg über die Geschichte der Religionsphilosophie vierstündig zu lesen hatte, hatten sich sogar vierzig Studenten angemeldet, so ziemlich die höchste Belegschaft in der Fakultät überhaupt. Wenn ich die amerikanischen Studenten mit den deutschen vergleiche, so fallen mir, für den Durchschnitt gesehen, folgende Punkte auf: Die deutschen Studenten sind geschichtlich und philosophisch besser vorgebildet, auch die Sprachkenntnisse, Lateinisch, Griechisch und Hebräisch sind verbreiteter als hier, wo man Theologie studieren kann, ohne Hebräisch und Griechisch zu können. Das rein theoretische Interesse ist bei den guten deutschen Studenten intensiver, dafür sind die amerikanischen Studenten menschlich reifer, dem Leben näher und in einem viel persönlicheren Verhältnis zu den Professoren. Typisch dafür ist, daß viele der Professoren mit dem Vornamen von den Studenten angeredet werden. Dieses Verhältnis wird auch dadurch unterstüzt, daß die Studenten vielfach älter sind als in Deutschland, nach Jahren praktischer Tätigkeit auf Grund des damit verdienten Geldes zur Universität zurückkehren und den Doktorgrad erwerben. Der Zielpunkt alles ihres Denkens ist aber die Praxis. Nur von hier aus würdigen sie die theoretischen Probleme. Praxis bedeutet dabei nicht einfach Berufstätigkeit, sondern Gestaltung der Wirklichkeit. So gibt es in jeder theologischen Fakultät eine meistens recht große Abteilung für religiöse Erziehung und eine ebenso große für Sozialethik. Die zweite hat zur Zeit für die meisten Fakultäten die gleiche zentrale Bedeutung, die in Deutschland die systematische Theologie hat. Die Frage der sozialen Gestaltung steht so im Vordergrund des theologischen Interesses, daß die eigentlich theologischen Probleme häufig darunter leiden und ein Schweizer Student bei seiner Abschiedsrede sagte, er hoffe, daß die reine Theologie in den theologischen Fakultäten nicht ganz ausstürbe. Diesem Interesse verdanke ich selbst einen großen Teil meiner hiesigen Tätigkeit, vor allen Dingen meiner ziemlich ausgedehnten auswärtigen Vortragstätigkeit. Daß ich ihm auch eine Reise nach Florida verdanke, darüber später.

Im übrigen ist die Lage bei den besten Studenten zur Zeit so, daß die naive Anwendung der Theologie für soziales und politisches Handeln infolge der schweren Erschütterungen der Krise einigermaßen ins Wanken geraten ist, so daß, wenn auch nur bei kleinen Gruppen, ein gelockerter Boden auch für tiefere und grundsätzlichere Probleme vorhanden ist. Das war die Voraussetzung für einen, wenn auch begrenzten Erfolg meiner Lehre vom Menschen. Ich habe sie in vier Vorlesungen, die ich auf Grund einer alten und berühmten Vorlesungsstiftung in der vorigen Woche an der Theologischen Fakultät der Yale-Universität gehalten habe, zum erstenmal zusammenfassend und systematisch dargeboten. Die erste Vorlesung enthielt einen Überblick über die wissenschaftliche Entwicklung in Deutschland und Europa vom Standpunkt der Anthropologie, vor allem also der Psychologie und Biologie einerseits, der Lebens- und Existentialphilosophie andererseits. Die zweite Vorlesung betraf die Lehre von der menschlichen Freiheit, wo ich vor allem die Forschungen von Gelb und Goldstein und meine eigenen religionphilosophischen Analysen über Freiheit und Bedrohtheit der menschlichen Existenz entfaltet habe. Der dritte Vortrag bezog sich auf die wichtigsten Kategorieen Kierkegaards und der Existentialphilosophie und entwickelte zugleich meine Lehre von der tragischen und moralischen Schuld. Im vierten Vortrag versuchte ich unter dem Titel „Anthropologische Fragen und theologische Antwort“ eine Neuformulierung der christlichen Grunddogmen mit Hilfe der neugewonnenen Kategorieen zu geben. Solche Dinge sind natürlich nur für wenige hier zugänglich. Es ist aber eine Hilfe, daß Leute wie James und der von England gekommene Philosoph Whitehead vielfach in ähnlicher Richtung arbeiten. Die Mehrheit der amerikanischen Philosophen und Wissenschaftstheoretiker hält aber heute noch am Pragmatismus und Empirismus fest, so daß man auch hier in eine oft sehr schwere Kampfsituation eintritt. In der Theologie drückt sich diese Kampfsituation in dem Gegensatz zwischen einem sehr radikalen Liberalismus mit Fortschrittsglauben und reiner Immanenzlehre und den Angriffen aus, die von Barth beeinflußte Theologen zum Teil mit Unterstützung der alten Orthodoxie gegen den herrschenden Liberalismus richten. Namentlich in Chicago hatte ich regelmäßige und sehr leidenschaftliche Diskussionen mit den Liberalen, die sich nur langsam davon überzeugen ließen, daß ich weder Orthodoxer noch Barthianer bin. Immerhin habe ich eine fast völlige Übereinstimmung gefunden mit Professor Niebuhr, dem hervorragendsten Theologen des *Union Theological Seminary* hier und Professor Pauck in Chicago, früher Student in meinen ersten Vorlesungen, jetzt schon seit acht Jahren ordentlicher Professor an einer der Theologischen Fakultäten in Chicago. Beide sind sehr einflußreich in Amerika und fast uneingeschränkt Repräsentanten meiner eigenen Theologie. Niebuhr ist zugleich Führer der religiös-sozialistischen Bewegung in Amerika, deren wesentlicher Unterschied von uns der ist, daß das Friedensproblem der allbeherrschende Mittelpunkt ihres Denkens ist. Ich mache in dieser Beziehung bei jeder Diskussion mit amerikanischen Theologen, Pfarrern und Studenten die gleiche mich überraschende Erfahrung, daß dies der Punkt ist, von dem aus in einer oft höchst primitiven Weise alle sozialen Probleme aufgerollt werden.

Ich bemühe mich in Verbindung mit Kurt Goldstein, dem Frankfurter und Berliner Neurologen, und Robert Ulich, dem Dresdner praktischen und theoretischen Pädagogen, ein Zentrum für die anthropologische Problematik zustande zu bringen, wobei das frühere Frankfurter Institut für Sozialforschung, das jetzt mit der hiesigen Columbia-Universität in der gleichen Verbindung steht wie früher mit der Frankfurter Universität, wesentliche Unterstützung geben kann. Es ist ein merkwürdiges Gefühl, wenn von den Teilnehmern unserer Frankfurter philosophisch-soziologischen Diskussionsabende genau 50 Prozent hier in New York die Diskussionen fortsetzen. Die deutsche Fakultät für politische Wissenschaften, die vor zwei Jahren hier gegründet wurde, hat es jetzt auf 17 Ordinarien gebracht, davon 15 deutsche, die ich alle von Deutschland her kenne. Sie haben das Recht zur Doktorierung erhalten und beginnen eine wichtige Rolle im amerikanischen Geistesleben zu spielen. Das alles bedeutet für mich natürlich neben der wissenschaftlichen Arbeitsgemeinschaft eine sehr große persönliche Belastung, so daß ich es als eine Wohltat empfand, auf ein Vierteljahr vollkommen zu verschwinden, nämlich nach Chicago.

In Chicago hatte ich einen Professor der Religionsphilosophie, der ein Quartal aussetzen wollte, zu vertreten. Ich wohnte im *Quadrangle-Club,* dem Ort, wo sich das Clubleben aller Fakultäten der Chicago-Universität abspielt. Ich hatte ein sehr schönes Zimmer im oberen Stock, wo lauter vorübergehende oder dauernde Professorenjunggesellen wohnen und wo ich völlig einsam und ungestört sein konnte. Ein großes Glück nach dem überwältigenden New-Yorker Betrieb (so hatten wir in den letzten Wochen vor Weihnachten vier Gesellschaften mit je 16 Leuten, wo wir Amerikaner und Deutsche zum großen Vergnügen aller Teilnehmer gemischt hatten. Und noch hatten wir damit höchstens zweidrittel aller Leute erfaßt.) Unterbrochen wurde die Chicagoer Ruhe nur durch drei Reisen, eine nach Saint Louis mit Vorträgen in einem deutsch-lutherischen Seminar, eine nach Detroit, um deutsche Freunde und die Fordwerke zu besuchen, eine nach Ann Arbor, der sehr hübsch gelegenen Staatsuniversität von Michigan, wo verschiedene Hamburger Professoren wirken und wir, da Faschingszeit war, sogar ein richtiges deutsches Kostümfest zustande brachten, und eine Tagesfahrt nach Milwaukee, der Stadt der größten deutschen Brauereien, sehr schön im Staate Wisconsin am Michigansee gelegen, deutsch, sauber und anständig gebaut. In Saint Louis, dem westlichsten Punkt, den ich bisher erreicht habe, überschritt ich zum erstenmal den Mississippi, der sich breit und schmutzig gelb daherwälzt. Abgesperrt durch grauenvoll verfallende Negerviertel und Industrieanlagen in der Mitte der Altstadt das alte, in bestem klassizistischen Stil erbaute Rat-Gerichtshaus, auf dessen Freitreppen früher die Sklavenmärkte abgehalten wurden. Saint Louis liegt am Ausläufer des Ozarkgebirges, eines sehr weiten Mittelgebirges im Staate Missouri, durch das ich von dem Präsidenten des *Seminary* in wundervoller Autofahrt geführt wurde. In den entlegenen Tälern dieses Gebirges leben noch Nachkommen der ersten weißen Ansiedler, die niemals mit der übrigen Geschichte in Berührung gekommen sind und deren Religion auf das Niveau eines primitiven Geisterglaubens zurückgesunken ist, der das Interesse aller Anthropologen erregt. Die Sprache ist das Shakespearsche Englisch.

Detroit hat auf mich einen schrecklichen Eindruck gemacht. Die Stadt ist unermeßlich lang. Was Menschen ohne Auto da machen, ist mir unverständlich, aber es gibt nur wenige solche. Man fährt stundenlang im Auto, immer geradeaus, immer zwischen Häusern, dazwischen wüstes Land und Autofriedhöfe und Arbeiterhütten, dann plötzlich ein gut bepflanztes Residenzviertel und das wundervolle, aber kleine Viertel der reichen Leute am See. Der Eindruck der Fordwerke war erschütternd. Das laufende Band läuft sehr schnell, und die notwendigen Handgriffe müssen getan sein, ehe es vorbei ist. Das gibt den Arbeitern einen furchtbar gespannten, überanstrengten Eindruck, ganz abgesehen von dem grauenvollen Lärm und Dreck und künstlichen blauen Licht, in dem sie den ganzen Tag arbeiten müssen. Die letzten Stadien, in denen das Auto zusammengesetzt wird, sind ungeheuer aufregend. Wie plötzlich die Karosserie von oben an einem Haken herunterschlägt und auf das Gestell gesetzt wird, wie dann ein paar Schrauben gedreht werden, die Schutzbleche angemacht und alle zwei Minuten ein fertiges Auto, mit Benzin gefüllt, vom laufenden Band abgesetzt wird und plötzlich losgeht, das ist ein fantastischer Eindruck, der auf mich aber zunächst die Wirkung hatte, das Auto zu entzaubern und es in ein komisches Spielzeug zu verwandeln. Erstaunlich sind die guten Museen, die sich in jeder größeren und manchmal auch kleineren Stadt in Amerika finden. Vielfach sind nur verhältnismäßig wenig Stücke da, diese aber ausgesucht gut und durch ihre Aufstellung so eindrucksvoll wie in keinem europäischen Museum, die alle an Mangel an Raum leiden. In dem kleinen Ann Arbor war die beste Ausstellung altpersischer Miniaturen, die ich je gesehen habe. In Saint Louis ganz ausgezeichnete gotische Plastiken und primitive Franzosen. In einem Landerziehungsheim in der Nähe von Detroit, das wie für europäische Fürstensöhne eingerichtet ist, findet sich die Sammlung des Stifters mit wundervollen romanischen Plastiken.

Das führt mich zu Chicago zurück. Das Chicagoer Museum, das ich fast regelmäßig besuchte, hat eine der besten französischen Sammlungen, die es wohl überhaupt gibt: besonders das 19. Jahrhundert, Manet u.s.w. sind ausgezeichnet vertreten. Auch die Spanier sind hier meistens sehr gut, vor allem El Greco, dessen Markt offenbar längere Zeit offen war und der deswegen in vielen Exemplaren sich hier findet. Unermeßlich sind die naturgeschichtlich-anthropologischen Museen, vor allem natürlich für die indianischen Dinge. Der allbeherrschende pädagogische Gesichtspunkt in diesem Lande wirkt sich gerade bei den Museen besonders günstig aus. Der Gegensatz des lebendigen Chicago und eines Kabinetts mit primitiven Italienern ist unermeßlich. Und damit bin ich bei dem lebendigen Chicago.

Chicago liegt am Michigansee, einem der fünf großen Seen, deren jeder den Eindruck der deutschen Ostsee macht. Unübersehbar nach allen Seiten mit breitem Sandstrand und Ostseewellen, nur ohne Salz. Etwa anderthalb Stunden von Chicago entfernt in der Südostecke eine wundervolle Dünenlandschaft, mit Bäumen und Kraut bewachsen, die Sommererholung vieler Chicagoer, ist, wenn man die entferntesten ökonomisch mit ihm verbundenen Vororte dazurechnet, etwa 120 km lang, erstreckt sich durch drei Staaten: Illinois, zu dem das eigentliche Chicago gehört, Wisconsin im Westen und Indiana im Osten. Es ist die lebendigste und aufstrebendste Stadt Amerikas.

Genau vor hundert Jahren standen an der Stelle, wo jetzt die Wolkenkratzer des Zentrums stehen, einige Blockhäuser mit ca. 40 Einwohnern, die sich mit Mühe gegen die Überfälle der Indianer verteidigten. Heute muß man 3 bis 4 000 000 Einwohner rechnen. Noch im Ende des 19. Jahrhunderts gab es kein Pflaster in den Straßen. Heute sind nur noch manche Negerstraßen und die Hintergassen aller Straßen, die da liegen, wo bei uns die Höfe der entgegengesetzten Häusergruppen zusammenstoßen, ungepflastert. Diese Zufahrtsgassen machen im Inneren der Stadt einen grauenvollen Eindruck. Sie sind ganz schmal, und da die Häuser eiserne Außentreppen für Feuersicherheit haben müssen nach dem amerikanischen Gesetz, so guckt man von unten 30–40 Stock diese rostigen Eisenmassen hoch, die oben in der Perspektive zusammenzustoßen scheinen. Bei dem nebligen Wetter, das meistens im Winter in Chicago herrscht, ein geradezu unheimlicher Eindruck, der die schon sowieso überreizte kriminelle Romantik der Amerikaner immer wieder nähren läßt. Das gesamte Stadtbild gleicht einer wundervollen Fassade mit einem grauenvollen, teils unendlich öden Hinterhaus. Die Fassade ist der Prunkweg am See, der viele Meilen lang ist, und im Zentrum die prachtvolle *Michigan-Avenue*, im Norden die zwei Autostunden langen parkartigen Wohnviertel, im Süden nach mittleren Wohn- und Parkvierteln die riesigen Eisenwerke, wie alles hier „die größten der Welt". Am Strand ist, wie ich hörte, im Sommer innerhalb der Stadt ein riesiges Badeleben, die Leute kommen alle im Auto oder zu Fuß im Badeanzug hin. Im Winter dagegen findet man niemanden außer dem Deutschen Paul Tillich, der jeden Tag seinen Spaziergang an die nordische Ostsee machte, dabei großartige Polarbilder mit Packeis, Wellen, die Eisberge auftürmten und wieder zerbrachen, Schneesturm und riesige sonnenbeglänzte und von Möven belegte Eis- und Schneeinseln erlebte. Der See ist jeden Tag anders wie jedes Meer und jedesmal gleich beglückend und oft berauschend schön. Die Schiffahrt ist im Winter eingestellt, im Sommer muß sie sehr groß sein. Das also nebst zahlreichen Parks am See und in der Nähe des Sees ist die Fassade. Dahinter der verhältnismäßig kleine Kern von Wolkenkratzern und glanzvollen Warenhäusern, den größten in Amerika, und den riesigen Versandgeschäften, die von hier auf Postkarte an jeden Farmer in ganz Amerika auf Grund dickleibiger Kataloge in kürzester Zeit jede Ware liefern. Die Kataloge dieser Firmen, zwei vor allem, sind das eigentliche Wirtschaftsbarometer Amerikas. Dieses verhältnismäßig kleine Zentrum, der *„loop"* genannt nach der Hochbahn, die es im Kreise umzieht, ist umgeben von einer breiten Industriewüste von unvorstellbarer Scheußlichkeit. Dann folgen die unendlichen Wohnviertel, ein Gebiet, das aus zweitausend selbständigen Gemeinwesen zusammengesetzt ist, die zum Teil selbständige Rechte behalten haben. Auf der anderen Seite ist kurz vor dem Krieg ein Hundertjahrplan angenommen worden, um aus Chicago die „schönste Stadt der Welt" zu machen. Wenn man bedenkt, daß die meilenlange Prachtstraße am See fast ganz dem See abgewonnen ist, so kann man sich vorstellen, was für Energien hier in Bewegung sind, und findet es nicht unglaubhaft, daß das Hundertjahrprogramm wirklich sein Ziel erreicht. Aber vorläufig ist noch so viel Grauenvolles da, daß es für europäisches Gefühl fast unverständlich ist. Die Hinterhäuser und Hinterhöfe der Negerviertel, die man von der Hochbahn aus sieht, übertreffen an Schmutz und Grauen alles, was ich in Europa gesehen habe; und wo es in Europa ebenso schlimm zu sein scheint, z. B. in den Hafenvierteln von Marseille, da ist immer etwas Versöhnendes in nächster Umgebung, so der Hafen selbst, der zu den schönsten gehört, die Europa hat. Aber in den Armenvierteln der großen amerikanischen Städte gibt es weder Versöhnung durch Landschaft, noch durch Alter und sonstige romantische Elemente. Das Häßliche ist zugleich nüchtern und dem Schmutz fehlt jeder Ansatz zu Romantik. Das ist der Unterschied gegen die südeuropäischen Armenviertel. Ein besonderes Kapitel ist das Verbrecherwesen. Die Energie der letzten Regierung hat die großen Gentlemen-Verbrecher alle hinter Schloß und Riegel gebracht, nicht weil man ihnen Verbrechen nachweisen konnte – kein Zeuge hätte gewagt, etwas gegen sie auszusagen –, sondern weil man ihnen riesige Steuerhinterziehungen vorwarf, mit deren Hilfe man sie auf praktisch unbegrenzte Zeit festsetzen konnte. Trotz allem ist die Unsicherheit in den Wohnvierteln, die verhältnismäßig wenig Verkehr und fast gar keine Schutzleute haben, so groß, daß fast jeder Chicagoer, den ich kennen lernte, von einem *hold up* erzählte, das er oder nächste Bekannte von ihm erlebt haben. Der Vorgang ist der, daß ein Auto an den Bürgersteig heranfährt, wo man geht, zwei Männer mit Pistolen herausspringen, alle Taschen durchsuchen, alles Geld wegnehmen und einen dann zwingen, mit abgewandtem Gesicht das Auto wieder abfahren zu lassen. Widerstand bedeutet unter allen Umständen, daß man niedergeschossen wird. Darum wagt auch niemand zu widerstehen oder zu fliehen. Es nimmt aber auch niemand, der abends nach Hause kommt, mehr als 10 Dollar mit. Die Vergnügungslokale leiden darunter, daß viele überhaupt nicht wagen, spät nach Hause zu kommen. Übrigens sind sämtliche Nachtlokale in den Händen der Unterwelt. Die Tanzmädchen usw. sind von ihnen angestellt: eine der Quellen der finanziellen Macht des Verbrechertums. Die andere und wichtigste Quelle nach Aufhebung der Prohibition ist die Erpressung von Schutzgeldern, durch die man sich von Überfällen loskauft. Geschäftsleute, die das nicht tun, sind in einer solchen Gefahr, daß sie meistens darauf eingehen.

Das Leben im *Quadrangle-Club* ist sehr nett, sobald man etwas Fühlung genommen hat. Alle dort wohnenden Junggesellen essen morgens und abends an einem dafür reservierten Tisch. Mittags, wo die Masse der Professoren auch auf dem Club ißt, setzt man sich zu seinen Freunden, meistens von der gleichen Fakultät. Frauen sind nur abends zugelassen, und auch dann nur bis 10 Uhr und in bestimmten Räumen. Ausgenommen die alle 14 Tage stattfindenden Tanzabende, die aber recht steif sind und wo es ganz unmöglich ist, mit jemandem zu tanzen, dem man nicht vorgestellt ist. Mein Semester war eigentlich am 1. März zu Ende, ich blieb aber bis zum 15. und hatte noch reichlich zu tun, vor allem mit 30 Semesterarbeiten, die alle durchgesehen und mit einer Zensur versehen werden müssen [...]»

2.

Aus der Chicagoer Zeit (1935) stammt ein kleines Tagebuch, in das Tillich in aphoristischer Weise Gedanken eingetragen hat, wie sie ihm beiläufig in den Sinn kamen. Einsichten werden hier erlebnismäßig vorweggenommen, die erst viel später ihre gedankliche Ausformung erhalten in der „Systematischen Theologie" und besonders in den drei ersten Kapiteln seiner Ethik „Morality and Beyond" [1] *(deutsch: „Das religiöse Fundament des moralischen Handelns"):*

Tillichs Tagebuch 1935

«Den drei Stadien, die Comte für die menschliche Entwicklung behauptet, dem theologischen, metaphysischen und positiven entsprechen drei Stadien in unserer Stellung zur Bibel: das religiös-autoritative, das philosophisch-spekulative und das historisch-kritische, aber es gibt ein viertes Stadium in beiden Fällen: der Bibel gegenüber das Stadium ihrer Anerkennung als Wissen um die menschliche Existenz – der menschlichen Entwicklung gegenüber das Stadium der Selbstbesinnung des Menschen auf seine Existenz.

Es ist einsichtig, warum die Biologie die Notwendigkeit des Sterbens nicht als Biologie erweisen kann: Sie muß, wenn sie es versucht, auf Strukturen des Lebendigen hinweisen, die selbst Folge, nicht Voraussetzung des Sterbenmüssens sind. So das Absterben der Zellen infolge Arbeitsteilung in den höheren Zellkomplexen, so die Individualisierung des Lebens. Die Endlichkeit des Lebens, die durch Arbeitsteilung und Individualisierung zum Tode führt, ist keine biologische Tatsache, sondern die letzte, nicht deduzierbare Voraussetzung aller biologischen Tatsachen.

Was bedeutet der Satz: Es ist nicht aus uns geworden, was aus uns hätte werden können? Was bedeutet das Können? Ist es Ausdruck des Nichtwissens der Notwendigkeit unseres So-Seins? Weist es hier auf die Schuld unseres So-Seins? Meint es die metaphysische Kontingenz, die den Weg vom Möglichen zum Wirklichen lenkt, gleichweit entfernt von Möglichkeit wie von Schuld? Da jeder Weg nur einmal gegangen wird, kann keine Erfahrung entscheiden, ob andere Wege möglich gewesen wären. Ist dann aber logisch berechtigt, die Frage überhaupt zu stellen?

Wie es in der Mikrophysik sinnlos ist, nach dem Verhalten der Mikrostrukturen, abgesehen von der Beobachtung ihres Verhaltens, zu fragen: Die Beobachtung ist ein strukturierender Faktor, der nicht von sich selbst abstrahieren kann. So kann vielleicht nicht von der Wirklichkeit des Lebensprozesses abstrahiert werden, um zu einer reinen Möglichkeit vorzudringen. – Der Anlaß zu diesem Versuch ist das die wirkliche Existenz begleitende Schuldbewußtsein. Was durch die Tatsache bewiesen wird, daß man den Satz: Man ist nicht geworden, was man hätte werden können, nur im negativen Sinne braucht: man hätte mehr werden sollen, nicht: man hätte auch weniger werden können. – Es ist aber nicht erlaubt, um des Schuldbewußtseins willen vom Wirklichen zu abstrahieren und eine isolierte Möglichkeit vorzustellen.

Eine andere Seite der gleichen Frage: Besteht Möglichkeit für die Zukunft? Sicher im Akt des Erwägens, Ringens und Entscheidens. Wenn aber immer schon entschieden ist, wofür wir uns „entscheiden", wo bleibt dann die Möglichkeit? z. B. die Bekehrung?

Wie in der Psychoanalyse das Verschweigen *eines* an sich bedeutungslosen Faktums die ganze Analyse versperrt, so kann sich Sein und Nichtsein eines persönlichen Lebensprozesses an einem Punkt entscheiden, der an sich nichts bedeutet, der aber dadurch, daß er nicht erledigt wird, ungeheure Dimensionen annimmt und den ganzen übrigen Lebensprozeß in Verwirrung bringt. Oft reicht die Kraft zur Erledigung, z. B. zu einer eindeutigen Entscheidung, nicht mehr aus; dann ist wenig Hoffnung für persönliche Erfüllung: aus dem Sandkorn ist Wüste geworden.

Was hat mich aus der Stille gerissen, in der Rilke geblieben ist? Zu lange Kindheit, zu langes Nichtwissen, unreife Sehnsucht zur Tat, Mitleid mit denen, die zu Tausenden leiden müssen, damit *ein* Einsamer in der Stille bleiben kann?

Wie ist es mit dem Ausziehen aus des Vaters Haus? Abraham zog aus und der verlorene Sohn zog aus. In meinem Ausziehen zogen beide aus. Abraham ging vorwärts und sah das Land, das seinen

Enkeln und den Gläubigen seines Glaubens in Zukunft bestimmt war. Er kehrte nicht zurück. Der verlorene Sohn kehrte zurück und rettete seine Seele und blieb ohne Zukunft.

Es ist richtig, daß nur Selbstbegrenzung Meisterschaft möglich macht. Aber ist dieser Meister-Begriff nicht handwerklich? Und ist nicht Kunst, Philosophie, Religion anderen Gesetzen unterworfen? Wo ist eine Selbstbegrenzung der großen Philosophen zu beobachten? Wenn man aber weder ein großer Philosoph ist, noch ein Handwerker sein kann? So muß man, denke ich, sich damit begnügen, ein Fragender, Anregender, Radikaler an dieser, Vermittler an jener Stelle zu sein; alles aber mit „leidenschaftlicher Subjektivität" und bemühter Sachlichkeit zugleich. Das Gefühl der Zufriedenheit freilich, das in den beiden anderen Fällen eintritt, ist in diesem Fall ausgeschlossen.

Das gleiche gilt für das Leben. Es gibt die ethische Lebensformung, die viel Selbstbeschränkung in sich schließt, und es gibt die große „meta-ethische" Bewältigung des Lebens. Wer das zweite nicht kann und das erste nicht will, ist gebrochen und substantiell unglücklich. Er hat mehr Ekstasen als der Ethiker, Ekstasen der Unermeßlichkeit im Extensiven und Intensiven; und er hat mehr Schuldbewußtsein als der Eroberer, mehr Leiden an sich und den Dingen. Aber er erreicht keine Erfüllung. Er ist ein Versuchender und ein Versuchter, ein Tollkühner und Feiger zugleich. Er erobert und bleibt Gefangener. Er zeigt Möglichkeiten, vor denen der Ethiker zurückschreckt und die der Eroberer verwirklicht. Er ist irgendwo realitätslos, spielerisch; aber sein Spielen ist nicht die „erlaubte" Entspannung des Ethikers und nicht der Überfluß des Eroberers, sondern das ihm verhängte Schweben zwischen Wirklichem und Möglichem. Darum bedarf er strukturell der „Rechtfertigung", die für den Ethiker nur ein gelegentliches Korrektiv ist und an deren Stelle bei dem Eroberer die Begnadetheit steht.

Es kam die Nachricht von Fr. H.s Tod [Frieda Haußig[2]]. Sie hat vierfünftel ihres Lebens gearbeitet, um einfünftel Erfüllung zu haben. Ich schrieb an N. B. [Nina Baring], daß unsere Erfüllung je im Augenblick gefunden wird oder nie. Aber die Erfüllung des Jetzt enthält ja das Auf-zu, enthält also die Nicht-Erfüllung. Diesen Charakter: Erfüllung mit dem Element der Nicht-Erfüllung und dem Gehen-Auf-zu enthält die Zeit ihrem Wesen nach. Daher Erfüllung mit Ewigkeit verbunden wird. Die Idee der Ewigkeit in der Zeit würde dann das

Erlebnis von Zeit-Momenten bedeuten, in denen der Erlebnisinhalt die Auf-zu-Struktur der Zeit für das Erlebnis auslöscht. Schleiermachers Reden sind ganz auf dieses Erlebnis gegründet. Ich würde es mystische Vorwegnahme nennen. Jüdische und protestantische Eschatologie halten sich streng an die Auf-zu-Struktur der Zeit, ihre Erfüllung hat den Charakter der Erwartung, womit die Entwertung des Augenblicks verbunden sein kann und im extremen Fall die völlige inhaltslose Verlorenheit an die Zeitstruktur. Während die Mystik der Vorwegnahme gleichsam widerlegt wird im Augenblick nach dem Augenblick, wenn die Zeitstruktur sich durchsetzt. Daher das Gefühl der Leere nach dem Rausch der Vorwegnahme.

Erkenntnis ist Selbst-Verständnis einer Erkenntnis-Konstellation. Objektivität der Erkenntnis ist Wiederherstellbarkeit der Erkenntniskonstellation nach Auswechslung des erkennenden Subjekts. Eine wahre Erkenntnis ist demnach eine solche, die durch das gleiche Selbstverständnis einer Konstellation nach ausgewechseltem Subjekt bestätigt wird. Diese Definition setzt die Auswechselbarkeit der Subjekte voraus. Solche Subjekte sind aber nicht unmittelbar gegeben. Sie müssen präpariert werden. Die Präparierung kann auf negativem und auf positivem Weg vor sich gehen: Negative Präparierung auswechselbarer Subjekte geschieht durch die wissenschaftliche Askese, die dem Erkennenden seinen Ort an der Grenze der Konstellation zuweist, zu der er gehört. Der positive Weg der Präparierung auswechselbarer Objekte [Subjekte?] ist die gläubige Ekstase, die den Erkennenden in die Mitte der Konstellation stellt, der er sich bewußt werden soll. Auf diesem Wege aber verändert sich die Konstellation selbst; auch sie wird präpariert durch die Präparierung auswechselbarer Subjekte. Die Konstellation im ersten Fall verneint durch ihren besonderen Charakter gerade ihren Konstellations-Charakter; dies aber ist realiter nicht möglich, da nach der Voraussetzung Erkenntnis Ausdruck einer Konstellation ist. Wissenschaftliche Askese ist also eine Tendenz, die, zur Erfüllung gekommen, sich selbst aufheben würde. Es muß also so viel wie möglich „abstrahiert", d. h. Konstellationsmomente unberücksichtigt gelassen werden. Dies ist die Abstraktheit und zugleich die wissenschaftliche Größe der mathematischen Naturwissenschaft. Die neueste Physik zeigt, wo die Grenzen der Abstraktions-Möglichkeit liegen. Auch der andere Weg, der in die intensivste Konkretion, in eine möglichst weitgehende Identifikation mit der Situation hineinführt, verändert die Situation. Denn das Vorhandensein einer Gruppe gleichmäßig Gläubiger ändert die Realität. Die Mächtigkeit der Konstellation wächst. Andererseits ist auch diesem Wege des Erkennens eine Grenze geboten: Da es Erkennen ist, setzt es eine gewisse Scheidung von Subjekt und Objekt voraus. Die einfache Identifizierung mit der Konstellation saugt die Erkenntnis auf. So ist der Sinn dieses Weges, der Präparierung auswechselbarer Subjekte, eine Konstellation zu schaffen, deren Zentrum eine Polarität in sich birgt, die es ermöglicht, die Identifikation ohne Verzicht auf Erkenntnis zu vollziehen (ältere theologische Methode). So ist auch die Identifizierung im Erkennen eine Tendenz, genau wie die Askese und genausowenig erfüllbar wie jene.

Ein Konflikt zwischen der Erkenntnis der ersten und der zweiten Form ist grundsätzlich unmöglich, weil die absolute Konkretion des zweiten Weges durch die Abstraktion des ersten nicht gestört werden kann und umgekehrt.

Die Ausstellung der „Mobiles“ gesehen, wo die reine Bewegung zufälliger Formen und Farben durch Elektrizität oder labiles Schwergewicht den Eindruck hervorruft. Es ist ein Mittleres zwischen Spielzeug und Kunstwerk. Es ist kein reines Spielzeug; denn es konstituiert keine frei produzierte Welt mit immanentem, wenn auch willkürlich gesetztem Sinn. Und es ist kein Kunstwerk, weil die Synthese der bewegten visuellen Formen nicht so möglich ist wie die der akustischen Formen. Beim Kino ist es der sachliche Sinnzusammenhang, der die Einheit in der Zeit herstellt, z. B. Bewegungen des Meeres, von Bäumen und Menschen.

Die Fahrt der *Elevated* durch das Chicagoer Negerviertel gehört zu den entsetzlichsten Eindrücken von Möglichkeiten menschlicher Existenz: das Äußerste an Schmutz und Zerfall ohne irgendeine Versöhnung, wie man sie in den schmutzigsten Gassen Neapels und in den verfallensten Dörfern des Ostens finden mag. Ohne die Versöhnung der Architektur im ersten, durch Natur im zweiten Fall.

Nachher im „unteren“ Vergnügungsviertel das gleiche Entsetzen vor den Menschentypen. Auf wieviel verdorbenem und zerdrücktem Menschen-Dasein baut sich das geformte und erhobene Dasein einer kleinen Schicht auf. Der einzige Trost ist, daß diese Zerbrochenheit und Verdorbenheit nur an sich, d. h. für die gehobene Schicht, nicht für sich, d. h. die Betroffenen besteht. Oder doch? Im Unterbewußtsein, in dem ja die versäumten menschlichen Möglichkeiten irgendwie stoßen müssen in der Richtung auf Verwirklichung, besonders, wenn in Begegnungen mit der anderen Schicht die Möglichkeiten ins Bewußtsein dringen.

Wenn nun diese Menschen sich auf Grund ihrer menschlichen Möglichkeiten gegen ihre menschliche Wirklichkeit empören, so können sie aus sich heraus niemals das Schwerste schaffen, was es gibt: die gerechte Gesellschaftsordnung. Sie müssen, um das zu erreichen, organisiert und geführt werden. Die Organisation kann einen organisierten Vortrupp schaffen. Die Führung in Kampf und Organisation kann nur von denen geleistet werden, die jenseits der zu führenden Gruppe stehen, entweder, indem sie von der anderen Gruppe kommen, oder indem sie sich zu ihr emporgerungen haben. In allen Fällen aber ist es nötig, die innerlich und äußerlich im Untermenschlichen gebliebenen Massen diktatorisch zu lenken. – Die untere Mittelklasse hat gewisse menschliche Erfüllungen, daher ihre Überlegenheit gegenüber der untersten Schicht. Aber sie hat sie in so verzerrter Weise, daß die organisierten Vortrupps ihr menschlich und geistig weit überlegen sind. – Ob es möglich ist, unter dem Druck der faschistischen Reaktion in den organisierten Vortrupps das Bewußtsein der religiösen Berufung zu erwecken? Organisation auf bloßem Interesse gebaut, bricht bei jeder Differenzierung des Interesses auseinander, genauer: Ohne ein umfassendes Interesse bleiben die untergeordneten Gruppeninteressen maßgebend. Daher die religiöse Wucht des umfassenden nationalen Interesses. Das sozialistische ist höher. Aber es hatte sich an die untergeordneten Interessen verkauft.

Das moralische Experiment ist die größte aller Gefahren für das Werden einer geschlossenen Persönlichkeit. Es ist alles so viel leichter, wenn einem Gruppen von Möglichkeiten durch Tradition, Gewöhnung, Furcht, Klugheit usw. verschlossen sind. Die sittliche Problematik bewegt sich dann in so engen Grenzen, daß ein Zerreißen der Persönlichkeit unwahrscheinlich wird. Das sittliche Experiment durchbricht diese Grenzen, es gibt Ekstasen und raubt Glück. Glück ist nur möglich in einem Zustand sittlicher Geschlossenheit (auf hohem oder niedrigem Niveau). Das sittliche Wagnis, also die Durchbrechung des empirischen Gewissens, ist ein Verzicht auf Glück. Denn das Gewissen bleibt ja, auch wenn es durchbrochen ist, und klagt an und verteidigt. Vor dem Gerichtshof aber ist man nicht glücklich.

Das Ziel wäre, ein Handeln mit gutem Gewissen auf höherem

Niveau zu finden. Aber wenn dieses Ziel nicht erreicht wird? Wenn das Wagnis mißlingt, vor allem darin, daß es die alten Sicherungen, das Nicht-anders-als-gut-Handeln-Können zerstört, ohne die neue Sicherung auf höherer Ebene zu finden? Dann ist der Mangel an Glück chronisch geworden, und er treibt zur Verzweiflung, wenn die überdeckenden Ekstasen fehlen.

Vielleicht aber gibt es in diesem Fall noch eine andere Lösung: das Wagnis eines ekstatischen Guten, eines Opfers, zu dem der gesichert Gute nie aufgefordert wird. Der Wagende kann gerade wegen seines Mißlingens eine solche Forderung vernehmen und mehr wagen als vorher, noch mehr, noch einmal, so daß es nun gar kein Gelingen im moralischen Sinne, im Sinne der geschlossenen Persönlichkeit mehr geben kann. Wenn es so wäre, so wäre es eine letzte Rechtfertigung des moralischen Wagnisses, nicht eine moralische, nicht eine, die wir in der Hand haben, aber eine, die uns vielleicht widerfährt.

Ich sah Emanuel die Druckbogen seiner Entgegnung abgeben und dann zu mir kommen und mich zu einem Spaziergang auffordern. Ich war glücklich darüber im Traum.

Ich träumte, daß ich Hermann begegnete, ihn umarmte, und dann meinen Kopf in seinen Schoß legte. Es war warm und tröstlich.

Ich träumte, daß der Mann, der mir in Marburg im Traum begegnet war, am unteren Ende einer Leiter stand, die unten sich in Luft verlor. Der Mann hatte einen eleganten Anzug an. Ich erwachte mit einem Aufschrei.

Hannah schreibt von Todes- und Liebesträumen in den gleichen Tagen. Verbindung im Unbewußten? Gemeinsame Lebensangst? Sehnsucht nach Trost? Kann das Existentielle gemeinsam sein, und nicht nur allgemein? Kann die Aufstörung der Endlichkeitssituation in Angst, Verzweiflung, Sorge ohne bestimmten äußeren Anlaß, also wirklich ganz existentiell, in verschiedenen Individuen durch existentielle Kommunikation stattfinden? Gibt es so etwas? Oder ist es unbewußtes Wissen um das Gleiche, so daß die Einheit im Objekt läge?

Die große Natur wartet auf uns, unser unbedürftig, vollendet in sich. Sie wartet, daß wir uns von ihr erlösen lassen; und sie erlöst uns eben dadurch, daß sie unbedürftig reines Sein ist. — Darum gehe ich täglich an den See, immer erfolgreich, solange ich dort bin. Dann aber entläßt sie uns, müßte uns entlassen, weil wir bedürftig sind, auch wenn wir mitten in ihr blieben. Der Ruf des Bedürfnisses zwingt uns von ihr weg. „Ganz Chicago" kennt nur den Ruf des Bedürfnisses, nicht das unbedürftige Sein, das, wie ich früher einmal schrieb, „älter ist als jeder Zweck".

Wir müssen uns die Frage stellen, ob wir liberale Elemente festgehalten hätten, wenn der „Mythos der sozialen Gerechtigkeit" gesiegt hätte. Vielleicht nicht ausdrücklich, aber wir hätten die Elemente gestärkt, die grundsätzlich in dem Wissenschaftsglauben dieses Mythos enthalten sind. Wie weit und unter welchen Bedingungen kann die Häresie ertragen werden? Wenn die Grundlagen einer Gesellschaft oder auch einer seelischen Entwicklung fest genug sind, um auf ihnen einen weiten Bau mit entgegengesetzten Flügeln aufbauen zu können. Aber auch dann darf die Häresie nicht gegen das Fundament gehen, z. B. gegen Privateigentum, nationale Idee und Fortschritt. Das Bürgertum ließ Kritik dieser Dinge zu, obgleich sie sein Fundament sind – aber nur als Spiel einer einflußlosen intellektuellen Gruppe, die man sich zu diesem Zweck hielt. Als es Ernst wurde und der Kommunismus als politische Bewegung die Grundlagen der bürgerlichen Existenz realiter angriff, begann eine der schlimmsten Ketzerverfolgungen aller Zeiten. Das Bürgertum rottete die Kommunisten aus und opferte auch sein Spielzeug, das sich als gefährlich erwiesen hatte, die kritische Intelligenz.

Der Kommunismus unterdrückt die bürgerliche Häresie, wie das Bürgertum die kommunistische unterdrückt. Was tut der Geist in dieser Alternative?

Es ist merkwürdig, daß das Leben nie eindeutige Entscheidungen über seinen Charakter zuläßt. Wir haben die *Chicagoer Slums* und *Stockyards* und müssen von da zu dem Urteil kommen: das Leben ist etwas Grauenvolles; aber der das so sagt, hat zugleich die Decke der Sixtina mit Propheten und Sibyllen gemalt. Die *Stockyards* müßten einen zum Barthianer machen und am Sinn dieses sich selbstverzehrenden erniedrigten Lebens verzweifeln lassen. Die Sixtina zeigt das Transzendieren des Menschlichen mit der gleichen Eindruckskraft und läßt Barth als Barbaren erscheinen. Gibt es hier Kriterien einer möglichen Entscheidung? Oder muß diese Vieldeutigkeit als Qualität der Unerschöpflichkeit des Lebens hingenommen werden? Nun ist aber konkretes Lebendiges, Existenz, nur möglich als konkrete Entscheidung, oder was das Gleiche ist, als Individualität, das Sich-

Schöpfbarmachen oder die Geschöpfwerdung des Unerschöpflichen. Daraus wäre die notwendige Endlichkeit des Individuellen abzuleiten. Das Denken aber beansprucht mehr: Es geht der Unerschöpflichkeit, dem Sein selbst zu Leibe. Es will ihm die unendliche Zweideutigkeit nehmen. Diesem Willen gegenüber aber reagiert das Sein mit einem Doppelten: Es individualisiert das Denken und macht den Anspruch des Denkens, es erschöpft zu haben, durch die „Langeweile" des geschlossenen Systems zunichte. Ferner erweist es das Denken selbst als eine individuelle Möglichkeit, die als solche in der Zweideutigkeit dasteht, daß das Leben immer zugleich denkbar und undenkbar ist. Es hat dem Denken gegenüber Attraktion und Repulsion zugleich. Für Parmenides hatte es nur Attraktion. Infolgedessen mußte er das Zweideutige („Doppelköpfige") für Schein erklären.

Wie verhält sich Psychologie zur Phänomenologie? Und diese zu ontologischer Strukturanalyse? Das psychologisch Erste kann das ontologisch Letzte sein und umgekehrt. Was aber ist das Kriterium? Im Vordergrund ist der Mensch das „mutigste Tier". Wieso ist Angst strukturell tiefer? – Weil aus der Gegebenheit des Mutes die Angst nicht ableitbar ist, wohl aber umgekehrt: Mut als „Dennoch" gegenüber der Angst. Wer die Angst nicht kennt, kennt den Mut nicht. Dieser Satz ist nicht umkehrbar: Die Angst ist kein „Trotzdem". Andererseits setzt die Möglichkeit des „Trotzdem" die positive Seite der Endlichkeit voraus, nämlich, daß es ein Ende Unendlichkeit ist, daß es ausgeschlossenes Nichts ist, das sich dem Nichts gegenüber behauptet. Es kann sich aber, da es endlich ist, nur behaupten, indem es seine Endlichkeit „auf sich nimmt", also auch das Nichts, was uns endet, demgegenüber wir aber dieses, was es uns lassen muß, aktiv aufrechterhalten.

Die Stärke eines Menschen ist darum nicht die gegebene positive Endlichkeit: die bezeichnet nur die allgemeine Möglichkeit der Entgegensetzung gegen das Nichts; sondern die Größe eines Menschen ist die Kraft der aktiven Entgegensetzung gegen das in der eigenen Endlichkeit gegebene Nichts.

Der Todestrieb ist die Tendenz, sich dem Nichts zu ergeben, anstatt es auf sich nehmen.»

ANMERKUNGEN

1 G.W. 3, S. 13–82.

2 Frieda Haußig. Sie war Studentin bei Tillich in Dresden und starb 1935 bei einem Eisenbahnunglück.

XV. DIE „ENTDECKUNG" DES KONTINENTS I

1935

Zeittafel

Frühjahr 1935:	Reise in den Süden der Vereinigten Staaten: Tennessee Valley, New Orleans, Miami, Key West, Everglades, Silver Springs, Washington.
Juli 1935:	Geburt des Sohnes René.

1.

Die Vorlesungen in Chicago bieten Tillich die Chance, an einer interessanten Exkursion teilzunehmen. Sie führt ihn zum ersten Mal weit nach Süden, nach New Orleans, und er nutzt die Gelegenheit zu weiterem Vordringen in den ihm noch unbekannten Teil der Vereinigten Staaten. Freunden berichtet er:

«[...] Dann war ich eingeladen, den alljährlichen Ausflug des Seminars für Sozialethik mitzumachen, der diesmal nach New Orleans an den Golf von Mexiko führte und mich veranlaßte, statt nach Chicago zurückzukehren, über Florida und die ostatlantische Küste nach New York zurückzufahren. Es war eine der eindrucksvollsten Reisen meines Lebens, und ich will jetzt, wo ich kaum 14 Tage zurück bin, also noch unter dem frischen Eindruck stehe, ausführlich davon berichten.

Es waren im ganzen 23 Teilnehmer, Professoren, Studenten und andere interessierte Persönlichkeiten, Pfarrer, Herausgeber von Zeitschriften usw. Wir waren auf sechs Autos verteilt, was nicht schwierig ist, da hier jeder eins hat, auch viele Studenten, und fahren kann überhaupt jeder. Ich fuhr in dem Wagen von Prof. Pauck, von dem ich schon erzählt habe und der mir ein wirklicher Freund geworden ist. Der erste Tag war nicht so schlimm; wir fuhren erst mittag los und waren schon nachmittag um 6 in einer kleinen Landstadt, im Staate Indiana. Unterwegs begegneten wir zahlreichen Mennoniten, die ihre alten Trachten und zweirädrigen Wagen bewahrt haben, und Autos ablehnen, weil sie nicht in der Schöpfungsordnung vorgesehen sind. Wir trafen uns dann bei dem Leiter der ländlichen Fortbildungsschule, die im Zusammenhang mit ländlichen Konsumgenossenschaften besteht und für volkstümliche Unterhaltungsabende mit Liedern, Volkstänzen usw. sorgt. Alles wie bei uns, in Tiroler Trachten mit Aufführungen von vor allem dänischen Volkstänzen. Die Tatsache einer ländlichen Konsumgenossenschaft ist wegen des extremen Individualismus der Farmer besonders interessant: ein Produkt der Krise.

Am nächsten Tag kam die erste wirklich anstrengende Fahrt durch ganz Indiana von Norden nach Süden, unendliche Straßen immer geradeaus 100 und mehr km, ohne die kleinste Wendung. Erst stundenlang durch Zwiebelfarmen auf feuchter schwarzer Erde, dann eins der fruchtbarsten Gebiete für Weizen und Mais, braune lehmige Erde. Am Nachmittag kamen wir an den *Ohio River,* der, obgleich ein Nebenfluß des Mississippi, selbst ein gewaltiger Strom ist, von Bergen wie der Rhein umgeben, als wir kamen, gerade in schnell wachsender Überschwemmung begriffen. Hier blühte schon allerhand, die Sträucher und das Gras waren grün. Wir mußten das Öl wechseln, weil es für das Chicagoer Winteröl zu warm war. Jenseits des Ohio beginnen die Südstaaten. Zuerst Kentucky, wo wir in einem alten Hotel eines kleinen Landstädtchens übernachteten, bei warmen föhnigen Winden, die vom Golf von Mexiko heraufkamen. Schon hier zeigte es sich, daß die Neger zunahmen und das Straßenbild beherrschten. Am dritten Tag besichtigten wir das kleine Blockhaus (ein einziger Raum), in dem Lincoln geboren ist. Darüber ist jetzt in gutem klassischem Stil ein Mausoleum gebaut. Kentucky ist Bergland und sehr arm. Die Häuser oder besser Holzhütten stehen auf Pfählen. Außen ist ein Kamin angeklebt, sonst nichts. Das Hauptgefährt sind Mauleselkarren, dazwischen Autos aus dem ersten Jahrzehnt des 20. Jahrhunderts, vierrädrige Wagen, von denen man den Eindruck hat, daß die Deichseln abgeschlagen sind und ein Motor eingebaut ist. Immerhin sie fahren. Die ärmste Strecke enthielt Köhlerhütten, die unter dem Niveau einer besseren europäischen Hundehütte stehen. Man berechnet das Einkommen einer Familie, die in solch einer Hütte, ohne Bett, Tisch, Stühle usw. wohnt, auf 50 bis 60 Dollar im Jahr. Dazwischen gelegentlich klassizistische Herrenhäuser mit meistens vier großen weißen Säulen und kleinen oder großen Parkanlagen ringsherum. In einiger Entfernung die früheren Sklavenhütten, die zwar auch nichts sind als eine Bretterbude, aber doch besser aussehen als die Wohnungen der nunmehr befreiten armen Weißen und Neger.

Allmählich näherten wir uns dem ersten Hauptziel unserer Fahrt, dem berühmten *Tennessee Valley*, wo mit Hilfe eines Staudammes von der Regierung in Washington ein See mit einem Umfang von 1200 km gebaut wird. Viertausend arme und ärmste Hofgänger und kleine Farmer mußten dafür ihr Besitztum aufgeben und werden anderswo auf besserem Boden angesiedelt. Sie leisten aber trotz ihrer Armut den äußersten Widerstand und können wohl nur durch das langsam herannahende Wasser zum „freiwilligen" Verlassen ihrer Hütten veranlaßt werden. Juristisch ist die Sache deswegen so wichtig, weil die Zentralregierung hier zum ersten mal ein nichtkapitalistisches Unternehmen aufbaut und dafür den schwersten Kampf der kapitalistischen Mächte, vor allem der Kraftwerke und ähnlicher öffentlicher Unternehmen, die ja alle in privaten Händen sind, zu überwinden hat. Es gelingt nur mit Hilfe einer Interpretation der Verfassung durch den höchsten Gerichtshof, bei der die Tatsache, daß dieser See auch später der Schiffahrt dienen kann, zum Ausgangspunkt des Urteils gemacht wird. Denn die Regierung an sich darf nicht in die kapitalistische Konkurrenz eintreten. Ihre Absicht, einen kapitalismusfreien Sektor zu schaffen, kann sie nur durchführen durch eine Uminterpretation der Verfassung, und nur so lange, als der höchste Gerichtshof sie unterstützt. Wir wohnten in dem Barakkenlager, wo die Arbeiter an dem Damm untergebracht sind, und hatten eine Nachtbesichtigung des Dammes, an dem Tag und Nacht gearbeitet wird. Es war ein ungeheurer Eindruck, am Fuß der riesigen Pfeiler zu stehen, in die mit Hilfe von Gefäßen, die hoch oben in der Nähe der Sterne schwebten, ununterbrochen Betonmassen hereingeschüttet wurden. Am nächsten Tag hatten wir ein Zusammensein mit dem Direktor des Unternehmens, der uns viel über die technischen Erfolge und die politischen Widerstände erzählt hat. Es gibt hier Leute, wie z. B. einer meiner hiesigen Theologiekollegen, die geradezu das Heil der Menschheit von diesem Werk erwarten. Davon kann natürlich keine Rede sein, es ist im besten Fall eine standhafte Insel in einem Meer von Kapitalismus.

Das gilt auch für allerhand Siedlungen, die von der nationalen Regierung gemacht werden (national heißt hier „Washington" im Gegensatz zu den 48 Einzelstaaten, die weitaus selbständiger sind, als es die deutschen Staaten unter dem Kaiserreich waren.) Wir wurden von dem Leiter einer solchen wunderschön angelegten Siedlung herumgeführt. Ich kann aber auch hier mein Fragezeichen nicht zurückhalten. Wir fuhren dann weiter fast durchweg mit 90 km Geschwindigkeit durch Tennessee, Georgia und Alabama. In Alabama die ersten Baumwollplantagen, d. h. die dürren Restbestände vom vorigen Jahr. Ich fand einen besonders großen Flaus, der übrig geblieben war und schickte ihn an Erdmuthe.

Der natürliche Baum, der den ganzen Südosten Amerikas beherrscht, ist eine sehr einfache und auf die Dauer unendlich eintönige Kiefernart. Die Plantagen in allen Südstaaten, die ich gesehen habe, liegen auf Rodungen zwischen diesen Kiefern. Das Ganze ist sehr eintönig. Nur in den Orten wird es schön. Die Obstbäume, vor allem Pfirsiche und Birnen blühten, noch weiter nach Süden sind sie schon fast abgeblüht, und alles ist vollkommen grün wie im deutschen Spätfrühling.

Wir besichtigen ein wunderschönes Negercollege. Es ist gegründet und erhalten von der methodistischen Kirche. Der Präsident ist ein Weißer, die Professoren teils Weiße, teils Neger. Unglaublich mannigfaltig ist die Rassenqualität der studierenden Negerstudenten und -studentinnen. Vom reinsten Weiß bis zum dunkelsten Schwarz sind alle Farben vertreten. Auch Mischungen mit allen anderen Rassen sind bemerkbar und ergeben zum Teil sehr interessante Typen. Noch vor wenigen Jahren waren Professoren und Studenten des Colleges von rabiaten und ressentimentgeladenen Kleinbürgern des Südens täglich bedroht und mußten zum Schutze Waffen mit sich führen.

Jetzt hat sich die Idee, daß auch der Neger zur höheren Bildung berufen ist, mit Hilfe der christlichen Kirchen weitgehend durchgesetzt. Doch sind die Gegensätze immer noch äußerst scharf. So sind im ganzen Süden in den Eisenbahnen besondere Negerwagen, in den Elektrischen besondere Bänke, in manchen Eisenbahnstationen besondere Eingänge, Schalter und Warteräume. Besonders pikant ist es, wenn unter der Überschrift *„for men“* oder *„for women“* zu lesen ist: *„white only“*. Merkwürdig ist, daß im Süden die Neger viel schwärzer sind als im Norden. Es scheint, daß der Mangel an Sonne ihr natürliches Fell ausbleicht. Sehr malerisch sehen die Feldarbeiter aus mit ihren schwarzen Gesichtern und blauen Arbeitskitteln. Einer der Hauptgründe für den Rassenhaß ist die Tatsache, daß die *„poor white“* ökonomisch und sozial zum Teil unter den Negern stehen und ihren Minderwertigkeitskomplex durch das Gefühl, einer überlegenen Rasse anzugehören, überkompensieren müssen. Die immer wieder vorkommenden *„lynchings“* sind ein Versuch, das wankend gewordene Superioritätsgefühl wiederherzustellen, deswegen trotz der Opposition aller Kirchen und aller anständigen Menschen in Amerika so schwer auszurotten. Im übrigen ist das Problem nicht einfach. Es gibt beachtliche Vorschläge, bestimmte Südstaaten durch

Umsiedlung vollkommen den Negern zu überlassen. Außer den ökonomischen Schwierigkeiten, die dagegen stehen, wird besonders von religiöser und sozialistischer Seite eingewandt, daß auf diese Weise die große menschliche Leistung, die das Zusammenleben verschiedener Rassen auf einem Raum bedeutet, unmöglich gemacht wird. Die Frage ist allerdings, inwieweit man von Menschenmassen verlangen kann, was einzelnen religiös oder humanistisch geformten Menschen selbstverständlich ist.

Von dem Neger-College fuhren wir durch die Kieferbarren-Sandwellen, mit Kiefern bewachsenen und baumwollbepflanzten Tälern dazwischen, durch den nördlichsten Teil des Staates Alabama. Über den Kiefern stand rötlich leuchtend „der Mond von Alabama", den wir oft von der Grammophonplatte aus der Weil'schen Oper Mahagonny haben besingen lassen. Ich hätte nicht gedacht, daß ich ihn einmal *in natura* erleben würde. Am Abend fuhren wir in Montgomery ein, der Hauptstadt der Südstaaten während des Bürgerkrieges, mit vollkommen südlicher Vegation und sommerlicher Wärme. Am nächsten Tag ging es weiter, unendlich lang immer durch Kiefern, so daß ich mich wie gefangen fühlte und heiß den Augenblick ersehnte, wo endlich statt eines neuen Kiefernwaldes der Golf von Mexiko auftauchte. Wir fuhren dann den ganzen Tag an ihm entlang, vielfach über kilometerlange Brücken mit schmutzig-gelbem Flußwasser, blieben zwei Stunden in einem noblen Badeort mit südlicher Vegetation und fuhren dann bei Mond- und Sternenschein zwischen Froschgequak und Leuchtkäfern auf fantastischen unheimlichen Wegen durch die Mississippi-Sümpfe in New Orleans ein. Noch am selben Abend machten Pauck und ich einen Bummel durch das altfranzösische Viertel, das sehr stark an Montmartre in Paris erinnert. Auch mit Marsaille hat es Ähnlichkeit, insofern als in der Nacht darauf in einem der *„night-clubs"* ein reicher Mann von einem eifersüchtigen Tanzmädchen ermordet wurde. Wir hörten, daß das sehr häufig dort vorkommt, da die Frauen immer vor Gericht freigesprochen werden. Am nächsten Morgen besichtigten wir die zahllosen Antiquitätenläden, die auch an gewisse Pariser Viertel erinnern, und aßen in einem wundervollen französischen Restaurant wie in Paris ohne Speisekarte, nur auf Empfehlung des Kellners so gut, wie man sonst in ganz Amerika nicht essen kann, dazu mit bestem französischen Wein: eine glückliche Stadt in Europa.

Am Nachmittag wurden wir von einem Gewerkschaftssekretär erst durch die Negerslums und dann durch die wundervollen Wohnviertel der Reichen mit herrlichen Palmengärten geführt. Der Gegensatz ist wirklich wie Hölle und Himmel. Auf dieser Basis muß man den ungeheuren Einfluß des Senators Huey Long verstehen, dem unser eigentlicher Besuch galt, weil er von vielen für den kommenden Diktator Amerikas gehalten wird und mit den europäischen Diktatoren verglichen wird. Wir erlebten ihn in einer Funkstunde im gleichen Raum, wo er sprach, ein energischer, intelligenter Geschäftspolitiker aus ganz armen Haus ohne wesentliche Schulbildung, die Massen mit dem Versprechen gewinnend, daß unter seiner Diktatur jeder Amerikaner ein Einkommen von fünftausend Dollar haben kann. Sein Einfluß in dem durch den Bürgerkrieg und die Sklavenbefreiung sozial zerstörten und durch den Feudalkapitalismus ausgesogenen Süden ist außerordentlich. Die beiden alten Parteien, Demokraten und Republikaner, sind in großer Sorge, daß er und sein Anhang in eventuellem Bündnis mit dem katholischen Pater Couglin, der von Detroit aus viele Millionen mehr oder weniger sozialistisch organisiert hat, in der nächsten Präsidentenwahl das Zünglein an der Waage bilden wird: Lauter Entwicklungen, die allen amerikanischen Traditionen ins Gesicht schlagen und den heftigen Widerstand der alten Politiker hervorrufen.

Auf dem Mississippi sahen wir eine Flotte von über 50 großen Schiffen, die im Kriege für den Truppentransport bestellt waren, aber als seeuntüchtig niemals benutzt werden konnten, ein unheimlicher Schiffsfriedhof und ein Symbol der Verschwendung in diesem Lande.

Am nächsten Tag wurde mir von der ganzen Gesellschaft ein Abschiedsessen gegeben, wobei ich eine Rede über Völker mit tragischem Schicksal und Völker mit Hoffnung hielt. Dann trennte ich mich und fuhr allein eine Nacht und einen Tag durch Louisiana, Alabama und Florida nach Jacksonville, der nördlichen Hauptstadt von Florida und noch am Abend weiter nach St. Augustine, einer der ältesten spanischen Ansiedlungen in den Vereinigten Staaten. Auf der ganzen Fahrt wechselten Kiefern mit Sumpfstreifen, rechts und links von Flußläufen, ab. Dazwischen Tabak- und Baumwollpflanzungen. Die Hitze erinnerte mich, obgleich es März war, an eine Fahrt, die ich im August in Sizilien gemacht habe. Die Stadt St. Augustine, die ich am nächsten Morgen besichtigte, ist im altspanischen Stil gebaut, große Hotels und sehr alte, ganz kleine Häuschen, alles Palmen und andere südliche Bäume. Hier nahm ich mein erstes Bad im Atlantischen Ozean. Man kann nicht weiter hereingehen, als man stehen kann, weil die Gefahr durch die Haifische zu groß ist.

Am Nachmittag fuhr ich an der Großatlantischen Küste entlang, vielfach durch Palmenurwälder und große wundervolle Orangenplantagen, nach Palm Beach. Überall an der Bahn blühte weißer und roter Oleander und ein mir unbekannter Strauch mit riesenhaften roten Blüten. In Palm Beach fand ich, obgleich es so ziemlich der eleganteste Badeort von Amerika ist, ein billiges Hotel, das auch primitive Zimmer für Wandervögel hatte. Der erste Gang durch den Ort war überwältigend. Außer einem Riesenhotel mit großem Park gibt es fast nur Privatvillen. Jede Villa ist in einem Garten von unbeschreiblicher Schönheit – Palmen und zahllose tropische Blumen! Was man in Italien an Palmen sieht, macht einen kümmerlichen und künstlichen Eindruck dagegen. Hier hat der Mensch ein Paradies gepflanzt, wie überhaupt meine ganze bisherige Erfahrung in Amerika mir zeigt, daß die von Menschen unbearbeitete Natur nur Material ist, und daß die „schöne Landschaft“ von Menschen gepflanzt ist. Auf die Frage „Wer hat dich, du schöner Wald, aufgebaut so hoch da droben?“ gibt es nur die Antwort „Der Oberförster“, oder höchstens, mit Aristotelischen Kategorien zu sprechen: „Die Schöpfung gab die Materie und die menschliche Tätigkeit die Form“. Am Abend setzte ich mich ganz allein in einen Palmenhof mit bunten Lichtern zwischen dichten dunklen Palmen, einem Tanzplatz in der Mitte und Tischen rings herum. Eine Kapelle spielte schwermütige Melodien, ein Sänger sang französische Lieder, von oben leuchtete der große Bär herein und erinnerte mich an Spaziergänge an Watt und Bodden.

Am nächsten Morgen ging ich im Badeanzug und barfuß wie alle Leute vom Hotel durch Palmenstraßen an den Strand. Der Sand war so heiß, daß man kaum darauf gehen konnte. Das Meer ist nicht blau, sondern intensiv grün, wie ich es weder in Italien noch in Deutschland je gesehen habe. Ununterbrochen fuhren die großen Schiffe vorbei, die zwischen New York, Panamakanal, Mittel- und Südamerika verkehren. Am Mittag ging es weiter nach Miami, dem südlichsten Ort von Florida, eine große Stadt mit Wolkenkratzerhotels davon getrennt durch einen breiten *„sound“ Miami-Beach,* wo ich ein billiges Hotel unmittelbar am Strand fand. In Miami blieb ich im ganzen fünf Tage. Es ist lange nicht so aristokratisch wie *Palm Beach,* aber geeigneter für Nichtvillenbesitzer zum Leben und Baden. Da es in Amerika weder Strandkörbe noch Strandzelte gibt, so ist es sehr wichtig, daß in Miami viele große Palmen auf dem Strand und unmittelbar dahinter bis zur Strandpromenade wachsen. Unter ihnen liegt man, wenn man Schatten haben will, denn die Sonne war so glühend, daß ich trotz Vorsicht nur mit Mühe dem Sonnenbrand entgangen bin und noch heute, Anfang Mai, ganz braun gebrannt bin. Der größere Teil der Tausende von Badenden ist der Mittelstand.

Die Millionäre sammeln sich in zwei bis drei Arten von Hotels, die genauso exklusiv sind wie das Leben dieser Schicht überhaupt ist. Am Nachmittag arbeitete ich an der Sundseite der Stadt Miami in einem großen, sehr schönen Park, in dem mich besonders ein Palmendschungel anlockte. Auf diesem Wasser liegen die Yachten, mit denen die reichen Amerikaner über alle Meere fahren, z. T. wundervolle Schiffe. Eine der Haupttätigkeit der Gäste sind die Motorbootfahrten mit Fischfang. Nachmittags zwischen 5–6 Uhr kommen alle die Boote zurück und bringen riesige Fische in großen Mengen mit, die im Hafen sofort zerschnitten und verkauft werden. Eines Abends war die ganze Luft mit Rauch gefüllt, der die Augen zum Tränen brachte, von einem Waldbrand in über hundert Meilen Entfernung. Die Hitze war dauernd sehr groß. Man schwitzt Tag und Nacht. Am 8. April ist schon das offizielle Ende der Saison, weil es nachher zu heiß wird.

Am vierten Tag machte ich eine Fahrt nach dem südlichsten Ort der Vereinigten Staaten, Key West, eine Insel im Golf von Mexiko mit einer kleinen Stadt drauf. Man fährt von Miami noch fünf Stunden Schnellzug, eine der wunderbarsten und fantastischsten Fahrten, die es wohl überhaupt gibt. Nach zwei Stunden nämlich verläßt man das Festland und fährt drei Stunden lang von einer Insel zur anderen auf Viadukten über das flache Wasser des Golfs. Die Entfernung von einer Insel zur anderen ist an zwei Stellen so weit, daß man das andere Ufer nur mit Mühe sehen kann. Die Inseln stammen alle von Korallenablagerungen, der Boden besteht gleichsam aus versteinerten Schwämmen. Auf den Pfählen rechts und links sitzen Scharen von Pelikanen mit riesigen Schnäbeln. Man kommt im Hafen von Key West unmittelbar neben dem Schiff an, das eine Stunde später nach Kuba weiter geht. Die Fahrt nach Havanna dauert nur sechs Stunden. Genau nach drei Stunden überschreitet man den Wendekreis des Krebses, kommt also in die volle tropische Zone. Dementsprechend war die Hitze, die mich nach dem Mittagessen sofort in das Wasser trieb. Sowohl zu Wasser wie zu Lande hatte ich ein Abenteuer. Als ich zur Badestelle wanderte, wurde ich plötzlich von einem Auto der Fremdenpolizei aufgehalten, die mich für einen der kubanischen Revolution entflohenen Studenten hielt! Nach einigen aufklärenden Bemerkungen forderte man mich höflich auf, eine Spazierfahrt durch den Ort sozusagen als Entschuldigung mitzumachen.

Während des Schwimmens kam plötzlich eine Glasmuschel mit herrlichen Farben wie venetianisches Glas auf mich zugeschwommen, leicht und wunderbar auf den Wellen schaukelnd. Ich schwamm hinterher und wollte das Ding antasten, aber schon hatte ich schwarze haarige Fangarme um meine Finger, die wie Feuer brannten. Mit Mühe riß ich mich los und rieb auf Anraten der anderen Badegäste meine Hand dauernd mit Sand ab. Ich habe das Brennen aber noch fünf Stunden lang gefühlt. Das wundervolle Tier wurde an den Strand getrieben und von dem Strandwärter unschädlich gemacht.

Die Bevölkerung des Ortes ist ganz kreolisch, spanisch-indianische Mischung. Betteljungen und Chauffeure, die ihre Autos anpreisen wie in Neapel! Die Rückfahrt bei sinkender Sonne über dem Golf von Mexiko war besonders schön. Von dem Coupéfenster aus sah man im flachen Wasser die großen Fische, Delphine, Schwertfische, einen Haifisch und andere, schwimmen. Nach einem Ruhetag mit zwei großen Bädern in Miami fuhr ich am nächsten Tag mit dem Autobus an die Westseite von Florida. Der Autobus ist die große Konkurrenz der Eisenbahn, sehr viel billiger und fast ebenso schnell, aber weniger bequem, dafür intensiver in der Landschaft. Erst ging es 120 Meilen (ca. 180 km) geradeaus ohne Krümmung einen alten Indianerpfad entlang durch die unendlichen Everglade-Sümpfe. Nichts als Gras, Büsche, hier und da vereinzelte Palmengruppen. Riesige krähenartige Vögel wurden vom Wagenführer aufgescheucht, damit sie nicht an den Wagen geschleudert wurden. Hier und da eine Indianersiedlung; eine davon konnten wir besichtigen, leider ganz auf Fremdenverkehr zugeschnitten. In Tampa, der Hauptstadt des westlichen Florida, hatte ich einige Stunden Aufenthalt und benutzte sie vor allem, um das spanische Viertel zu besichtigen, das sehr originell und eindrucksvoll für amerikanische Verhältnisse ist.

Am Abend fuhr ich weiter in das innere Fluß- und Dschungelgebiet. Hier erlebte ich am Tag darauf den Höhepunkt der ganzen Reise. Silversprings ist eine unterirdische Quelle, die an jedem Tage so viel lauwarmes Wasser aus der Erde hervorbringt, daß alle Amerikaner vier Tage davon trinken könnten. Infolgedessen entsteht ein sehr schneller und tiefer Fluß, der von dem Quellenbassin bis zur Mündung für große Motorboote schiffbar ist. Zuerst fuhr ich auf einem Motorboot mit Glasboden in der Mitte, von dem aus man bis zu 20 m Tiefe zwischen Felsen und Pflanzen mehr Fische sieht als sonst in einem großen See zusammen. Dazwischen alle Sorten von Schildkröten von den größten bis zu den kleinsten. Es ist ein Bild von überwältigender Fantastik. Dann fuhr ich auf einem zweiten Motorboot etwa eine Stunde lang den Fluß hin und her. Rechts und links von dem schmalen, aber sehr tiefen Flußlauf ist vollkommener tropischer Dschungelwald, undurchsichtig und bewacht von zahlreichen Alligatoren, die faul und glotzend auf dem Sand lagen und nach Ankunft des Bootes in die Tiefe glitten, und von Schlangen aller Art, die sich um die ausgetrockneten Baumwurzeln ringelten, darunter vor allem eine sehr große Moccassinschlange, die mit einem Biß soviel Gift produziert, daß mindestens dreißig Menschen davon sterben können. Hier und da stand ein höchst fantastischer langbeiniger und langschnäbliger Vogel am Strand. Überall zahlreiche große Schildkröten und eine wundervolle sternartige weiße Blume, so groß und schön, wie ich nie eine gesehen habe.

Nach der Rückkehr versuchte ich, allein von der Landseite her zum Flußufer vorzudringen, das erste Mal kam ich an eine Blechhütte, wo eine riesige Schildkröte von einem faulenden Baumstamm ins Wasser glitt und gleich darauf eine Gesellschaft von höchst negerhaft aussehenden Negern durch den Busch brach, um an der Stelle zu baden. Das gab eine meiner besten Fotografien. Ich versuchte es dann noch an einer anderen Stelle, jeden Schritt nach Schlangen absuchend, gab es aber nach einiger Zeit auf, als ich merkte, daß ich den Rückweg verlieren könnte. Das hätte ernsthafte Lebensgefahr bedeutet. Ich besuchte dann noch andere Stellen, vor allem einen Waldteil, der wie überall im Süden dick mit Bäumen bestanden war, von denen spanisches Moos in fantastischer Weise herabhing. Die Bäume leben, aber ihr eigenes Grün ist fast völlig verdeckt durch das bärtige Moos, das überall fast senkrecht herunterhängt und einen märchenhaften Eindruck macht.

An dem gleichen Nachmittag und Abend fuhr ich dann noch per Autobus in einer z. T. sehr heißen und unangenehmen Fahrt bis Savannah, der Hauptstadt des Staates Georgia, einem Zentrum des Baumwollhandels. Ich besuchte am nächsten Morgen die Baumwollkontore, die wunderschön oberhalb eines Flusses liegen. Dann weiter in vierstündiger Fahrt nach Charleston, der Hafenstadt von South-Carolina. Sie liegt auf einer Halbinsel zwischen zwei großen Flüssen, die dort vereint ins Meer fließen: eine alte, spanisch-europäische Stadt mit schönen Häusern, alten Gärten und Höfen und dem berühmten Fort Samter, wo der erste Schuß in dem furchtbar blutigen Bürgerkrieg zwischen Nord und Süd um die Sklavenbefreiung abgegeben wurde. Dann ging es in einer sehr langen Eisenbahnfahrt durch South- und North-Carolina, Virginia nach Washington, wo ich einen Tag blieb. Auf der Fahrt war das Grün der Bäume immer schwächer geworden, zahllose Farmen zwischen Kiefernwaldungen, alles eintönig und ohne den Reichtum, den Europa auf einer so langen Fahrt aufweist.

Ganz glücklich war ich nach all der südlichen Hitze, als ich in North-Carolina am Abend den ersten Mann mit einem Mantel auf dem Bahnhof sah. Mein Gefühl war: Bleibe im Norden und nähre dich redlich, denn im Süden ist Arbeiten unmöglich. Ich genoß dann am nächsten Tag das kühle frische Wetter in Washington und besuchte das Kapitol, das Weiße Haus, den Obelisk und vor allem das Lincolnmemorial und einen kleinen See, der umgeben ist von japanischen Kirschen, die der Mikado geschenkt hat und die gerade in voller Blüte waren, eines der schönsten Dinge, die man überhaupt sehen kann. Washington ist etwas ganz Großzügiges, das Regierungsviertel ganz in gutem Klassizismus gebaut, breite, Champs-Elyseeähnliche Anlagen, die nach Wegräumung einiger recht amerikanischer Scheußlichkeiten die Bedeutung des Ortes als Hauptstadt eines 130 Millionenvolkes zum Ausdruck bringen werden. Hier ist auch das Gebäude der Kongreß-Bibliothek, der weitaus größten der Welt, mit der alle amerikanischen Bibliotheken im Austauschverhältnis stehen. Ich kann nur sagen, daß die Amerikaner trotz der fürchterlichen Stilverwilderung, die im 19. Jahrhundert hier die meisten guten alten Dinge zerstört hat, da auf der Höhe geblieben sind, wo es sich um ihre wenigen historischen Erinnerungen handelt.

Am Nachmittag fuhr ich durch Maryland, (mit dem katholischen Zentrum Baltimore: Sitz des amerikanischen katholischen Primas) und Delaware nach New York zurück. Ich war jetzt auf dem Boden von 25 von den 48 amerikanischen Staaten, die sehr wenige Amerikaner erreicht haben. Für mich ist durch diese Reise Amerika weitgehend aus einer Möglichkeit in eine Wirklichkeit verwandelt worden. Geschichte und aktuelle Probleme haben einen ganz anderen Sinn bekommen durch das Bild der Landschaft, ohne das für mich der Hintergrund so sehr fehlt, daß die Dinge für mich nicht Erlebnisse waren.

Eine Woche später hatte ich vier wichtige Vorträge über die Lehre vom Menschen an der *Yale-University* zu halten (in New Haven, Connecticut), wo unser Freund Wolfers jetzt die für einen Ausländer fast unbegreifliche Karriere gemacht hat, *Master* eines der dortigen Colleges zu werden. Gründonnerstag und Karfreitag, die hier in keiner Weise gefeiert werden, sondern volle Arbeitstage sind, hatte ich Vorträge in dem berühmten Mädchen-College, *Smith-College,* wo zweitausend Mädchen zwischen 16 und 20 Jahren in wundervoller

Weise die normale höhere Bildung der Amerikaner erhalten. Es ist ein Zwischending zwischen Prima und den ersten Universitätssemestern in Deutschland. Man hat dort eine Anzahl ausgezeichneter Professoren (deutsche), u. a. den Psychologen Koffka aus Gießen und den glänzenden Historiker Hans Kohn.

In den Ostertagen war ich bei unseren Freunden Ulichs in Cambridge bei Boston und hatte einen Vortrag auf Grund einer Stiftung aus dem 17. Jahrhundert über natürliche Theologie zu halten. Von Deutschland waren da: Der Leipziger Kunsthistoriker Korff und Frau und der Kölner Soziologe Leopold von Wiese. Ein Osterausflug führte uns in die Berge von New Hampshire, die dem deutschen Mittelgebirge sehr ähneln. Ein Berg, auf dem wir waren, glich in Charakter und Aussicht dem Feldberg bei Frankfurt, daß ich den ganzen Tag unter der Suggestion stand, im Taunus zu sein. Im Staate Massachusetts, zu dem Boston und Cambridge gehören, sahen wir eine Reihe alter Städte im schönen Neu-Englandstil. Ein Gasthaus, in dem Longfellow, Lafayette, Emerson gewohnt haben, ferner die Stelle, wo der erste Schuß im amerikanischen Befreiungskrieg gegen England fiel. Charakteristisch für Amerika und schön endigt die Inschrift auf dem Denkmal mit einem Hinweis auf den langen Frieden, der die damals befeindeten, seitdem lange befreundeten Nationen verbindet, wie auf dem großen Monument des siegreichen Generals Grant gegenüber unserem Hause in New York nur die Worte stehen:
„Let us have peace!“

Unsere Sommerpläne sind abhängig von der Geburt des Babys, Hannahs und des Babys Befinden, Geld und den sonstigen Zukunftsplänen, die alle noch schweben. Die größte Wahrscheinlichkeit ist, daß wir ein weiteres Jahr an *Union Seminary* in New York bleiben. Und sicher ist, daß wir uns für Hannah und die Kinder, falls alles gut geht, einen Ort an einem See oder einem Meer für den Sommer suchen. Dann mehr.

Bis dahin viele herzliche Grüße Euch allen,

Paulus, Hannah, Erdmuthe.»

XVI. EUROPÄISCHES INTERMEZZO

1936 und 1937

Zeittafel

April 1936:	Abfahrt nach England zur Vorbereitung der Weltkirchenkonferenz in Oxford.
Mai, Juni, Juli:	Aufenthalt in Holland, Belgien und Frankreich.
28. Juli – 15. August:	Ökumenisches Seminar in Genf.
6. August:	Abfahrt über Lausanne, Montreux nach Ascona.
20. August:	Feier von Tillichs 50. Geburtstag in Ascona.
22. August:	Abfahrt nach Chamonix, Treffen mit den Verwandten aus Deutschland.
12.–25. Juli 1937:	Weltkirchenkonferenz in Oxford, anschließend Reisen im westlichen (nichtdeutschen) Europa.

1.

Schon 1934 war auf einer Tagung des Ökumenischen Rates für praktisches Christentum beschlossen worden, im Jahre 1937 eine ökumenische Weltkonferenz in Oxford stattfinden zu lassen mit dem Thema „Kirche, Volk und Staat". Die vorbereitende Arbeit wurde einem Ausschuß unter der Leitung von J. H. Oldham übertragen. Oldham lernte bei einer seiner vorbereitenden Amerikareisen Tillich kennen und forderte ihn auf, sich an der Konferenz zu beteiligen.

Tillichs Stelle am Union Theological Seminary als „Visiting Professor" war keine Lebensstellung. Er konnte nicht sicher mit jedesmaliger Verlängerung des Vertrages rechnen. So war ihm das Angebot, an der Weltkirchenkonferenz in Oxford teilzunehmen, nicht nur wegen des Wiedersehens von Europa willkommen, es bot ihm auch Gelegenheit, sich beruflich umzusehen. Sein Reiseplan war von Anfang an darauf abgestellt, den ganzen Sommer in Europa zu verbringen, dabei viele alte Freunde wiederzusehen und so viel wie mög-

lich Vorträge zu halten. Letzteres war nötig, um zu den Reisespesen beizutragen.

Das Wiedersehen mit Europa – ohne Deutschland besuchen zu können – war für Tillich natürlich mit ambivalenten Gefühlen verbunden. Jeden Tag neue Menschen oder alte Freunde, die ihn unbedingt sehen wollten! Die Flut der Eindrücke hat Tillich in regelmäßigen Tagebuchnotizen festgehalten. Die Stichwort-Form der Eintragungen läßt die Erlebnisse manchmal etwas blaß erscheinen oder vermittelt dem Leser oft kein klares Bild der Ursachen und Umstände. Das erste Land, das Tillich aufsuchte, war England, wo er mit dem Theologen Oldham zu regelmäßigen Sitzungen zusammentraf.

18. April 1936 [1]

«Am Morgen um $^3/_4$ 5 Wecken, schnelles Frühstück, Paßrevision. Ich werde gefragt, ob ich auch keine definitive Anstellung will. Dann auf Deck. Die Bucht von Plymouth in kalter rötlicher Morgensonne, wie bei der ersten Einfahrt in New York. Aber herrliche Landschaft, europäischer Wald. Mit einem Tender an Land. Herdenviehhafte Zollrevision, 3 $^1/_2$ Stunden Fahrt nach London, zuerst durch die herrliche südwestliche Hügellandschaft mit grünenden Bäumen und massenhaft blühenden Primeln. Am aufregendsten das intensive Grün der Wiesen. Auf die Frage nach dem Eindruck, den es auf erstmalige Europareisende aus Amerika macht, erhalte ich die Antwort: So sauber und so natürlich – der Gegensatz von der technisch zerstörten Landschaft Amerikas – zugleich wohl auch im Unterschied von der unschönen Wildnis vieler Gegenden im nicht industrialisierten Amerika. – Die Züge fahren unglaublich schnell. Wir hielten kein Mal auf der ganzen Fahrt. – Am Bahnhof war Mrs. Niebuhr und ein sehr netter junger Pfarrer Lister, Assistent von Oldham. Wir lunchten zusammen im Bahnhofsrestaurant auf englische Weise, ganz anders als die leichte französische Küche. Dann auf dem Dach eines Busses durch London. Mir kommt alles sehr klein und altertümlich vor, selbst die *London-Bridge* ist unimposant im Vergleich mit *Brooklyn-Bridge*. Abfahrt von *Liverpool-Station* nach Norwich, Hauptstadt des östlichsten Kreises von England, so daß ich in einem Tage vom äußersten Südwesten zum äußersten Osten in zusammen fünf Zugstunden gefahren bin. So klein ist das Land, das über die Politik der Welt entscheidet. Überall das gleiche Grün, Bäume und Sträucher, Blumen und Dörfer. Ich fühle mich bedrückt, denn es ist Heimat als Europa und doch nicht Heimat als Nicht-Deutschland. Am Bahnhof Oldham mit einem herrlichen Auto, das der Chauffeur von Lord

Lothian mit dauernd 100-km-Geschwindigkeit durch die gewundene Landstraße lenkt. Gegen 6 1/2 Uhr Ankunft in *Blickling-Hall,* einem der berühmtesten alten Landsitze des englischen Adels. Holländische Renaissance von 1620. Der Butler und zwei Diener ergreifen mich. Einer nimmt meinen Koffer, um ihn auszupacken. Ich werde zu diesem Zweck weggeschickt. Nachher ist alles fabelhaft geordnet im Zimmer aufgebaut. Unten zeigt mir Oldham zwei herrliche Holbeins, van Eyk, Canaletto etc. Im Treppenhaus eine Holzstatue von Anna Boleyn, die im Nebenhaus geboren ist; ein Riesenwandteppich, den Katharina II. einem Vorfahren, englischen Gesandten in Petersburg, geschickt hat, mehrere Lawrence-Bilder von Ahnen des Hauses, viele sonstige Ahnenbilder, die eine unverkennbare Ähnlichkeit mit dem Lord, letzten, kinderlosen Nachkommen des Hauses Lothian haben. Er selbst wird mir vor dem Dinner — natürlich im Dreß — vorgestellt, ein kräftiger Mann, dem eine Ritterrüstung stehen würde, Mitglied des Oberhauses, mit aller Welt bekannt, Christlicher Demokrat. Vor dem Essen Sherry, zum Essen allerhand Weine. Ich sitze neben ihm, und wir sprechen über Demokratie und Freihandel. Nach Tisch Diskussion der Konferenz, Lord Lothian *Chairman*, Oldham, Pfarrer Menn aus Andernach, alter Religiös-Sozialer, Schönfeld und Ehrenstrong vom Büro der Konferenz zur Vorbereitung der Oxforder protestantischen Weltkonferenz, der Präsident des französischen Kirchenbundes, je ein Professor aus Oxford und Cambridge, ein jüngeres Mitglied des *Foreign-Office*, der Sekretär der Stockholmer Konferenz, ein Professor der Rechte aus Leipzig. Problem: Kirche und Nation. Am Abend praktische Debatte über das Buch, das zur Vorbereitung von Oxford zu schreiben ist.»

19. April 1936

«Mit wirbelndem Kopf nach zwölf — Sommerzeit in dieser Nacht — ins Riesenbett mit schönem Brokatwandteppich zu Häupten und brennendem Kamin zu Füßen. Am Morgen vom Diener mit Tee und Sandwiches nebst warmen Wasser geweckt. Unten Frühstück mit Selbstbedienung, dann in den fürstlichen Park. Vor meinem Fenster eine Böcklin-Wiese mit vielfarbigen Hyazinten, dahinter uralte, unbeschreibliche Konipheren. An der anderen Seite an Stelle des Burggrabens ein gesenkter Garten mit Kamelien, dann ein breiter Streifen mit Buchsbaum-Einfassung im französischen Stil. Ich stelle fest, daß Menn über die deutsche Lage genauso denkt wie ich. Von 10 bis 1 Diskussion. Ich gebe ein Exposé meiner Interpretation der europäischen Lage und greife die englische Friedenspolitik an. Lord

Lothian lädt mich nach Tisch zu einem einstündigen Spaziergang ein, wo er mir seine Theorie entwickelt: Rettung der westlichen Demokratieen durch Zurückziehung von den Kämpfen der europäischen Diktaturen. Deutschland durch die Vormacht in Mitteleuropa befriedigt. Frankreich und Belgien geschützt. Der Mann aus dem Auswärtigen Amt widerspricht mir gegenüber am Abend dieser Theorie als unhaltbar. Er meint, man dürfe es nie zu einer solchen deutschen Suprematie kommen lassen. Er fügte hinzu, daß England politisch immer unfähig sei, wenn es wirklichem Fanatismus gegenüberstände, weil es sich eine kompromißlose Situation nicht vorstellen könne. In den Konferenzdebatten grenzt sich der lutherisch-deutsche Standpunkt sehr deutlich von dem angelsächsischen ab. Ich fühle, wie sehr ich schon an der Grenze von beiden stehe. Nach der Debatte gehe ich allein durch den Garten, höre ein unbeschreibliches Vogelkonzert, das erste seit 2 1/2 Jahren, treffe Lord Lothian, der auch allein herumstreift, um sich, wie er sagt, von den menschlichen Problemen in der Natur zu erholen und der mir Dutzende von Fasanen und Rehen zeigt, die nie gejagt werden. Nach dem Abendbrot freie Unterhaltung und früh ins Bett. Die Bibliothek ist von einem französischen Kardinal gekauft und in einer langen Wandelhalle untergebracht. Im Arbeitszimmer ein Monet.»

20. April 1936

«Früh aufgeweckt mit der berühmten Tasse Tee. Draußen fallender Schnee. Der Diener hilft packen. In rasender Fahrt durch Regen und Schnee zum Bahnhof, im Zuge Frühstück, Halbschlaf und Gespräche. Am Bahnhof die beiden Niebuhr-Schwestern. Fahrt im Bus durch die *City* zur National-Galerie. Italienische Abteilung. Ich atme schwer und heule fast. Die Schönheit aller derer, die unsere Reise nach Italien erleuchtet haben, strahlt von den Wänden. Ucello, Leonardo, Raffael, alle Primitiven. In der deutschen Abteilung treffe ich die beiden Schwestern vom Schiff. Dann Lunchen mit einem englischen Freund von Barbara in einem alten *City*-Restaurant mit offenem Grill und Bildern von Dickens. Nachher in den unheimlichen Tower. Dann Wiedererwachen in einer Teestube und zur Konferenz. Ich lese meine Thesen über Geschichtsphilosophie, die anscheinend stark wirken und heute kopiert und herumgeschickt werden. Dann Diskussion, Supper und wieder Diskussion. Ein internationales Studentenheim mit vielen Indern und Negern. Um 10 von Lister in sein Pfarrhaus entführt, auf Bus durch lange dunkle Straßen. Alle Häuser einstöckig, von New York aus wie Hütten. Das Pfarrhaus eine Stiftung des *Eaton-College*. Ich hatte um ein Glas Portwein in einer Kneipe gebeten. Lister aber holt seinen anglikanischen Vicar (erster Pfarrer), der mit zwei Flaschen gutem Likör angezogen kommt, die wir zusammen im Pfarr-Büro bis 12 Uhr nachts austrinken: Feine, kultivierte Menschen. In der Nacht wache ich auf und denke, daß ich auf dem Schiff bin. Muß aus dem Fenster sehen, um es zu widerlegen.»

21. April 1936

«Früh auf, Fahrt zur Konferenz, Diskussion bis Mittag. Um 1/2 1 Uhr Schluß. Mr. Ispey kommt und fordert mich auf, an der internationalen Jugendführerkonferenz in Lausanne im September teilzunehmen. Ich lasse es offen. Ursula Niebuhr kommt mit einer deutsch-englischen Freundin. Wir essen in der Tate-Galerie und verulken die Rositti-Periode. Zum Tee mit beiden Damen bei Mr. Benn, dem früheren Staatssekretär für Indien im *Labour-Gouvernement*. Ich entwickle meine Ansicht über Europa und das Versagen der Engländer. Er ist sehr aufgeregt, stimmt mir aber weitgehend zu. Er lehnt die Hergabe von Kolonien an Deutschland ab. Dann kurz im Hamburger Warburg-Institut, das jetzt in London ist. Sasel und Mr. Bing; rate ihnen in England zu bleiben, nicht nach New York zu gehen. Treffen mit Oldham auf *Vistona-Station.*[1a] Fahrt in sein Landhaus in wunderschöner Hügellandschaft. Schöner Garten, leider eisiges Schneewetter. Warm nur am Kamin. Supper mit seiner Frau, einer älteren Mitarbeiterin, die mit einer anderen Dame quer durch Central-Afrika gereist ist, und seiner Nichte, die an der Goldküste verheiratet ist. Nachher Kaffee am Kamin. Dann mit Oldham persönliche Gespräche. Ich wohne in einem zehn Minuten entfernten Landhaus mit Antiquitäten-Verkauf und Wirtschaft. Die alten Oldhams bringen mich, sie mit einer Wärmflasche bewaffnet. Jetzt sitze ich am erlöschenden Kamin unter Antiquitäten bei einem Glase Portwein und schreibe dieses.»

2.

In Belgien, Holland und Frankreich trifft sich Tillich mit den bereits aus Deutschland Emigrierten oder mit den Freunden, die seinetwegen die Auslandsreise auf sich nehmen. Dann fährt er zu dem „Ökumenischen Seminar" nach Genf, bei dem er zu vier Vorträgen verpflichtet wird. Die Situation ist nicht ganz einfach; er wird von den deutschen Behörden als politisch suspekt angesehen, und Professor Althaus aus Erlangen erhält zunächst wegen Tillichs Anwesenheit keine Erlaubnis, an der Veranstaltung teilzunehmen.

«III. ÖKUMENISCHES SEMINAR IN GENF

unter dem Patronat des Ökumenischen Rates für praktisches Christentum und der Theologischen Fakultät der Universität Genf vom 28. Juli bis 15. August 1936.

PROGRAMM

Dozenten	Vorlesungen	Zeit
Prof. D. Tillich, Union Seminary, New-York.	Der religiöse Sinn unserer geschichtlichen Existenz, Lösungen und Probleme in Europa und Amerika.	28. Juli–3. Aug.
Prof. D. Will, Strassburg.	Les types essentiels du culte chrétien vus sous l'angle œcuménique.	28. Juli–31. Juli
Prof. D. Althaus, Erlangen.	Die ökumenische Bedeutung der Augsburger Konfession.	31. Juli–4. Aug.
Prof. D. Dr. Gavin, New-York.	Das anglikanische Verständnis der Kirche in Geschichte und Gegenwart.	31. Juli–6. Aug.
Dr. Visser 't Hooft, Gen. Sekr. d. Christl. Studenten Weltbundes, Genf.	Missionsprobleme der Gegenwart.	31. Juli–4. Aug.
Dr. Hanns Lilje, Berlin.	Eschatologie und Geschichte.	3.–7. Aug.
Dr. G. Thélin, Internat. Arbeitsamt, Genf.	La politique sociale contemporaine.	4.–5. Aug.
Prof. D. Haitjema, Groningen.	Das Problem Volkskirche – Freikirche im holländischen Protestantismus.	6.–12. Aug.
Prof. D. M. Dibelius, Heidelberg.	a) Kirche und Welt im Neuen Testament. b) (In der Arbeitsgemeinschaft): Die Feindschaft der Welt gegen die Kirche.	7.–14. Aug.

Prof. Dr. Vyscheslavzeff, Orthodoxe Russische Akademie, Paris.	Natürliche Theologie und Offenbarungstheologie in der orthodoxen Kirche.	7.–13. Aug.
Dr. H. Schoenfeld, Direktor d. Forschungsabteilung, Genf.	Die ökumenische Arbeit am Staatsproblem.	6.–8. Aug.
Prof. D. Thurneysen, Basel.	Gesetz und Evangelium in der Bergpredigt.	10.–11. Aug.
Prof. Homrighausen, Indianapolis.	Geistiger Austausch zwischen europäischer und amerikanischer Theologie.	12.–14. Aug.
Prof. D. Adolf Keller, Genf.	Ökumenische Bewegung und kirchliche Verantwortlichkeit.	12.–14. Aug.
Anglikanischer Dozent (noch zu bestimmen).	Kirche und Staat im Anglikanismus.	4.–8. Aug.
Prof. D. Hamilcar Alivisatos.	Orthodoxe Kirche und Kanonisches Recht.»	

28. Juli 1936

«Um 3/4 7 auf. Frühstück mit Prof. Will, praktischer Theologe in Straßburg. Zur „Makkabäer-Kapelle" in der Calvin-Kathedrale; ca. 70 Teilnehmer. Predigt von Keller in Barthschem Stil. Verwendung aller drei Sprachen in der Liturgie. In die Universität. Erste Vorlesung von Vyscheslavzeff über „Natürliche Offenbarung" vom Standpunkt der griechischen Kirche. Ich muß nach jedem Abschnitt ins Englische übersetzen. Dann Vortrag von Will über Kultus in Französisch. Essen in der Pension, wo wir auf Kosten des Seminars leben, mit Will. Nach dem Essen erscheint Niebuhr, der per Flugzeug von Stuttgart geholt ist, weil die andern Amerikaner abgesagt haben. Er ist voll von Deutschland und England. Er hat international den Eindruck, daß die Kriegsgefahr vorläufig beseitigt ist. Er hält es für unvermeidlich, daß Deutschland alles bekommt, was es will – im Frieden, da niemand zu widerstehen wagt. Eden sei ein unfähiger Funktionär von Baldwin und Chamberlain. Der Vertrag mit Österreich werde „das trojanische Pferd" genannt. In Deutschland sei eine große Befestigung eingetreten. Viel Jubel über die Olympiade, wenig

Bedrücktheit. Er hat in England lange mit Brüning gesprochen, der ebenfalls die Klosterschweinereien [2] zugegeben hat. Brüning war so gefährdet in Holland, daß er Tag und Nacht von sechs holländischen Polizisten bewacht wurde und jetzt den Kontinent nicht mehr betritt. Er kommt wieder nach Amerika. Niebuhr brachte das Manuskript eines Memorandums der Bekenntnis-Synode mit, in dem diese Protest erhebt gegen Konzentrationslager, Lüge, Wahlfälschung, Mißbrauch des Eides bei Kindern, Judenverfolgung etc. Das Memorandum ist Hitler durch Schacht vorgelesen worden. In der Mitte stand Hitler auf und kam nicht wieder. Der Sekretär sagte Schacht, daß Hitler spazieren gegangen sei.

Um 4 Uhr meine erste Vorlesung mit großem Beifall trotz vieler deutscher Nazi-Studenten. Nachher Niebuhr, den ich ausführlich ins Englische übersetzen muß, wobei ich die Anti-Nazi-Pointen etwas überbetone. Großer Eindruck seiner Persönlichkeit. Im Hotel Gespräche mit Niebuhr, Abendessen mit ihm und Will. Spaziergang und Vorbereitungsarbeit.»

29. Juli 1936

«Frühstück mit Niebuhr; zum Kolleg von Vyscheslavzeff auf Umwegen. Mein zweites Kolleg über Amerika, rauschender Beifall. Mittagessen bei Keller mit Niebuhr und Will. Herrlichster Blick über den See. Von 2 bis 4 mit Niebuhr am See, jeder auf einer Bank Vortrag machend. Niebuhrs zweiter Vortrag, wieder von mir übersetzt. Alles sehr anstrengend. Mit Claudia Bader, Freundin von H. Schafft, an den See. Es kommt zu keiner Verabredung, weil er sich nicht mal für die Reise entscheiden kann. Er hat durch Frede gehört, daß ich mich „unvorsichtig" über Deutschland geäußert habe, außerdem soll ich in England gesagt haben, daß der preußische und deutsche Staat unchristlich seien — was in dieser Form natürlich Quatsch ist (ich habe mich viel schärfer geäußert). Außerdem hat man ihm gesagt, daß es kirchlich unerwünscht ist, wenn er nach Genf geht. Endlich hat sich folgendes ereignet, was Keller mir erzählt hat. Althaus, der auf dem Programm stand, hat bei der Regierung angefragt, ob er mit dem „Emigranten Tillich" zusammen lesen dürfte, was verneint wurde. Darauf hat er abgesagt und sich anderweitig verpflichtet. Keller, der es mit der Angst kriegte, hat in England, vor allem wohl durch den Bischof von Chichester erreicht, daß das Verbot zurückgenommen wurde. Jedenfalls wagt Herrmann [Schafft] nun nicht, nach Genf zu kommen, da er als Hilfsarbeiter an einem der Ausschüsse in Berlin mitarbeitete. Nun hoffe ich, ihn nach Ascona zu bekommen, aber es ist trotz alles Schreibens nicht möglich, eine Antwort zu bekommen. Aus Ascona schreibt Spiegelberg, daß es ihm verboten ist, an der Eranos-Tagung teilzunehmen. Ich hörte, daß das für alle deutschen Teilnehmer gilt. Die Intellektuellen werden immer schärfer bewacht. Übrigens haben Spiegelbergs bei Blums und Kallmanns einen ausgezeichneten Eindruck gemacht. Frl. Bader ist in Marburg am Krankenhaus und von Soden sehr begeistert. Sie wirft Hermann [Schafft] vor, daß er nicht hineingegangen ist und Soden gestärkt hat. Sie meint, daß Hermann Schafft nach seiner letzten unglücklichen Liebe definitiv gebrochen ist. Sie selbst leidet sehr unter der Barthschen Orthodoxie. Am Abend Diskussion über Niebuhrs Vortrag. Die theologischen Fronten kommen heraus. Ich muß eine längere Rede halten und spreche über Predigt und Politik. Nachtarbeit am nächsten Vortrag.»

30. Juli 1936

«Niebuhr's dritter Vortrag, der beste und eindrucksvollste. Er muß sofort nach London fliegen. Beim Abschied sprechen wir über das eventuelle Angebot von Ann Arbor und ein inzwischen von [Adolf] Loewe eingetroffenes konkretes Angebot von Manchester. Er sagt, ich sollte beides benutzen und in *Union* bleiben, wo meine Stellung gesichert sei, und „dort wollen wir eine theologische Schule gründen". Es war so warm mit ihm wie nie. Mein dritter Vortrag. Mittagessen mit Herrn und Frau Vyscheslavzeff in ihrer Pension an großem Familien-Tisch. Er sehr lebendig, verständnisvoll, aber nicht bedeutend. Nach Hause zur Arbeit. Spaziergang in die Stadt. Abendbrot mit Will in der Pension. Er lädt mich für nächstes Jahr nach Straßburg ein. Nach dem Abendbrot weitere Arbeit bis tief in die Nacht.»

31. Juli 1936

«Mein vierter Vortrag. Nachher Essen mit Maria Kullmann. Er ist in Schweden. Kleines französisches Restaurant mit Rost im Speisezimmer, an dem Hähnchen sich drehen. Herrliches Essen. Entzükkende Stimmung. Ins Café am See. Wir beschließen über das Treffen mit Stepun, der kommen will. Vielleicht machen wir am 20. August eine kleine Freundeskonferenz in Genf. Am Nachmittag arbeitend am See. Von zwei deutschen Studenten zurückbegleitet, der eine radikaler Bekenntnispfarrer in Wiesbaden. Er schildert die völlige Ungesichertheit der Lage, ist Freikirchler. (Niebuhr glaubt, daß wir im Winter die deutsche Freikirche haben werden). Abendbrot mit Visser t'Hooft, dem Sekretär des Weltstudentenbundes in *„Perle du Lac"* bei Mondschein über dem See. Er ist Barthianer von reformiertem Typus. Wir haben sehr tiefgehende theologische Diskussionen. Er kommt nach Amerika. Fertigstellung meines letzten Kollegs.»

1. August 1936

«Auf um 7 Uhr. Letztes Kolleg mit ungeheurem, vielfachem Applaus. Ich bin sehr erleichtert, da es schwer war wegen der deutschen Nazi-Delegation, da ich die Wahrheit sagen und doch das Seminar nicht gefährden durfte. Im *Café de Genève* einige Stunden dieses schreibend. Schairer kommt vorbei und bringt mich zum *International House,* wo wir uns zum Essen verabredet hatten: Er, seine Frau, Anna Seelig und Maria Kullmann, die aber zuletzt absagt. Anna Seelig hat große Pläne in Wien. [...]»

3. August 1936

«Vortrag von Lilje, sehr gut, sachlich völlig abhängig von meiner „religiösen Verwirklichung". Vortrag des japanischen Christenführers Kagawa. Eine tolle geistreiche – [eine Wort Lücke] Darstellung der Wertskala und ihrer Anwendung auf Religion einerseits, Wirtschaft andererseits. Sehr radikaler „religiöser Sozialismus". Ich muß übersetzen und die rasenden Zeichnungen an der Tafel erklären. Die Anstrengung ist so groß, daß ich fast eine Herzschwäche kriege. Nachher werden wir Arm in Arm photographiert. Zum Mittagessen zu Kotschnigs. Sehr nette Frau und Kinder. Er frisch und hübsch, ist nach *Smith-College* berufen, wird Kollege von Sommerfeld. Sie hat Angst, Europa zu verlassen, obgleich sie Engländerin ist. Er fühlt die Spannung, die zwischen Schairer auf der einen, ihm und Kullmann auf der anderen Seite besteht. Er erzählt, daß der jetzige Emigranten-*High-Commissionair* noch schlechter ist als der vorige und immer einschläft, wenn Sitzungen sind. Er möchte (wie auch Visser t'Hooft), daß Kullmann den Völkerbund läßt, da er seiner Begabung unangemessen sei. Letzte Unterhaltung mit Sohn-Rethel, den ich dann zu Kotschnig schicke, der ihn zwingt, wie ich später höre, sofort die Schritte zur Französisierung zu tun. Zur Universität, wo ich den jungen Seeberg und den Privatdozenten Meinhold treffe. Wir gehen ins Kaffee. Der Sinn ihres Wunsches wird sofort klar: Man will mich überzeugen, daß es in Deutschland „gar nicht so schlimm ist", und zugleich aushorchen, was ich denke. Ich entwickle offen meine Theorie des Kampfes zwischen nationalsozialistischer Weltanschauung und Reaktion. Sie behaupten, daß die Dinge sich langsam milderten. So hätte Rosenberg neulich Erich Seeberg zu sich gebeten und sich sehr vernünftig, fast schüchtern, mit ihm unterhalten. Die Bekenntnis-Kirche hält der junge Seeberg mit seinem Vater für ein Unglück. Am wichtigsten war die Äußerung zur Kriegsfrage: „Es ist unvermeidlich, daß das System die Weihe und Sanktion durch die Waffen erhält".

Zum Abendbrot mit Visser und Lilje in die Pension. Lilje berichtet genauer über den Fall „Tillich-Althaus". Althaus ist von Heckel, dem gleichgeschalteten „Außenminister" des Reichsbischofs, veranlaßt worden, die Frage zu stellen, ob er mit dem „Emigranten Tillich" zusammen lesen dürfe. Darauf hat Lutherischer Rat und Bekenntniskirche den Fall prinzipiell gemacht, und Lilje hat im Einverständnis mit Marahrens und dem bayrischen Bischof Meiser dem Auswärtigen Amt den Unsinn der Isolierungspolitik klar gemacht. Dieses hat völlig zugestimmt, wie auch der Genfer Konsul, und Althaus ist blamiert. Wir fahren alle drei zu meiner Diskussion. Die „Deutsche Delegation" spricht durch Lic. Weiss und Privatdozent Meinhold. Ersterer sucht zu beweisen, daß mein Bild von der Lage zu dunkel war und verwechselt dabei tragisch und traurig. Meinhold verteidigt das deutsche Luthertum, indem er zeigt, wieviele bedeutende theologische Richtungen es in den letzten Jahren produziert. Daneben Deutsche und Schweizer, die als radikale Barthianer mit biblischem Pathos sprachen. Dazwischen ein russischer Mönch, der einzige, der gut redete. Schlechte Leitung durch Keller. Ich berichte in meinem Schlußwort von Krieg, Proletariat und englisch-amerikanischer Welt. Mißstimmung der „Deutschen Delegation" (Fünf Berliner, nicht alle Deutsche), die alles nur politisch nehmen. Bin mit Keller, Visser, Schairer. Frau Kotschnig, die dabei war, sagt, wir wären ihr Trost für Amerika.»

3.

Die innere Spannung, die im Teilnehmerkreis durch Tillichs Vorträge hervorgerufen wird, veranlaßt 32 Teilnehmer, Tillich einen schriftlichen Dank für seine Vorträge auszusprechen und ihm ihre Solidarität zu bekunden:

«Christlicher Jünglings- und Männerverein
Union Chrétienne de jeunes gens de langue allemande
15, Grand Rue, 15 GENF Genf, 5. August 1936

Herrn Professor P. Tillich!

Es drängt uns unterzeichnete Teilnehmer am Ökumenischen Seminar, Ihnen auf diesem Wege nochmals herzlich und aufrichtig zu danken für Ihre Vorlesung.

Wir glauben, daß in der Diskussion vom Montag Abend aus äußern und innern Ursachen das Einverständnis einer großen Zahl der Hörer mit Ihren Ausführungen nicht gebührend und deutlich genug zum Ausdruck gekommen ist. Darum sprechen wir es hier aus, daß wir bei allen möglichen Vorbehalten und Abweichungen im Einzelnen, die Schau und Deutung unsrer Lage, die Sie uns boten, doch empfunden und verstanden haben als Erkenntnis, die Sie vom Evangelium her gewannen und die uns zu Entscheidungen nötigt.

Wir betrachten Ihre Arbeit in Vergangenheit und Gegenwart als sinnvolle, notwendige, ökumenische Arbeit in und an der christlichen Kirche, wofür Ihnen viele unsrer Generation großen Dank schulden.

In herzlicher Hochschätzung und Verbundenheit

32 Unterschriften»

4.

Nach dem Abschied von Genf nimmt Tillich noch an einer Konferenz der Christlichen Weltstudentenschaft in der landschaftlich schönen Umgebung von Montreux teil und fährt dann weiter nach Ascona, wo er eine Reihe von Freunden erwartet. Am 20. August ist sein 50. Geburtstag, ihn will er mit den alten Freunden – er freut sich vor allem auf Friedrich Spiegelberg und Hermann Schafft – festlich begehen. In Ascona tagt unter der Leitung von Frau Fröbe-Kapteyn die „Eranos-Gesellschaft"; Tillich wird zu einem Vortrag zum Gesamtthema „Erlösung" aufgefordert und spricht über: „Die Erlösungsidee im Protestantismus".

2. August 1936

«Ruhiger Sonntag-Morgen in der Pension. Nach Tisch Treffen mit dem Seminar zu einem Spaziergang. Gerate unter polnische Studenten, die teils englisch, teils deutsch sprechen. Es ist noch schwerer für sie herauszukommen als für die Deutschen. Die Polen wollen sie von der deutschen Kultur und Kirche abschneiden. Das beste Mittel des Nationalismus ist die Devisenknappheit und die damit verbundene Reisesperre. Reisen war immer der gefährlichste Feind des Dogmatismus. Auf einem Bergsattel im Restaurant mit Blick Richtung Mont-Blanc, aber ohne ihn zu sehen wegen der Wolken. Rückweg mit tüchtigem bayerischem Studenten. Er erzählt von der katastrophal geringen Zahl des N.S.A.-Studenten-Bundes; behauptet, daß die Korporationen unter der Hand immer noch lebten, daß die Verbindungshäuser noch nicht genommen wären. Der Kampf geht ununterbrochen weiter. – Sohn-Rethel taucht auf, und wir essen zusammen Abendbrot in der Pension, wo er wohnt. Er ist erst vor kurzem herausgeschmissen, gerade als er mit Ägypten für Deutschland günstige Dinge in wirtschaftlicher Beziehung herausgeschlagen hat. Er hat ein Manuskript über Weiterbildung der Marxistischen Dialektik, das ich lesen und Horkheimer geben soll. Er sieht sehr elend und zerstört aus. Sie leben kümmerlich am ungeeignetsten Ort, in Luzern. Wir fahren in die *„Perle du Lac"*, wo Schairers sitzen. Schairer und ich, wir reden ihm dringend zu, die Möglichkeit, Franzose zu werden, sofort auszunutzen. Er sträubt sich, weil seine 15jährige Tochter deutschnationalistische Opposition dagegen macht. Herrliche Mondnacht über dem Genfer See. Ich zitiere: „In solcher Nacht..." aus „Was Ihr wollt". Gewaltiger, beleuchteter Springbrunnen im See vor Genf, höher als die höchsten Türme. Perlen von Lichtern an dem Ufer. Mond über den Bergen, auf dem Wasser, durch die Bäume [...]»

4. August 1936

«Telefon von Blums, daß Hermann [Schafft] Devisenschwierigkeiten hat. Frühstück im Bett, sehr spät. Ich recht erschöpft nach der Woche. Schlafen und Schreiben. Zum See unter die drei phantastischen Bäume an der Mole. Treffen mit Schairers. Fahrt im Dampfer bei herrlicher See und Bergen zum Schloß der Madame de Staël, Mittelpunkt der romantischen Reaktion gegen die französische Revolution und Napoleon. Schairer sehr leidenschaftlich gegen die Nazis, findet selbst die Parallele mit dem Kommunismus unmöglich, berichtet, daß Hitler alles weiß und brutal und verschlagen ist. In Schairers Wohnung, einem schönen alten Haus, im Besitz der Rockefeller Stiftung. Photographieren. Gang zur *„Perle du Lac"*, wo Visser t'Hooft und Lilje auf mich warten. Abendessen und guter Wein, später Mond. Lilje ist radikaler als ich. Erzählt, daß ihm ein Nazi gesagt hat, er wünsche Hitlers Tod, da sie dann „ihren Gott" hätten. Wir sprechen über verschiedene Leute der Bekenntniskirche, die er gegen Fredes Kritik verteidigt. Er bittet mich dringend um Heidens „Hitler", den ich als das wirksamste Buch immer bei mir führe. Visser erzählt von einer Unterhaltung mit Himmler, der ein gemütlicher und gebildeter Spießer sei. Wir fahren alle in die „Bavaria", wo zahllose wunderbare Karikaturen der Völkerbundsleute an den Wänden hängen und ein Kreis von Studenten auf uns wartet. Vergeblicher Versuch, mit Hermann [Schafft] telefonische Verbindung zu kriegen.»

9. August 1936

«Arbeiten auf der Veranda bei herrlicher Sonnenglut und Sonntagsgeläute. Essen bei Quatrini. Schlaf, Aufbruch zu Frau Dr. Fröbe-Kapteyn, Vorsitzende der Eranos-Gruppe. Treffen mit einigen Unbekannten, Typus: Hoher Adel. Vorher Bad in ihrem Garten am See, bei Moscia. Herrlichste Vegetation. Eine Lotosblume, die seit ein paar Tagen offen ist. Eine Prinzessin Hohenlohe, ein Graf Lüttichen ... Ich bin dauernd aggressiv, bringe das Gespräch auf die Tatsache, daß den deutschen Professoren, auch Friedrich, die Teilnahme verboten ist. Ich spreche von der Notwendigkeit des Geistes, sich zu entscheiden und schimpfe auf den Heiligen der Gruppe, Rudolf Otto, weil er sich gleichschaltet. Abendbrot auf der Veranda. In den „Grotto". Dort ein Dr. Heilbronner, der die Selbstzerstörung der Westmächte auf schwarze Magie zurückführt. Er ist mit Else Lasker-Schüler befreundet, mit der ich am Nachmittag eine kurze Unterhaltung hatte. Sie war böse auf Hugo Simon, heiser und nervös, sah aber gut aus.»

10. August 1936

«Am Morgen Telephon, daß Hermann kommt, und zugleich eine Anfrage von Frau Fröbe, ob ich im „Eranos" reden will. Ich sage zu und soll über „Erlösung (das Gesamtthema) und Masse" reden. Ins Lido. Ich schwimme 15 Minuten. Essen bei Guggenheims. Er, sehr dick, mit Riesenschopf, stammt aus St. Gallen und kennt Wolfers gut; soll bald eine Wanderbühne machen. Reizende Kinder. Eine Kinderpflegerin. Eine Freundin aus Kassel, Frl. Zimmer, erzählt von einem spanischen Freund, der eben aus Barcelona kommt, wie durch ein Wunder gerettet, und sagt, die Greuel, nicht des Kommunismus, sondern der Anarchisten in Barcelona seien schlimmer, als die Zeitungen melden. Er, der radikaler Antifaschist war, würde sogar diesen der Herrschaft der anarchistischen Verbrecherbanden vorziehen. Hermann kommt, mit schönem, sehr jungem und frischem Gesicht. Das Wiedersehen ist zu schön, als daß ich über all das Gezerre der letzten Tage schimpfen kann [...]»

12. August 1936

«Gang mit Rösli [Spiegelberg] bei heißem Wetter zum „Eranos". Friedrich [Spiegelberg] darf nicht mit wegen Regierungsverbots. Vortrag von Vyscheslafzeff über das Tragische in Europa und Indien, die Shiva-Schlange und die Laokoonschlange. Ich sitze im Garten und mache Vortrag, während drin ein Italiener redet. Lunch bei Frau Fröbe, die mir ihr Haus zur Arbeitsruhe anbietet. Neben mir eine alte Engländerin, die sehr viel über „Gautama" weiß. Frl. Pallat,

Tochter des Ministerialrates, als Sekretärin, bestellt mir einen Gruß von Reichwein, der raus will. Zum Lido. Sehr langes Schwimmen, über zwanzig Minuten. Letzte Notizen zum Vortrag. Abendbrot nur mit Friedrich, Rösli und Suzanne, da Hermann den ganzen Tag zwischen Ronco und Saleggi hin- und herfährt, um Fides [v. Stietencron geb. Goesch] zu helfen, mit Kind, Kegel und Mädchen in ein Zelt am Ufer zu gehen, und Käte [Globig] bei Frick eingeladen ist. Zum Vortrag. Großes Publikum. Ich spreche mit Pause zweimal 3/4 Stunden. Frau Fröbe sitzt auf Kohlen aus Angst vor politischen Entgleisungen. Es passieren aber keine, obwohl ich sehr radikal politisch rede: Erlösungsgedanken der Gegenwart und Protestantismus. Die Aufnahme ist gespalten. Wie ich nachher höre, war die Jugend ganz auf meiner Seite, während einige Ältere fanden, daß es nicht dahin gehörte, womit sie Recht hatten. Denn es war unpolitische Mystik, was dort getrieben wurde [. . .]»

19. August 1936

«Vorabend vom Geburtstag. Emil Blum erscheint im Café Verbano. Die andern haben abgesagt, und Stepuns wollen mich in Genf sehen. Wir gehen zu Seewald, dem Maler, den wir vor neun Jahren besucht haben, als er sein Grundstück plante. In der Ausstellung: „Der große Bär", war sein Bild das beste, Kanold ähnlich. Er zeigt interessante Skizzen von seiner diesjährigen Griechenlandreise. Falls wir reisen wollen, müssen wir uns an ihn wenden. Er hat schöne braune Augen und ist streng katholisch geworden. Seine Frau hat einen schönen großen Mund und sieht so interessant aus wie vor zwei Jahren. Er malt die Wallfahrts-Kapelle bei Ronco nahe bei Fides' Grundstück, aus. Eine gute Arbeit. Ich bin glücklich, daß es so etwas gibt und erzähle von Rivera. Vorbei an unserm Roncoer Eisenbetonhaus und dem Kastanienbaum an der Kirche. Der schönste Platz am Lago. Abstieg durch Heinrichs [Goesch] Grundstück. Noch einmal seine Hand. Ich allein zu Frau Fröbe, während Hermann und Emil [Blum] auf ihrem Grundstück baden. Wir sind ganz allein, und sie erzählt von ihren Konzentrationsübungen, zehn Jahre jeden Tag, nach etwa fünf Jahren gnostische Erlebnisse, heute ohne das fähig zu beliebiger Konzentration. Sie selbst ist unpolitisch, verteidigt aber meinen Vortrag und lädt uns ein, auf ihrem Grundstück zu wohnen. Zur Taverna. Dort erscheint Käte [Globig] überraschend. Sie hat Ilse [Usener] in den Schwarzwald gebracht und ist einfach wiedergekommen. Todmüde ins Bett nach erstem Anstoßen um 12 Uhr nachts.»

20. August 1936

«Ich erwache um $^3/_4$ 7. Plötzlich um 7 Uhr vierstimmiger Chor: „Die güldene Sonne", „Der Mensch hat nichts so eigen". Ich heule fassungslos und bitte Hermann, niemand hereinzulassen. Vor zwanzig Jahren spielte die Regimentskapelle R. R. 72: „Schier dreißig Jahre bis Du alt", punkt sieben Uhr morgens — wie heute. Das war zu viel. Und wieder die Liebsten so weit. Aufstehen. Frühstück mit 50 roten Lichtern und einem großen gelben Lebenslicht, dessen Lavaströme die kleinen Lichter lebendig erhalten. Allmählich brennen sie alle Löcher in die schwarze Erde auf einem alten Tablett, das wie eine astronomische Karte wirkt. Torte, Blumen. Alle haben mitgesungen, auch Fides und Fricks. Ich werfe alle hinaus und lese alle Geburtstagsbriefe. Die besten waren drei Tage vorher gekommen, Hannahs und Erdmuthes. Die Frauen arbeiten in der Küche für den Lunch im Garten der Villa Veltata, den Links zur Verfügung gestellt haben. Geburtstagstafel mit viel Asti Spumante, belegten Broten und Obst unter einem Riesen-Birnbaum. Hinter den Büschen Tafelmusik aus einem der Cafés, von Hermann besorgt. Am Tisch: Hermann, Fides, Spiegelbergs, Frick und Frau Fellinger, Vyscheslavzeffs, Blums, Käte, Frau Dr. Rumpf, die zufälligerweise auf der Durchreise von Pallenza war. Reizende Stimmung. Viele Photographien durch Hermann und Frau Fellinger. Allgemeiner Schlaf. Kaffee, Abfahrt im Motorboot zum Lido. Großes Schwimmen in unbeschreiblichem Wasser. Um 6 Uhr Versammlung auf meinem Balkon mit Diskussion über die Fortschrittsidee, die ich, von amerikanischem Denken her, einleite. Diskussionsreden von Frick, Hermann, Emil, am besten von Vyscheslavzeff. Frick hat mir eine Skizze in Anlehnung an Ascona geschenkt, sehr fein durchgearbeitet. Wir haben tiefe Sympathien für einander. Die Post bringt die Mappe mit den Beiträgen der Freunde: „Das ist Hannahs Werk": Hab' Dank, Geliebteste. Große Abendtafel bei Quattrini. Bester *Vino Nostrano* [Lücke], nach dem Essen neue Debatte. Ich breche zu temperamentvoll gegen Hermann aus. Tanz in der Taverna. Sehr spät und sehr bewegt durch Ströme von Liebe ins Bett. Telegramm von Löwe-Staudinger.»

21. August 1936

«Erwache als 50jähriger. Abfahrt von Käte und Dr. Rumpf. Schlußlunch bei Quattrini. Schlußschwimmen in unbeschreiblichem Wasser. Bei Dr. Heilbronn (nicht Heilbronner) und Frl. Kessa, unglaublich schöne Kaukasierin. Er kennt mich von Hiddensee und Frankfurt, ist von seiner Frau getrennt, lebt mit seiner Freundin in modernem Haus zwischen altem verfallenem Gemäuer, sieht Europa wie ich und ist sehr fein. Abschiedstreffen mit allen im „Grotto". Fides will weggehen, während ich tanze. Aber ich sage ihr, daß wir nicht sentimental werden dürfen. Wir haben uns in der Erinnerung an Heinrich und nur darin neu gefunden. Im übrigen ist sie mir fremd, nur bewundernswert. Im Paddelboot von Frl. Pallat zurück nach Ascona. Sehr spät ins Bett.»

5.

Über die Oxford-Konferenz 1937 sind von Tillich – im Gegensatz zu 1936 – nur spärliche Berichte an seine Frau vorhanden. Tagebuchartige Schilderungen waren auch nicht nötig, denn Hannah Tillich kam bald selbst nach Europa, und Tillichs verbrachten den größten Teil des Urlaubs gemeinsam. Den drei vorliegenden Briefen kann man entnehmen, daß Tillich Mitglied der dritten, der ökonomischen Sektion, war. Sie hatte zum Thema: „Kirche, Volk und Staat im Blick auf die wirtschaftliche Ordnung". Tillich wurde die Abfassung des Schlußberichtes übertragen. Als Nichtfachman in ökonomischen Fragen empfand er wohl eine gewisse Unsicherheit und bat daher seinen in Manchester lebenden Freund Adolf Löwe, schnellstens nach Oxford zu kommen und den Schlußbericht mit ihm gemeinsam zu machen. Adolf Löwe bemerkt dazu: „Es war wahrscheinlich das sozial radikalste Dokument, das jemals offiziell von einer christlichen Organisation in die Welt gesandt wurde." Es stieß auch zunächst bei einigen Sektionsmitgliedern auf Widerspruch, wurde aber dann, weil kein Alternativvorschlag vorlag, sowohl von der Sektion als auch vom Plenum angenommen.

Tillich berichtet in drei Briefen an Hannah:

«Es ist elf Uhr abends. Ich liege im Bett und notiere Dir die Ereignisse dieses höchst interessanten Tages:

Späte Ankunft in Oxford. Auf der letzten Strecke Dean Russell von *Duke [University]*, wo ich im April gesprochen habe. Zu Fuß zum *University College*, im alten Stil: zwei Zimmer, großes Wohnzimmer und kleines Schlafzimmer, alte Mauern, breite Fensternischen, Blick in den Garten. Mir gegenüber der *Lord-Bishop* von Southwark. Briefe von Adolf und Nina Baring. Essen im kleinen Lokal. Gang zur Registration. Aufenthalt und Essen sind bezahlt. Treffe verschiedene Leute. Zurück ins Zimmer, auspacken, einräumen. Gang zum Theater, wo um fünf die erste Sitzung ist. Ich treffe Visser t'Hooft, der schnell erzählt, daß Niemöllers Verhaftung lebensgefährlich wäre und daß gestern die Bekenntnis-Kirche sich wieder vereinigt hätte. Ich begrüße Coffin, der mich wegen Dibelius' Berufung, die er jetzt sehr begünstigt, sprechen will. Ich begrüße Adam Browns, Oldham, der sagt, in zwei Tagen wäre er frei. Vyscheslavzeff kommt auf mich zu und ist richtig böse, daß ich ihn nicht in Paris aufgesucht habe. Ich schiebe alle Schuld auf Dich. John Mott eröffnet die Sitzung. Reden von Keller, bei dem ich im vorigen Jahr in Genf geredet habe, von dem Bischof von Chichester, der mich nachher begrüßt, von dem französischen Präsidenten, der weitaus am glänzendsten spricht, mit dem ich bei Lord Lothian zusammen war, von Visser t'Hooft, der sehr „heilig" aussieht. Nachher begrüße ich Erzbischof Temple von York, Reini Niebuhr, Dorothee Fossdick, ein paar Studenten, van Dusen, Brunner. Ich bringe Brunner in sein *College*. Wir haben ein sehr vertrauliches Gespräch über die deutsche Lage. Er begrüßt sowohl, daß die deutschen Vertreter nicht da sind, als auch, daß Barth, den man gedrängt hat, fehlt. Ich gehe in mein *College* und begrüße Baillie, der sehr herzlich ist. Wir sitzen zusammen beim Abendbrot und haben gleich schwere dogmatische Gespräche. Er hat gestern direkte Nachricht von Heim, Tübingen, bekommen, daß dieser ganz zerbrochen ist, weil ihm der Paß für Oxford verweigert ist. Ich erzähle ihm, daß Niemöller vor dem Volksgerichtshof wegen Hochverrat steht. In seinem Telefon war ein Mikrophon eingebaut, das alles abhörte. Baillie selbst hat vor einem Jahr folgende Unterhaltung mit ihm gehabt: Er fragte ihn, ob es sich in seinem Kampf nur um die kirchlichen Eingriffe oder um den Nationalsozialismus selbst handle. Nach Zögern antworteten Niemöller und die anderen Freunde: Um den Nationalsozialismus selbst. Zwischen ihm und dem Christentum gibt es keine Einheit. Ich frage Baillie, ob die Konferenz etwas für ihn tun könne. Er erzählt, daß vor acht Tagen in einer Edinburgher Kirche vor tausend Menschen für ihn gebetet worden wäre. Wir gehen zur Arbeitssitzung. Ich begrüße Mrs. Oldham, Mrs. Coffin, Lady Moberly, in deren Haus ich vor einem Jahr war. Ursula Niebuhr sitzt mit ihm oben im Rang. Der Erzbischof von Canterbury kommt im Ornat mit Begleitung u. a. von Baillie, der den Gottesdienst leiten soll. Der Gottesdienst beginnt mit „Ein' feste Burg", wie am Morgen mit „Nun danket alle Gott". Die Konferenzsprache ist Englisch, Deutsch, Französisch. Ein großartiger Schweizer Übersetzer überträgt alles. Die große Rede des Erzbischofs. Sehr fein, sehr diplomatisch. Minutenlanger demonstrativer Beifall nur an einer Stelle: als er über das Wegbleiben der Deutschen sprach und die umso stärkere geistige Verbundenheit mit ihnen betonte. Nachher stand Chichester auf und verlas unter atemloser Spannung ein Telegramm von Marahrens mit Segenswünschen für die Konferenz. Darauf beantragte er Verweisung der ganzen Sache an eine Kommission. Darauf sagte der Erzbischof: Darüber hinaus sollte die Versammlung sich erheben und still für die Deutschen beten. Das war sehr ergreifend. Nachher sprach er auch noch ein Gebet. Nach der Versammlung frage ich den Bischof von Chichester, ob man nicht etwas für Niemöller tun könne. Er bittet mich um einen konkreten Vorschlag. Ich verspreche bis morgen früh und rede mit Niebuhr. Baillie kommt und erzählt, daß er meine Sorge wegen Niemöller dem Erzbischof von Canterbury gesagt habe. Dieser habe gesagt, daß eine Aktion auch den Tod Niemöllers bedeuten könne. Trotzdem wäre er bereit, das Gebet für ihn zu sprechen. Man hielt es dann aber für wirksamer, es später zu tun. Ich begleite Reini und Ursula lange durch die Straßen und gehe ins Bett.»

«Ich fahre im Bericht fort: Nach der Rede von van Dusen treffe ich den Bischof von Chichester und berichte ihm über den Kampf um Niemöller, der entlassen und wieder gefangen ist, und gebe ihm entsprechende Ratschläge, die er sich aufschreibt. Ich treffe Oldham, der mich zum Essen einläd, hinzu kommt Sir Walter Moberly, der *Chairman* einer anderen Sektion ist, als die ich gewählt habe, und der mich gern dort haben möchte. Wir entscheiden aber schließlich für die ökonomische Abteilung. Spaziergang mit Schönfeld, Treffen mit Niebuhr, der unter alten Bäumen seinen Vortrag macht. Besprechung mit Leiper über die Finanzierung von Dr. Spiero. Vollsitzung der Konferenz mit glänzender Rede Niebuhrs über Religion und Ethik. Dann eine gute, aber fremdartige Rede eines Chinesen. Abendgottesdienst. Abendbrot. Erste Sektionssitzung ca. 80 Leute. Ganz junger englischer *Chairman. Formalia.* Mit Miss Iredale zu Oldhams Haus. *Moberly*. Etwas deprimiert über die Sektion ins Bett. In der Nacht schwerer Fall-Zustands-Traum. Morgengottesdienst in Französisch. Eröffnung der Sektionsdiskussion, recht gut. Mittag im Frauen-*College* mit Lord Cecil und der Vorsteherin. Niebuhrs kommen dazu, sie wohnen dort. Ursula [Niebuhr] hat dort studiert und zeigt mir Haus und Garten: modern und sehr schön. Ursula predigt am Sonntag in einer großen Kirche in Birmingham. Spaziergang an der Themse bei herrlichstem Wetter. Finde Adolf [Löwe] in meinem Zimmer. Er war schon bei Oldham und hat eine Karte für alle

Sitzungen. Am Nachmittag schwache Vollsitzung mit drei Reden. Ich fühle deutlicher als in Amerika die Andersartigkeit der Amerikaner. Es fehlt die europäische „Blume" im Geistigen. Aber auch die europäische Zersetzung des Geistes und *„les fleurs du mal"*. Am Abend mit Adolf [Löwe] in die Sektion. Gute bekennende Reden aus aller Welt.

Gute Nacht. Wichtige Sektionssitzung über die theologischen Prinzipien. Ich mache einen sechspunktigen Vorschlag, der von Niebuhr und Baillie weiter ausgearbeitet werden soll. Um drei konspirative Sitzung bei Oldham. Ich soll die Kommission über Kommunismus machen, beginne den Entwurf. Vollsitzung mit Brunner, der den Angelsachsen sehr mißfällt.»

«Schon kein Tagebuch mehr, sondern einige Erinnerungen aus den letzten Tagen. Freitag vormittag war die letzte Sektionssitzung. Nach Tisch versammelten sich auf meinem Zimmer: ein Russe, Father Bulgakoff, ein Chinese, Mr. Wu, ein Mexikaner, der völlig indianisch aussieht, ein Tschechoslowake, Löwe und ich und McMurray, ein höchst feiner englischer Professor. Ich lege einen Text über Kommunismus vor, der mit wenig Veränderungen angenommen wird. McMurray wird beauftragt, über Faschismus Entsprechendes zu schreiben. Wir sollen die Dynamik des Kapitalismus bearbeiten. Fangen an, müssen zum Essen zu Oldham, wo auch Brunner, McMurray und der Dichter Eliot ist. Nach dem Essen fordert Oldham alle auf, zu sagen, was sie für die nächste Zeit für das Wichtigste halten. So kommt ein sehr schönes, tiefes Gespräch zustande. Um neun gehen wir. Ich packe meine Nachtsachen und fahre zu Burchardts mit Adolf. Dort von Frau Meier empfangen und von Meiers Schwester. Ich gehe sofort ins Bett und messe 101 Grad Fieber. Mit Hülfe von Wein und schwerem Kaffee arbeiten Adolf und ich durch bis drei Uhr. Ich schwitze mich im Schlaf gesund. Am Sonnabend Rückkehr zum *College*. Sitzung des Unterkomitees bis eins. Alles durchgebracht. Nachmittag Schlaf. Annahme durch das Hauptkomitee. Neue Aufgabe, einen kurzen Text anzufertigen. Ständige Sitzungen bis Sonntagabend. Zusammenstoß mit Schönfeld. Heiße Zitrone. Niebuhr beiseite gedrängt, wird unwillig. Debatten mit Taft, Sohn des früheren Präsidenten. Montag Sektionssitzung. Annahme trotz Protest an einzelnen Stellen. Montag Umarbeitung bis abends um elf. Oldham droht zu kommen, von Schönfeld angestiftet. Die Konferenz wird erregt, teilt sich in zwei Lager. Am Nachmittag die großartige Behandlung der deutschen Sache. Plötzliche Mitteilung, daß wir als erste Sektion am Dienstag nachmittag herankommen. Fieberhafte Tätigkeit. Adolf ist Sonntag nachmittag abgefahren. Wir haben zweimal allein Abendbrot gegessen und lieben uns sehr. Ohne ihn wäre meine Arbeit gar nicht möglich gewesen. Sehr fein ist Baillie. Piper und Siegmund-Schultze tauchen auf. Dienstag früh leicht beunruhigtes Aufwachen. Ich muß die deutsche Übertragung durcharbeiten. Ruhe vor dem Sturm.»

ANMERKUNGEN

1 Das von Tillich handschriftlich geschriebene Tagebuch scheint nicht mehr zu existieren. Nur eine maschinenschriftliche Kopie stand für den Druck zur Verfügung. Sie enthält naturgemäß Abschreibefehler, die nicht immer als solche erkennbar sind.

1a Gemeint ist wohl „Victoria Station".

2 Bezieht sich auf sexuelle Entgleisungen im Kloster Waldbreitenbach, die damals Aufsehen erregten.

XVII. DIE ENTDECKUNG DES KONTINENTS II

1938

ZEITTAFEL

Sommer 1938: Große Reise nach dem Westen: die Wüstengebiete im Westen, Grand Canyon, Boulder-Damm, die kalifornische Küste, Sierra Nevada, Dampferfahrt nach Kanada, Victoria, Vancouver, Rocky Mountains.

1.

Im Sommer 1938 bietet sich Tillich noch einmal die Gelegenheit einer großen Reise. Er „erobert" jetzt den Westen des Kontinents. Hannah und die Kinder kann er leider nicht mitnehmen wegen des Jungen; René ist erst drei Jahre alt. Tillichs körperliche Kräfte befähigen ihn zu großen Unternehmungen: Bergbesteigungen, die den alpinen Hochtouren in nichts nachstehen.

Der Rundbrief vom Herbst 1938 umfaßt fünf Kapitel: 1. Eindrücke von der Wüste, 2. dem Pazifischen Ozean, 3. den Seen und Wäldern der Sierra Nevada, 4. der Hochgebirge, 5. der Städte und Menschen. Leider kann der Rundbrief wegen seiner Länge nicht im vollen Umfang übernommen werden. Als die interessantesten Kapitel seien die über die Wüste, den Pazifischen Ozean und über die Sierra Nevada hier wiedergegeben:

Manomet, Plymouth, Mass., September 16, 1938

«Liebe Freunde,

wieder einmal komme ich auf die Methode der ersten Jahre zurück, statt kleiner, persönlicher Briefe einen großen Rundbrief zu schreiben. Der Anlaß dazu ist die große Erkundungsreise, die ich von Mitte Juli bis Mitte September in den Westen der Vereinigten Staaten und Kanadas gemacht habe. Ich habe dabei so viel Interessantes, Überraschendes, ja Überwältigendes gesehen, und die Reise hat mein Gefühl gegenüber Amerika so völlig ins Positive gewandelt, daß ich glaube, Ihr alle werdet gern etwas davon hören. Der unmittelbare Anlaß für die Reise war ein Kursus, den ich Anfang August an der Pazifischen Küste zu geben hatte und der mir die Reise finanziell ermöglichte. Ein zweiter Kurs, der Ende August am Westabhang der Kanadischen *Rocky Mountains* angesetzt war, wurde im letzten Moment abgesagt, was aber den Gesamtplan nicht mehr störte, sondern nur etwas mehr Zeit für ihn ließ.

Hannah und die Kinder waren während des ganzen Sommers in einem wunderschönen Rügen ähnlichen Ort an der Atlantischen Küste nördlich von Cape Cod, in der Nähe von Boston. Während wir dies schreiben, sind wir noch hier, und ich genieße die so völlig verschiedene Schönheit der Ostküste.

Um Euch einen Begriff von den Dimensionen der Reise zu geben, will ich nach gut amerikanischer Sitte einige Zahlen angeben. Die mit Eisenbahn, Autobus, Auto und Schiff zurückgelegten Meilen habe ich auf etwa 12 000 berechnet. Da eine Meile 1,6 km ist, so komme ich auf nahezu 20 000 km. An Staaten habe ich durchfahren die folgenden: Massachusetts, New York (State), Ohio, Indiana, Illinois, Iowa, Nebraska, Colorado, New Mexico, Arizona, Nevada, California, Oregon, Washington (State), British Columbia (Canada), Alberta (Canada), Montana, North Dakota, Minnesota, Wisconsin, Quebec (Canada). Nach meinen beiden Europareisen mit den Dutzend Grenzüberschreitungen, Paßschwierigkeiten und Geldwechseleien war es erstaunlich für mich, daß ich diese ungeheuren Entfernungen außer einer kleinen Formalität an der kanadischen Grenze (Geldwechseln ist nicht nötig) ohne jede derartige Schikane durchfahren konnte. Die einzige Reisevorbereitung war das Einpacken einer genügenden Anzahl von *sehr* kühlen und *sehr* warmen Sachen in zwei kleinen Köfferchen. Erwähnen möchte ich noch, daß mir die amerikanische Einrichtung zu statten kam, daß ordinierte Pfarrer auf allen Eisenbahnen 50 Prozent und auf allen Autobussen 75 Prozent des unteren Preises zahlen. Das gab mir die Möglichkeit, mich nicht vorher durch ein Rundreisebillet zu binden. So konnte ich immer, je nach der Situation, Eisenbahn (besonders Nachts wegen der Schlafwagen) oder Bus (auf den interessanten Strecken) nehmen oder mich von Bekannten im Auto mitnehmen lassen oder endlich (von Seattle nach Vancouver) ein Schiff nehmen. Das Ideale ist natürlich trotz allem ein eigener Wagen. Ohne ihn kann man vieles überhaupt nicht sehen und manches nur unter großen Opfern an Geld und unter erheblichen physischen und psychischen Anstrengungen. Da ich so viel als möglich und dieses möglichst intensiv sehen wollte, war das Ganze eine sehr große Strapaze. Aber eine, die sich vielleicht mehr gelohnt hat als irgend etwas anderes, was ich bisher unternommen habe, nämlich die Entdeckung einer neuen Welt.

Zur Vereinfachung meines Berichtes über die komplizierte und z. T. zickzackhaft verlaufene Reise will ich meine Eindrücke in fünf Gruppen zusammenfassen: 1. Die Wüste, 2. den Pazifischen Ozean, 3. die Seen und Wälder der Sierra Nevada, 4. die Hochgebirge, 5. die Städte und Menschen.

I.

Das ganz große, neue und stärkste Erlebnis der Reise war die Wüste. Sie gehört als drittes zu Meer und Hochgebirge und ist beiden in bezug auf Farbigkeit überlegen. Ich sah sie zuerst in der Umgegung von Santa Fé, dann auf der zwölf Stunden langen Autobusfahrt von Santa Fé nach *Grand Canyon,* dann von dort auf der Fahrt nach Boulder Damm und Las Vegas. Dann wieder auf der Fahrt von dort nach Los Angeles. Und später noch einmal bei Reno.

Es gibt sehr verschiedene Typen von Wüste: niedrige Büsche, Grasstauden, Kakteenwälder, Sandwellen und das Schönste von allem: bunte Felsen, oft unterbrochen durch weite schwarze Lavafelder. Ich gebe eine Schilderung auf Grund der Notizen, die ich mir während der Fahrt von Santa Fé nach *Grand Canyon* gemacht habe: „Hinter Albukerque überschreiten wir den Rio Grande. Strauchlose Wüste, nur Büschel in gelbem Sand. Versandete Wasserläufe, Hügelwellen. Die Straßen gehen oft herunter zu den Wasserläufen, die meistens trocken sind, so daß eine Art von Furt entsteht. Stachelkaktus. Hochplateau mit unerhörtem Blick. Die Straße unendlich gerade. Einzelne Büsche, ein grüner Streifen, weidende Kühe, einige Bäume, wieder vorbei – violett-rote Berge, rosa Berge. Vor uns die ganze Ebene rötlich von rotem Sand. Rechts und links blaue Berge. Thema des Ganzen: rot und blau. Auch die Kräuter rötlich. Grün-Invasion infolge eines Flusses. Zwischen roten Felsen durch. Indianerpueblo, Herden von Pferden. Indianer in Lauben am Weg. Ockergelbe Felsränder. Grün-gelb-Intermezzo. Schwarze Lavabetten, zum Teil wie geschmolzenes Gußeisen, in unübersehbaren Gebieten. Stop nach einigen Stunden in einem *trading-post* (Station, wo früher der Handel durch die Wüste ging). Ein modernes kleines Hotel, eine Tankstelle, zwei Cafés, einige Bäume, dann wieder Lava und Wüste. Eine reitende Indianerfamilie. Herrliche rote Bergpyramiden. Grün-rot-Komposition. Immer mehr rote Kliffe, zum Teil rosa- und hellgrau. Rote Klippen direkt aus der grünen Ebene aufsteigend. Vor uns übereinander rote Felsterrassen wie alte Festungsbauten. Violett-rot gegen gelb-rot. Mehr rote Felskegel. Fantastisch rote und rosa Felsbildungen, sehr architektonisch. Wir fahren mit 60 Meilen Geschwindigkeit (96 km) auf ausgezeichneter Straße. Stop in Gallup, dem ersten größeren Ort mit vielen Indianern. Grün-gelb wieder siegreich. Indianer mit Pferdekarren. Kleine *trading-posts.* Die Felskegel kommen näher. Noch immer herrscht Gelb und Grün, sehr reich. Das erste Rot wieder. Durch ein Tor von New Mexico nach Arizona. Braunrote Felsen. Fantastischer Indianer auf dürrem Schimmel. Tolle Farben in Rot, Grau, Rosa auf grünem Grund. Navaho-Indianer-Kraals. Riesiger Blick über die Buschsteppe. Erster Blick auf die *painted-desert-region* (gemalte Wüste). Alle Büsche verschwinden. Nur noch rote Erde und grüne Grasstauden. Unendliche Weiten. Stop an der intensivsten Stelle der *painted desert.* Die Farbe ist intensivstes Braunrot. Zahllose einzelne Kegel. Bunte Trümmer des versteinerten Waldes *(petrified forest),* der ohne eigenes Auto nicht erreichbar ist. Die Weite wird immer weiter. Stumpfe Pyramidenfelsen. Gelb-braune Unendlichkeit. Violett-Rot wird vorherrschend. Ein Oasenort mit richtigen Bäumen und Feldern. Wieder eine faszinierende violett-rote Erde. Die Abendsonne macht das Rot noch röter. Die Weite bleibt überwältigend. Das Violett-Rot beherrscht alles und leitet ganz langsam über ins Dunkel.

Solche und ähnliche Notizen schrieb ich während der Autofahrt nieder. Unheimlicher war die andere Wüstenfahrt durch die Mojave-Wüste vor Los Angeles. Zu ihr gehört das berühmt-berüchtigte *Death-Valley,* das wie das Tote Meer 300 Fuß unter dem Meeresspiegel liegt und das heißeste Gebiet der Vereinigten Staaten ist. Die Hitze auf einer kleinen Wüstenstation mitten in der Mojave-Wüste war unbeschreiblich. Das Eisen der Eisenbahnwaggons roch nach glühendem Lack. Im Zug selbst war es *air-conditioned* (künstliche Kühlung). Unheimlich wirkten die turmhohen Sandwirbel, die sich ganz spitz aus dem Wüstensand erhoben und lange Zeit fest standen. Fantastisch sind die Kakteenwälder, besonders eine Kaktusart, genannt *Josua tree,* mit rechtwinkligen Ästen.

Zur Wüste gehören auch zwei ganz große Dinge, über die ich berichten muß, Grand Canyon und Boulder Damm. Ich hatte so viel vom Grand Canyon gehört, daß ich dachte, es würde eine Enttäuschung werden, aber im Gegenteil. Der Augenblick, wo man an den oberen Rand tritt und herüber und herunter sieht, ist atemberaubend. Der *Colorado River* hat in einer Länge von etwa 150 Meilen ein fünfzehnhundert Meter tiefes und etwa zehn Meilen breites Tal ausgewaschen, dabei aber riesige Felsdome und Burgen stehen lassen.

Zahllose Plateaus liegen übereinander. Ganz oben gelb-rosa, dann intensiv rot zwischen graugrünem Schutt. Ganz unten die letzte und schroffste Rinne, in der der Colorado, schmutzig gelb und wild, an verschiedenen Stellen durchschimmert. In der Mitte natürliche Dome, Tempel, Türme, in wunderbarster natürlicher Architektur. Terrassenartiger und strahlenförmiger Aufbau, oft sehr genau achteckig, oft rundlich, oben in der Mitte eine „Laterne“, wie in St. Pietro in Rom. Einige Gebilde sind noch komplizierter, statt der Laterne nur eine riesige Kuppel, davor unabhängig ein spitzer Turm ... Es ist glühend heiß. Ungeheuerlich ist die schweigende Starrheit, die nicht einmal durch gelegentliche Stimmen gestört wird. Ich entschließe mich, den schweren Weg in den Canyon zu machen, fünfzehnhundert Meter herunter und wieder herauf. Siebzehn km Wegstrecke. Nur wenige machen das. Die meisten bleiben oben am Rand; die, die es machen, reiten. Man geht von mittlerem Höhenklima zu subtropischer Hitze, um so mehr, je tiefer man kommt. Die Vegetation wechselt dauernd, wird immer tropischer. Die letzte Stunde bis kurz vor dem Canyon-Grund war das heißeste Treibhaus, das ich je erlebt habe. Der Weg geht durch einen engen, tief eingeschnittenen Canyon mit Dschungelgebüsch (ohne Windhauch in der Glutsonne) herunter. Mehrere Pferdekarawanen begegnen mir. Ich begreife allmählich, daß für diese Welt nicht der Fußgänger, sondern das Pferd sinngemäß ist. Die Rückkehr war eine unmenschliche Strapaze.

Schon am nächsten Tag der zweite große Eindruck: Boulder-Damm. Wieder lange Fahrt durch die Wüste, wobei ich zum ersten mal die häufige Wasser-Fata-Morgana erlebe: Die heiße, bewegte Luft spiegelt weite Seen vor, die sich, wenn man näher kommt, in nichts auflösen ... Die Landschaft wird immer gewaltiger, je mehr wir uns dem *Black Canyon* des Colorado nähern, die Hitze immer größer. Das Gebirge wird schwärzer, jede Spur von Vegetation verschwindet. Plötzlich sind wir am Damm. Er ist über 150 Meter hoch; der künstliche Stausee, der durch ihn in der Wüste geschaffen ist, ist 160 km lang. Natur und Menschenwerk sind hier gleich großartig. Das Wasser ist tiefgrün. Es ist so unbeschreiblich heiß, daß die Luft, die durch die sehr schnelle Autofahrt bewegt wird, wie von einem Hochofen in den Bus hereinströmt. Die Eisenteile des Autos, die im Schatten sind, kann man nicht anfassen. Dann geht es in kühlem Fahrstuhl 150 Meter herunter zu den kühlen unterirdischen Gängen mit den Generatoren, die den Durchmesser eines dreistöckigen Hauses haben. Nachher Motorfahrt auf dem See. Die Farben der umgrenzenden Felsen und Berge übertreffen alles. An einer Seite eine Symphonie von Schwarz-Rosa-Grau, die ich nie vergessen werde. Der

See, der immer noch im Steigen begriffen ist (durch zuströmendes Coloradowasser), ist tiefgrün in der Nähe und pastellblau von weitem. Diese Fahrt war wieder ein Höhepunkt an Schönheit und der Höhepunkt an Hitze . . .

Zum Schluß noch ein paar Worte über die Oasen, die teils natürlich an Flußläufen sich entwickeln, teils künstlich durch artesische Brunnen geschaffen sind. Der Gegensatz zur Wüste ist überraschend. Ein kleiner Wasserlauf, ein bißchen künstliche Bewässerung schaffen sofort Paradiese an Fruchtbarkeit. Man erinnert sich dabei sowohl an die biblischen Worte und Erzählungen über Wüsten und Oasen als auch an die Indianergeschichten längst vergangener Zeiten. Was ich mir wünsche und was auch verwirklicht werden kann, ist, einmal ein bis zwei Wochen auf einer der großen Wüsten-*Ranches* (Viehfarmen) zu leben und täglich viele Stunden durch die Wüste zu reiten.

II.

Das zweite, wovon ich erzählen will, ist die Küste des Pazifischen Ozeans, hier schlechthin *„Pacific"* genannt. Ich habe die Küste an den verschiedensten Stellen ihrer ganzen Länge von der mexikanischen Grenze bis weit hinein nach Canada gesehen. Sie ist ganz verschieden im südlichen Kalifornien, in San Francisco und nördlich davon und im äußersten Nordwesten zwischen Portland und Vancouver/Canada. In Südkalifornien ist die Verwandtschaft mit den italienischen Küsten, teils Riviera, teils italienische Ostküsten, sehr groß. Wenn man aus der Mojave-Wüste über die hohen Randgebirge bei San Bernardino nach Los Angeles herunterfährt, wird man sehr an das Erlebnis erinnert, das man hat, wenn man die großen Alpenpässe überschreitet. Nur ist alles noch plötzlicher und intensiver. Während man auf der einen Seite noch den letzten Blick auf die Wüste hat, beginnen auf der anderen Seite schon die ersten Orangen, Zitronen und Palmen. Bald werden es große Plantagen. All das aber (und das gilt von ganz Südkalifornien) ist künstlich geschaffen durch *„irrigation"* (Berieselung des Bodens). Jeder Tropfen Wasser ist kostbar und wird ausgenutzt, und ohne ständige weitere Berieselung würde sofort die Wüste Herr werden. Interessant ist, daß in vielen Gegenden unter den Orangenbäumen Kohlenbecken stehen, die angezündet werden müssen, wenn eine bestimmte Mindesttemperatur unterschritten wird, was zu manchen Zeiten des Jahres geschieht und eine schwere Bedrohung der Ernte bedeutet. Ende Juli waren die meisten Bäume schon abgeerntet. Es war aber auch noch manches an den Bäumen, und man kann sich von der Überfülle der Früchte keinen Begriff machen. Die schönsten Tage habe ich in einem großen Künstler- und Badeort, *Laguna Beach*, zwischen Los Angeles und der mexikanischen Grenze verlebt. Man spürt überall an der pazifischen Küste die Größe des „Stillen Ozeans". Er ist niemals still, sondern hat immer, auch wenn kein Wind bemerkbar ist, riesige Dünungswellen, die das Schwimmen fast unmöglich machen. Trotzdem ist das Baden herrlich, zumal das Wasser infolge der kalten Strömungen von Alaska her nirgends sehr warm ist. Das hat weiter zur Folge, daß jeden Nachmittag gegen fünf Uhr eine kühle Luft vom Ozean auf das Land strömt, dem Badeleben ein Ende macht und nach des Tages großer Hitze einen kühlen sternklaren Abend schafft. Das Klima Südkaliforniens ist das idealste, was es vielleicht überhaupt gibt. Am Tage trocken heiß, niemals feucht und schwül. Infolge der Trockenheit des Landes keine Moskitos, fast niemals Gewitter, und Regen nur in wenigen Winterwochen. Man kann sich während der gesamten Sommermonate darauf verlassen, niemals einen schlechten Tag zu haben, während man sich an der atlantischen Küste, besonders in New England, darauf verlassen kann, alle paar Tage ein Gewitter zu haben. Der Pflanzenwuchs ist ganz subtropisch, Palmen, Kakteen, Zedern, Ölbäume, Feigen, Orangen, Zitronen und die entsprechende Blumenpracht. Aber alles nur, wo Menschen es pflanzen und bewässern. Auf den Bergen wächst Gras, das von Anfang Juni an gelbbraun wird und zu dem immer blauen Himmel ein unbeschreiblich leuchtendes Farbgebilde schafft. Diese Gelb-Blau-Komposition ist das Charakteristikum von Kalifornien, das man sofort beobachtet und auf das einen jeder Kalifornier aufmerksam macht, ängstlich fragend, ob man es liebt oder nicht, und beglückt ist, wenn man wie ich aus vollem Herzen antwortet, daß man es überaus schön findet. *Laguna Beach* ist ein von Malern entdeckter Ort und in der ganzen Stimmung und Aufmachung das amerikanische Gegenstück zu Ascona oder Positano. Wer einmal dort ist, möchte nicht wieder weg. Viele geschiedene Frauen haben sich dort angesiedelt, Künstlerfeste werden arrangiert. Man wehrt sich gegen die reichen Eindringlinge, die mit Privatkapitalismus die alten Traditionen zerstören wollen. Ein Schild *„Private Beach, no trespassing"* (Privatküste, nicht betreten) war durch Überschmieren des *„Private"* und des *„No"* in sein Gegenteil verwandelt. Ich selbst mußte alle meine moralische Energie aufwenden, um nicht Reise und Vortragskurs fahren zu lassen und dort hängen zu bleiben. Geradezu paradiesisch ist der *„patio"*, bepflanzter spanischer Innenhof des Hotels, in dem ich wohnte, in der Mitte ein Springbrunnen, Grasflächen mit Blumen, auf dem man in Liegestühlen sitzt, ringsherum alle subtropischen Bäume und Sträucher, die man sich vorstellen kann, vor allem Eukalyptus, der in ganz Kalifornien vorherrschend ist. Auch sehr viel Oleander und Palmen. Ringsherum die Hotelgebäude in spanischem Stil mit flachem Dach und auf der anderen Seite des Hauses die Terrasse zum Meer, dessen riesige Dünungswellen bei Flut bis an die Terrasse kommen. *Laguna Beach* liegt auf den Abhängen des hier ziemlich niedrigen Küstengebirges ... So wanderte ich zweiundeinhalb Stunden den *Temple Hill*, wie der wichtigste Berg hier heißt, herauf und erlebte eine Überraschung erster Ordnung. Als ich oben war, lag auf der einen Seite der Ozean in dem üblichen Fünf-Uhr-nachmittags-Dunst und auf der anderen Seite die grandioseste rothügelige, völlig unfruchtbare, von hohen Bergen begrenzte Wüste. Zwischen Ozean und Wüste, mit dem Blick auf hohes Gebirge; da war alles zusammen. Ich hatte nichts davon geahnt und war vollkommen überrascht ... Wir sind ziemlich entschlossen, falls wir im nächsten Sommer in Amerika bleiben, nach *Laguna Beach* zu gehen.

Ähnlich und doch ganz anders ist ein paradiesischer Ort nahe San Diego: *La Jolla.* Alte, sehr gepflegte südliche Gärten, Palmenalleen in jeder Straße, meistens vierreihig, Felsküste, blaugrüner Ozean. – Und wieder ganz anders viel weiter nördlich zwischen Los Angeles und San Francisco die berühmte Monterey-Halbinsel, wo unsere Konferenz war und wo der alte Ort Carmel liegt, gegründet von spanischen Missionaren im 17. Jahrhundert, deren alte barocke Missionskirche noch da steht. Solche „Missionen", Häuser und Kirchen aus dem 17. Jahrhundert, aus der Zeit der spanischen Indianermission, gibt es mehrere in Kalifornien, die jetzt entweder Privathäuser oder Hotels sind, nach denen aber noch Straßen und vor allem gute Restaurants genannt sind. Carmel selbst hat auch eine große Malerkolonie. Es liegt an einer großartigen, sehr zerklüfteten Felsküste, vergleichbar den schönsten Stellen der Riviera. Auf der einen Halbinsel, *Lobos* genannt, das spanische Wort für Seehund, wachsen Zedern, die sonst nur im Libanon vorkommen, und eine bestimmte Art von Zypressen, die es nur hier gibt. Carmel liegt aber schon so weit nördlich, daß es von dem Höhennebel des Ozeans getroffen ist, genau wie Asilomar, das *camp*, wo unsere Konferenz war. Wir hatten von den sechs Tagen vier Tage keine Sonne, während zwei Meilen östlich landeinwärts, also nach fünf Minuten Autofahrt höchstens, man schon wieder in der Zone der nie verdunkelten Sonne war. Ich habe mir darum das Carmeltal angesehen, das ins Gebirge und in die

Wüste führt, sehr fruchtbar ist und einige Orte hat, die mich lebhaft an die Gebirgsorte oben in den Bergen der Riviera erinnerten. Es war die einzige Stelle, wo unsere Pläne, ein Haus mit Obst- und Gartenland für unser Alter zu kaufen, sich etwas konkretisierten.

Der Nebel, von dem ich eben sprach, ist das Charakteristikum von San Franzisko, dem nördlichen Kalifornien und Oregon. Er bewirkt, daß San Franzisko nur selten ohne Nebel ist, während schon Berkeley, der Universitätsort diesseits der großen Baybrücke, viel mehr Sonne hat. Der Nebel bewirkt weiter, daß der August in San Franzisko einer der kühlsten Monate ist und daß der plötzliche Übergang von dem Wüstenklima dorthin mir den schwersten Hexenschußanfall meines Lebens einbrachte, von dem ich noch nicht ganz geheilt bin. Wenn aber die Sonne scheint, ist der Ozean vor den Klippen von San Franzisko blau und herrlich. Auf den Klippen sammeln sich Hunderte und Tausende von laut bellenden Seehunden, wie auch auf den Klippen vor Carmel. Dazu zahllose Vögel, die in anderen Tönen zu dem Konzert beitragen. Hier ist es nur selten möglich zu baden. Infolgedessen gibt es überall gewärmte *swimming-pools* mit Seewasser, direkt am Strand. Ich sah dann den Ozean wieder im Nordwesten, wo eine von Japan kommende warme Strömung gleich dem Golfstrom das ganze Jahr über ein gleichmäßiges Klima schafft, das für Rosen und Blumen unserer Breitengrade überaus günstig ist. Portland ist die Rosenstadt genannt, und die Gärten von Victoria, der weit nördlich gelegenen Hauptstadt von British Columbia/Canada, übertreffen alles an Intensität der Farben, was ich bisher gesehen habe.

Die Dampferfahrt, einen Tag lang, von Seattle über Victoria nach Vancouver, der großen kanadischen Hafenstadt am Stillen Ozean, glich, nach allem, was ich gehört habe, einer Fahrt durch die norwegischen Fjorde. Zarter hellblauer Dunst, kleine bunte Segelboote, schärenartige Felsen, zwischen denen das Schiff sich hindurchwindet, zahllose Wasservögel und hohe Berge bei der Einfahrt in den Hafen von Vancouver. Diese Fjordlandschaft geht weiter bis herauf nach Alaska, wohin man für 100 Dollar eine zehntägige Fahrt von Seattle hin und zurück machen kann, das Gegenstück der europäischen Nordlandfahrt. Die Fjords gehen aber auch tief ins Innere von Kanada, und ich fuhr noch stundenlang im D-Zug an einem der Fjords entlang bei untergehender Sonne, emaillefarbenem Wasser und zartem Dunst, der die hohen Berge, die Fabriken und die großen Schiffe zu einer wundervollen malerischen Einheit verband. Das war der schmerzliche Abschied vom Pazifischen Ozean.

III.

Ich komme nun zu den Wäldern und Seen der Sierra Nevada. Sierra Nevada ist das Hochgebirge, das zwischen den Wüsten des Staates Nevada und der großen nord-südlichen kalifornischen Fruchtebene liegt. Die höchsten Berge haben viele Schneefelder (woher der Name kommt). Am Westabhang der Sierra Nevada sind Wälder, wie sie nur an dieser Stelle und in diesem Klima gedeihen. Das Wichtigste daran sind die sogenannten Sequoia-Bäume, die zur Sorte der *Redwoodtrees* (Rotholzbäume) gehören und die größten und ältesten Bäume liefern, die auf der Erde gefunden werden. Es gibt Exemplare, die vier- bis fünftausend Jahre alt sind, was man an den Ringen genau zählen kann. Ich war an einer Stelle, wo einige hundert solcher Bäume stehen, alle schon mindestens tausend Jahre alt bei der Geburt Christi. Sie sind im Prinzip unsterblich, weil sie eine Gerbsäure haben, die die Rinde wie Asbest unverbrennbar macht und darum widerstandsfähig gegen die zahllosen Waldbrände, die durch Blitz im Lauf der Jahrtausende entstanden sind und die den Kern aller dieser Bäume ausgebrannt haben. Der gleiche Saft hat die Wirkung, daß die Rinde unempfindlich gegen Insekten ist. Es gibt Gegenden, besonders an der *Redwood*küste in Kalifornien, wo es keine Vögel gibt, weil sie keine Nahrung an Insekten haben, weil die Bäume keine Insekten zulassen. Wenn man unter diesen Bäumen steht, die alle noch leben, hat man das Gefühl, in die Reptilienzeit der biologischen Entwicklung zurückgeworfen zu sein. Sie sind die ältesten organischen Wesen, die auf der Erde leben, und gaben mir einen tiefen Eindruck von der Jugendlichkeit des Menschengeschlechtes auf diesem Planeten. Von der Größe kann man sich eine Vorstellung machen, wenn ich berichte, daß durch einen natürlichen Spalt in einem der Bäume unten am Erdboden die riesigen transkontinentalen Autobusse glatt durchfahren können. Ich war in vielen unten drin, einige sind wie riesige Fabrikschornsteine, in die von oben der blaue Himmel hereinsieht. Alle diese Wälder sind unter strengstem Schutz der Regierung und werden wie Heiligtümer bewahrt. Überall sind kleine Museen, in denen über die geologischen, biologischen und zoologischen Tatsachen dieser Wälder nicht nur überaus klar und anschaulich ausgestellt wird, sondern auch von den *rangern* (staatlich angestellten Wachbeamten, ähnlich unseren Förstern) Vorträge gehalten werden. Ein einsamer Spaziergang durch die *„big tree grove“* (Hain der großen Bäume) gehört zu den unvergeßlichen Dingen des Lebens.

Die *big trees*, die ich gesehen habe, gehören zum Yosemite-National-Park. Diese *national parks*, von denen noch mehr die Rede sein wird und zu denen auch *Grand Canyon* und Umgebung gehört, sind Ergebnisse des Versuches der nationalen Regierung in Washington, die Naturschönheiten des Landes vor Zerstörung durch private Unternehmer, durch das Publikum und durch natürliche Vorgänge, wie Waldbrände usw. zu schützen. Den Anfang machte der *Yellowstone-Park,* dem sehr viele andere landschaftlich noch schönere gefolgt sind (nach allem, was ich darüber höre). Dazu kommen dann *state-parks* der einzelnen selbständigen Staaten, *county-* und *city-parks,* ungeheure Gebiete von *national-* und *state-forests,* d. h. Wälder, die wie bei uns nicht privat, sondern Staats- oder Nationaleigentum sind. Endlich kommen noch hinzu die großen *Indian reservations,* die ausschließlich den übrig gebliebenen, noch recht zahlreichen Indianern gehören, und die unter staatlichem Schutz stehen. Diese ganze Entwicklung ist nicht viel mehr als dreißig Jahre alt und ist eine Gegenwehr gegen die drohende Verwüstung des ganzen Landes durch den Privatkapitalismus. Sie ist gefördert worden durch die Krisenjahre nach 1929, dadurch, daß die Zentralregierung ein umfassendes Werkprogramm für die jüngeren Arbeitslosen geschaffen hat, das verfassungsmäßig nur für solche Arbeiten eingesetzt werden durfte, die keine Konkurrenz für die privaten Unternehmer bedeutete. So wurden die Parks (Gebiete so groß wie ganze preußische Provinzen) durch Autostraßen und *trails* (Reit- und Fußwege) zugänglich gemacht. Es wurden Blockhäuser gebaut, Gebiete mit Feuerplätzen, Wasserzufuhr und – Toiletten (!!) mitten im wilden Wald für Zeltlager zurechtgemacht, Türme auf Bergen zur Überwachung der Wälder gegen Waldbrände gebaut, Autobuslinien unter staatlicher Kontrolle eingerichtet usw. usw. Es ist paradox und doch aus der wirtschaftlichen Struktur des Landes ohne weiteres verständlich, daß die größte wirtschaftliche Krise zugleich den größten Fortschritt in allen öffentlichen Arbeiten gebracht hat, vor allem in denen, die der Erhaltung, Verschönerung und Erschließung des Westens dienen. Einer dieser Parks ist *Yosemite-National-Park* am Westabhang der Sierra Nevada. Es ist ein Tal, rechts und links begrenzt von 1500 Meter hohen, ganz schroffen Felswänden, die gelegentlich, wie z. B. in der Nacht, wo ich dort in einem Zelt schlief, mit donnerähnlichem Getön einen Bergrutsch heruntersenden. In das Tal fließen verschiedene Gebirgsbäche, gespeist von den Schneefeldern der Sierra Nevada, wobei zwei der größten und gewaltigsten Wasserfälle der Erde entstehen. Ich ging an ihnen entlang hoch zu der höchsten Bergspitze in der Nähe des Tales, ein neunstündiger, fast ununterbrochener Marsch mit schwerer Schlußkletterei an Drahtseilen entlang und Rückkehr in den letzten zwei Stunden bei Nacht. Die Wasserfälle sind trotz allem, was man gegen Wasserfälle zu sagen hat, so herrlich, die Auflösung des gesamten Wassers in Wolken von Wasserstaub und -schaum ist so fantastisch, daß ich mich nur schwer trennen konnte. Der Sonnenuntergang auf den Sierra Nevada-Bergen, die rot-violetten und gelben Farben sind aufregend schön. Merkwürdigerweise ist mir auf diesen Wegen nie ein Bär begegnet, obgleich es viele gibt und überall angeschrieben und gedruckt ist, daß das Füttern verboten ist, weil es gefährlich werden kann. Auch von Klapperschlangen bin ich verschont geblieben, obgleich mir herunterkommende Jungens erzählten, daß sie eben einer begegnet wären. Die Hitze ist groß, aber nicht unangenehm. Vor allem gibt es auch hier nirgends Moskitos. Für Touren durch die *High Sierra,* wie es heißt, werden von der Parkverwaltung Führer gestellt, die acht Tage lang eine Gruppe von Teilnehmern umsonst über die Berggipfel führen. Dazu muß man natürlich mit Ruck- und Schlaf-Sack, Bergstiefeln, Schlangenserum usw. ausgerüstet sein.

Von den Abhängen der Sierra Nevada kommt man in die große Ebene, die den eigentlichen Reichtum Kaliforniens produziert: die Ölfelder, die an den wie richtige Wälder aussehenden Öltürmen erkennbar sind, und die Wein-, Obst- und Weizenkultur mit Hilfe der künstlichen Berieselung. Ich wohnte eine Nacht in Fresno, der Hauptstadt der Traubenkultur, einer der heißesten Plätze Kaliforniens, umgeben von unendlichen Feldern mit Weinstöcken. Man darf es aber nicht mit unseren europäischen Weinorten vergleichen. Nichts von der Atmosphäre von Mosel, Rhein, Loire oder Rhone. Wein ist ein Handelsobjekt, und wenn man nicht persönliche Beziehungen hat, bekommt man in Fresno nichts Besseres als in irgendeiner größeren Stadt und auch nichts Billigeres. So tröstete ich mich mit einem wundervollen subtropischen Park und dem Duft der riesenhaft hohen Eukalyptusbäume.

Oben auf der Sierra Nevada in nahezu 2000 Metern Höhe liegt der *Lake Tahu* (See Tahu). Er hat einen Umfang von 160 km, gehört teils zu Kalifornien, teils zu Nevada, ist umgeben von bewaldeten und zum Teil schneebedeckten Bergen der Sierra Nevada und ist berühmt wegen seiner Farben. Auf der kalifornischen Seite sind wundervolle Rotkiefernwälder, die Nevadaseite ist öder und leitet über zur Wüste, hat aber besonders am Abend die allerschönsten Farben. Man kann auf einem Schiff sieben Stunden lang für zwei

Dollar auf ihm herumfahren. Überall sind *Camps* mit Kabinen und Zelten, Bade-, Ruder- und vor allem Fischerei-Möglichkeiten, dem Hauptsport der Amerikaner an Seen und Flüssen ... Ich nehme ein Ruderboot und fahre eine Stunde in den See hinein. Trotz der großen Tiefe ist es kaum möglich, so weit zu fahren, daß man den Grund nicht mehr sieht, so klar ist das Wasser. Es ist grünlich, wenn man in den Grund sieht, sonst von intensivstem Blau. Der See ist ganz glatt. Es spiegeln sich weiße Kumuluswolken. Die Berge gegenüber sind grauschwarz. Am nahen Ufer spiegeln sich die hohen Bäume in Rot und Grün. Ich sehe tausend Nuancen von Grün, viele Blaus und sehr viel Weiß. Das Ganze kann nicht beschrieben, sondern nur gemalt werden ... Infolge der Höhe ist es in den Nächten sehr kühl, und ich bemitleidete meine amerikanischen Freunde, die mich im Auto von San Francisko hierhergefahren hatten, als ich in meine *cabin* (Blockhaus) ging und sie in ihrem halboffenen Zelt in ihrem Schlafsack unter Bäumen und Sternenhimmel ließ ... Ein ebenso unerwarteter wie überwältigender Eindruck war die Fahrt vom See über das Randgebirge herunter in die Wüste, in deren Mitte die Oase des berühmten Ehescheidungsortes Reno liegt. Von Schneefelderhöhe sieht man auf Wüste, Gebirge und die oasenhafte Ebene des Ortes. Infolge von schweren Gewitterwolken war das Ganze noch farbiger als sonst, abwechselnd Schatten- und Sonnenflecke. Ich konnte einen Schrei der Überraschung nicht unterdrücken, als auf der Kammhöhe all dieses plötzlich auftauchte.

Aber das Allerschönste in diesem vulkanischen Gebirgszug stand mir noch bevor: *Crater Lake* (Krater-See) in Oregon. Man fährt von der Ausgangsstadt in zweieinhalb Stunden durch vielen Hochwald das Gebirge aufwärts bis zum See. In meinem Notizbuch schreibe ich: „... Man fühlt sich während der Zeit, wo man am See ist, völlig abgeschnitten von der übrigen Welt und in überirdische Formen und Farben versetzt. Es gibt nichts Vergleichbares in der mir bekannten Welt; es ragt in eine überirdische Seinsschicht hinein, ein griechischer Götterberg. Die allbeherrschende Farbe ist blau. Wie in Taormina die Hitze ein Ding wurde, und nicht nur eine Qualität an Dingen, so hier das Blau. Es wird ein Seiendes für sich, um dessentwillen alles andere da ist. Es gibt kein irgendwie vergleichbares Blau. Es ist nicht himmelblau, nicht stahlblau, nicht azurblau, nicht preußischblau, nicht hell-, nicht dunkelblau. Es hat keine irdischen Vergleichsmöglichkeiten. Es gehört den Göttern an und muß so hingenommen werden.

Die Berge, oder genauer die Kraterränder, sind rot und grau mit gelben Einsprengungen. Das Rot spiegelt sich an den steilen Ufern und verwandelt das Blau in Violett. Unten an den Ufern sind Schneefelder, die eine neue Farbe hereinbringen. In der Mitte ist eine Insel, die Spitze des früher 4000 Meter hohen Kraters, der irgendwann eingebrochen ist, die tiefe Höhlung schaffend, die dann von Schnee und Regen gefüllt wurde. Ich entwinde mich der Autobusgesellschaft, dem Essen, selbst der Bootsfahrt, die im Billet vorgesehen ist, um zu wandern und zu steigen. Ich gehe immer am Rand des Sees 300 Meter über dem Wasserspiegel entlang, komme nach vielen Mühen auf einer steilen Spitze an, wo oben eine Feuerwache ist. Hier paßt wirklich Goethes Wächterlied. Ein schönerer Punkt ist nicht vorstellbar. Der See ist hier noch vollständiger zu übersehen und noch tiefer in das überirdische Blau getaucht. Alte Tannen und Kiefern geben, wie auf dem ganzen Weg, einen Farbkontrast, der alles intensiviert. Auf der anderen Seite sind unendliche Wälder- und Bergketten, einige Berge mit Schneefeldern, einige ferne Seen und weit im Süden, sehr hoch der gletscherbedeckte *Mount Chasta*" [...]»

XVIII. DER ZWEITE WELTKRIEG (VORABEND, KRIEG, ERSTE NACHKRIEGSJAHRE)

1938–1947

Zeittafel

1. September 1939:	Beginn des Krieges in Europa.
11. Dezember 1941:	Deutschland und Italien erklären den Vereinigten Staaten den Krieg.
Mai 1944:	Gründung des *Council for a Democratic Germany*. Tillich *Chairman*.
8. Mai 1945:	Kapitulation Deutschlands mit anschließender Besetzung Deutschlands durch die Westmächte und Rußland.

1.

Schon zu Beginn des Krieges vermindern sich die Kontakte mit Deutschland; mit dem Eintritt Amerikas in den Krieg (Dezember 1941) reißen sie ganz ab. In Amerika selbst nimmt Tillich leidenschaftlich an der Diskussion über den Krieg teil und vertritt eine Position, die nicht populär ist. Er wünscht weder für die Deutschen noch für die Amerikaner den Sieg. „If the Allies win, really win, it will be natural for them to impose conditions so severe, that another war will develop. And a real Nazi victory certainly would usher in an age of tyranny".[1] Einzelheiten seiner politischen Betätigung und ihre literarischen Früchte finden sich in Band 13 der Gesammelten Werke [2] und in Band 3 der Ergänzungsbände zu den Gesammelten Werken.[3] Nach dem Krieg erlischt Tillichs aktive Teilnahme am politischen Geschehen. Er muß einsehen, daß seine Konzeption der Kriegsziele nicht verwirklicht worden ist und wahrscheinlich auch keinen Einfluß auf die konkreten Entscheidungen gehabt hat. Nach der Beendigung des Krieges kann Tillich nicht sofort mit seinen deutschen Freunden Kontakt aufnehmen. Erst allmählich kommen Postverbindungen in Gang. Bevor er selbst die erste Reise nach Deutschland unternehmen kann, vergehen noch drei Jahre. Am Vorabend des Krieges schreibt Tillich an Alfred Fritz:

«Liebster Frede! [1938]

Hab herzlichen Dank für Deinen lieben Weihnachtsbrief! Wie es hier zugeht, kannst Du daran sehen, daß selbst die Weihnachtsferien keine Zeit zum Schreiben ließen. Doch sind jetzt 14 Tage *examination-period* zwischen den beiden Semestern, und das erleichtert etwas die Situation, wenn auch nicht viel.

Der tiefste Grund für die Überlastung ist die Lage der Theologie, wie ich sie sehe: Es muß alles neu gemacht werden, auch wenn das Neue ungleich das Älteste ist, die alte Kirche! So muß ich an jeder Vorlesung alle Probleme neu durchdenken. Ich kann meine alten Arbeiten niemals ohne wesentliche Veränderungen brauchen. Das macht natürlich viel Arbeit, aus der aber, wie ich hoffe, irgend wann die Dogmatik hervorgehen wird. Weiter ist sehr schwierig das historische Kolleg, das immer neue Materialarbeit verlangt, wenn es lebendig bleiben soll. Aber auch hier habe ich einen weitausschauenden Plan, nämlich mit meinem früheren Berliner Schüler, jetzigen Chikagoer Kirchenhistoriker Pauck, zusammen eine Europäische Geistesgeschichte für die Amerikaner zu schreiben. Das Gefühl, das hinter diesem Plan steht, ist erstens die Unhistorizität des amerikanischen Bewußtseins, zweitens das Gefühl, daß die alten europäischen Werte langsam an einem vor Zerstörung vorläufig sicheren Ort neu gepflanzt werden müssen, um gerettet zu werden. – Außer mancherlei englichen Aufsätzen, von denen ich neulich einen an M. L. [Marie-Luise Werner] geschickt habe, die ihn Dir vorlesen soll, plane ich ein teils aus Aufsätzen, teils aus Neuarbeit bestehendes Buch in Deutsch zu veröffentlichen; ich stehe darüber seit Sommer mit einem Amsterdamer Verlag in Verhandlung: Religion und Weltpolitik, ein Titel, der für die Blickerweiterung der amerikanischen Existenz charakteristisch ist. Es sollen etwa 16 Kapitel sein, von denen ich 10 schon bearbeitet habe in Artikeln oder Manuskripten und 6 ganz neu gemacht werden müssen. Ich vermute, daß ich das Manuskript etwa am 1. Oktober fertig haben werde.[4]

Die Dogmatik wird wahrscheinlich aus 4 Teilen bestehen, die ich jetzt in 4 Semestern hintereinander gelesen habe: Vernunft und Offenbarung, Welt und Gott, Mensch und Christus, Geschichte und Gottesreich, also immer die Korrelation einer philosophischen Problemsphäre mit einer theologischen Lösungs-Sphäre, eine völlig andere Methode als die Barths, wo die Antworten ohne Entfaltung der Fragen als supranaturale Blocks herunterfallen. Ich würde nichts sagen, daß beide Methoden sich notwendig widersprechen, aber sie gehören einem anderen Denktypus an. Vielleicht kann ich Dir irgend wann mal Leitsätze schicken, die ich für den nächsten Zwei-Jahres-Turnus in die Hände der Studenten geben will. Das sind so die Pläne und wissenschaftlichen Arbeiten.

Vor einigen Tagen bin ich nun endgültig an den Lehrstuhl für *„Religious Institution“* gekommen, was in unserer alten Sprache „Symbolik“ bedeutet. Faktisch hat das nur zu bedeuten, daß ich an einem kirchengeschichtlichen Seminar teilnehmen muß. Es ist die Aufnahme in den vollen Lehrkörper und demnächst eine *Full-Professorship!*

Die Vortragstätigkeit hat ziemlich nachgelassen, da die erste Sensation vorbei ist und ich ziemlich alles abgegrast habe. Das ist arbeits- und nervenmäßig sehr angenehm, finanziell sehr unangenehm. Wie überhaupt bei uns wie bei all unseren Freunden ein ständiger Prozeß der Verarmung vor sich geht: steigende Preise, Verfall der mitgebrachten Sachen, hohe Versicherungen, wachsende Erziehungsgelder. Wir sind von dem kulturellen Leben New-Yorks, soweit es Geld kostet, völlig ausgeschlossen. Gesellschaftlich gehört man zur unteren Angestelltengruppe. Von der sozialen Wertung der Universitätsprofessoren keine Spur und zum Teil mit Recht, da die Masse der Universitäten und Colleges höchstens das Niveau eines früheren deutschen Gymnasiums hat.

Neben der dienstlichen Seite geht nun die persönliche des hiesigen Lebens mit riesigen Anforderungen einher. Auch hier zunächst mehr oder weniger offizielle Dinge hier im *Seminary* und in der Emigranten-Hilfe, wo ich mitten in der Arbeit sitze als einziges deutsches Mitglied eines christlich-amerikanischen Komitees und zugleich als Vorsitzender eines deutschen Selbst-Hilfe-Komitees, wo wir mit großem Erfolg hier und in Europa arbeiten. Das bedeutet natürlich, daß an manchen Tagen in meinem Studierzimmer, das im Dienstgebäude liegt, sich die Hilfesuchenden und die Studenten ablösen.

Gesellschaftlich ist die Situation so, daß mit wenigen Ausnahmen wie ihr, unsere Freunde aus Berlin, Dresden und Frankfurt, hier und in der weiteren Umgebung vereinigt sind. Dazu kommen neue amerikanische Freunde, sodaß die Zahl derer, mit denen wir einen gelegentlichen Einladungskomment haben, etwa 100 bis 120 beträgt (wächst wöchentlich durch Neuankommende aller Fakultäten, Konfessionen und Berufe); die Zahl der engsten Freunde beträgt etwa 30 und ist auch ständig im Wachsen. Für viele fühlen wir uns menschlich und beruflich verantwortlich. Du kannst Dir denken, wann Zeit unter diesen Umständen für uns selbst bleibt. Dabei ist das Gesellschaftliche gar nicht so amüsant, weil wir alle sehr viel älter geworden sind, einen etwas insularen Kreis darstellen und die vielen netten Gelegenheiten, einschließlich Cafés und Weinstuben, absolut fehlen. So ist die Geselligkeit meistens mehr Anstrengung als Erholung. Landschaft, Spazierengehen in wirklicher Natur, das ist nur noch ein Mythos und eine Erinnerung.

Langsam wachsen wir in die amerikanischen Probleme und Wirklichkeiten herein. Das Wachstum und langsame – nach europäischen Begriffen ungeheuer schnelle – „Schön-Werden" von New-York können wir fast vor der Türe beobachten, nämlich an dem gewichtigen Hudson-Fluß entlang, wo jetzt die Eisenbahn auf unendliche Strekken hin übertunnelt wird für die Erweiterung unseres *Riverside Parks* und eines Auto-Eil-Wegs, der 10 000den eine 3/4 Stunde Zeit erspart. Die innere Politik des Landes ist äußerst interessant. Der Kampf Roosevelts gegen die Kapitalgewaltigen äußerst spannend. Ebenso der Kampf der Arbeiter und Angestellten, die gerade anfangen, sich wirksam zu organisieren. Die neue Krise, in deren Mitte wir sind, wird allgemein auf psychologische Ursachen zurückgeführt und hat darum lange nicht den deprimierenden Charakter der großen Krise. Immerhin zeigt sich an Roosevelts Kampf wieder, wie unendlich schwer, ja vielleicht unmöglich es ist, auf dem Boden einer kapitalistischen Ordnung selbst in dem reichsten Lande der Welt den Massen eine einigermaßen wirksame Sicherung und Lebensbefriedigung zu geben. Das gilt hier für Bauern wie für Arbeiter. Ob es hier schließlich auch zu Gesellschaftsformen kommen wird, die denen des Europäischen Spätkapitalismus ähnlich sind, also diktatorische Formen, ist die große und recht sorgenvolle Frage für alle, die lieber die Luft der Freiheit als die drückende, wenn auch relativ gesicherte, Keller-Atmosphäre der neuen Formen [wollen.]

Das hängt natürlich mit der Weltlage zusammen, die einen ganz deutlichen Zug hat: das unaufhörliche Vordringen der diktatorischen Mächte, die wachsende, aber noch völlig unzulängliche Abwehr der älteren Formen. Ob es aus inneren und äußeren Gründen zu einer völligen Katastrophe der letzteren kommen wird, ist die große Frage, über die Prophezeiungen unmöglich sind. Ich neige der in meinem Sinne negativsten Annahme zu, dem Endsieg der diktatorischen Formen in der nächsten Epoche. In dem Maße, in dem sich das verwirklicht, werden die christlichen wie die humanistischen Werte schrittweise unterdrückt, weil die von dem absoluten Naturrecht des Calvinismus oder von der absoluten Liebes-Idee des Luthertums oder von der Organismus-Idee des Katholizismus kommenden Milderungen der Konzentration abgelehnt werden müssen und zugleich eine neue, mehr adäquate, religiös-weltanschauliche Basis für diese Systeme gesucht werden muß, als das Christentum es geben kann. Jeder Tag (auch in der systematischen Zerstörung der chinesischen Missionsschulen durch Japan) bestätigt diese Diagnose. Sie entspricht ja auch dem, was Du fühlst. Dieser Lage gegenüber gibt es zwei Haltungen: *Die erste,* (die Du von jeher eingenommen hast) innere Loslösung von allem! Und ich muß Dir gestehen, daß ich mich Dir nie so verwandt gefühlt habe wie in den Monaten vor Weihnachten, wo die Vitalität dem Leben hier, der Vision der Welt nicht mehr gewachsen war (und es mir so ging, wie ich es in dem Brief an Elisabeth geschrieben habe). — Oder, wenn wieder etwas Vitalität da ist, die Idee der esoterischen Gruppe, die eine Zukunft vorbereitet, für deren Verwirklichung man im Augenblick nicht einmal kämpfen kann, weil die gegenwärtigen Dämonen sich erst einmal selbst zerstört haben müssen. Diese *zweite* Idee ist der Impuls meines Handelns, während die erste das persönliche Leben langsam überschattet. Denn für mich ist ein rein transzendentes Ideal nicht die Wirklichkeit, die sie für Dich ist. Sie ist zum guten Teil Resignation.

Die junge Generation ist ein Trost. Hannah hat Dir sicher ausführlich darüber geschrieben. Erdmuthe entwickelt sich schön weiter, obgleich das Amerikanische an ihr mir manchmal fremd ist. Der Junge ist ein Ausbund an Kraft und Klugheit, was aber zur Folge hat, daß die Erziehung ein fast unlösbares Problem ist.

Ich freue mich über die Nachricht über Deine Kinder. Traurig ist es, daß es Trudchen nicht so gut geht. Wir müssen sie mal wieder auf 2000 m zwischen Alpenrosen setzen! Schade, daß all so etwas im vorigen Jahr nicht möglich war.

Was macht Hermann Schafft? Er schreibt noch weniger als ich, und ich weiß weder, wo er ist noch was er ist! Sollte er in Berlin sein, so lies ihm doch bitte diesen Brief vor, wie ich Dich auch bitte, ihn Seebergers und M. L.chen [Marie-Luise Werner] zu geben. In den ersten Monaten nach Väterchens Tod schrieb ich noch in Gedanken Briefe an ihn über alles, was hier geschah. Nun schreibe ich an Euch und Seebergers. Also lest es zusammen!

In diesem Sommer habe ich zwei Kurse im Westen, einen in Kalifornien an der Pazifischen Küste, und einen in West-Kanada, nahe den Rocky-Mountains. Wir wollen alle herüberfahren und drüben, wo es sehr viel billiger ist, ein Häuschen mieten. Leider ist die Eisenbahnfahrt fast so teuer wie die Fahrt nach Europa, so daß wir entweder Bus, was sehr anstrengend ist, oder Auto, was etwa 14 Tage dauert, fahren müssen. Wahrscheinlich werden wir mit einem Studenten, der aus Kalifornien kommt, fahren. Aber das ist noch Zukunft. Zunächst liegt ein ganzes schweres Semester vor uns.

Leb' wohl und vergiß mich nicht, auch wenn ich nicht viel schreibe. Grüße Trudchen und die Kinder.

In Liebe! Dein Paul.»

2.

Sein politisches Engagement bringt Tillich mit den verschiedensten Menschen und Organisationen zusammen und bietet ihm öfters den Anlaß, sich publizistisch zu äußern. Im Jahre 1938 schreibt er einen Artikel: „Die politische und geistige Aufgabe der deutschen Emigration. Thesen zur Standortsbestimmung der deutschen Emigration vom Juni 1938".[5] *Als Ursache zu dieser Schrift gibt er selbst an: „Die beiliegenden Thesen verdanken ihre Entstehung wiederholten Anfragen von einzelnen Emigranten und ganzen Gruppen an meine amerikanischen Freunde und mich über Möglichkeiten gemeinsamer Aktion. Ich wurde beauftragt, Thesen niederzuschreiben, die als Ausdruck unserer Haltung gelten und zur Beantwortung von Anfragen solcher Art benutzt werden können." Tillich schickt den Entwurf dieser Thesen zur Begutachtung einer Reihe von Emigranten zu, u. a. auch Thomas Mann. Tillichs Brief an Thomas Mann ist teils die Antwort auf Thomas Manns kritische Vorschläge, teils die Aufforderung vor einer Emigrantengruppe einen Vortrag zu halten:*

«Paul J. Tillich,
99 Claremont-Avenue, New York City October 12, 1938

Lieber Herr Mann:

Zu meiner Freude habe ich schon im Sommer gehört, daß Sie sich für Princeton entschieden haben. Sie erinnern sich wohl an unsere Unterhaltung im Bedford Hotel, wo ich mich dringend für Princeton gegen Beverly Hills einsetzte. Inzwischen war ich selbst in Beverly Hills und kann die ganze Größe der Versuchung würdigen, der Sie widerstanden haben.

Ich hoffe, Sie haben die endgültige Fassung meiner Thesen erhalten. Und haben festgestellt, daß ich, soweit es mir möglich war, Ihrer Kritik Raum gegeben habe. Ich muß Ihnen gestehen, daß ich selber nicht erwartet hätte, daß die in den Thesen entwickelte Analyse und die daraus folgende Erwartung so uneingeschränkt und grauenvoll durch die Ereignisse bestätigt würde. Und – jeden Tag von Neuem bestätigt wird.

Heut komme ich mit einem anderen Anliegen. Wie Sie vielleicht wissen, war ich der theologische Interpret der religiös-sozialistischen Bewegung in Deutschland. Die gleiche Funktion hat hier in Amerika mein Freund und Kollege Professor Reinhold Niebuhr, der einer der wichtigsten religiös-theologischen und politisch-sozialistischen Führer des Landes ist. Wir arbeiten seit vier Jahren zusammen in der religiös-sozialistischen Bewegung. Ebenso wie in Deutschland ist unsere Gruppe hier relativ klein, aber sehr wirkungsvoll durch den Einfluß auf die Studenten des ganzen Landes. Wir haben in jedem Winter eine Zusammenkunft in New York, an einem Sonnabend nachmittag und abend. Ich bin nun von dem Vorstand gebeten worden, Sie zu bitten, auf dieser Tagung zu sprechen und mit uns zu diskutieren. Es kommen in Frage folgende vier Sonnabende: November der fünfte, zwölfte, neunzehnte, Dezember, der dritte. Wir würden es vorziehen, Sie am Nachmittag zu haben, falls Sie nicht nachmittag und abend unter uns sein können. Falls Sie aber den Abend vorziehen, so wäre auch das gut möglich. Der Ort Ihrer Rede wäre wahrscheinlich der große Saal der *Riverside-Church*.

Betreffs des Themas sind mir keine Vorschläge gemacht worden. Wir könnten das unter uns ausmachen. Ich persönlich würde mir denken, daß Ihr Thema etwa in der Richtung von Christentum und Humanismus liegen sollte, wobei die sozialistische Linie als ein Versuch gezeichnet werden könnte, die Prinzipien, in denen Christentum und Humanismus übereinstimmen, in einer bestimmten Situation zu verwirklichen. Ebenso möglich wäre es, wenn Sie Ihr Bild der gegenwärtigen Lage, das ja mit unserem weitgehend übereinstimmt, für uns entwickeln könnten. Aber auch ein Thema, das in der Nähe Ihrer gegenwärtigen Arbeit läge, wäre durchaus möglich und erwünscht für uns. Etwa in Richtung unseres damaligen Gespräches über neuen Kollektivismus und Mythos. Das sind nur Vorschläge, die sämtlich von Ihnen verworfen werden können zugunsten irgendeines anderen Gegenstandes, der Ihnen lieber ist.

Sie können sich denken, daß unsere *„Fellowship"* Ihnen kein Honorar außer den Reiseauslagen anbieten kann. Selbstverständlich sind Sie unser Gast für die ganze Zeit Ihres Hierseins.

Ich weiß, wie bestürmt Sie von derartigen Anfragen sind und habe darum diesen Brief mit Zögern geschrieben. Ich glaube aber, daß es auf die Dauer wichtiger ist, konkreten Bewegungen und Bünden wie der unsrigen, Kräfte für den zukünftigen Kampf zuzuführen, als den

Kampf in der breiten Öffentlichkeit zu führen. Sie haben den öffentlichen Kampf in großartiger Weise in *Madison-Square Garden*[6] geführt — im Sinne der dritten Aufgabe unserer Thesen. Ich glaube aber, daß wir auch im Sinne der vierten Aufgabe handeln müssen: die Vorbereitung solidarischer Kampfgruppen, die wie unsere *Fellowship*, in der noch kommenden eigentlichen Kampfzeit von entscheidender Bedeutung sein werden. Es handelt sich um das Durchretten der christlichen, humanistischen und sozialistischen Prinzipien in der kommenden Periode der Faschisierung der Welt, die, wie ja wohl niemand bezweifeln kann, in den letzten drei Wochen einen Fortschritt gemacht hat, wie nie zuvor seit Hitlers Machtergreifung.

Darum bitte ich Sie, kommen Sie und helfen Sie uns, die Kräfte herauszuholen, zu stärken und vorzubereiten, die später den Kampf führen müssen.

Mit herzlichem Gruß und in der Hoffnung auf eine baldige zusagende Antwort bin ich

Ihr P. Tillich

Falls Sie es wünschen, könnte Sie jemand im Auto abholen und wieder hinbringen.»

3.

Tillichs Aufsätze über Kriegsziele lösen in Amerika starke Debatten aus. Unter den vielen, die Tillich angreifen oder ihm zustimmen, ist auch sein alter Freund Arnold Wolfers, jetzt Professor an der Yale-University. Tillich antwortet ihm auf seine kritischen Einwendungen:

«Prof. Arnold Wolfers,
231 Park Street, New Haven, Conn. November 29, 1941

Lieber Arnold:

Laß mich Dir noch einmal danken für Deinen ausführlichen Brief. Das Problem, das Du in ihm debattierst, ist im wesentlichen das Verhältnis von theologischen Prinzipien und praktischem politischen Handeln. Es ist das alte Problem, das wir in genau der gleichen Schwere empfanden, als wir den religiösen Sozialismus gründeten. Meine damalige Lösung war, daß es keinen *direkten* Weg von dem Prinzip der Liebe zu einer *bestimmten* Form gesellschaftlicher Gestaltung geben kann, daß aber entsprechend der prophetischen neutestamentlichen Idee „der Zeichen der Zeit“ es Forderungen geben kann, die für eine bestimmte Zeitsituation aus dem religiösen Prinzip folgen. Wenn die Gesellschaftsordnung faul geworden ist, so hat der prophetische Geist das Recht, das im Namen der religiösen Kritik zu sagen. Er hat weiter das Recht, bestimmte Richtlinien aufzustellen, die sich aus diesem Prinzip ergeben (z. B. gerechte Richter, Abschaffung sakraler Dämonien, Wertung der Familie, Vermenschlichung des Herr-Knecht-Verhältnisses etc). Genau wie die stoische Philosophie, die in ihren letzten Voraussetzungen religiöse Weltanschauung war, auf die römischen Kaiser und durch sie auf das römische Recht einwirkte zum Zwecke der Humanisierung und Emanzipierung; oder wie das Christentum im Mittelalter zahllose Auswüchse der altgermanischen Feudalordnung beschnitten hat; oder wie aus dem protestantischen und sektiererischen Protest gegen die spätmittelalterliche Zwangseinheit der staatsrechtliche Toleranzgedanke hervorgegangen ist, so hat zur Zeit die Religion das Recht, die Überwindung der sich selbst absolut setzenden Souveränitäten im sozialen und zwischenstaatlichen Leben zu fordern. Die Zerspaltung in absolut gesetzte Räume, die letztlich unabhängig voneinander sind, ist, nachdem sie sich in ihrem Wesen offenbart hat (nämlich als dämonisch-zerstörerisch-polytheistischer Nationalismus), nicht mehr erträglich von dem Standpunkt der Einheit der Menschheit, die in unserem Zeitalter nicht nur Idee, sondern technisch begründete Wirklichkeit ist.

Die beiden Prinzipien, die im zweiten Aufsatz entwickelt werden, sind Forderungen, die nichts anderes ausdrücken sollen als die Aufhebung dieser zerstörerischen Souveränitäten im ökonomischen wie im politischen Leben. Wie Du weißt, bin ich nicht einmal der Meinung (hier im Unterschied von Niebuhr) daß die Kirche, wenn sie offiziell spricht, über die Kritik der Dämonien und die Verkündigung der Prinzipien hinausgehen darf. Ich würde nie so weit gehen wie es Barth in Reaktion gegen seine frühere Haltung in seinem Brief an die englischen Christen tut. Aber ich kann mir keine lebendige Religion denken, die es sich gefallen ließe, von einem Urteil über ein Prinzip der zukünftigen Weltgestaltung ausgeschlossen zu werden.

Die Frage ist, wie weit eine Religion, vertreten durch einzelne wagende Mitglieder in der Anwendung ihrer Prinzipien auf die konkrete Gestaltung gehen kann. Ich persönlich würde niemals aus religiösen Gründen eine europäische Föderation der Weltföderation vorziehen, im Gegenteil. Ich würde auch kein religiöses Urteil über den *Union-now*-Plan fällen. Ich würde nicht einmal die Zerschlagung aller Groß-Staaten, ja sogar die angelsächsische Hegemonie (oder, wenn es so was gäbe, die deutsch-russische Hegemonie) unter allen Umständen für unchristlich erklären. Was aber zur Zeit von der Religion verneint werden muß, ist die Aufrechterhaltung der absoluten und schon durch ihre Absolutheit gottlosen Souveränität des Einzelstaates. Und was sie fordern muß, ist die Herstellung der Einheit des Raumes, für die *eine* Menschheit gegenüber dem polytheistischen absoluten Nebeneinander. Wenn in meinen Aufsätzen nicht klar geworden ist, daß eine religiöse Forderung sich nur auf dieses Nein und Ja beziehen kann und nicht auf die technischen Wege seiner Verwirklichung, dann habe ich mich unklar ausgedrückt und Deine Kritik ist berechtigt.

Das Gleiche gilt für die spezialistische Seite des Problems. Sozialismus im Namen der Religion fordern, kann nur das Doppelte heißen: Die Existenz der durch den Profit-Impuls bestimmten unverantwortlichen ökonomischen Herrenschicht als Quelle der Entmenschlichung des Lebens bekämpfen und positiv die Ordnung fordern, in der die schöpferische Freiheit aller Einzelnen in die übergreifende Einheit gesichert ist. Daß Leute wie Laski zu ähnlichen Forderungen gekommen sind, beunruhigt mich ebensowenig, wie es mich je beunruhigt hat, daß Marx zu solchen Forderungen gekommen ist. Der prophetische Geist weht, wo er will, und ist nicht an die offizielle Religion gebunden. Das bedeutet aber nicht, daß Ökonomen (wie Psychologen, Pädagogen, Mediziner usw.) Dinge tun oder nicht tun, die von religiösem Belang sind, weil sie in direkter Beziehung zu den letzten Prinzipien stehen. Laß mich das am Völkerbund erläutern, dem ich wahrscheinlich viel kritischer gegenüberstehe als Du. Das Prinzip, aus dem heraus er konzipiert war, nämlich die Einschränkung der Souveränität zugunsten einer, wenn auch noch so schwachen Einheit, war richtig, und es war ein Schritt vorwärts, obgleich die technische Durchführung unzulänglich und die souveräne Nation als Basis dem Prinzip widersprechend war. Die Europäische oder Weltföderation ist ein neuerer, vielleicht konsequenterer und vielleicht erfolgreicherer Schritt. Sofern sie aus den gleichen Prinzipien folgt, ist sie religiös gefordert, sofern sie unzählige technische und politische Implikationen hat, ist sie problematisch.

Ich hoffe, daß Dir dieser Brief wenigstens zeigt, was ich meine, wenn es auch in den drei Artikeln nicht deutlich zum Ausdruck gekommen ist. Der Gefahr primitiver Identifizierungen bin ich mir genauso bewußt wie Du, aber sie werden nicht durch eine Scheidung von religiösem und politischem Handeln überwunden. Hier will ich vorläufig aufhören und hoffe auf Deine Antwort.

Viele herzliche Grüße

Paul Tillich»

4.

Als der Krieg zu Ende ist, bleiben die Postverbindungen nach Deutschland noch für eine lange Zeit unterbrochen. Nur allmählich kommen sie in Gang, und so schreibt Tillich auch erst im Oktober 1946 seinen ersten Rundbrief nach dem Krieg an seine deutschen Freunde. Ehe er selbst nach Deutschland fahren kann, vergehen noch anderthalb Jahre. Zwei weitere Rundbriefe überbrücken die Zeit der Trennung:

October 12, 1946

«Als wir vor bald 13 Jahren hierher kamen, begann ich in kleineren und größeren Abständen an Euch Rundbriefe zu schicken. Dann hörte der Reiz der Neuheit auf, und dann kamen die Jahre des großen Schweigens. Und nun, wo die Welt wieder geöffnet ist, möchte ich wenigstens einmal vielen von Euch einen Eindruck davon geben, wie wir in den letzten Jahren gelebt haben und wie es zur Zeit bei uns aussieht. Nachdem ich 1936 und 1937 in Europa war und manchen von Euch zum letzten Mal gesehen hatte, entdeckten wir mit Hilfe unseres Autos den amerikanischen Westen, die weiten Ebenen, die Rocky Mountains, die Wüsten, den Stillen Ozean und das paradiesische Kalifornien. Wir haben seitdem eine ständige Sehnsucht danach, hatten aber keine Möglichkeit, während des Krieges hinzugelangen. Statt dessen blieben wir im Osten, im Anfang mit, und nach Pearl Harbor, ohne Auto. Wir entdeckten hier die Smoky Mountains, ein Gebirge mit fast subtropischem Klima in den Tälern und mitteldeutschem Charakter auf den Höhen (bis zu 2000 m hoch). Dann gingen wir nach dem nördlichsten der Staaten, Maine, das offenbar viel Ähnlichkeit mit der schwedischen Ostseeküste hat. Unzählige Inseln im Ozean, Fjorde, unendliche Wälder, rauh und großartig. Wir waren zwei Sommer da, aber auch das wurde zu schwierig. Wir fanden dann vor drei Jahren einen Ort auf Long Island, der fast einer Provinz gleichenden großen Insel, die in New York anfängt und weit nach Nordosten hinaufgeht. Unser Ort, einer der schönsten, wenn nicht der schönste auf Long Island, ist eine alte Siedlung aus dem 17. Jahrhundert am offenen Ozean, 2 1/2–3 Std. von New York entfernt. Wir waren dort zwei volle Sommer, in denen ich mehr gearbeitet habe als je zuvor, und wurde durch das großartige Wellenbaden alle rheumatischen Ansätze los. Als dann im vorigen Jahr die Geldentwertung einsetzte und der Wert unserer schon an sich minimalen Pension völlig zu entschwinden drohte, beschlossen wir, ein Haus, das uns zu sehr günstigen Bedingungen angeboten wurde, in East Hampton zu kaufen, um auf diese Weise etwas zu haben, wo wir im Sommer leben können und was nach meiner Pensionierung, die in 8 Jahren spätestens fällig ist, uns eine Existenzbasis geben kann. Hannah fühlt sich dort schon ganz zu Haus und wir denken, daß es ein wirklich gut gewählter Alterssitz ist.

Unser New Yorker Leben ist immer arbeitsreicher geworden. Ich habe in *Union Theological Seminary* sehr große Kollegs, lese auch in der Philosophischen Fakultät von *Columbia University* und habe wie immer *Committees* und Vortragsveranstaltungen. Es ist sehr schwer, in New York wissenschaftlich zu arbeiten. Es ist monatelang ganz unmöglich, einen persönlichen Brief zu schreiben. Die Zeit, die zum Diktieren von Briefen da ist, geht auf dienstliche Korrespondenz darauf. An manchen Vormittagen ist mein Office in *Union Theological Seminary* eine Mischung von einem wissenschaftlichen Studio und einem *Wall Street Banker's Office.* New York ist voll von Menschen, die wir kennen und lieben, und außerdem eine Brücke der Welt, über die Menschen aus allen Ländern kommen. Und *Union Theological Seminary* ist ein Weltzentrum des Protestantismus, kirchlich und theologisch. Darum bitte ich Euch, seid mir nicht böse, wenn ich lange keine Briefe schreibe. Es ist nie böser Wille, sondern unsere Existenz im Zentrum der größten Menschenanhäufung der Welt.

Wissenschaftlich habe ich mich weiter in der systematisch-theologischen Richtung entwickelt. Das Politische ist mir unter dem Druck des weltgeschichtlichen Schicksals mehr eine Sache der Beobachtung als der Mitarbeit geworden. Das war nicht so während des Krieges, wo ich zweimal das große Glück hatte, mit dem Präsidenten und mehrfach mit seiner Frau zusammen zu sein. Ich habe einen ganz großen Eindruck von ihm empfangen und stehe mit ihr jetzt noch in Verbindung. Leider ist es mir sehr viel weniger möglich gewesen, in die kulturellen Bewegungen, besonders Kunst und Theater etc., einzudringen. Der Mangel an Zeit und die gewisse Isolierung des theologischen Seminars in dieser Richtung hat ein Eindringen, wie ich es in Berlin, Dresden und Frankfurt a. M. hatte, verhindert.

Ich habe viele Aufsätze geschrieben und viele meiner Vorträge sind gedruckt. Ich bin dabei, ein Buch herauszubringen, das den Titel hat „Das Ende der Protestantischen Ära?“ Es vereinigt ältere, ins Englische übersetzte Aufsätze mit einer Reihe neuerer aus verschiedenen Jahren meines amerikanischen Aufenthaltes. Ich wünschte, ich könnte Euch einiges von meinen Schriften schicken. Aber das ist ja vorläufig noch nicht möglich und hat auch große Schwierigkeiten, da ich von meinen Sachen immer nur ein oder zwei Exemplare übrig habe. Ich habe im Laufe der Jahre hier in *Union* eine Art System in Leitsätzen entwickelt, über das ich regelmäßig Vorlesungen halte. Die Leitsätze, die allein schon ein kleines Buch ausmachen, werden von mir kommentiert. Augenblicklich schreibt einer meiner Assistenten meine Kommentare mit, und ich hoffe, dieses Material als Grundlage für ein oder mehrere Bände systematischer Theologie benutzen zu können. Ich betrachte dies als mein Lebenswerk und hoffe, daß ich noch im Stande bin, es zu schreiben. Von Herbst 1947 bis Februar 1948 habe ich mein sogenanntes *„sabbatical semester"* und hoffe, daß ich in dieser Zeit viel davon verwirklichen kann. Amerika hat ein starkes Bedürfnis nach systematischer Theologie. Es gibt keine solche, und die Studenten hier fordern von mir, daß ich sie schreibe. Auch zu meinem 60. Geburstag bekam ich viele Briefe, die eine solche Forderung stellten.

Aber auch von vielen unter Euch habe ich Briefe bekommen, und ich bin von tiefem Dank erfüllt, daß Ihr an mich gedacht habt. Manche dieser Briefe fordern ähnliches wie die meiner amerikanischen Studenten. Andere wollen mich zurückhaben oder wollen wenigstens, daß ich etwas zur Lage drüben sage. Zur Zeit ist beides unmöglich. Ich hoffe, im Sommer 1948 Gastvorlesungen in Marburg zu halten und Euch dabei zu sehen. Aber das heißt ja noch nicht zurückkehren. Und was das „Wort zur Lage" betrifft, so glaube ich, daß nur jemand so sprechen kann, der innerhalb dieser Lage ist, und daß wir Euch nur etwas aus der Lage in andern Teilen der Welt mitteilen können. Der Unterschied zwischen Eurem und unserem Schicksal war in den letzten Jahren so groß, daß es uns oft die Worte verschlägt, und daß, wenn ich diesen Brief diktiere, ich es nur mit Furcht und Zittern tue in dem Gedanken, daß Ihr vielleicht Töne aus dem normalen Leben kaum mehr hören könnt.

Im Grunde weist alles, was wir jetzt erleben, in die vertikale Richtung. Es ist so ganz anders wie nach dem 1. Weltkrieg, wo die Horizontale maßgebend war und man überall an eine neue Welt glaubte. Davon ist hier noch weniger die Rede als bei Euch. Es liegt ein Gefühl von unentrinnbarem Schicksal, von einer ungeheuren dunklen Drohung über allem, was wir denken und tun. Und nachdem, was ich von Freunden höre, die Euch gesehen und von drüben zurückkommen, ist es trotz aller Leidenschaft für geistige Rekonstruktion bei Euch nicht viel anders.

Nun noch ein paar Worte über unser persönliches Ergehen: René ist jetzt 12 Jahre alt und ein großer und starker Junge, gut in der Schule, ein Führer unter seinen Freunden, mit einem juristischen Verstand begabt und von einer großen Leidenschaft besessen. Er geht in eine Schule, die von den Holländern gegründet wurde.

Erdmuthe ist eine 20jährige, sehr schöne *College*-Studentin an *Barnard College* auf der andern Seite der Straße, auf die mein *Office* sieht. Sie war 2 Sommer hintereinander als Kellnerin tätig, um sich einiges Taschengeld für den Winter zu verdienen. Ihr Hauptinteresse ist Psychologie und Naturgeschichte. Sie ist jetzt im 3. *College*-Jahr und hat noch ein viertes vor sich. Sie möchte gern nach England gehen und wird, wie ich hoffe, von dort aus diesen oder jenen von Euch treffen können. Aber all dies ist noch sehr unbestimmt.

Hannah ist die Seele und die tragende Kraft zweier Häuser und leistet Ungeheures, da es fast unmöglich ist, Hilfe zu kriegen (Dienstboten gehören für uns in ein legendäres Zeitalter). Wir haben natürlich eine große Geselligkeit mit Studenten und Freunden, aber nicht in den üblichen Formen von Essenseinladungen. So etwas ist aus vielerlei Gründen ganz unmöglich. In dieser Beziehung wandeln sich auch hier die alten bürgerlichen Formen rapide. Gesundheitlich geht es uns allen vieren recht gut, obgleich wir oft an der Erschöpfungsgrenze angelangt sind. Wir fühlen uns in Amerika zu Hause, soweit das überhaupt möglich ist, wenn man in unserem Alter einwandert. Die Kinder sind volle Amerikaner, obgleich bei beiden gelegentlich das deutsche Erbe durchkommt. Ich wünschte, daß Ihr sie sehen könntet, aber ich sehe wenig Chancen dazu. Wir sind alle so viel ärmer geworden, daß die Idee einer Reise nach Europa mit Familie, wie wir sie 1937 machten, schlechthin phantastisch erscheint. Das ist auch einer der Gründe, warum wir Euch allen nicht noch mehr schicken, als wir tun. Alles ist so teuer, daß wir als Festbezahlte mit den unabweislichen Ansprüchen, die hier an uns gemacht werden, kaum selber auskommen. Wir tun, was wir können, und versuchen, andere Leute zu interessieren und oft mit Erfolg. Aber wir wissen, daß alles nur ein Tropfen auf den heißen Stein ist. Und doch ist es oft seelisch ganz unerträglich zu denken, wie gut wir hier noch leben und in welcher Lage Ihr seid. Auch das trägt viel zu dem tragischen Lebensgefühl bei, das hier fast alle Menschen in Besitz genommen hat.

Seid herzlich gegrüßt
von Eurem Paul Tillich»

5.

[Jahresende 1946]

«Nachdem ich weiß, daß manche von Euch meinen Rundbrief über unser Ergehen in den letzten Jahren erhalten haben, möchte ich, unter dem Eindruck des Jahresendes, versuchen, einiges über meine Gedanken niederzuschreiben und Euch zu senden.

Der tiefste Eindruck, den wir alle in den letzten Monaten hier erhalten haben, ist die Wiedereröffnung Europas und die Wirklichkeit, die dadurch für uns sichtbar geworden ist. Es ist eine Wirklichkeit, die im Persönlichen oft gespensterhaft aussieht, weil sie uns in Perioden unseres Lebens zurückwirft, die alle Realität für uns verloren hatten. Entweder hatten wir sie, bis auf gelegentliche wehmütige Erinnerungen, verdrängt, als wir auswanderten (sonst hätten wir die Auswanderung nicht überstanden). Oder wir hatten die Verbindung mit fast allen verloren, die jene Zeiten für uns repräsentierten. Nun sind sie wieder da, und es ist psychologisch oft wie eine schwere, unterminierende Analyse, die wir durchmachen. Daher die zögernden Antworten von hier, die Angst, ins Leere zu reden, das Fehlen der Worte zu dem, was von drüben kommt. (Und diejenigen, denen die Worte leicht wurden, haben erfahren müssen, daß kein Widerhall kam oder daß sie abgelehnt wurden.) Ich bin langsam in allen Reaktionen, und es dauerte 1 1/2 Jahre, ehe ich fühlte, daß sich irgend etwas Sagbares in mir entwickelt hat; und auch jetzt rede ich nur mit Furcht und Zittern. Dies Gefühl wurde verstärkt durch zwei Briefe. Der eine von ihnen berichtet von dem Eindruck, den mein Beitrag zu dem Buch *„The Christian Answer"*, der in Deutsch in der „Auslese"[7] erschienen ist, auf eine Leserin gemacht hat: Ein Abgrund trenne uns, obgleich alles, was ich dort gesagt habe, richtig sei. Ich glaube, so ist es. Der andere Brief reagiert heftig gegen die Art, wie manche Emigranten ihr Hierbleibenwollen begründen. Anstatt klar zu sagen, daß sie Amerikaner geworden sind und es bleiben wollen, sie und ihre Familie, machen sie teils eine Metaphysik daraus, teils suchen sie in sentimentaler Weise nach Kompromissen. Ich stimme mit dem Schreiber auch dieses Briefes überein. Um so schwerer wird es dann freilich, selbst zu schreiben oder gar Entscheidungen zu treffen.

Europa sieht von hier aus wie der Titel eines Buches, das ich zu Weihnachten bekommen habe: „Kaputt". Es ist so Ungeheures, Grauenvolles, Satanisches geschehen, das Gesicht des geliebten Erdteils und aller seiner Teile hat sich so geändert, daß meine Vorstellungskraft einfach nicht mehr zurückfindet. Ich habe auch nicht bemerkt, daß das bei denen anders ist, die drüben waren und das gleiche Entsetzen von dort mitbrachten, das unsre, durch 1000 Berichte genährte Einbildungskraft ständig in uns hervorruft. Es ist nicht etwas Bestimmtes, der Hunger, die Armut, die Ruinen, die Ideen, die Blutschuld, das Dunkel der Zukunft. Es ist etwas von alledem. Und dies Entsetzen verläßt uns seit Kriegsende nicht. Es wird gemildert durch die tapferen und oft sogar humoristischen Briefe, die wir erhalten, durch die Berichte über ein erstaunlich reiches geistiges Leben, durch Artikel, Manuskripte und Briefe, die von einer Tiefe des Erlebens zeugen, deren sich niemand hier rühmen kann. Aber auf dem Grunde von all dem fühlen wir eine Verzweiflung, die ansteckend wirkt, weil wir uns ja nicht völlig von der Gemeinsamkeit der Schuld und des Unglücks loslösen können. Ich weiß, daß viele von Euch die Situation religiös bewältigt haben, oft in Formen, die *uns* nicht nur als ein Gewinn, sondern auch als ein Verlust erscheinen lassen (z. B. Orthodoxie oder rein jenseitige End-Erwartungen ...

Ich bin sehr froh über diese Feststellung, obgleich ich nicht ganz sicher bin, daß es so ist, und glaube, was einige geschrieben haben, daß man miteinander sprechen muß, um zu wissen, inwieweit man zusammen gehört! Inzwischen bleibt nichts übrig, als durch Schreiben diesen oder jenen zentralen Punkt zu klären. Am wichtigsten war mir die Reaktion auf meine Frage nach der Möglichkeit eines horizontalen (gestaltenden) Denkens in der gegenwärtigen europäischen Situation. Fast durchweg wurde die *reine* Vertikale (Transzendenz) abgelehnt. Auch darüber bin ich sehr froh, und besonders, wenn von vielen Seiten auf unsere Arbeit in den Jahren vor Hitler als wertvoll für die gegenwärtige Lage hingewiesen wurde. Mir war und ist das überraschend, und ich bin auch hier nicht so sicher wie diejenigen, die über Wiederdrucke unserer damaligen Schriften verhandeln. Aber das kann nur von Euch entschieden werden.

Die Frage ist, wie soll die „Horizontale", das Gestaltungsziel, aussehen? Wie unsere alten Programme, die ja an *einem* Platz in der Welt, in England, wenigstens teilweise in die Praxis übersetzt werden? Aber ist so etwas auf dem Kontinent möglich? Ist es die erwünschte Diagonale zwischen den beiden großen Kraft-Vektoren, die heute über das Schicksal der Welt bestimmen? Oder ist es ein ebenso idealistischer wie schwacher Versuch, der Alternative zu entgehen, die erst zur Entscheidung gebracht werden muß, ehe neue Entwicklungen möglich sind? Ich weiß, daß es für den Handelnden eine solche Betrachtung nicht gibt; er muß ja, wenn er sich nicht einer der beiden

Alternativen verschreiben will, ständig „diagonal" entscheiden. Und das gilt in bescheidenem Maße auch für uns hier. Aber ist nicht ein begleitendes Bewußtsein lebendig, daß die Geschichte, die die schöpferischen Keime nach dem Ersten Weltkrieg zertreten hat, es nach dem Zweiten Weltkrieg noch viel mehr tun wird?

Solche Erwägungen würden, trotz ihres Realismus, nicht viel bedeuten, wenn nicht eine religiöse Wendung zur „Vertikalen" ihr entgegenkäme. Meine ganze systematische Arbeit versucht auch jetzt, dieser Wendung entgegenzutreten. Aber wenn man etwas innerlich überwinden will, muß man ja innerlich auf es eingehen; und dann ist die Gefahr, daß man überwunden wird, statt zu überwinden, immer aktuell. Die Lektüre von Barths Dogmatik bringt mir das natürlich besonders stark zum Bewußtsein. Aber es sind Wendungen der Stimmung auch hier im Lande zu beobachten. Die Möglichkeit eines physischen Endes der Welt-Geschichte hat doch aufweckend gewirkt und das „Ende" im transzendenten Sinne vielen näher gebracht. Die alten fortschrittlichen Phraseologien ziehen nicht mehr, trotz aller Fortschritte und alles Wohlstandes und aller Macht. Gelegentlich taucht der Gedanke auf, daß in der horizontalen Linie nur *eine* Größe sichtbar ist – in absehbarer Zukunft – nämlich die Kirche (in ihrem religiösen *und* historischen Sinn). Ist dieser Gedanke eine Versuchung zur Resignation, in der Tatsache begründet, daß keine andere historische Gruppe (weder eine Nation, noch eine Klasse, noch eine Bewegung) als Träger einer schöpferischen Zukunft sichtbar ist? Oder ist der Gedanke einfache Wahrheit, wie er es unter dem Druck der weltgeschichtlichen Situation für die alte Kirche war? Aber wenn die Kirche, welche Kirche? Und kann die Kirche es auf irgendeine andere Weise tun, als daß sie sich mit den Gruppen in der alten Welt verbindet, die Toynbee in seinem großen weltgeschichtlichen Werk das „innere Proletariat" nennt? So tat sie es in der alten in dem Untergang einer Zivilisation. Ist sie fähig, es in der Gegenwart zu tun, oder ist sie zu sehr identifiziert mit der zum Untergang bestimmten Zivilisation und den sie tragenden Gruppen? Auf diese Fragen suche ich nach einer Antwort. Sie beunruhigen mich aufs Tiefste, für hier wie für drüben.

In Freundschaft

Euer Paul Tillich»

6.

Ende des Jahres 1946 erhält Tillich die Nachricht, daß sein Neffe Ekkehard Fritz, nachdem er den Krieg als Soldat glücklich überstanden hatte, an Tuberkulose gestorben ist. Tillich schreibt seinem Freund und Schwager Alfred Fritz:

Paul Tillich, Union Theological Seminary,
New York 27, N.Y. December 12, 1946.

«Mein lieber Frede:

Eben kam die Bestätigung einer Andeutung von Jacob Billstroem, daß Ekkehard gestorben ist. Ich erhielt die offizielle Anzeige von Annemarie. Ich war natürlich nach Deinem letzten Brief schon sehr in Sorge, aber es passieren ja so viele Wunder im Überstehen von unvorstellbaren Situationen, daß ich hoffte, Ekkehard würde die dritte Operation auch überstehen. Die Nachricht hat mich 14 Tage vor Weihnachten erreicht und hat all die Erinnerungen an jenes Weihnachten nach dem ersten Weltkrieg wieder erweckt, wo ich auf einer durch den Krieg heruntergekommenen Eisenbahn nach Bremen fuhr, um an Johannas Beerdigung teilzunehmen. Ich erinnerte mich auch an die Nachricht, die ich während des ersten Weltkriegs bekam, daß Ekkehard geboren wurde und über ein fröhliches und törichtes Telegramm, das ich schickte. Was hat unsere Generation durchzumachen! Was hast Du durchzumachen! Aber ich kenne keinen Menschen unter all meinen Freunden und Bekannten, mich selbst eingeschlossen, der dem Ewigen so nahe ist wie Du und der darum an irgend einer Stelle dem Leid dieser Tage so überlegen gegenüber steht. Das ist mein einziger Trost, wenn ich an Dich denke. Die Briefe aus Deutschland häufen eine solche Last von Leid auf uns, daß wir oft am Zusammenbrechen sind, weil wir nicht helfen können und weil im Grunde niemand helfen kann. Ich nehme an, daß Ekkehard ein Kriegsopfer ist, denn er war doch trotz seiner zarten Gesundheit gesund genug, in die Marine aufgenommen zu werden und den Strapazen seines Berufes gewachsen zu sein. Ich erinnere mich, wie ich zum letzten Mal in New York im Café mit ihm zusammen saß und versuchte, ihm den Sinn meiner religiösen und ethischen Haltung der Welt gegenüber verständlich zu machen und an irgend einer Stelle eine Bereitschaft fand, die ja bei Deinem und Johannas Sohn natürlich war. Ich bin so froh, daß auf der Traueranzeige das Wort „stud. theol." steht, was für mich bedeutet, daß die tiefsten Quellen in ihm, die durch die grauenvolle Zeit, in der er lebte, verschüttet waren, wieder hervorgebrochen sind.

Was für Pläne habt Ihr mit Annemarie und ihren Kindern? Ich habe lange nichts mehr von Elisabeth, Marie-Luise und Euch gehört. Es scheint, als ob Briefe und Pakete nicht angekommen sind. Bitte, schreibt doch auch, wenn von hier aus Pausen eintreten, weil es immer möglich ist, daß etwas verloren gegangen ist.

Hannahs und meine Gedanken sind bei Dir, Trude und dem einzig Lebendigen, was noch von Johanna übrig geblieben ist. Ich wünsche, daß die Kräfte, die Deine Briefe jedes Mal auf mich ausstrahlen, Dir selber in diesen schweren Zeiten helfen.

In Trauer und Liebe,

Dein Paul

Nachdem ich diesen Brief geschrieben hatte, träumte ich in der Nacht, daß ich Dir auf einer Terrasse begegnete, meinen Mantel wegwarf und Dich, der Du sehr lang und dünn aussahst, umarmte. Du sagtest: „Es ist mir doch sehr arg mit Ekkehard". Dann wachte ich auf.»

7.

«Liebe Freunde! **Juni 1947**

Dies ist der dritte Brief, den ich an viele von Euch sende. Ich weiß, ein Rundbrief ist weniger als ein persönlicher Brief, selbst wenn persönliche Worte hinzugefügt sind. Aber ich hoffe, es ist mehr als gar nichts. Und „gar nichts" wäre die andere Alternative. Es ist schwer für irgend jemand, der es nicht selbst erfahren hat, sich eine Vorstellung von dem Leben in New York zu machen. Mein Studio ist die Verbindung eines deutschen Studierzimmers und des *Office* eines Wall Street-Bankiers; und unsere Wohnung ist die Verbindung eines Privathaushaltes und eines Klub-Hauses. Ich habe eine (stundenweise) deutsche Sekretärin und zwei Assistenten für Kollegs, Examina, wissenschaftliche Arbeiten etc. Schlimm ist, daß Hannah keinerlei Hilfe nehmen kann, statt dessen im Juli und August als Assistentin in ein Kinder *Camp* gehen muß (und René mitnimmt). Auf diese Weise spart sie Geld, und wir konnten unser Häuschen in East Hampton (bis auf mein Zimmer) während dieser Monate vermieten. Ich schreibe dies, um zu begründen, warum es mit einem Professoren-Gehalt in Amerika schlechterdings unmöglich ist, viele Pakete zu schicken. Uns zerreißt es oft das Herz, wenn wir denken, was wir alles tun sollten und nicht tun können. Gelegentlich ist es mir gelungen, Studenten- und andere Gruppen zu veranlassen, bestimmte

Freunde zu übernehmen. Aber auch das hat seine Grenze. Also glaubt mir, daß das Ausbleiben von Paketen nicht böser Wille ist!

Viele von Euch haben mir geschrieben, daß sie sich auf mein Kommen in diesem Sommer freuen. Das war eine der beglückendsten Erfahrungen aus der Korrespondenz mit deutschen Freunden. Mir ging das Herz bei jedem einzelnen auf und ich versuchte, mir das Wiedersehen auszumalen. Aber es ist nichts daraus geworden. Im April war es so weit, daß ich das Reisegeld von den Kirchen (mit einem kirchlichen Auftrag) bewilligt bekommen hatte. Dann kam die Regulation von den Behörden, die im Augenblick jede derartige „Mission" unmöglich macht. Wann sich das ändern wird, weiß ich nicht. Man erwartet, im Herbst. Für mich würde das bedeuten, daß ich nicht vor Mai 1948 kommen könnte. Ich werde schon in den nächsten Wochen eine Schiffs-Reservation nehmen und alles, was möglich ist, vorbereiten. Ich könnte dann bis Ende September bleiben. Aber es ist unsicher.

In *einer* Beziehung bin ich trotz aller Enttäuschung mit dem Gang der Dinge einverstanden: Er gibt mir eine ununterbrochene Zeit, von jetzt an bis nach Weihnachten an meiner „Systematischen Theologie" zu schreiben, die wahrscheinlich in 2 Bänden bei der *Chicago University Press* herauskommen wird. Ich sitze seit Ende Mai telefonfrei in meinem Zimmer in East Hampton und habe außer etwas Gartenarbeit keine Verpflichtungen, die mich von der wissenschaftlichen Arbeit abhalten könnten. Auf einem selbstgezimmerten Bücherbord steht eine kleine Bibliothek, darin sämtliche Bände von Barths „Dogmatik", die jetzt zum ersten Mal hier verfügbar ist. Mir ist wie vor einer Fahrt ins Unbekannte, obgleich ein rührender Assistent von mir jedes Wort meines Kollegs über systematische Theologie mitgeschrieben und ausgetippt hat. Aber ich ahne Untiefen und Klippen hinter jedem meiner Leitsätze (die allein 200 Tippseiten ausmachen). Von September an werden Hannah und René mit mir hier sein; René wird für das halbe Jahr in die hiesige, sehr gute Volksschule gehen. Erdmuthe wird mit einer Freundin in unserer (sonst auch vermieteten) New Yorker Wohnung wohnen. Während des Sommers wird sie sich irgendwo Geld verdienen.

Die meisten Antworten auf meinen zweiten Rundbrief haben bestritten, daß eine tiefe Kluft zwischen Euch und uns besteht.

Und doch ist diese „vertikale" Linie heute vielleicht die einzige, in der die wenigen, die nicht bitter oder stumpf geworden sind, einen Lebenssinn finden können. Aber bedeutet das nicht den Verzicht auf jede Gestaltung, das einfache Waltenlassen der Zwangsläufigkeiten, die aus dem gegenwärtigen Moment das Gegenteil eines *Kairos* machen? Wir hören hier, daß Menschen, die all dies sehen heute, wie vor 25 Jahren, sich als Fremdlinge fühlen und daß, wie vor 25 Jahren, schon wieder die gleichen Kräfte am Werk sind, die das Unheil heraufbeschworen haben. Wir wissen, wie viel dazu jene welthistorischen Zwangsläufigkeiten beitragen, gegen die zu kämpfen sinnlos erscheint. Und doch kann das nicht die letzte Antwort sein, nicht einmal jetzt.

Was ich in diesem Brief sagen will, ist nur, daß wir nach einer Antwort suchen, nicht für Euch – das wäre arrogant und ist unmöglich – aber für eine Begegnung von Euch und uns, in der wir uns verstehen und einander etwas geben können.

Paul Tillich»

ANMERKUNGEN

1 In: Please – no victory! In: New York Post vom 1. Mai 1940.

2 Kriegsziele I, II, III in: G.W. 13, S. 253–328.

3 Erg.-Bd. 3 zu G.W., S. 11–18.

4 Dieses Projekt wurde niemals ausgeführt. Statt dessen erschienen die dafür vorgesehenen Aufsätze in verschiedenen Zeitschriften. Vgl. Religion und Weltpolitik in G. W. 9, S. 135–192.

5 G.W. 13, S. 200–216.

6 Die Bemerkung bezieht sich auf eine Protestversammlung gegen Hitlers Judenverfolgung, veranstaltet im Madison Square Garden, New York, am 21. November 1938.

7 Christentum, Wirtschaft und Demokratie. In: Neue Auslese aus dem Schrifttum der Gegenwart. (München, Wien.) 1946. Jg. 1, Nr. 4, S. 2–6.

XIX. DEUTSCHLANDREISE

1948

ZEITTAFEL

Anfang Mai 1948:	Ankunft in Marburg, Beginn der Semester-Vorlesung über „Hauptprobleme der systematischen Theologie".
Mai und Anfang Juni:	Verschiedene Autofahrten, u. a. nach Kassel und Göttingen.
16. Juni:	Frankfurt (2 Tage).
21. Juni:	München.
23. Juni:	Frankfurt.
24. Juni:	Heidelberg.
26. Juni:	Hamburg (3 Tage).
5. Juli:	Berlin (5 Tage).
14. Juli:	Berlin (10 Tage).
19. Juli:	München (4 Tage).
23. Juli:	Frankfurt (6 Tage).
24. Juli:	Köln (4 Tage) einschließlich Düren-Langerwehe (Haus Merberich).
Zwischen 28. Juli und 9. August:	Hessische Ferienkurse in Marburg. Vorlesung über „Der Mensch im Christentum und im Marxismus".
10. August:	Clausthal (2 Tage), Einladung ins „Gmelin-Institut".
12. August:	Mannheim (2 Tage).
Anschließend:	Erholung in den Alpen.

1.

Die psychologische Kriegsführung der Amerikaner findet ihre Fortsetzung in der „re-education", wofür eine „Re-Education Army" gegründet wird. Auch Tillich ist aufgefordert, im Rahmen dieses Un-

ternehmens an der neuen geistigen Formung der Deutschen teilzunehmen, und er sagt zu. Er bekennt später, „tausend Ängste“ vor dem Wiedersehen mit den zertrümmerten deutschen Städten und den angeschlagenen Menschen gehabt zu haben. Aber das Wiedersehen verläuft ganz anders, als er gefürchtet hat.

In den ersten Maitagen beginnen seine Gastvorlesungen an der Marburger Universität über den ersten Teil seiner Systematischen Theologie. Kaum haben die Freunde davon erfahren, kommen sie umgehend nach Marburg oder schreiben ein Lebenszeichen. Von den im amerikanischen Paul-Tillich-Archiv vorhandenen mehr als 100 Briefen, die wohl nur einen Bruchteil der Korrespondenz ausmachen (rein private Briefe wurden von Tillich nicht archiviert), sind 101 Briefe an ihn gerichtet, sieben sind Durchschläge von ihm diktierter Briefe.

Ordnet man sie nach ihrem Inhalt, so ergibt sich folgendes Bild:
20 Briefe enthalten die Bitte um ein Gespräch,
5 Briefe enthalten die Bitte um einen Artikel,
20 Briefe enthalten die Bitte um einen Vortrag,
6 Briefe enthalten die Bitte um seinen Besuch,
4 Briefe enthalten die Bitte, einen mitgesandten Artikel zu begutachten,
8 Briefe enthalten anderweitige (oft auch materielle) Bitten,
20 Briefe enthalten Dank und Freude über Vortrag, Gespräch oder Besuch,
19 Briefe enthalten sonstige Motive.

Berücksichtigt man noch die große Länge mancher Briefe und ihre oft sehr ausführlichen Beigaben, so wird verständlich, welche neue Last mit dem ersten Deutschlandbesuch Tillich auferlegt wird.

Nach seiner Rückkehr gibt sich Tillich selbst Rechenschaft über den Ertrag der Reise in dem Artikel „Visit to Germany“ [1]*. Die persönlichen Beziehungen kann er erst kurz vor Weihnachten durch einen Rundbrief an die Freunde erneut aufnehmen:*

Dezember 1948

«Nun bin ich schon mehr als zwei Monate von Europa und mehr als drei Monate von Deutschland fort; die ungeheuren Eindrücke der Reise haben sich gelagert, und aus dem „Satz“ habe ich eine Reihe von Berichten gemacht, mündlich und schriftlich. Die acht Tage auf dem Schiff gaben Gelegenheit, mein Tagebuch zu studieren und das Bild zu zeichnen, das den verschiedenen Ausführungen zugrunde liegt. Es ist ein Bild, das überall sehr starken Eindruck gemacht hat, nicht weil es einen genaueren Bericht gab als die amerikanischen Reporter — das ist schlechthin unmöglich — sondern weil es aus menschlichen Schichten sprach, in die nur jemand eindringen kann, der einst in ihnen zu Hause war. Ich habe mich dabei vor allem auf das Psychologische und Theologische konzentriert. Den psychischen Zustand der Deutschen habe ich als das beschrieben, was man im Frankfurter psychologischen Seminar zu meiner Zeit „Katastrophen-Reaktion" nannte, den religiösen Zustand als das Drängen nach einer „transzendenten Sicherheit" in einer Welt, in der jede Spur diesseitiger Sicherheit verschwunden ist. Das Wichtigste meiner Eindrücke (soweit sie formulierbar sind) habe ich in einem Artikel: *„Visit to Germany"* [1] (in *„Christianity and Crisis"*, 15. November) veröffentlicht und werde denen, die englisch lesen können, eine Kopie zugänglich machen. Ich hoffe, daß ich eine deutsche Übersetzung an alle übrigen schicken kann. Darum will ich jetzt nichts weiter über diesen Punkt schreiben.

Dafür liegt mir daran, einiges über die hiesige Lage zu berichten, erst über die persönliche, dann über die allgemeine.

Persönlich hat mir die Reise nach Deutschland eine Last aufgeladen, die mir zu tragen zu schwer ist. (Und ich spreche damit aus, was die meisten meiner Freunde, die jetzt in Deutschland waren, erleben). Diejenigen unter uns, die hier ein Lebenswerk gefunden haben, arbeiten durchweg über ihre Kräfte. Entscheidend dafür sind die zahllosen Aktivitäten, die neben dem Hauptberuf gefordert werden und denen man sich aus vielerlei Gründen nicht entziehen kann. Dazu kommt als Verschärfung das Leben in New York, der Brücke der Welt, und eine Welt für sich selbst, und mein Leben in *„Union Theological Seminary"*, der Brücke der Weltkirchen, und eine Kirche für sich selbst. Und nun hat die Deutschland-Reise und das Versprechen, das wir dort gegeben haben, eine Brücke von und nach Deutschland zu sein, eine neue, ganz große Verantwortung auf uns gelegt. Es ist leicht zu sagen *„Ultra posse nemo obligatur"*; aber wo sind die Grenzen des *„posse"*? Und so bleibt, was immer man tut, der Druck eines unaufhörlichen Schuldgefühls — Schuld in dem ganz konkreten Sinn von unbezahlten Schulden, persönlichen in Briefen, geistigen in Artikeln und Büchern, ökonomischen in Paketen, beruflichen in Zusammenarbeit mit deutschen Projekten, religiösen in innerem Mittragen dessen, was dort geschieht. — Einige Bemerkungen zu diesen Punkten: Es war eine der großen Erfahrungen meiner Reise, daß die 15 Jahre oder länger unterbrochenen Beziehungen im Augenblick des Wiedersehens da waren, als ob nichts geschehen wäre. So würde es auch jetzt sein, wenn immer ich zurückkäme. Briefwechsel ist eine Freude und einer der Reichtümer des Lebens. Aber sein Ausfall bedeutet keineswegs die Zerstörung einer wirklichen Gemeinschaft. Darum bitte ich: Schenkt mir den Reichtum und die Freude Eurer Briefe, soweit es Euch möglich ist und Freude macht und hört nicht auf, wenn die Antworten selten und kurz sind! Jedes Wort, das über den Ozean kommt, ist ein Teilchen in einer Brücke und hat auf den Stand der Welt einen Einfluß, auch wenn es allerpersönlichst ist. Ich habe das vielfach erfahren.

Über das Ökonomische habe ich schon früher einmal geschrieben. Inflation und Steuer treffen die Schicht der Festbezahlten weitaus am meisten. Für einen Anzug, den ich in Deutschland ließ, habe ich trotz dringenden Bedürfnisses noch keinen Ersatz kaufen können. Pakete können nur von Nebeneinnahmen bezahlt werden, deren Erwerb die kurze Zeit nimmt, die von der Hauptarbeit übrig bleibt. So verhindert das Abtragen der Geld-Schuld das Abtragen der Brief-Schuld. Das sind nur Beispiele, die ich fortsetzen könnte. – Aber trotz dieser Last untragbarer Schulden gibt es seit Jahrzehnten kein Ereignis in meinem Leben, das mich so gelöst, erfüllt, dankbar gemacht hätte wie die Reise nach Deutschland und jeder einzelne Moment darin, sachlich und menschlich.

Über die hiesige Lage möchte ich nur folgendes sagen: Der Ausfall der Wahlen hat auf das ganze Volk einen ungeheuren Eindruck gemacht. Diejenigen unter uns, die von Europa kommen, wissen nur *ein* Beispiel von gleicher Bedeutsamkeit, die englischen Wahlen von 1945. In beiden Fällen wurde das völlig Unerwartete Ereignis: Der politische Instinkt der angelsächsischen Völker hat der Nachkriegspropaganda in England, der Anti-Roosevelt-Propaganda in Amerika widerstanden. Trotz der Haltung der gesamten Presse, des Radios, der Zeitschriften, der Statistiker und wissenschaftlichen Wahrsager hat das amerikanische Volk sich für das Erbe von Roosevelt und gegen die Reaktion entschieden. Wir dachten: Hätte das deutsche Volk in den entscheidenden Jahren nur *eine* solche Wahl zu Stande gebracht, wie anders sähen die Welt und Deutschland jetzt aus!

Eindrucksvoll war auch der Wechsel der theologischen Atmosphäre. Die ungeheure Gespanntheit und Geladenheit des deutschen religiösen Lebens und Denkens war verschwunden. Die Idee, daß man aus Gründen radikal historischer Kritik oder philosophischer Methoden einem Ketzerprozeß ausgesetzt ist, übersteigt noch die Einbildungskraft der großen Mehrheit aller amerikanischen Theologen.

Dabei ist in der jüngeren Generation der Einfluß der „kontinentalen Theologie“ (*Neo-Orthodoxy* genannt) sehr zu spüren. Man ist pessimistischer über Mensch und Geschichte, biblischer und positiver gegenüber der christlichen Tradition als noch vor 10 Jahren, aber man ist weit davon entfernt, den Wert und die Wahrheit der historischen Arbeit und des philosophischen Denkens innerhalb der Theologie zu unterschätzen. Man ist zu universal, zu tolerant, zu wissenschaftlich sauber dazu! Und man fühlt es als eine tragische Ironie, daß man diese methodische Sauberkeit gerade von der deutschen Theologie gelernt hat, die heute ihre eigene Blütezeit als Periode des „Neuprotestantismus“ verdammt.

Unübertroffen erscheint mir dagegen die Erfahrungstiefe, die ich in einzelnen Deutschen gefunden habe und die nur durch siegreiches Überstehen eines Übermaßes an Leiden erreicht wird. Im Vergleich damit erscheint vieles hier flach und vorläufig. Aber es wäre ein großes Mißverständnis, wenn man glaubt, damit „den“ Amerikaner (wie ich diesen Singular hasse!) charakterisiert zu haben.

Meine Gedanken überfliegen ständig den Ozean und suchen Euch. Oft erscheint mir dieser oder jener so bildhaft nah, daß die Entfernung unglaubhaft wird. Jedenfalls ist es mir unmöglich, nicht ans Wiedersehen zu glauben!»

2.

Tillich hatte recht, daß das Versprechen, eine Brücke von und nach Deutschland zu sein, vieles nach sich ziehen würde. Seine Kritik an der in Deutschland aufgebrochenen Neu-Orthodoxie veranlaßt Martin Niemöller zu einer Stellungnahme und Tillich zu einer Antwort:

«Herrn Prof. D. Paul Tillich, Wiesbaden, Brentanostraße 3,
Union Seminary, New York City 27. Dezember 1948

Sehr verehrter Herr Professor!

Mit Interesse habe ich Ihren Artikel „*Visit to Germany*“ in „*Christianity and Crisis*“, vom 15. November 1948, gelesen. Ich habe ihm auch weitgehend zustimmen müssen, bis hin zu Ihrer etwas enthusiastischen Schilderung der heutigen Position der katholischen Kirche, die sich ja zweifellos beachtlicher Konversionen rühmen kann.

Dagegen war ich einigermaßen überrascht über Ihre Stellungnahme im letzten Teil des Aufsatzes, wo Sie sich über Bekennende Kirche und liberale Theologie auslassen und über die Gründung der Evangelischen Kirche in Deutschland. Ich muß sagen, daß mir diese Stellungnahme ziemlich das genaue Gegenteil zu sein scheint von dem, was Tatsache ist. Sie werden doch gewiß Bultmann als einen „liberalen" Theologen in Anspruch nehmen; und er ist immer eine Säule der Bekennenden Kirche gewesen und ist es bis heute. Wenn von irgendeiner Seite die alte „Orthodoxie" wieder galvanisiert wird, dann sicherlich nicht von seiten der Bekennenden Kirche, sondern von denen, die die Schande ihrer Neutralität von gestern mit der Ehre ihrer orthodoxen Theologie von gestern und heute abwaschen möchten.

Sie schreiben sogar von „Ketzergerichten". Das eine Verfahren, das nach Ihrer Darstellung bereits stattgehabt hat, ist meiner Kenntnis entgangen, obgleich ich seit 1945 der zweite Vorsitzende im Rat der Evangelischen Kirche in Deutschland bin. Zwei Versuche, „Ketzergerichte" zu arrangieren, kenne ich. Der eine richtet sich gegen einen Pfarrer Weckerling in Berlin, der sein Kind nicht taufen will oder wollte: dieser ist prononcierter BK-Pfarrer. Der andere Versuch richtet sich gegen Professor Bultmann, der gleichfalls in prononcierter Weise zur BK gehört.

Und wo in aller Welt sind Sie nur jener „Kombination von Ignoranz und Fanatismus" begegnet, die sich gegen die „Verteidiger der wissenschaftlichen Methoden in der historischen Theologie und des Gebrauchs philosophischer Konzeptionen in der systematischen Theologie" wendet?

Nachdem ich Ihren Artikel gelesen habe, tut es mir doppelt leid, daß ich Ihnen während Ihres Deutschlandaufenthaltes nicht persönlich begegnet bin. Aber ich wäre Ihnen sehr dankbar, wenn Sie sich freundlichst die Mühe machten, meine Fragen zu beantworten und mir damit vielleicht Kenntnis zu verschaffen von Vorgängen, die sich für mich irgendwo hinter der Szene abgespielt haben möchten.

Mit verbindlichen Grüßen und herzlichen Segenswünschen für das Neue Jahr bin ich

Ihr sehr ergebener D. Niemöller»

3.

«Sehr verehrter Herr Kirchenpräsident, lieber Herr Niemöller!

Haben Sie herzlichen Dank für Ihren Brief vom 27. Dezember 1948. Er gibt mir Gelegenheit, so offen, wie ich es in einer persönlichen Aussprache getan hätte, zu Ihnen über meine Eindrücke in Deutschland zu sprechen.

Ich kam nach Deutschland unter den Auspizien des *Church World Service* und fuhr deswegen über Genf, um mich dort über die Situation orientieren zu lassen. Ich hatte sehr freundschaftliche und instruktive Aussprachen mit den dortigen — besonders deutschen — Mitgliedern des *World Council of Churches,* die mich auf manches von dem vorbereiteten, was ich später selbst sah.

Ich wurde von den Genfern zu Pfarrer Menn in Frankfurt geschickt, dem ich mich für jede gewünschte Aufgabe in der Kirche — neben meinen akademischen Verpflichtungen — zur Verfügung stellte. Ich habe nie wieder etwas von ihm darüber gehört, auch nicht, als ich ihn im August in Amsterdam kurz traf. — Ich sprach ferner mit meinem alten Bekannten, Oberkirchenrat Fricke, der mir etwas in Aussicht stellte, aber nicht mehr darauf zurückkam. Die Fülle der Aufforderungen, die ich erhielt, kamen alle von akademischen Gruppen. So nahm ich an, daß die Kirche in ihren leitenden Persönlichkeiten kein Interesse an meinem Kommen hatte. Ich wurde am Ende meines Aufenthaltes darin bestätigt durch zwei Unterhaltungen, die eine mit Fricke, die andere mit Gerstenmaier, den ich in Holland traf. Als ich von Fricke telephonisch Abschied nahm und etwas in der gesagten Richtung andeutete, antwortete er, daß mich die Kirche „an ihrer Grenze" gebrauchen könnte. Als ich Gerstenmaier das erzählte, sagte er, daß dies den Sachverhalt durchaus träfe, daß eine Theologie wie die meinige (die in Amerika als neo-orthodox gilt) von den kirchlichen Autoritäten nicht mehr zugelassen würde und daß die Stimme eines Mannes wie Leese, meines Schülers und Freundes, in der Kirche völlig unhörbar gemacht worden wäre.

Es war mir darum nicht überraschend, als ich von Leese und anderen Mitgliedern des Frankfurter Kongresses für „Freies Christentum" (ein gräßlicher Name!) vor und nach dem Kongreß mündlich und brieflich überzeugende Bestätigungen dieses Bildes erhielt. — Die mir eindruckvollste Bestätigung aber war eine Rede von Mr. Frey, Präsident der Lutherischen Kirchen in Amerika, bald nach seiner und meiner Rückkehr, in unserer Fakultät. Er erkärte, daß für beide Gruppen in der deutschen Kirche, die Lutheraner und die Barthianer, *eins* unbestritten gälte: Die Periode des „Neuprotestantismus" (von Schleiermacher bis Troeltsch) ist tot und als Irrweg verworfen. Liberale Ideen hätten nirgends mehr Boden; es handele sich um eine fundamentale Abwendung von der vorhergehenden Periode.

Das führt mich auf die mehr theologischen Erfahrungen in meinem Umgang mit Kollegen, Studenten und jüngeren Pfarrern. Sehr wichtig waren für mich die Gespräche mit Bultmann, von dessen

„heresy-trial“ (ein vielleicht zu starker Ausdruck) ich von ihm selbst, von Barth und manchen anderen gehört habe. Diese Vorgänge, verbunden mit dem scharfen Widerspruch, den seine Schrift über die Entmythologisierung des Neuen Testaments erfahren hat, haben ihm das Gefühl der Vereinsamung in der gegenwärtigen theologischen und kirchlichen Situation gegeben. Er fühlte sich — und ich mit ihm — als Träger einer großen wissenschaftlich-theologischen Tradition, die im Schwinden begriffen ist. Dabei haben wir beide starke Einflüsse von Barth erfahren und können keineswegs mit dem alten Liberalismus identifiziert werden. — In einer halböffentlichen Diskussion mit Schlink und Peter Brunner in Heidelberg war ich erschreckt über den biblischen Literalismus, dem ich begegnete und dessen Existenz mir von allen Seiten bestätigt wurde.

Der Satz über Unwissenheit und Fanatismus bezieht sich auf jüngere Pfarrer und ältere Studenten, die historische Kritik nicht mehr kennen, sie dafür aber umso fanatischer ablehnen. In einer Pfarrerkonferenz, auf der ich sprach, wurde von einem Redner historische Kritik als Verrat an Christus bezeichnet. In der Kirchlichen Hochschule in Zehlendorf, in der ich mit großer Freude vor wachsender Zuhörerschaft sprach, erntete ich das einzige Scharren, als ich von dem poetischen Charakter der Weihnachts- und Ostergeschichte sprach, Dinge, die für meine Generation (schon damals von Kierkegaard beeinflußten Studenten, 1905 bis 1910) ebenso selbstverständlich waren wie der mythisch-symbolische Charakter der Paradiesgeschichten. Für mich ist dieser Punkt so entscheidend, weil es sich hier um die Frage der wissenschaftlichen Ehrlichkeit handelt, die es ablehnen muß, aus dogmatischen Gründen kritische Möglichkeiten in der geschichtlichen Forschung auszuschalten. Die Unterdrückung des methodischen Fragens führt notwendig zu Fanatismus; und Spuren dieses Fanatismus unterdrückter Fragen habe ich an manchen Stellen gefunden. Dagegen habe ich kaum *einen* deutschen Beobachter gefunden, der die Gefahr *dieser* Entwicklung nicht sehr ernst genommen hätte.

Ich war begeistert von all meinen studentischen Hörerschaften, obgleich unter ihnen überall Gruppen waren, auf die die obige Charakteristik paßt. Zu meiner Freude hatte ich einen hohen Prozentsatz von Nichttheologen, besonders auch Naturwissenschaftlern, selbst in meinen streng theologischen Vorlesungen. In Besprechungen mit diesen Nichttheologen ergab sich nun die Klage, daß die biblizistisch-supranaturalistische Form der kirchlichen Predigt und Lehre ihnen den Zugang zur Kirche fast völlig versperrt — trotz ernstesten Bemühens. Sie beriefen sich zum Teil auf ihr wissenschaftliches Gewissen, das sie nicht ohne geistige Selbstzerstörung opfern könnten. Gleichzeitig bekannten sie, daß ihnen der alte Liberalismus religiös nichts bieten könnte. Viele haben sich deshalb von der Kirche, die sie suchten, wieder abgewandt. In den Briefen, die ich erhalte, wird diese Situation immer und immer wieder beschrieben.

Dies ist der Hintergrund meines Artikels. In den Bemerkungen über die B. K. wollte ich das Tragisch-Unvermeidliche solcher Verengungen und die Berechtigung der Abstoßung gewisser Elemente der liberalen Theologie den Amerikanern verständlich machen. – Ich habe es auch sehr bedauert, daß wir uns in Deutschland nicht getroffen haben. Das hatte zum Teil äußere Gründe. Ich war in Wiesbaden nur zweimal 2 Stunden auf den amerikanischen Ämtern. Länger konnte ich nicht bleiben, da ich kein eigenes Auto zur Verfügung hatte. Einen ganzen Tag konnte ich für Wiesbaden trotz der Bitten verschiedener Freunde nicht hergeben, da fast jede Stunde der 3 Monate besetzt war. Aber ich muß gestehen, daß ich zögerte, mich um ein Treffen an einem anderen Ort zu bemühen, da ich weder direkt noch indirekt eine Aufforderung erhalten hatte, ein Zögern, das sich nach unserer sehr freundschaftlichen Begegnung hier natürlich nicht auf Sie persönlich, aber auf Ihre Stellung als Kirchenpräsident bezog.

Ich hoffe, daß dieser Brief Ihnen zeigt, daß ich die in meinem Artikel erwähnten Dinge nicht ohne recht eindrückliche Erfahrungen niedergeschrieben habe. Mein Urteil mag zu negativ sein; mein Beobachtungsfeld war begrenzt. Aber Ihr Brief gab mir das Gefühl, daß Ihr Urteil zu positiv ist, vielleicht, weil Sie den Dingen zu nahe stehen. Jedenfalls wünschte ich, daß die Führer der deutschen Kirche eine Gefahr schärfer sähen, die jede Neukonstituierung einer Gruppe in und nach einem Kampf auf Leben und Tod notwendig mit sich bringt.

In freundschaftlicher Verbundenheit

Ihr Paul Tillich›»

ANMERKUNGEN

1 In deutscher Übersetzung in: G.W. 13, S. 364–370.

XX. DIE FÜNFZIGER JAHRE BIS ZUR PENSIONIERUNG VOM „UNION“

1949–1956

ZEITTAFEL

1950:	Fertigstellung der *„Systematic Theology“*, Bd. 1.
Sommer 1951:	Deutschlandreise mit den Schwerpunkten Berlin und Hamburg. „Ontologie“-Vorlesung in Berlin.
Sommer 1952:	Nottingham: *Firth-Lectures* über *„Love, Power, and Justice“*. Vier Wochen in *„Cumberland Lodge“* mit Wochenend-Seminar, anschließend Deutschland.
Sommer 1953:	Deutschlandreise mit den Schwerpunkten Berlin, Hamburg, Düsseldorf.
Herbst 1953:	Vorlesungen in Aarhus und Kopenhagen.
November 1953:	*Gifford-Lectures* in Aberdeen/Schottland.
Sommer 1954:	Vortrag auf der Eranos-Tagung in Ascona, Erholung in den Bergen, Stuttgart, Düsseldorf, Paris, London.
Oktober/November:	Zweiter Teil der *Gifford-Lectures* in Aberdeen/Schottland. Anschließend Vorlesungen in Hamburg.
April 1955:	Berufung zum *„University-Professor“* an der Harvard-Universität.
1. Juli 1955:	Pensionierung vom *Union Theological Seminary*.

1.

Die fünf Jahre von 1950 bis 1955 schließen wichtige Stationen in Tillichs Leben ein: Erscheinen des Ersten Bandes seiner „Systematic Theology“ und einiger kleinerer Bücher (darunter „The Courage to Be“), vier weitere Europareisen (1951, 1952, 1953, 1954), die Gifford Lectures in Aberdeen/Schottland und weitere „Lectureships“ in Amerika und England — alles in allem die Öffnung des amerikanischen Kontinents und einiger Teile von Europa für seine Theologie.

Als erstes ist nachstehend ein Bericht wiedergegeben, in dem A. D. Foster, einer der ersten amerikanischen Tillichschüler, diese ersten Jahre Tillichs am „Union" beschreibt. Dann folgen die in diesen Jahren geschriebenen Rundbriefe. Sie illustrieren Tillichs Leben in vielen Einzelheiten:

«Bei der Feier seines 65. Geburtstages am 20. August 1951 hat Tillich in seiner Ansprache geäußert, für sein Lebenswerk sei bisher vorwiegend der Modus der Vertiefung bestimmend gewesen, während es nun zunehmend den Modus der Verbreitung annähme. Ein solcher Übergang, vorwiegend hervorgerufen durch das steigende Interesse an seinen Veröffentlichungen, habe zunächst in ihm Gefühle der Befriedigung und der Freude hervorgerufen. Aber diese Situation sei wie alles im Leben zweideutig: das Erfolgsbewußtsein sei ständig von der Angst begleitet, oberflächlich zu werden. Angriffe von außen erzeugten Unsicherheit und Zweifel, ob es ihm jemals gelingen würde, seine Systematische Theologie zur Vollendung zu bringen. Seine Rede war eine für ihn charakteristische Mischung aus gelassener Zuversicht und existentieller Angst.

Es war damals gerade fünf Jahre her, daß ich mich entschlossen hatte, am „*Union*" zu studieren. Mein innerster Impuls war die Frage nach einer theologischen Antwort auf die menschliche Fragwürdigkeit überhaupt. General MacArthur hatte ja behauptet, es muß eine *theologische* Antwort auf die Probleme des Lebens geben, weil militärische Lösungen keine wahren Lösungen seien. So war ich hin- und hergerissen zwischen den Problemen, die die neue Wissenschaft schuf, zwischen den Ansprüchen, die die Philosophie stellte, und den sozialpolitischen Auseinandersetzungen. Ob der überlieferte christliche Glaube wirklich dem widerstehen können würde, was Walter Lippmann „die zerfressenden Säuren der Modernität" genannt hat? Ich bezweifelte es, aber „*Union Seminary*" schien mir der geeignete Ort zu sein, wenn es überhaupt einen geben sollte, um eine Antwort zu erhalten.

Reinhold Niebuhr und Paul Tillich waren dort tätig. Nach meiner Immatrikulation erfuhr ich, daß viele meiner Kommilitonen wegen Niebuhr und Tillich dort studierten. Im Laufe des Studiums entdeckten wir eine Fakultät von großer Gelehrsamkeit, und für viele von uns war in jenen Jahren Tillich der Geist, „mit dem die Theologie steht und fällt".

Gelehrsamkeit und begriffliche Kraft waren bei Tillich verbunden mit Bescheidenheit und Offenheit für alle gegensätzlichen Standpunkte. Im "*Privatissimum*", einem Kreis, der sich in seiner Wohnung zu intensiver Diskussion traf, wurde er eines Abends aufgefordert, sich der aus seinen Vorlesungen hervorgehenden Frage zu stellen, ob aus dem Symbolismus der Trinitätslehre nicht doch eine durch Worte formulierbare Beschreibung über das Innere des göttlichen Lebens zu schließen sei. Tillich war in bezug auf solche Beschreibungen äußerst zurückhaltend. Auf die ihm gestellte Frage antwortete er: „Wie nun würden Sie es selbst ausdrücken, damit *beides*, die Bedeutung der theologischen Aussage *und* das unantastbare göttliche Geheimnis bewahrt bleibt? Wie würden Sie die Identität zwischen dem historischen Jesus und dem biblischen Christus erörtern, um einerseits Literalismus und andererseits Gnostizismus zu vermeiden?" Es dämmerte uns in diesen Augenblicken, wie das Wissen und der dialektische Scharfsinn Tillichs uns unser christlich-theologisches Erbe als lebendige Herausforderung und ständiges Ringen nahelegte. Die großen Anliegen eines Origines, eines Thomas, eines Luther und eines Schleiermacher lebten weiter in ihm und vermittelten uns erschütternde Einsichten in die gefährliche Offenheit, die Zufälligkeit und den Wagnischarakter des theologischen Unternehmens.

Oft hat Tillich die im Seminar gestellten Fragen nicht direkt beantwortet, sondern zunächst ergänzt oder sogar begrifflich neu formuliert, wobei sich weitere, für die Fragenden erstaunliche Tiefen erschlossen. Obwohl sich die Studenten darüber gelegentlich lustig machten, hat uns ein solches Verfahren ermöglicht, die durchdringenden Züge gegenwärtiger Kultur in uns selbst zu finden. Wäre die Dringlichkeit der Fragen nicht gewesen, wie Tillichs Korrelationsmethode sie betont, so wären die Antworten der Theologie inhaltsleer geblieben. Das war einer der Punkte, in denen sich zeigte, daß Tillich ein höchst existentieller Theologe war.

Diese seine Eigenschaft zeigte sich nicht nur in seinem dialogischen Unterricht; auf derselben Linie lag es, wenn er eine enge Beziehung von Theologie und Kanzel forderte. Im täglichen Schulgottesdienst, in der 5. oder 6. Reihe von vorn sah man seine aufmerksam zuhörende Gestalt, und seine eigenen von Zeit zu Zeit gehaltenen Predigten waren stets Höhepunkte des Studienjahres. Es wurde erzählt, Präsident Henry Sloane Coffin habe ihn einmal daran erinnern müssen, daß Lehrkräfte den Gottesdienst besuchen sollten, was Tillich zunächst nicht behagte. Wie das auch immer gewesen sein mag, Tillich hat im Laufe der Jahre am Gottesdienst sowohl als Redner wie als Zuhörer treu teilgenommen.

Trotz seines harmonisierenden Geistes sind Tillichs eigene Verkündigung und sein allgemein-theologischer Beitrag immer von einer gewissen Radikalität begleitet gewesen.[1] Seine stark kritische Haltung gegenüber der Kirche, die natürlich nie undialektisch war, rief manchmal nicht nur unter den Studenten, sondern auch in der Fakultät Widerstand hervor. Um die Probleme auszudiskutieren, wurde ein Kolloquium eingerichtet, das sich als eines der lebhaftesten theologischen Ereignisse des Jahres 1947 am *„Union"* erwies.

Auch in den höchst wissenschaftlichen Vorlesungen war Tillichs Intention immer auf den ganzen Menschen gerichtet, und dadurch hatte er für viele Studenten befreiende und heilende Kraft. Für manche wurde er zum Berater, zum Helfer in großen Nöten. Er hatte die Gabe, sich in ihre Situation zu versetzen, vielleicht aufgrund der Erfahrungen, die ihn selbst vielmals vom Abgrund der Sinnlosigkeit gerettet hatten.»

2.

«Liebe Freunde: September, 1949

Wenn ich nicht schreibe, werde ich beschimpft, daß ich keinen Rundbrief schreibe. Wenn ich einen Rundbrief schreibe, werde ich beschimpft, daß ich keine privaten Briefe schreibe, und wenn ich private Briefe schreibe, werde ich beschimpft, daß meine Systematische Theologie nicht fertig wird. Ich ertrage diese Beschimpfungen gern, da ich weiß, daß sie aus Freundschaft und Liebe kommen, aber ich weiß keine Lösung, und das macht mich oft verzweifelt, manchmal mehr, als solch ein Anlaß zu rechtfertigen scheint. Dieser Rundbrief ist eine der drei falschen Möglichkeiten, denen gegenüber es keine richtige gibt.

Seit ich im September 1948 hierher zurückkam, hat mich das Leben in einer Weise gepackt wie kaum je zuvor. Ich habe noch nie so viele Vorlesungen und Vorträge gehalten wie im letzten Winter und Frühling. Dann kam der Sommerkurs in New York mit einer alten und einer neuen Vorlesung (über „Geschichte der protestantischen Theologie seit der Aufklärung") 6 Wochen, 10 Stunden wöchentlich (eine Woche lang 15) bei tropischer Hitze, Tag für Tag. Von Mitte August an eine Mischung von Ruhe und wissenschaftlicher Arbeit in meinem Häuschen in East Hampton, Long Island, New York, am Atlantischen Ozean. In den nächsten Tagen Rückkehr nach New York mit allem, was das bedeutet. Viele menschliche Probleme nehmen Zeit und Kraft neben all den andern Dingen, und das Problem des Geldverdienens für ein großes Haus, den Alterssitz in East Hampton, Kinder in unvermeidlichen *Private Schools* und an der Universität, Altersversicherung anstelle der deutschen Pension fügt ein Element der Sorge zu allem andern.

Die wissenschaftliche Arbeit ist in den letzten Wochen gut gegangen. Im letzten Sommer in Deutschland sagte ich oft, daß das Englische meine Sprache vereinfacht und geklärt habe. Und nun hat es sich ereignet, daß aus der Vereinfachung, die sich in Deutschland zeigte, rückwirkend eine Vereinfachung meines Englisch hier erwuchs: ein *„circulus benignus."*

Einige von Euch haben gelesen, daß mein Name auf einer schwarzen Liste der Armee als „unanstellbar für Deutschland" stände. Die Tatsache ist richtig, aber sie bedeutet nichts. Es ist eine Liste, die im Jahr 1945 von ängstlichen Offizieren aufgemacht ist und die, als sie bekannt wurde (mit manchen politisch wichtigen Namen) von Präsident Truman ärgerlich verboten wurde. Bedeutung hatte sie schon längst nicht mehr, wie meine Reise nach Deutschland mit Unterstützung der Armee beweist. Anlaß war wohl der *„Council for a Democratic Germany"* dessen Vorsitzender ich war und der im Krieg entweder als zu deutschnational oder als zu kommunistisch angegriffen wurde. Beides war natürlich Unsinn, aber wir konnten nichts dagegen tun. Heute versucht das *State Department* ungefähr alle unsere damaligen Forderungen durchzudrücken — zu spät. Vielleicht würden unsere damals veröffentlichten Erklärungen heute ein nicht unerhebliches Interesse haben. Der *Council* löste sich auf nach der Potsdamer Deklaration, etwas früher, als die amerikanisch-russische Zusammenarbeit, aber aus ähnlichen Gründen.

Wir verfolgen hier die deutsche politische Entwicklung mit großem Interesse und fast durchweg tiefem Pessimismus. Die Analogien mit 1919 bis 1929 erschrecken jeden, der damals bewußt gelebt hat. Wir wissen, daß es eine Jugend gibt, die mindestens so gut ist wie die 1919. Aber wir haben erlebt, daß sie in den zehn darauffolgenden Jahren bis auf kleine Gruppen ins nationalistisch-faschistische Lager herübergezogen wurde. Und diese Gefahr besteht heute infolge der Ost-West-Spannung mindestens so wie damals. Wir wissen, daß aus der gleichen Ursache viel wichtige Positionen wieder von Leuten besetzt sind, deren historische Schuld es ist, daß sie die Nazis zur Macht brachten, und wir wissen, daß dafür die Deutschen keineswegs allein verantwortlich sind, was die Sache nur noch tragischer macht. Wir wissen, daß es in Deutschland heute Persönlichkeiten von höchster sittlich-religiöser Reife gibt — aber es gab sie auch zwischen den Kriegen, und sie sind zertreten worden. Wir hören mehr und mehr von neuen geistigen Ansätzen oder ausgezeichneter Fortführung alter Ansätze. Aber was für eine überwältigende Fülle gab es in der Zeit der Republik, und sie wurden zum Verdorren gebracht! Sind die Chancen jetzt besser? Das ist unsere ständige Frage.

Ich bin willens, einer Einladung der Freien Universität Berlin zu folgen und nächsten Sommer von Mitte Mai bis Ende August in Deutschland zu sein, falls die äußeren Bedingungen es erlauben. Ich habe Sehnsucht, Euch alle wiederzusehen nach dem großen, ersten Wiedersehen vom vorigen Jahr.

Hannah und den Kindern geht es gut. Die „Frankfurter Hefte“ haben einige deutsche Gedichte von Hannah angenommen. Erdmuthe studiert „*Dramatics*“ an *Columbia University* und will im Winter oder Frühling ihren „*Master of Arts*“ machen. Sie kann dann dramatische Lehrerin an *High Schools* oder *Colleges* werden, Literatur des Dramas unterrichten und Aufführungen leiten, auch selber spielen. René fängt in diesen Tagen seine 4 Jahre *High School* in Exeter/New Hampshire an. Es ist ein großes Privileg, daß er dort eine teilweise Freistelle bekommen hat. Exeter ist eine der berühmtesten *Boarding-Schools* im Lande; aber die Last für uns ist nicht klein, und der Abschied von ihm war nicht leicht.

Es werden jetzt verschiedene meiner englischen Arbeiten ins Deutsche übersetzt. Leider bin ich in dieser Beziehung nicht sehr hilfreich. Abgesehen von dem Zeitmangel wird es mir schwer, mich auf meine alten Sachen zu konzentrieren. Selbst wenn ich sie nicht schlecht finde, sind sie für mich wie ein Fremdkörper, ein Ding für sich selbst, nicht mehr ein Teil meines Lebens. Zu August Rathmann, dem Verwalter dieser Dinge und den andern, die dafür interessiert sind oder daran mitarbeiten, kann ich nur sagen: „Habt Geduld mit mir, ich will Euch alles bezahlen.“ Und um viel Geduld muß ich Euch alle bitten. Es ist schwer, zwischen zwei Welten zu leben, „Auf der Grenze“, wie ich meine Autobiographie überschrieben habe.

In der Hoffnung auf Wiedersehen,

Euer Paul Tillich»

3.

«Liebe Freunde: March 14, 1950

Diesen Brief schreibe ich mit Trauer, denn er ist ein Absagebrief. Ich kann in diesem Sommer nicht nach Deutschland kommen. Die Grenze menschlicher Existenz, ihre Endlichkeit, von der ich im Kolleg so oft rede, ist mir existentiell deutlich gemacht worden. Die Aufgaben, die hier seit letztem Dezember sichtbar wurden, sind so groß, daß ich ihnen bis nächsten Winter jede freie Minute widmen muß. Es handelt sich um vier Dinge, die ich berichten will, da sie von persönlichem und sachlichem Interesse sind.

Erstens muß ich, spätestens bis Mitte April, den ersten Band meiner Systematischen Theologie fertig machen. (Über die Hälfte ist endgültig fertig.) Das ist nötig, nicht nur, weil das Buch schon vom Verlag angekündigt ist, sondern auch wegen der nächsten Aufgabe, die von der Vollendung der ersten abhängig ist. – Es wird hier, und das ist die zweite große Anforderung, ein Buch über meine Theologie geschrieben, der Beginn einer Serie, genannt „*Library of Living Theology*". Zwölf Mitarbeiter schreiben über verschiedene Seiten meines Denkens, und ich muß die autobiographische Einleitung und eine Antwort auf jeden einzelnen Beitrag verfassen, also mehr als ein Drittel des Buches. – Drittens und vor allem bin ich im Januar aufgefordert worden, im Herbst eine *Foundation-Lectureship* zu übernehmen, die sogenannten *Terry-Lectures* in *Yale University*, eine Aufforderung, die niemand ausschlagen kann. Das schließt ein die druckfertige Vorbereitung eines kleinen Buches, das unter weitester und schärfster Kritik stehen wird. Trotzdem kann ich erst Ende April damit anfangen. – Viertens hat mir meine Fakultät ein überaus generöses Anerbieten gemacht. Obgleich ich schon in einem Jahr in Pension gehen kann (oder „gegangen" werden kann) und nach 4 Jahren gehen muß, hat man mir gegen alle Regeln ein „*Sabbatical Semester*" (frei bei voller Bezahlung) in Aussicht gestellt. Das ist geschehen, um mir Gelegenheit zu geben, den zweiten Band der Systematischen Theologie zu schreiben. Man hat mir gleichzeitig angedeutet, daß man hofft, daß ich diese letzte Zeit meiner vollen Kraft der Vollendung meines Werkes hier widme. Alle meine näheren Kollegen und Freunde haben sich diesem Wunsch angeschlossen.

Dieser letzte Punkt gibt mir Anlaß, etwas über die hiesige Situation zu sagen. In einem Gespräch, das ich mit Arnold Bergsträßer (früher Heidelberg) vor einigen Wochen in Chicago hatte, waren wir uns einig, daß sich in diesem Lande etwas geöffnet hat, was vor 15 und sogar 10 Jahren noch verschlossen war und daß man uns eigentlich erst jetzt ganz brauchen kann. Die schon erwähnten Aufträge beweisen das ebenso wie eine Kette von Vorträgen und Diskussionen, zu denen ich und meine ziemlich zahlreichen direkten und indirekten Schüler dauernd aufgefordert werden. Es ist ein Hunger nach strenger systematischer Theologie und nach einer Verbindung von Theologie und Existentialismus im weitesten Sinne des Wortes vorhanden. Das bezieht sich in gleicher Weise auf Dichtung wie auf Philosophie, auf Kunst wie auf Psychologie. In all diesen Gebieten will man die theologische Antwort hören; und Theologie muß die Fragen aufnehmen, die ihr von dorther entgegengebracht werden. Der bekannteste hiesige Dichter Auden, mit dem zusammen ich neulich eine Tagung der christlichen Studentenbewegung leitete, hat eine Dichtung geschrieben „*The Age of Anxiety*". Vor 15 Jahren hatte das Wort anxiety noch nicht einmal die Bedeutung von Angst. Heute wird es genauso gebraucht wie Kierkegaard und Freud es gebraucht haben. Das hängt zum Teil mit dem Druck der geschichtlichen Lage, zum Teil mit der unglaublichen Verbreitung der psychischen Erkrankungen zusammen, zum Teil aber ist es eine Wirkung vertiefter Einsicht in die Abgründe des menschlichen Seins und der Existenz überhaupt. Daß ich kürzlich zwei Vorträge über „*The Theology of Anxiety*" und zwei über „*The Theology of Despair*" zu halten hatte, sagt viel über die Situation.

Dies alles hilft mir nicht über die tiefe Enttäuschung, daß ich in diesem Sommer nicht kommen kann. Es ist etwas von der Askese, die für jedes Werk nötig ist, und ich hoffe, daß manches von dem, was ich jetzt zum Abschluß bringen muß, auch in Deutschland erscheinen kann, und daß, wenn diese Dinge getan sind, ich länger und mit besserem Gewissen zu Euch kommen kann.

In Freundschaft Euer

Paul Tillich»

4.

East-Hampton, Long Island, New York, 10. Dezember 1951

«Liebe Freunde, seit langer Zeit ist dieses der erste Rundbrief, den ich schreibe. Er ist dadurch veranlaßt, daß ich manches mitzuteilen habe, das für Euch von Interesse sein mag und das ich aus Zeitgründen nie in Einzelbriefen hätte schreiben können. — Ihr Alle wißt, daß ich im Sommer vier Wochen in Berlin war, daß ich dann zehn Tage in England und danach 10 Tage in Westdeutschland war. Mitte

Juli traf ich wieder in New York ein und bin seitdem mit Hannah in unserem Haus in East-Hampton am Atlantischen Ozean. Der Grund dafür ist, daß ich von *Union Theological Seminary* ein *sabbatical Semester,* d. h. einen wissenschaftlichen Urlaub erhalten habe. Er reicht bis 1. Februar; dann fängt das zweite Semester an. Von der Deutschlandreise kann ich nur sagen, daß sie eine sehr glückliche Zeit für mich war trotz der begrenzten Dauer, die es mir unmöglich machte, z. B. nach München zu kommen. Wie jeder, der kurz nach dem Krieg in Deutschland war, bin ich beeindruckt von dem ungeheuren, vor allem ökonomischen Wandel. Wie schon damals bin ich begeistert von der geistigen Lebendigkeit der Studenten und aller übrigen, mit denen ich in Berührung kam. Aber noch mehr als damals bin ich beunruhigt über die politische Entwicklung, die außen- wie die innenpolitische, trotz aller Bewunderung für das, was in Berlin geschieht. – Von der Englandfahrt möchte ich noch berichten, daß ich fünf erstaunliche Tage während der 500-Jahrfeier der Universität Glasgow hatte, wo bekannte Persönlichkeiten aus aller Welt versammelt waren und ich mit vielen anderen einen Ehrendoktor erhielt. Zwei Tage nach der Feier wurde ich bei Gelegenheit eines Seminars, das ich in *Cumberland-Lodge* im *Windsor-Park* bei London gab, von einem Besuch der nächsten Nachbarinnen, nämlich der Königin und der Prinzeß Margret überrascht. Die Menschlichkeit und Güte, die die Königin ausstrahlt, ist überaus eindrucksvoll. – Hier in East-Hampton habe ich mich erst einmal sechs Wochen lang erholt und die Zirkulationsstörungen, die im April dieses Jahres akut wurden, etwas zurückgedrängt. Ganz wird das nicht mehr möglich sein. Dann fing eine Zeit intensiver schriftstellerischer Arbeit an, unterbrochen nur durch drei mehrtägige Vortragsfahrten. Die Aufgaben sind ungewöhnlich groß und erklären, daß ich trotz der akademischen Muße keine Muße zum Briefschreiben finden kann. Noch in den ersten Wochen mußte eine Universitätspredigt ausgearbeitet werden. Dann mußte ich mich dem Buch widmen, das in der *„Library of Living Theology"* als erster Band erscheint und zwar über meine Theologie. Die Struktur dieser Bände ist so, daß der Autor eine kurze Autobiographie schreibt, daß dann eine Anzahl von Mitarbeitern Teile seines wissenschaftlichen Werkes debattieren (in meinem Falle 14) und daß der Autor dann auf alle Fragen und Kritiken antwortet. Seit etwa drei Wochen ist das fertig, und das Buch soll im Juni 1952 erscheinen. Ich wandte mich dann der Bearbeitung der *Terry-Lectures* zu, die ich im Oktober 1950 in *Yale University* unter dem Titel *„The Courage to Be"* gehalten habe und deren erweitertes Manuskript ich am 1. Februar abliefern muß, damit sie im Herbst 1952 erscheinen können. Ich bin jetzt mitten in dieser Arbeit. — Gleichzeitig hatte ich eine andere *Lectureship* auszuarbeiten, die ich Mitte November in Charlottesville, Virginia, in der wunderschönen von Jefferson selbst um 1800 entworfenen *University of Virginia* über das Thema *„Ontology and Biblical Religion"* zu halten hatte. Im Januar werde ich die Vorlesung in erweiterter Form noch einmal halten, und dann muß auch sie zum Druck gebracht werden. — Inzwischen kamen die Übersetzungen meines Predigtbandes ins Deutsche, die mir trotz der ausgezeichneten Arbeit der Übersetzerinnen viel Kopfzerbrechen gemacht haben. Und schon liegen die ersten deutschen Übersetzungen der „Systematischen Theologie" auf meinem Tisch. Bis Weihnachten werden sie wahrscheinlich alle da sein und dann — — —

Im Mai soll ich die sogenannten *Firth Lectures* in Nottingham, England, geben. Das Thema ist: *„Love, Power and Justice"*. Es ist das erstemal, daß diese *lectureship* gegeben wird, und die Gelegenheit ist, wie mir der *Principal* der Universität ausdrücklich sagte, sehr wichtig für sie. Da das Honorar für eine billige Überfahrt von Hannah und mir ungefähr reicht, haben wir eine Kabine auf der Mauretania für den 9. Mai reserviert und werden, wenn alles klappt, am 16. Mai in England eintreffen. Hannah will dann bald nach Deutschland weiterfahren, während ich bis Anfang Juli in England bleiben werde. Im August wollen wir uns in den Bergen erholen, Tirol oder Süddeutschland oder Norditalien, je nach der Transfer- und Valutasituation. Am Anfang September müssen wir zurück nach New York. Es wäre das erstemal seit 1933, daß Hannah nach Deutschland käme, während es für mich das drittemal wäre. — Unser Haus in East-Hampton wird immer wohnlicher, so daß, wenn wir in zweieinhalb Jahren nach hier umziehen, wir gerne hier sein werden. — Ich hoffe, daß dieser Brief Euch Alle zu Weihnachten erreichen und Euch unsere Weihnachts- und Neujahrsgrüße bringen wird und daß wir im nächsten Jahr Alle, an die er geht, wiedersehen werden.

Euer Paulus»

5.

«Liebe Freunde: [1953]

Es waren zwei Gründe, die es mir unmöglich machten, mehr oder früher zu schreiben. Der erste Grund war eine unendliche Fülle von Aufgaben, die an mich herankamen, nachdem ich besonders durch mein letztes Buch *„The Courage to Be“* in America sehr bekannt geworden bin. Dazu kommt: die Ausarbeitung der *Sprunt-Lectures*, auswärtige Vorträge, 11 bis 12 Vorlesungsstunden jede Woche hier in New York, niemals ein *„weekend“* und nur selten eine späte Nachtstunde, um zu schreiben. Der andere Grund war die Unsicherheit aller meiner Pläne für dieses und die folgenden Jahre. Der wesentliche Grund der Unsicherheit ist nun in dieser Woche beseitigt worden. Ich habe mit dem Hamburger Senator Dr. Landahl ein Abkommen getroffen, daß ich die ordentliche Professur für systematische Theologie an der neugegründeten Fakultät von Hamburg nicht annehme, dafür aber von der Hamburger Universität eine Dauereinladung als Gastprofessor erhalte. Diese Lösung scheint mir für beide Teile die befriedigendste zu sein. Sie gibt mir nach meiner offiziellen Pensionierung (am 1. Juli 1954) die Freiheit, die ich – nach meinem eigenem Gefühl und nach dem dringenden Wunsch meines Arztes – notwendig brauche.

Für die diesjährigen Pläne bedeutet das folgendes: Ich fahre mit meinem Sohn René am 20. Juni auf der *„Mauretania“* ab, komme am 27. in Le Havre an und will nach einigen Tagen in Paris nach Berlin kommen.

Ende Juni soll eine Konferenz der Theologischen Fakultät in Hamburg stattfinden. Danach will ich über Süddeutschland in die Berge – vielleicht etwas nach Italien – fahren (alles mit René). Ein großer Teil dieser Zeit, wie überhaupt meines europäischen Aufenthalts, muß der Ausarbeitung der *„Gifford-Lectures“* gewidmet werden.

In der ersten Oktoberhälfte werde ich in Aarhus und Kopenhagen lesen. Gegen Ende Oktober werde ich eine Einladung der *Cumberland Lodge* annehmen, wo ich im vorigen Jahr für vier Wochen gearbeitet habe. Vom 1. November bis 5. Dezember gebe ich die *Gifford-Lectures* in Aberdeen, Schottland. Zu Weihnachten möchte ich in New York zurück sein, während René in Deutschland oder England bis Juni 1954 bleiben soll. Meine Adressen werden die folgenden sein: [es folgen Adressen].

Aufs Wiedersehen freut sich

Euer Paulus»

6.

«Liebe Freunde! [1954]

Um der unvermeidlichen Kritik an der Tatsache des „Rundbriefes“ zuvorzukommen, möchte ich gleich sagen: Dies ist ein Bericht über Vergangenes und Geplantes und nicht der Ersatz eines Briefes. Es ist viel zu berichten, und ich hoffe, daß diese Fülle zugleich erklärt, warum ich seit Weihnachten praktisch aufgehört habe zu schreiben.

Arbeitsmäßig waren die letzten 4 Monate die schwersten meines Lebens. Ich hatte in der Woche 10 regelmäßige Vorlesungsstunden, 2 bis 3 Extrasachen in New York und — das Zeit- und Kraft-Raubendste — jedes *Weekend* auswärtige Predigten und Vorträge, deren jeder einen Berg von Korrespondenz verlangte. Der Grund für all das ist, daß ich in den letzten fünf Jahren durch meine Bücher sehr bekannt geworden bin und daß bei weitem mehr Anforderungen kommen, als ich annehmen kann. Dazu kommen die Verpflichtungen in England und Deutschland.

Am 1. Juli dieses Jahres ist mein offizieller Pensionierungstermin (im August werde ich 68). Da ich aber durch die *Gifford-Lectures* in Aberdeen zwei Herbst-Semester verloren habe, ist der Termin auf den 1. Juli 1955 herausgeschoben worden. Ich werde also im Frühlingssemester 1955 (1. Februar—1. Juni) wieder in *Union Seminary* lesen. Allerdings müssen wir schon in diesem Juni unsere Wohnung aufgeben und in unser, inzwischen außerordentlich verbessertes Haus in East-Hampton umziehen. (In *Union Seminary* werden wir eine kleine möblierte Wohnung erhalten). Vom 1. Juli ab ist Hannahs Adresse: *General Delivery*, East-Hampton; Long Island, New York. *Meine* Adresse bleibt bis Herbst *1955: Union Theological Seminary.*

Im April ist etwas für uns überaus Wichtiges geschehen: Ich bin vom Herbst 1955 an als *„University Professor"* an die *Harvard University* berufen worden. Der Ruf muß, da es sich um eine Nach-Pensionierungs-Position handelt, von Jahr zu Jahr erneuert werden. Das kann bis zu meinem 75. Lebensjahr geschehen. *„University Professor"* in Harvard ist in jeder Beziehung das Höchste, was in den U.S. akademisch möglich ist. Man ist keiner Fakultät unterstellt, sondern frei, in jeder Fakultät zu lesen — oder nicht zu lesen. Tatsächlich werde ich *à la suite* der Theologischen Fakultät stehen, die sich in einem Stadium völliger Erneuerung befindet. Es gibt nur wenige *„University Professors"*. Whitehead, der Philosoph, war einer; Werner Jaeger, früher Berlin, ist einer. Ihr werdet verstehen, was das für unser Alter bedeutet, und wir sind unendlich dankbar dafür. Die Frage, ob ich, wie es jetzt aussieht, ein halbes oder, was durchaus möglich ist, ein ganzes Jahr in Harvard sein werde, ist noch in der Schwebe. Jedenfalls müssen wir Ende September 1955 dort anfangen.

Bis dahin haben wir folgende Pläne: Umzug nach East-Hampton im Juni. Ich habe im Juli und der ersten Hälfte August Sommerkurs in *Union Theological Seminary*. Am 11. August will ich mit meiner Tochter Erdmuthe (Mrs. Theodor Farris) mit der *„Liberté"* von New York abfahren und zwar auf schnellstem Wege nach Askona am Lago Maggiore. Dort spreche ich auf der „Eranos"-Tagung (18.–26. August). Von dort ein paar Tage in die hohen Berge und dann nach Florenz; etwa am 17. September nach Berlin; am 26. September Schelling-Rede in Stuttgart; am 27. Rede über die theologische Lage in Heidelberg; von dort über Köln–Düsseldorf nach Paris; dort etwa 1.–6. Oktober; dann London, von wo Erdmuthe am 12. Oktober nach New York zurückfährt, während ich am 14. nach Aberdeen gehe, um bis zum 15. November den zweiten Teil der *Gifford-Lectures* zu geben. Vom 15. November bis zum 15. Dezember ist Hamburg in Aussicht genommen, nachdem mir der Kultur-Senator mitgeteilt hat, daß die Theologische Fakultät zu Stande kommen wird und mich eingeladen hat zu kommen. Ungefähr zum 15. Dezember Rückfahrt nach New York. Vom 1.–28. Januar 1955 bin ich in Chicago, und vom 1. Februar bis 1. Juni 1955 im *Union Seminary*.

Während Erdmuthe mit mir Europa besichtigt, wird Hannah mit dem Baby Ted junior, jetzt ein Jahr zwei Monate alt, ein prachtvoller, sehr schöner und lebendiger Junge, in East-Hampton sein. Ende Mai erwarten wir Marie-Louise, Hannahs Schwester mit René, der augenblicklich durch Italien wandert. Er wird dann wohl in die Armee gehen. Ende März ist mein Buch *„Love, Power and Justice"* erschienen, in der *Oxford University Press,* gleichzeitig in England und Amerika.

In der Hoffnung, viele von Euch wiederzusehen, wenn auch kürzer, als im vorigen Jahr, bin ich

Euer Paulus»

7.

So sehr Tillich in Amerika gedrängt wurde, seine „Systematische Theologie" erscheinen zu lassen, so wenig Reaktion erfuhr dieses Ereignis in Deutschland. Erst als die deutschen Übersetzungen vorlagen, änderte sich die Situation langsam. Emil Brunner war einer der wenigen, die Tillichs Hauptwerk schon in der englischen Fassung gelesen hatten. Er äußert sich darüber nach dem Erscheinen des ersten Bandes in einem persönlichen Brief an Tillich:

«Mein lieber Herr Tillich! Zürich, 27. August 1951

Bevor ich, endlich, in die Ferien reise – eine Fahrt in Umbrien mit meiner Frau – möchte ich Ihnen ein paar Worte schreiben, um

Ihnen für Ihr großartiges Werk *„Systematic Theology"* zu danken und zu gratulieren. Ich habe es zwar noch längst nicht ganz gelesen, aber so viel ich bisher gelesen habe, fühle ich mich höchst belehrt und bereichert. Sie haben mir vor einigen Jahren in New York gesagt, Sie fühlen sich mir sehr nahe. Dasselbe kann ich nun meinerseits sagen. Ich setze aber gern hinzu: Ihr Werk führt wirklich in vielem, namentlich methodisch, über das meine hinaus. Es kommt mir vor, daß vieles von dem, was ich, noch ganz im Kampf gegen falsche materiale Positionen, sowohl die fundamentalistische wie die liberale, nur erst unklar und gewiß in vielem anfechtbar ausführte, durch Sie, geklärt und meisterhaft abgewogen und „durchreflektiert", richtig gestellt wird.

Mit Ihrer methodischen Hauptthese bin ich nicht nur einverstanden, sondern habe sie bereits selbst – wenn auch noch nirgends schriftlich, besser nirgends gedruckt – als die richtige erkannt: Die Korrelation von menschlicher (Existenz) Frage und Offenbarungsantwort. Merkwürdigerweise habe ich diese Korrelation zuerst in Amerika, als standen, obschon sie in christlicher Arbeit stehen, formuliert, obschon es nur noch nicht klar, wie jetzt aus Ihrem Werk, daß damit das Problem Vernunft und Offenbarung formuliert ist.[2]

Zu dieser Einsicht bin ich namentlich durch die erschreckend zunehmende Tendenz der deutschen Theologie zum Fundamentalismus hin einerseits und durch die wachsende Kluft zwischen Theologie und Welt gekommen. Ich begrüße darum, ich darf sagen begeistert und beglückt, die vollendete Klarheit Ihrer Methodik und die Disposition Ihres Gesamtwerks.

Noch nicht ganz beruhigt bin ich über das, was Sie System nennen, angesichts des Stückwerkcharakters auch der theologischen Erkenntnis und in Erinnerung an die tiefsinnige Bemerkung Kierkegaards, daß jedes System, *eo ipso,* pantheistisch sei. Ich glaube aber, daß hier mehr eine Differenz des Ausdrucks vorliegt, da ich meinerseits den systematischen Charakter der Theologie und Sie Ihrerseits deren fragmentarischen Charakter erkennen und alles deduktive System ablehnen. Mir würde zunächst scheinen, daß deduktiv und System – im Unterschied zu systematisch – Wechselbegriffe sind.

Weniger wichtig ist, daß die paar Bemerkungen, die Sie über mich machen, wie mir scheint offenkundig und beweisbar, irrig sind.

a) Weder gehöre ich zu denen, die Schleiermachers Gefühlstheologie im psychologischen Sinn von Gefühl mißverstehen – daran hinderte mich die Tatsache, daß ich im wesentlichen von seiner Dialektik und nicht von der Glaubenslehre ausging — noch ist Barths Kritik auf diesen Punkt gerichtet.

b) Ich meine aber auch, daß, was Sie über das Paradox im Mittlerbuch sagen, nicht zutrifft. Ich habe im Gegenteil diese Mißinterpretation des Paradoxes, die ich von Grisebach und auch von Bolin her kannte, immer bewußt als falsch im Auge gehabt. Können Sie mir wirklich aus dem „Mittler" Stellen angeben, woraus das, was Sie dazu bemerken, erhellte?

Mit dem, was Sie über die Religionen und meine Auffassung von ihnen sagen, bin ich, auch nach Ihren eigenen Ausführungen, nicht einverstanden. Doch ist dies vielleicht nicht so wichtig.

Auf alle Fälle kommt das alles nicht auf gegenüber der Dankbarkeit und aufrichtigen Bewunderung, die ich Ihrem Werk gegenüber empfinde, soweit ich es bis jetzt kenne. Wann ich dazu komme, es fertig zu lesen, weiß ich nicht. Darum wollte ich jetzt schreiben. Die Nähe ist jedenfalls viel größer, als ich auf den ersten Blick hin erwartet hatte.

Mit herzlichen Grüßen verbleibe ich

Ihr E. Brunner»

8.

Trotz des gewaltigen Arbeitsdruckes, den Tillich immer wieder in seinen Briefen erwähnt, kommen Momente, in denen er den Arbeitsdruck vergißt und sich dem Augenblick überläßt. Solche Momente sind Erlebnisse der Landschaft, der Geselligkeit, des Gesprächs und unerwarteter Begegnung mit Menschen. Ein Dokument solcher spontanen Reaktion ist der Brief an ein Kind, die Tochter eines Kollegen am „Union":

November 11, [1957]

«An Miss Cecile Terrien, 606 West 122nd Street. Union Theological Seminary. New York 27.

Dear Cecile: Your letter was a great surprise for me and a great joy. Thanks you for your confidence and your remembering me — obviously not as a horrifying old man but as one with whom one could talk easily, even if one is only 12 (or 13?) years old. You certainly can, and it gives me a wonderful feeling that you believe you can.

About your questions: There are three of them: the meaning of life, the existence of God, eternal life. I shall say a few words about each of them; and we can perhaps speak more about it when we meet (which I hope will be soon).

You are completely right, when you say that the meaning of life cannot consist in a little improvement from generation to generation. (What about the "*last* generation", for which all the others work? It would be the really "lost generation" – without a meaning.) The meaning of life is the courage to affirm life inspite of death and conflicts. One must find the meaning of life in the smallest and the largest thing. It never can be defined, but it can be experienced and maintained against doubt and despair.

"God" is the basic symbol for the meaning of life. One cannot ask whether God exists or not. He is not a being, but he is the source of meaning and the power of being. We affirm him, when we have the courage to say "yes" to our life even if we deny the socalled "existence" of God. The language of religion expresses this in symbolic terms which never should be taken literally.

Eternal life is not endless duration after death (that would be hell), but it is participation in the eternal out of which our temporal existence comes and to which it returns. One must experience eternaty here and now. – These my preliminary answers. Give my love to your parents!

In friendship

yours Paul Tillich»

ANMERKUNGEN

1 Vgl. Tillichs Predigt „Das Neue Sein". In: Das Neue Sein. Religiöse Reden 2. Folge, Stuttgart 1959, S. 23 ff. Die Worte des Paulus: „Denn in Christo Jesu gilt weder Beschneidung noch Unbeschnittensein etwas, sondern eine neue Schöpfung." Gal. 6,15 legte Tillich so aus, daß „Beschneidung" heute für uns die Kirche bedeute, d. h. *unsere* heutige religiöse Institution.

2 Der Satz – obwohl fehlerhaft – stimmt mit dem Originalbrief überein.

XXI. „UNIVERSITY-PROFESSOR“ AN DER HARVARD UNIVERSITÄT

1956–1962

ZEITTAFEL

Herbst 1955:	Erstes Semester an der Harvard-Universität.
Sommer 1956:	Gastvorlesungen an der Universität Hamburg und Berlin. Verleihung des Ehrendoktors der „Freien Universität“ Berlin. Anschließend Erholung in Mégève in den französischen Alpen.
1957:	Erscheinen des zweiten Bandes der *„Systematic Theology“*.
Sommer 1958:	Gastvorlesungen in Hamburg, Hansischer Goethepreis der Stadt Hamburg. Erholung in Chamonix/Frankreich.
1959:	Intensives Arbeiten am dritten Band der *„Systematic Theology“*. Beginn des Erscheinens der „Gesammelten Werke“ in Deutschland.
Sommer 1960:	Japanreise, anschließend Erholung in Hawai.
Sommer 1961:	Gastvorlesungen in Hamburg, anschließend Erholung in Crans-sur-Sierre/Schweiz.

1.

Mit der Berufung von Tillich zum „University Professor“ in Harvard beginnen sieben fruchtbare Jahre. Aus der Sicht seiner Privatsekretärin Grace Cali-Leonard erfahren wir viele Einzelheiten des täglichen Ablaufs seines nun in einer ganz anderen Atmosphäre verlaufenden Lebens:

«Meine Zusammenarbeit mit Tillich als seine Sekretärin begann im September 1955. Schon nach einem Jahr war ich von seiner Gedankenwelt gefangen, seine Ideen faszinierten mich. Außer seiner deutschen Korrespondenz hatte ich alle anfallenden Arbeiten zu erledigen. Dadurch wurde ich immer vertrauter mit seinem Werk, und in mir entstand das Verlangen, tiefer darin einzudringen. So las ich mit großem Interesse einige seiner Bücher und besuchte während der Harvard-Sommerkurse 1956 eine Einführungsvorlesung in die Philosophie. Ich erkannte bald, wie notwendig eine Bibliographie seiner englischen Arbeiten gebraucht wurde und begann, als Tillich im Sommer 1956 in Deutschland Gastvorlesungen hielt, seine Aufsätze und Bücher bibliographisch zu erfassen.

Bald nach diesem Sommer zog mich Tillich zu weiteren Arbeiten heran. Bisher hatte ich seine Routine-Korrespondenz erledigt, seine Reisen vorbereitet, seine Vortragsverpflichtungen geregelt und seine handgeschriebenen Texte in Schreibmaschine übertragen. Nun vertraute er mir die Korrekturen seiner englischen Artikel und Bücher an. Er hatte schon einige enttäuschende Erfahrungen bei der Edition seiner Bücher gemacht. Die bisherigen Bearbeiter hatten öfters den Sinn seiner Ausführungen ein wenig verschoben. Meine Einsicht, daß Klarheit der Gedankenführung wichtiger als guter Stil sei, warf die Frage auf, ob Änderungen des Textes überhaupt nötig seien. Obgleich sein englischer Stil oft verbesserungsbedürftig war, erstaunte mich doch seine Beherrschung der fremden Sprache. Erst mit 47 Jahren hatte er Englisch gelernt. Die meisten meiner Korrekturen bestanden darin, die typisch deutschen Satzkonstruktionen in die englische Form zu bringen. Oft war nur die Reihenfolge der Worte zu verändern. Jede Änderung habe ich ihm vorgelegt und mit ihm so lange durchgesprochen, bis er der Formulierung zustimmte.

Sehr gut erinnere ich mich der großen Last, die er jedes Mal auf sich nahm, wenn seine deutsche Herausgeberin, Frau Renate Albrecht, nach Cambridge kam, um mit ihm die Übersetzungen seiner in Englisch geschriebenen Werke durchzuarbeiten. In gewisser Hinsicht war das für ihn eine kaum zu bewältigende Aufgabe, und in vielen Fällen halfen keine Korrekturen, er mußte ganze Abschnitte neu diktieren. Seine amerikanischen Mitarbeiter sahen die Schwierigkeiten, die spätere Wissenschaftler haben würden in Hinsicht auf die Verschiedenheiten des englischen und des deutschen Textes.

Der täglich zu bewältigende Arbeitsberg hinderte mich daran, Deutsch zu lernen. Tillich empfand das nicht als Nachteil, denn es zwang ihn dazu, sein Englisch weiter zu verbessern. In den 22 Jahren seiner New Yorker Tätigkeit hatte er ständig mit einer Unzahl von Emigranten Umgang; seine Freunde und Kollegen sprachen häufig Deutsch, einige kamen von derselben deutschen Universität. So bedeuteten die sieben Harvard-Jahre für ihn tieferes Eindringen in die amerikanische Kultur; Harvard war gegenüber New York weit typischer amerikanisch. Nicht verkannt werden darf allerdings, daß das Fluidum von Harvard mit seiner geistigen Weite nicht als amerikanisches Durchschnittsmilieu angesehen werden darf. Harvard zieht die amerikanische akademische Elite an — Professoren wie Studenten. Tillich konnte hier seine Gedanken austauschen mit Männern wie dem Altphilologen Werner Jaeger (dessen Arbeitszimmer in der Widener Bibliothek direkt an Tillichs grenzte), dem Politologen Arthur Schlesinger, dem Soziologen David Riesman, dem Biologen George Wald, dem Nationalökonomen Kenneth Galbraith und dem Spezialisten für internationale Beziehungen Henry Kissinger.

Der damalige Präsident der Harvard-Universität, Nathan A. Pusey, dessen Amtsperiode 1954 einsetzte, begann mit einem großen Programm interdisziplinären Austausches; er berief sechs hervorragende Gelehrte der verschiedensten Gebiete zu sogenannten *„University-Professors"*. Der Rang des *University Professor* überragt den üblichen Professoren-Status, unter anderem wird ihm eine Privatsekretärin zugestanden. Einer der sechs *University*-Professoren war Tillich. Für ihn bedeutete die neue Position zahlreiche Einladungen zu wissenschaftlichen Symposien und zu Vorträgen und Vorlesungen in jeder Fakultät der Harvard Universität. In der *Harvard Business School* sprach er über „Ethik in der Wirtschaft", in der *Law School* über „Ethik und Gesetzgebung", in der *Medical School* über „Die Wichtigkeit des Dialogs zwischen Psychiatrie und Religion". Leider kam ein Dialog, auf den wir alle mit Spannung warteten, nicht zustande, eine Diskussion mit dem berühmten Harvard-Gelehrten B. F. Skinner, Anhänger des Behaviorismus. Tillich war bereit, mit ihm zu diskutieren, aber Skinner lehnte ab.

Tillich hielt einerseits Vorlesungen im *Harvard College* im Fachbereich *„Humanities"* und im Fachbereich „Philosophie", andererseits an der *Divinity School* der Harvard Universität. Dort las er in erster Linie seine „Systematische Theologie". Dazu kamen dann noch Vorträge außerhalb von Cambridge, so daß er fast jedes Wochenende während des Semesters auf Vortragsreisen war. Sein Terminkalender wäre für einen 35jährigen schon anstrengend gewesen, und Tillich war bereits über 70.

Als Tillichs Vortragsreisen quer durch Amerika ständig zunahmen, kamen in steigendem Maße Anfragen von Rundfunk, Fernsehen und Presse. Noch nie zuvor waren einem Theologen in populären Zeitschriften so viele Spalten eingeräumt worden. Sein Artikel „Die verlorene Dimension in der Religion" [1] erschien in der *„Saturday Evening Post"*, einem weitverbreiteten Magazin. Normalerweise hätte

Tillich nicht für eine Zeitschrift dieses Ranges geschrieben, aber sie hatte gerade eine Serie begonnen, in der einige ausgesuchte Akademiker einen Extrakt ihrer Gedanken in gemeinverständlicher Sprache darstellen sollten. Das Thema war die „Dimension der Tiefe", die vertikale Dimension des Geistes, die die horizontale Dimension des Materiellen durchschneidet. Bald redete jeder, vom Werbefachmann bis zum Bankdirektor, von Dingen, die „in der Tiefe" getan werden müssen. Zugegeben, daß der Ausdruck „in der Tiefe" gelegentlich in grotesker Weise mißbraucht wurde – Tillich hatte einen Akkord angeschlagen, der in vielen nachdenklichen Menschen Widerhall fand. Die Welt, die in einem Meer von Sinnlosigkeit versank, hungerte nach Antworten, die einen Sinn aufleuchten ließen.

Tillich wurde in jenen Jahren populär, vielleicht zu populär, und das brachte eine Gefahr mit sich, nämlich mißverstanden zu werden. In dem Versuch, Tillich zu verstehen, erwies sich der Satz als wahr: „ein *wenig* Wissen ist eine gefährliche Sache". Tillichs gelegentliche tiefe Depressionen hatten ihre Wurzel in dem Gefühl, mißverstanden zu werden. Wie oft sagte er seinen Studenten, daß der beste Schlüssel zum Verstehen seiner Gedanken seine Predigten [2] seien. Viele ignorierten diesen Rat, vielleicht zurückgeschreckt durch das Wort „Predigt". Sie wußten nicht, daß seine Predigten eigentlich Gedichte in Prosa waren, monumental hinsichtlich ihrer scharfsinnigen psychologischen Einsichten.

Tillich erwarb sich in jenen Jahren den Ruf eines Denkers, dessen Gedanken die Menschen aufrüttelten. Das hatte zur Folge, daß er mit zahllosen Männern und Frauen ins Gespräch kam, in Cambridge selbst und auch außerhalb, besonders in New York. Diese Gespräche waren ein Geben und Nehmen; er bereicherte seine Gesprächspartner, aber er lernte auch von ihnen.

Mit dem Besucherstrom kamen eines Tages drei Jazz-Musiker aus meinem Freundeskreis, es war das später berühmt gewordene Gesangs-Trio Lambert, Hendricks und Ross. Der Besuch fand statt, als Tillich, durch meine Begeisterung veranlaßt, Interesse am Jazz bekam. (Ich nahm damals jede Woche zwei Gesangsstunden in Jazz und Blues.) Einige Jahre später veröffentlichte „*Esquire Magazine*" meinen Artikel „Meine Verführung von Professor Tillich",[3] der nichts anderes zum Inhalt hatte als eben dies, wie es mir gelang, Tillich für modernen Jazz zu interessieren. Der irreführende Titel stammte natürlich nicht von mir. Später, als ich selbst Journalistin war, lernte ich, daß die Redakteure sich das Recht der Titelwahl vorbehalten, vor allem aus Gründen der Publikumswirksamkeit.

In diesem Zusammenhang muß ich an die tiefe Enttäuschung Tillichs denken, als er eine Titeländerung eines seiner Bücher hinnehmen mußte. Es war im Jahr 1948, als die *University of Chicago Press* sein erstes englisches Buch „*The Protestant Era*" herausbrachte. Tillich hatte dem Buch den Titel gegeben „*End of the Protestant Era?*" Der Verlag erklärte kategorisch: Man kann einen Buchtitel nicht mit einem Fragezeichen enden lassen. Auch Tillichs konservative Kollegen vom *Union Theological Seminary* protestierten: der Titel mit Fragezeichen könnte den Katholiken Auftrieb geben. Unter dem Druck solcher Proteste gab Tillich nach, aber er sagte mir später, daß er sein Nachgeben bereue und seitdem immer darauf bestanden habe, die Titel seiner Bücher selbst festzulegen.

Durch Tillich erfuhr ich eine solche Erweiterung meines geistigen Horizonts wie es ein normales Studium nicht vermocht hätte. Seine Interessen wurden zu meinen Interessen. Sein Wissensdurst auf allen Gebieten kam meiner angeborenen Neigung, die Grundfragen des Lebens zu stellen, sehr entgegen. Die Skala reichte von vergleichender Religionswissenschaft, Kunstgeschichte, Philosophie, Architektur bis zur Soziologie und Psychiatrie.

Dieser leidenschaftliche Wissensdurst gehörte zu Tillichs grundlegenden Charakterzügen. Manchmal schien er fast zu einem Zwang auszuarten, dieser übermächtige Drang, das Leben auf allen Ebenen kennenzulernen, in der Höhe und in der Tiefe. Dabei war er sich bewußt, daß sein Wissensdrang zur gefährlichen Hybris werden könnte, aber er ging das Wagnis ein. Seine Fähigkeit des Analysierens hatte wohl hier ihre Wurzeln. Er kannte die menschliche Natur wie nur wenige. Darum konnte er in seinen Predigten die existentielle Tiefe der menschlichen Verzweiflung darstellen, die wohl in jedem ein Echo hervorrief.

Eine der Facetten seines Wesens war seine angeborene Bescheidenheit. Und doch konnte er sich beinahe kindlich über Ehrungen der verschiedensten Art freuen. Der Ruhm, den er in diesen Jahren genoß, hinterließ gewisse Spuren. Er schuf einen „Tillich der Öffentlichkeit", und der war nicht identisch mit dem Tillich seines eigenen Bewußtseins.»

2.

In die Zeit seines Europa-Aufenthaltes 1956 fällt Tillichs 70. Geburtstag. Er feiert ihn in Mégève in den französischen Alpen und erhält eine Fülle von Gratulationsbriefen – von Freunden, Verwand-

ten, Kollegen, offiziellen Stellen. Ein Beispiel echter Freundschaft, trotz oder gerade wegen des kritischen Elements darin, ist der Brief von Kurt Goldstein:

«Lieber Paulus! Ascona, 16. August 1956

Während ich mich niedersetze, Dir zu Deinem Geburtstag zu schreiben, geht mir so vieles in Bezug zu unserer Freundschaft durch den Sinn: Erinnerungen, die ich zu den wirklich wertvollen meines Lebens betrachte. Wie ich Dir zuerst begegnete, an einem Kant-Kongreß, ich glaube in Halle, wie ich mich freute, daß Du nach Frankfurt berufen wurdest, die schönen Tage in Davos, wie wir uns näher und näher kamen, nicht nur persönlich, sondern trotz der so verschiedenen Ausgangspunkte, auch sachlich, in den Grundanschauungen gegenüber dem Leben und dem menschlichen Dasein. So nahe in dieser Hinsicht, daß ich Deinen Theologie-Studenten in New York meine „biologischen“ Anschauungen darlegen konnte und ihnen die tiefen Beziehungen zwischen Theologie und Biologie (wie ich sie sehe!) nahebringen konnte und durch Deine Aufforderung dazu durfte... Dies und so vieles andere und prinzipieller: ist doch für uns beide die Kategorie des Mutes und der [ein Wort unlesbar] des Seins, trotz aller Schwierigkeiten und Ängste immer mehr zum Zentrum und zur positiven Bewertung der Existenz geworden. – Wie freute ich mich, im Theologen eine Bestätigung zu finden! Sie begründete meine dauernde Freundschaft für Dich – lieber Paulus – so darf ich in diesem „Liebesbrief“ auch erwähnen, vielmehr ich muß es tun, daß diese Freundschaft nicht ohne Schwierigkeiten war. Mußte das nicht sein?! Bei solch tiefen Beziehungen zwischen zwei so „individuellen Menschen“ war es nur natürlich, daß Schwankungen in den Beziehungen und Verhaltensweisen im Leben, in denen man doch immer getrennt bleibt, auftreten. Steigerungen und Niedergänge – Mißverstehen, besser gesagt, Mißverständnisse – und Traurigkeit darüber – das gehört wohl zu allen menschlichen Beziehungen je mehr [zwei Worte unlesbar] sie sind, zu ihrer Tragik, ja zur Tragik des Seins überhaupt. – Es scheint mir, daß es der Sinn von Freundschaft und Liebe, die ja so viel Gemeinsames haben, ist, diese Schwierigkeiten und Schwankungen mutvoll zu tragen – beide machen nicht, wie man so oft sagen hört, blind für die Fehler des Anderen und für die notwendigen Unstimmigkeiten. Nein, sie machen uns so recht sehend und erkennend, da all das zum rechten Sein gehört, und werden damit der tiefe Quell, aus dem der Mut zum Sein entspringt. Ich denke, meine unwandelbare Freundschaft zu Dir, die nicht nur Verstehen und Schätzen ist, wird, neben all den vielen Wünschen und den berechtigten Würdigungen, die Du heute erhältst und denen ich mich so vollen Herzens anschließe, dieser Ausdruck unserer Freundschaft wird Dir ein positiver Wert sein — ein Geschenk des Schicksals, das jede echte Freundschaft ist — wie sie es für mich ist.

Da ist noch vieles andere, was ich sagen möchte über den Wert unserer Beziehungen. Aber das würde den Brief zu lang machen. Wir sind wieder in Ascona, denken an unser Zusammensein hier und an Dich in Bezug zu unserem Leben im allgemeinen, in Ascona, das ja innerlich in den Formen vom Alltag in eine besonders nachdenkliche Stimmung versetzt. Es geht uns gut, wir hatten herrliche Tage in Sils Maria. Grüße Hannah und die Kinder.

Herzlich Dein alter Kurt.»

3.

Der Brief des Philosophen Richard Kroner gehört zu den Briefen zu Tillichs 75. Geburtstag:

«Lieber Paulus, Philadelphia, 4. Juli 1961

das Beste und Wahrste, was ich über mein persönliches Verhältnis zu Dir sagen kann, ist dies: Ich betrachte es als ein großes Glück und als eine von der Vorsehung mir zugedachte Gabe, Dir begegnet zu sein. Was aus diesem Treffen erwuchs, ist unermeßlich; es bestimmte nicht nur die Richtung meines Denkens entscheidend mit, sondern hatte Folgen auch für meiner Seele Seligkeit; es formte mein inneres Schicksal, welches mir viel bedeutender als das äußere erscheint, es „rettete“ mich nicht nur in weltlicher, sondern auch in geistiger Hinsicht.

Da Sterben ein Abschiednehmen ist von allem, allem, was wir auf Erden genossen und gewirkt, bewundert und geliebt haben, so wünsche ich Dir, daß Du die Vorbereitung auf dieses Ende ohne Furcht und Trauer durchleben kannst. Es gibt, glaube ich, nicht nur den Mut zu sein, sondern auch den, nicht zu sein; und der zweite ist wohl der eigentlich religiöse, auch wenn wir alle Bilder ablehnen, welche die Religion uns anbietet, um uns diesen Mut einzuflößen.

Und so fortan! (wie Goethe im Alter oft seine Briefe abzuschließen pflegte).

Dein
Richard»

4.

Im Jahr 1957 erscheint Tillichs zweiter Band seiner „Systematic Theology“: „Existence and the Christ“. Von allen Seiten kommen Kommentare, Kritiken, Briefe. Emil Brunner, der sich schon zum ersten Band teils zustimmend, teils kritisch geäußert hat, schreibt Tillich:

«Lieber Herr Tillich, Zürich, 14. März 1958

Sie erhalten dieser Tage ein seltsames kleines Büchlein von mir. Es ist eines der RoRoRo-Taschenbücher, das eine Kurzausgabe meiner Anthropologie „Der Mensch im Widerspruch“ enthält. Ich schicke es Ihnen einfach als Zeugnis dafür, wie sehr ich Ihre systematische Theologie dem, was ich jetzt im meiner Dogmatik III schreibe, wesensverwandt fühle. Ich habe in das Büchlein eine seltsame Widmung geschrieben: „Dem großen christlichen Philosophen, dem Nicht-Theologen (?) in Bewunderung und Dankbarkeit“. Was ich damit sagen wollte, war dieses: Wir kommen von zwei verschiedenen Seiten her auf dasselbe zu, nämlich die Verkündigung von Jesus als dem Christus, wie Sie das nennen.

Ich habe es damals, als Sie mir nach einer Vorlesung in einer Pfarrerversammlung in New York *anno* 1938 sagten, Sie stimmen mit dem, was ich ausgeführt habe, ganz überein und lehren Ihre Schüler dasselbe, nicht recht verstehen können und gezweifelt, daß dem so sei. Das war sogar noch so, als ich den ersten Band Ihrer „Systematischen Theologie“ gelesen hatte. Nun habe ich aber dieser Tage endlich den zweiten Band zu Gesicht bekommen und gelesen und zwar mit atemloser Spannung – und jetzt verstehe ich's und glaube ich's.

Was Sie uns anderen allen voraus haben, das ist Ihr eminentes philosophisches Können. Ihr Ausgangspunkt, die Ontologie, war mir bis jetzt immer fremd und verdächtig. Ich habe jetzt gesehen, daß das *auch* ein Weg ist zum Verständnis der Christusbotschaft. Ich gehe einen ganz anderen Weg, der aber nicht nur zum selben Ziel, sondern zur Übereinstimmung mit den meisten Ihrer Ausführungen über Jesus Christus und den Glauben führt. Sie kommen von einer philosophischen Fragestellung her, ich von einer theologischen, d. h. von dem, was man schon immer als Theologie bezeichnet hat. Ich glaube, es ist gut, daß es diese zwei Wege gibt, und es wird sie auch in Zukunft geben. Es ist mir noch nicht in jeder Beziehung klar, wie sich die beiden zueinander verhalten und was der Nutzen und Nachteil eines jeden ist. Aber klar ist mir das eine, daß wir aufeinander zugehen, ja, vielleicht schon ganz beieinander stehen, wenn man nur die Sprache beider zu verstehen vermag. Sie gelten als „schwer", weil Sie eben den philosophischen Weg gehen und von etwas ausgehen, was zweifellos der Bibel fremd ist. Das sagen Sie ja selbst, aber Sie behaupten, die Ontologie liege dem biblischen Denken zugrunde, nur sei sie unbewußt oder impliziert. Ich glaube, Sie haben damit recht. Jedenfalls so, wie Sie die Ontologie verstehen. Ich gehe von einem Punkt aus, der dem biblischen Denken direkter entspricht. Daß auch ich philosophischer Begriffe nicht entbehren kann, ist klar. Ich könnte nicht eine solch klare und zielsichere Methodik befolgen, wie Sie es tun. Es ist mir dabei noch immer ein wenig unheimlich, aber, was Sie damit erreichen, spricht sehr für Ihre Methodik.

Hoffentlich ist es mir vergönnt, meine „Dogmatik III" fertig zu machen. Ich bin unablässig dran, und das Ende steht in nicht allzu ferner Sicht. Ich hoffe, noch dieses Jahr mein Manuskript an den Drucker abliefern zu können. Aber ich bin stark gehemmt durch die Folge meiner verschiedenen, obschon sehr leichten Schlaganfälle. Aber unbequem ist es schon, wenn man nicht mehr schreiben kann. Gott sei Dank geht es noch mit der Maschine soweit, daß ich nachher das Geschriebene diktieren kann. Ich habe gesehen, daß das direkte Diktieren mit meiner Art zu produzieren unvereinbar ist, sobald es sich um schwerere Gedankengänge handelt.

Und nun wünsche ich Ihnen zur Vollendung Ihres Werkes ungestörte Gesundheit und Kraft und Ihrem zweiten Band den großen Erfolg, den er wirklich verdient.

Mit herzlichen Grüßen verbleibe ich

Ihr E. Brunner»

5.

Fünf Rundbriefe schildern die Harvard-Jahre aus Tillichs Sicht:

«Professor Paul Tillich, 24. April 1957
Harvard Divinity School
45 Francis Avenue Cambridge 38, Mass. USA

Liebe Freunde!

Seit langer Zeit habe ich es aufgegeben, Rundbriefe zu schreiben. Die Reaktion war zu negativ! Und ich hatte es über, für etwas, das mit viel Mühe und Schwierigkeiten getan war, nur beschimpft zu werden. Im letzten Jahr hat es sich aber herausgestellt, daß ich persönliche Briefe überhaupt nicht mehr schreiben kann und daß alle Verbindungen verloren gehen, wenn ich nicht wenigstens einige Mitteilungen sende.

Während meiner Rückkehr von Europa, zuletzt auf dem Schiff, beendete ich den zweiten Band der „Systematischen Theologie": *„Existence and the Christ."* Die amerikanische Ausgabe erscheint im Mai. Die britische und deutsche sind im Werden. In diesem Sommer, von Mitte Mai bis Mitte September, werde ich in East Hampton in meinem Haus an den dritten Band gehen *(Life and the Spirit, History and the Kingdom of God)*. Inzwischen ist der kleine Band: *„The Dynamics of Faith"* erschienen in der Serie *„World Perspectives"*. Ob und wann eine deutsche Ausgabe erscheinen wird, weiß ich nicht. Der Herausgeber der Serie entscheidet darüber. Ich kann aber englische Exemplare schicken, wenn Ihr eins haben wollt.

Wichtiger als alle Bücher war die Geburt einer Enkelin, Madeleine Farris, im letzten Dezember. Erst etwas schwächlich, hat sie sich glänzend entwickelt und ist reine Freude. Das gleiche gilt von dem nun 4jährigen Teddy, und Erdmuthe ist wohler als vor der Geburt, und mein Schwiegersohn Ted ist in die Verwaltung des *Teachers' College* der *Columbia University* übergegangen. Hannah und ich wohnen wie im vorigen Jahr in einer möblierten Wohnung des Hotels Continental, die für uns beide sehr bequem ist und in der wir wahrscheinlich bleiben werden. René ist jetzt in *Harvard College*, wohnt aber allein und arbeitet viel.

Die Arbeit in Harvard ist weiter sehr befriedigend, sowohl in der Theologischen Fakultät wie in der Gesamtuniversität. Im Herbstsemester gab ich einen Kurs über deutsche klassische Philosophie. Im Frühlingssemester lese ich über Geschichtsphilosophie vor einer sehr großen Hörerschaft. All das ist (mit zahlreichen Extravorlesungen und Sitzungen) auf die Tage Dienstag, Mittwoch, Donnerstag zusammengedrängt. Die übrigen vier Tage sind fast jede Woche durch auswärtige Verpflichtungen in Anspruch genommen: Vorlesungen, Predigten, Konferenzen, meistens innerhalb des Dreiecks Boston, Chicago, Washington, manchmal auch darüber hinaus. Es ist sehr schwer, wenigstens für mich, gegenüber starkem Drängen Nein zu sagen. So ist das Leben während der sechs Semestermonate bis zur letzten Stunde gefüllt, und persönliche Briefe sind praktisch unmöglich. Aber auch Lesen wichtiger oder schöner Bücher ist fast ausgeschlossen, ein Zustand der auf die Dauer nicht haltbar ist.

Trotz allem geht es mir gesundheitlich sehr gut, jedenfalls viel besser als vor 5 Jahren in Deutschland. Mein Arzt, ein früherer Königsberger Universitätsprofessor, ist recht zufrieden. Hannah ist auch sehr wohl. Aber wir beide sehnen uns nach den stillen Monaten in East Hampton.

Gern würde ich etwas über die interessante geistige Lage in Amerika erzählen. Aber dann würde der Brief nie wegkommen. So verschiebe ich es besser aufs nächste Jahr, wenn ich meine Absicht ausführen kann, zu den Hamburger Vorlesungen herüberzukommen (Mai bis August).
Mit dieser Hoffnung schließe ich.

Euer Paulus»

6.

«Ihr Lieben! 12. Dezember 1957

Dies ist mein Weihnachtsgruß, der zeigen soll, daß ich Euch nicht vergessen habe, auch wenn es Monate lang unmöglich war, zu schreiben. Die Dinge haben sich so entwickelt, daß ich in den letzten Jahren meiner regulären Tätigkeit mehr arbeiten muß als je zuvor. Das ist beides, schön und schwer; oft so schwer, daß ich weglaufen möchte. Und das, was ich opfern muß, ist die briefliche Verbindung mit allen, die mir nahe stehen und nur durch Briefe erreichbar sind. Ich kann nur bitten: Seid nicht böse und vergeßt mich nicht! Es werden auch andere Zeiten kommen.

Ich hatte viel auf den Sommer gesetzt, auch für Briefe. Aber es gelang nicht, aus verschiedenen Gründen: Die Überarbeitung der letzten Jahre machte sich in dauernder Erschöpfung bemerkbar (statt 1000 Seiten „Systematische Theologie III" habe ich nur 220 geschrieben), die fünfmonatige Dürre wirkte nicht nur auf den Rasen und die Blumen, sondern auch auf die Nerven verderblich, die *Weekends* nahmen durch Kinder und Freunde fast jede Woche drei Tage von der Arbeitszeit weg, und der Ozean forderte seinen täglichen Zoll von 1 bis 2 Stunden. Und dann kam das Semester, September bis Dezember mit drei Tagen in der Woche und fünf Vorlesungsstunden hier, mit vier Tagen unterwegs, meistens mit vier Vorträgen (und in vier verschiedenen Betten).

Und nun will ich gleich die Zukunftspläne anschließen. Am 22. Dezember fahren Hannah und ich (drei Tage und drei Nächte) nach *Mexiko-City* für vier Wochen (im Januar hat Harvard keine Vorlesungen). (Adresse wie immer, alles wird nachgeschickt). In Mexiko will ich ausruhen — vor allem am Pazifischen Ozean — und arbeiten. Ende Januar zurück und dann ein Semester, das noch schlimmer ist als das jetzige. Am 16. Mai will ich mit der „Mauretania“ nach Europa fahren und nach den Pfingstferien die Vorlesungen von Professor Thielicke in Hamburg übernehmen. Zurück Anfang September.

Hannah hat auch keine leichte Zeit gehabt. Im Sommer war größtenteils unser Enkel Teddy (4 1/2) bei uns in East Hampton. Dann begann eine Periode von Krankheiten („Flu“ in vielen Formen) bei allen Kindern und allen Kindeskindern, immer im Zirkel; und Hannah, sofern sie nicht selbst krank war, mußte helfen. Nur ich blieb verschont! Im Sommer plant Hannah, mit den Kindern in die westlichen Hochgebirge *(Teton-Mountains)* zu gehen.

Vielen von Euch habe ich nicht auf die Geburtstagsbriefe zum 70. und 71. Geburtstag geantwortet. Es fehlte nicht an gutem Willen (wie mein deutscher Brief-Helfer bezeugen kann), aber an Kraft. Habt Dank und habt Geduld mit mir. Wenn wir am Weihnachts-Abend irgendwo im Süden durch die Nacht fahren, werden wir an jeden von Euch denken.

Vieles, vieles Gute und auf Wiedersehen im neuen Jahr!»

7.

Adress: Widener Library, Room J, Harvard University
Cambridge 38, Massachusetts, U.S.A.

«Dear Friends![4] [1959]

For many years there has been no period in which I have been less able to continue any kind of personal correspondence as in the months just before and after the turn of the year. Neither have I been able to write personal letters, nor could I find time and strength to compose a collective report. Now I shall try the second way in order to inform you about some important events. It is my hope that the period of almost total silence has now come to an end.

The months before Christmas were filled with an unusual amount of regular work in Harvard (because of the absence of three members of our "Systematic" department) and with very important outside lectureships, sermons and articles to be written. There was no weekend before Christmas in which I could have sent "Season's Greetings" to anybody. One of the reasons was a special sermon I had to give in the Washington Cathedral on December 28th to a conference of the American Association for the Advancement of Science, an event which brings together thousands of scientists. The large Cathedral was completely filled. From Washington I went directly to Chicago for a four week program of seven regular lecture hours weekly and many special obligations. These four weeks in the center of the Middle West of the United States are very important for my work. They take place every second year, and I have as many friends there as I have in Cambridge or Hamburg. The return trip from Chicago was interrupted by two lectures with discussions and extra speeches, and an additional burden of anxiety about a lecture on "Art and Ultimate Reality" to be given in the Museum of Modern Art in New York. (It had to be done with slides-Lichtbilder). When I sat down to prepare it, an unexpected interruption occurred. There was a painter waiting for me, sent by *Time Magazine,* to make a portrait of me for one of their March covers. I had to sit for him in my office for five mornings without being able to read, write or even think. He did a very good job – but the time for work was gone. Finally, I gave my New York lecture. But already on the return train, two reporters, a man and a woman, joined me and started a four-day interrogation period for the article about me in the same issue of *Time.* Again, four days for work were gone and yesterday I had to give my sermon in the University Church here at Harvard.

February 12th was an important day for me. It was the presentation of the Festschrift which was planned for my 70th birthday and finished exactly in the middle between the 70th and the 75th birthday. It has the title, *Religion and Culture, Essays in honor of Paul Tillich.* It is edited by my former assistant and colleague, Walter Leibrecht (originally Heidelberg, Germany) and contains twenty-five contributions. To those of you who may not have an occasion to see the book, I shall give a list of the contributors [Liste wurde hier weggelassen.]

The presentation of the book was made at a reception in the afternoon with speeches by Leibrecht and Adams, and at a dinner in the evening with many short speeches of reminiscence and friendship. It was a rich and moving event.

This semester (February to May) I am not lecturing at Harvard, but I am staying here, walking daily twice between my beautiful new office on the top floor of Widener Library and our little apartment. The reason for my "sabbatical semester" is the attempt to finish the manuscript of the third volume of my *Systematic Theology.* I look forward especially to the months in East Hampton from the middle of May to the middle of September.

Something very exciting has happened. An invitation has come from the University of Kyoto in Japan to lecture there for one semester. (Six of my books are translated into Japanese). Since I would not go without Hannah, the financial problem is not easy to solve. It would probably happen from May to September 1960 (making a postponement of my regular trip to Germany necessary). But nothing is yet decided.

There are two books in preparation which will appear in a short time: In America and Great Britain, a book of collected essays under the title, *Theology of Culture*, published by Oxford University Press; and in Germany, the first of a several volume edition of my collected works, containing the "*Early Writings*" in the Evangelisches Verlagswerk.

In order to speed up this letter, I have not made a German translantation. I trust that all of you either read English or have somebody who does. Love to all of you, Paulus»

8.

[1959]

«Das wichtigste Ereignis seit Beginn des Sommers waren vier Monate ungestörter Arbeit am dritten Band meiner „Systematischen Theologie" in meinem Haus in East Hampton. Das Resultat sind über 300 Druckseiten, denen allerdings noch 150 folgen müssen, ehe der ganze Band und damit die Darstellung des Systems, abgeschlossen ist. Die einzige Unterbrechung war die Hochzeit von René, den ich im August mit Mary Wild, Tochter eines Kollegen, traute. Seit Beginn des Semesters geht die Arbeit nur langsam vorwärts, weil eine dauernde Konzentration unmöglich ist. Ihr werdet verstehen, daß ich unter diesen Umständen nicht nur alle auswärtigen Vorträge, sondern auch alle persönliche Korrespondenz und fast alle gesellschaftlichen Aktivitäten aufgeben mußte. In meinem Alter ist nicht mehr viel Zeit (und verringerte Kraft), um aus einem Fragment ein Ganzes zu machen. Diese Situation und nichts Anderes erklärt mein langes Schweigen. — Nicht unerwähnt lassen kann ich zwei Todesfälle, die mich schwer betroffen haben, der von Herrmann Schafft in Kassel, mein Freund seit 1904, und der von Karolus Mennicke in Frankfurt, Mitbegründer und dynamischer Führer unserer religiös-sozialistischen Bewegung der zwanziger Jahre. Die Erinnerung an diese Zeit ist auch dadurch wieder wachgeworden, daß der erste Band meiner auf neun Bände berechneten „Gesammelten Werke" vor ein paar Wochen erschienen ist, unter dem Sondertitel „Frühe Hauptwerke“. Das Überprüfen der Übersetzungen aus dem Englischen ins Deutsche für die folgenden Bände gehört zu den „Nebenarbeiten“, die die Tendenz haben, Hauptarbeiten zu werden. Außer dem Nachlassen der Kräfte (Arbeitszeit!) geht es mir gesundheitlich gut, und das gilt auch für Hannah und die Kinder.

Und nun einiges über unsere Absichten: Am 20. Dezember wollen Hannah und ich nach Kalifornien fliegen, wo ich vier Vorträge habe, zwischen dem 8. und 12. Januar. Wir wollen Weihnachten und Neujahr in der Wüste, in *Palm Springs*, verleben, Mitte Januar nach New York und East Hampton gehen, und vom Februar an ein übervolles Semester bis Ende April durchhalten.

Am 28. April wollen wir nach Japan fliegen, wohin ich für zwei Monate Vorlesungen in Kyoto und Tokio mit Hannah eingeladen bin. Nach langem Schwanken haben wir uns entschlossen, die Rückfahrt über Asien und Europa zu machen und vier Wochen in Indien zu bleiben. Die Reisekosten sind fast die gleichen für einen Flug um die Welt wie für die Hin- und Rückfahrt nach Japan, und die gehören ja zur Einladung. Es ist erstaunlich, wie viele unter meinen nächsten Kollegen in Ostasien waren. Man fühlt sich fast provinziell, wenn man nicht da war. Was es für uns beide menschlich und für mich theologisch bedeuten wird, weiß ich nicht. Und mit der Möglichkeit, daß Gesundheit oder Weltgeschichte dazwischen treten, rechnen wir natürlich. Die vorläufige Reiseroute ist: New York, San Franzisko, Hawai, Tokio und das übrige Japan, Hongkong, Saigon, Bangkok, Kalkutta, Patna, Nepal („das Dach der Welt“), Benares, New Delhi, Kaschmir, Bombay, Damaskus, Istanbul, Paris, New York (statt Istanbul vielleicht Kairo), zurück Mitte September. – Für Sommer 1961 sind wir nach der Vorlesungszeit in Hamburg nach Jerusalem eingeladen, wo ich Vorträge an der Universität halten soll. – Das Ganze kommt uns selbst phantastisch vor. (In Indien würde ich 74, in Jerusalem 75 Jahre alt werden). –

Die beste Briefadresse für mich in allen Reisezeiten ist: *Harvard Divinity School*, 45 Francis Avenue, Cambridge 38, Mass.»

9.

Tillichs liebster Freund Hermann Schafft ist schon 1959 gestorben. Zwei Jahre später stirbt Trude Fritz, die zweite Frau von Alfred Fritz. Tillich war in seiner Jugend mit ihr befreundet. Ihr Tod berührt ihn schmerzlich:

«Mein lieber Frede! Evans-sur-Sierre, Aug. 14. 1961

Heute kam Deine Anzeige, mit allem, was sie für Dich und — in weitem Abstand — auch für mich bedeutet. Obgleich wir immer wußten, daß Trudchens Herz schwach war, haben wir nicht mit einer so plötzlichen Katastrophe gerechnet. Ich hoffe, bald von Elisabeth Näheres zu hören. Ich weiß ja nicht einmal, ob nach den heutigen Nachrichten dieser Brief Dich erreichen wird. Vieles drängt sich mir in diesem Moment auf: Die vielen Begegnungen mit Trudchen in ihrem Pfarrhaus, die wilden Spiele und philosophischen Debatten mit ihr, und dann Johannas Tod, und was sie Dir in den Monaten danach bedeutete, und dann die Abende, wo wir zu Dreien die Grundpfeiler meines Systems debattierten; später nach meiner Emigration, das seltene aber immer sehr nahe und selbstverständliche Wiedersehen und vor nur zwei Monaten das mehrfache, schöne Zusammensein in Berlin, ihre Freude an dem Hilton-Hotel, und der Abschied, wo wir alle fühlten: Wird es noch ein Wiedersehen geben? — Und nun bist Du allein, zum zweiten Mal, innerlich unendlich viel stärker als beim ersten Mal; und näher dem, was Dich immer seit Johannas Tod innerlich bestimmt hat, der Blick auf das Ewige. Das wird Dir Kraft geben; denn, wie ich selbst immer mehr und mehr fühle, es ist die einzige Quelle der Kraft, wenn die „Grenzen" sich auftun.

Hannah und ich haben über die Gestaltung Deines zukünftigen Lebens gesprochen. Aber das ist nur zweit-wichtig. Es soll Dir zeigen, daß wir Dich lieben. Und daß ich Dich liebe seit 1905, das weißt Du. Und auch daß ich jetzt bei Dir bin mit meinem ganzen Sein.

In Trauer und Liebe

Dein Paul.»

10.

«Liebe Freunde! 6. Juni 1962

Es gibt Situationen, in denen ein Rundbrief (obwohl unerwünscht) notwendig ist und zugleich die einzige Art der Kommunikation darstellt. In solcher Situation befinde ich mich jetzt. Es ist das Ende meines siebten und letzten Jahres an *Harvard-University*, es ist das Ende eines Winters mit ernsten Krankheiten von Hannah und mir und dementsprechenden Entscheidungen gegen die vier Monate in Indien und die vier Wochen in Kleinasien und Israel, beides schwere Entschlüsse.

Die letzten Wochen in Cambridge waren — und sind noch — eine Mischung von Arbeitsdruck, Abschiedsfeiern, Wehmut und endloser

Fülle praktischer Probleme der Übersiedlung nach East Hampton in unser völlig umgebautes Haus. Ich kann nur eine begrenzte Anzahl meiner Bücher mitnehmen. Die übrigen gehen in das Tillich-Archiv der *Harvard Divinity School Library* – das Gegenstück zu dem deutschen Archiv in Münster [jetzt: Marburg]. Die Bücher stehen mir lebenslänglich zur Verfügung. Nach meinem Tode werden sie in die Harvard Bibliotheken eingereiht.

Teilweise im Juni, für die ganzen Monate Juli und August wollen wir in East Hampton sein, wo ich den dritten Teil meiner „Systematischen Theologie" vollenden muß. (Ich glaube, es wird möglich sein). In der zweiten Septemberwoche wollen wir über Paris nach Deutschland fliegen. Vor Frankfurt, wo wir am 21. September eintreffen wollen, will ich Hamburg, Berlin und Stuttgart besuchen. Etwa am 26. müssen wir nach New York und East Hampton zurückfliegen. Denn am 2. Oktober fangen meine Vorlesungen in Chicago an. Ich bin dort auf einen speziell gestifteten Lehrstuhl der Theologischen Fakultät für ein Jahr verpflichtet. Auch nach diesem Jahr kann ich in anderer Form (als Senior-Professor) bei der Theologischen Fakultät der *University of Chicago* bleiben und eine Reihe anderer Einladungen dabei annehmen. Im Februar und März nächsten Jahres sind wir in Santa Barbara *(University of California),* teils um einer alten Verpflichtung nachzukommen, teils um den zwei schlimmsten Monaten des Chicagoer Klimas an der Pazifischen Küste zu entgehen. Von Ende Juni bis Ende September 1963 wieder East Hampton. Weiter gehen die konkreten Pläne noch nicht.

Alle Post an mich sollte bis auf weitere Mitteilung (nicht vor Mitte Oktober) über *Havard Divinity School*, 45 Francis Ave., Cambridge 38, Mass., USA gehen. Sie wird mir von dort regelmäßig wie bisher nachgeschickt.

Von den letzten Wochen möchte ich nur drei Dinge berichten: Am 3. Mai hielt ich in dem größten Raum von Harvard meine letzte Vorlesung mit Lichtbildern über „Religion und Bildende Kunst seit der Renaissance" für meine beiden Kurse: „Religionsphilosophie" und das „Selbstverständnis des Menschen in der westlichen Kultur" (zwei Jahre). Am 17. Mai gab mir die *Academy for Religion and Mental Health* ihren Jahrespreis wegen meiner Mithilfe in den ersten Jahren hier, das Interesse an dem Verhältnis zwischen Religion und Psychotherapie zu erwecken. Am 24. Mai gab mir die Theologische Fakultät von Harvard einen Abschiedsabend. Es war ein *Dinner* für über hundert Personen im Busch-Reisinger Museum, ein Museum vor allem für deutsche Kunst: der schönste Rahmen, in dem ich je ein

Dinner hatte. Auf der Galerie spielte ein Quartett zwischen den Reden Mozart und Haydn. Es sprachen der Dekan der Fakultät, die deutsche Vize-Konsulin, Professor Pauck, mein erster Schüler in Berlin 1919 und mein ordentlicher Professor, als ich als *Refugee* nach Chicago kam, Professor Adams, mein Übersetzer ins Englische und bester Kenner meiner Schriften, und Nathan Pusey, der Präsident der Universität, mit dem und dessen Frau wir Freunde wurden. Und dann mußte ich antworten ...: Es war einer der großen Abende meines Lebens.

Am 7. Juni wollen mir die Theologie-Studenten einen Abschiedsabend geben. – Und im Sommer muß ich mich auf den 23. September und die Feier in der Paulskirche vorbereiten.

Noch ein Letztes als Antwort auf viele Fragen: Uns beiden geht es gesundheitlich viel besser, obwohl Nachwirkungen der 2 x 2 Krankheiten bleiben, vor allem in Bezug auf Diät.

Ich schreibe dieses in East-Hampton in unserem Haus, das vom 1. Juli an unsere Heimat sein wird. Es steht, nachdem die von uns gepflanzten Pflänzchen riesenhafte Bäume geworden sind (in 16 Jahren), in einem wirklichen Park mit anliegender großer Wiese. Und in drei Minuten sind wir mit dem Wagen am offenen Atlantischen Ozean.

Sehr herzlich

Euer Paulus.»

11.

Tillichs Selbstcharakterisierung in der Autobiographie „Auf der Grenze", daß er zur Theorie und nicht zur Praxis bestimmt sei, erfuhr in seinem Leben vielfältige Bestätigung. Öfters wurde an ihm bemängelt, die Praxis nicht genügend beachtet, sich zu stark im luftleeren Raum der Theorie aufgehalten und nicht in konkrete Situationen eingegriffen zu haben. Jedenfalls tat er sich schwer damit, die Sphäre der Theorie zu verlassen und konkret Stellung zu beziehen. Und doch ließ er sich auf die Praxis ein, wenn es von ihm direkt gefordert wurde. Das geschah während seiner Studentenzeit, und es geschah auch später durch besondere Anlässe.

Als die evangelische Kirchengemeinde zu Düren in der zweiten Hälfte der fünfziger Jahre in einen heftigen Kampf mit der rheinischen Kirchenleitung geriet, ging es im Grunde um Zentrum und Grenzen des christlichen Glaubens. Streitpunkt war anläßlich einer Vakanz die Person des durch das Presbyterium gewählten Pfarrers

Dr. Ulrich v. Hasselbach. Der Kirchenleitung, die am liebsten alle Pfarrstellen der rheinischen Kirche mit Barthianern besetzt gesehen hätte, war er theologisch zu „liberal", so verwaschen das Wort „liberal" schon damals war. Hasselbach paßte nicht in die kirchliche Tradition, und die Kirchenleitung machte von ihrem Recht Gebrauch, das Presbyterium zu „beraten". Solche Beratung war praktisch identisch mit dem Versagen der Wahlfähigkeit des Betreffenden.

Von der Beratungssitzung fertigten einmal einige Presbyter ein Protokoll an, das der Kirchenleitung zugeschickt wurde, zum anderen erstellte die Kirchenleitung ein Gegenprotokoll, ohne jedoch dem Presbyteriumsprotokoll zu widersprechen.

Beide Protokolle wurden Tillich geschickt mit der Bitte, Stellung zu nehmen. Er antwortete mit einem Memorandum über protestantische Lehrnorm.

Memorandum über protestantische Lehrnorm

«1. Es gibt keine menschliche Gemeinschaft ohne bestimmte Ideen oder Ziele, denen die Glieder der Gemeinschaft zustimmen müssen. Und es gibt keine Kirche ohne eine Gruppe von Symbolen, in denen sich ihr Sinn, ihre Grundlagen und ihr Leben darstellt. Niemand kann zu ihr gehören, der sich nicht unter diese Symbole stellt, auch wenn er im einzelnen kritisch ist.

2. Das Kriterium der Mitgliedschaft in einer protestantischen Kirche ist nicht die Anerkennung einer Reihe von Lehrsätzen (jeder einzelne Satz enthält als Voraussetzung und Konsequenz eine Reihe anderer, ohne die er sinnlos ist). Sondern das Kriterium ist die Bereitschaft, sich einer Gemeinschaft anzuschließen, die sich auf die christlichen Symbole gründet. Diese Bereitwilligkeit *ist* das Bekenntnis. Darüber hinaus etwas zu verlangen, würde das Christentum von dem „guten Werk" der Zustimmung zu einem von Menschen formulierten Dogma abhängig machen und würde bei allen denkenden Mitgliedern die Unterdrückung des im Glauben selbst enthaltenen Zweifels fordern – eine dämonische Forderung.

3. Die Situation des Pfarrers ist insofern verschieden, als er die Symbole des Denkens und Lebens der Kirche repräsentiert und interpretiert. Um das zu können, muß er das zu tun im Stande sein, was ich meinen von Zweifel zerrissenen Theologiestudenten sage: Daß die Inhalte des christichen Glaubens ihr „unbedingtes Anliegen" sein

müssen, und diese Inhalte schließen u. a. den Satz ein, daß der „Christus“ Bringer und Kriterium der neuen Wirklichkeit ist, auf die dieser Titel hinweist, und daß er als solcher die ewige Einheit von Gott und Mensch darstellt. Doch ist es nicht dieser Satz, sondern die Bereitschaft des Pfarrers, die Kirche des Christus als die Gemeinschaft des Neuen Seins anzuerkennen durch Sein und Zeugnis. Aber es bleibt offen, in welcher Form sich beides ausdrückt und mit wieviel Zweifeln dabei ständig gelebt werden muß. In einem Wort: Nicht doktrinelle, sondern existentielle Teilnahme an den Symbolen ist gefordert. Und an dieser Stelle gibt es auch Kirchenzucht im Protestantismus. Die protestantische Freiheit ist nicht Chaos, sondern Geist. Und Geist muß Geist-gemäß beurteilt werden, aber nicht mechanisch-doktrinell.

gez. Paul Tillich»

ANMERKUNGEN

1 In deutscher Übersetzung: Die verlorene Dimension. In: G.W. 5, S. 43–50.

2 In deutscher Übersetzung:
1. In der Tiefe ist Wahrheit. Stuttgart 1952.
2. Das Neue Sein. Stuttgart 1957.
3. Das Ewige im Jetzt. Stuttgart 1964.

3 The Temptation of Professor Tillich. In: Esquire, New York. Jg. 65, Nr. 5, S. 68–69.

4 Der Brief gibt so viele Informationen über Tillichs Leben, daß auf ihn nicht verzichtet werden konnte. Da Tillich ihn in englischer Sprache an seine deutschen Freunde versandt hat, soll er auch hier in der Originalsprache stehen.

XXII. „JOHN NUVEEN PROFESSOR“ IN CHICAGO

1962–1965

ZEITTAFEL

September 1962:	Verleihung des „Friedenspreises des deutschen Buchhandels“ in der Paulskirche zu Frankfurt.
Herbst 1962:	John Nuveen Professor in Chicago.
Herbst 1963:	Erscheinen von „*Systematic Theology*“ Bd. 3, „*Morality and Beyond*“ und „*The Eternal Now*“.
Herbst 1963:	Reise nach Ägypten und Israel.
Oktober bis Dezember 1963:	Gastvorlesungen an der Universität Zürich.
Frühjahr 1964:	Mehrmals krank.
Sommer 1964 und Winter 1964/65	Genesung. Wiederaufnahme der akademischen Tätigkeit in Chicago und Santa Barbara.
Frühjahr 1965:	Teilnahme an der Konferenz „*Pacem in Terris*“ in New York.
Sommer 1965:	Gesundheitliche Verschlechterung.
Herbst 1965:	Rückkehr nach Chicago. Weitere Verschlechterung des Gesundheitszustandes.
22. Oktober 1965:	Tillichs Tod.

1.

Bei der Pensionierung in Harvard war Tillich 76 Jahre alt. Trotz dieses hohen Alters begann nochmals ein neuer Lebensabschnitt für ihn. Der Dekan der „Federated Theological Faculty“ in Chicago, Jerald Brauer, fand, daß Tillich noch viel zu geben hätte und keineswegs zu alt für eine akademische Tätigkeit sei. Er holt ihn mit dem Versprechen „erleichternder Bedingungen“ nach Chicago. Brauer berichtet selbst:

«Tillich begann seine regelmäßige Lehrtätigkeit an der *Divinity School* der Universität Chicago im Winter-Quartal 1956. Als ich zum Dekan der *Federated Theological Faculty* berufen wurde und in dieser Eigenschaft Befugnisse in der Universität und in der *Divinity School* wahrzunehmen hatte, wandte ich mich sofort an Tillich, um ihn als Gastprofessor zu gewinnen. Die Winterpause in Harvard zwischen dem Herbst- und Frühjahrssemester bot die Chance für einen vollen Vorlesungsmonat in Chicago. Von 1956 bis 1961 las Tillich mit ein oder zwei Ausnahmen regelmäßig im Januar in Chicago. Meist hielt er eine Reihe öffentlicher Vorlesungen und ein Seminar für fortgeschrittene Studenten, die sich auf ihre Doktorarbeit vorbereiteten. Die Zuhörerschaft war so zahlreich, daß die Vorlesungen in der Mandel Hall der Universität stattfinden mußten.

Tillichs Verpflichtung als „*University Professor*" in Harvard endete mit seinem 75. Lebensjahr, d. h. im Frühjahr 1962. Schon Jahre vorher verhandelte ich mit ihm, um ihn für die Zeit nach seiner Pensionierung hauptamtlich für Chicago zu gewinnen.

Ich war überzeugt, daß der Ruf nach Chicago nicht das letzte Stadium in Tillichs Karriere sein würde, obwohl er dann schon die 75 überschritten hatte. Aber Tillich war geistig voll auf der Höhe und aktiv wie eh und je. Während der Verhandlungen, die zwei bis drei Jahre hin- und hergingen, arbeitete Tillich noch am dritten und letzten Band seiner „Systematischen Theologie". Ich war überzeugt, daß er die Fertigstellung des Buches immer weiter hinausschob, weil er die Beendigung seiner „Systematischen Theologie" als ein Symbol für das Ende seiner beruflichen Laufbahn überhaupt ansah. Daher versuchte ich, Tillich zur Vollendung seiner „Systematischen Theologie" dadurch zu veranlassen, daß ich ihm klarmachte, eine völlig neue Arbeitsphase warte noch auf ihn, nämlich eine Gemeinschaftsarbeit mit dem Religionshistoriker Mircea Eliade, mit dem zusammen er in Chicago ein Seminar abhalten könne, das gleichermaßen Systematische Theologie und Religionsgeschichte umschlösse.

Tillichs Sekretärin in Harvard, Grace Cali Leonard, bezeichnete meinen gelungenen Versuch, Tillich zu überzeugen, als den Wendepunkt im Werdeprozeß der „Systematischen Theologie". Tatsächlich beendete er den dritten Band im Sommer 1962 und konzentrierte dann seine Pläne auf die künftige Arbeit in Chicago. Seine Gedanken richteten sich auf die Beziehung zwischen christlicher Theologie und den anderen Weltreligionen, ein Thema, das ihn schon seit Jahren beschäftigte. Die Reise nach Japan im Jahr 1960 hatte für ein solches Unternehmen ausgezeichnete Voraussetzungen geschaffen.

Jetzt bot sich ihm die Chance, mit einem der größten Religionshistoriker der Welt, Mircea Eliade, ein gemeinschaftliches Seminar abzuhalten.

Tillich nahm die Berufung nach Chicago an und wurde dort der erste John Nuveen Professor; offiziell begann seine Tätigkeit am 1. Juli 1962. Ich erklärte ihm, daß er nicht die ganze Bürde eines ordentlichen Professors auf sich zu nehmen, sondern mehr als Emeritus zu fungieren hätte. Nur eine regelmäßige Lehrtätigkeit wurde von ihm erwartet. Ein solches Angebot nahm Tillich begeistert an. Er verpflichtete sich für zwei Quartale jährlich, dann blieb ihm noch genügend Zeit für einen längeren Aufenthalt in einem wärmeren Klima während des strengen Chicagoer Winters. Einen Winter hielt er Vorlesungen an der Universität von Arizona, den anderen in Santa Barbara in Kalifornien. In seinem ersten Jahr hielt er mit der Assistenz von Walter Leibrecht eine Vorlesung über die Geschichte des christlichen Denkens und eine zweite über Systematische Theologie für Fortgeschrittene. Außerdem hatte er über mehrere Jahre das Seminar mit Mircea Eliade. Dazu kamen dann noch jedes Jahr die öffentlichen Vorträge.

Für jeden, der in jenen Jahren mit Tillich Berührung hatte, war sichtbar, daß er einen übervollen Terminkalender hatte: Vorlesungen, Diskussionen und Zusammenkünfte mit Studenten. Außerdem nahm er an allen Fakultätsangelegenheiten teil. Als z. B. Kardinal Suenens im Frühjahr 1964 die Fakultät besuchte, war Tillich bei allen Gesprächen dabei, die zwischen ihm und der Fakultät stattfanden. Im Mai desselben Jahres trafen sich der Kardinal und Tillich zu einem ausgedehnten Frühstück, bei dem sie intensiv miteinander diskutierten. Tillichs Aktivität in diesen Jahren war erstaunlich.

Zweimal in der Woche traf ich mich mit Tillich zu einer Besprechung. Dann bearbeiteten wir den großen Stoß Vortragseinladungen, die aus allen Teilen Amerikas und auch aus Übersee eintrafen. Alle Einladungen wurden sorgsam geprüft und dann die Entscheidung getoffen, was Tillich annehmen und was ablehnen sollte. Für mich war es eine fast herkulische Aufgabe, Tillichs Vortragsplan in vernünftigen Grenzen zu halten, denn er liebte es, quer durchs Land zu reisen und Vorträge zu halten. Das blieb so bis zum Frühjahr 1965. Bis zu diesem Zeitpunkt war kein Nachlassen von Tillichs Kräften zu spüren. Nun geschah es zum ersten Mal, daß er Reisen mehr als Beschwernis denn als Auffrischung empfand, wie es vordem immer der Fall gewesen war. Zunehmend fand er es schwierig, an drei Orten zu leben: in East-Hampton während des Sommers, in Chicago für die Dauer von zwei Quartalen pro Jahr und irgendwo im Süden während des Winters. Jeden Herbst chauffierte ihn seine Frau Hannah von East-Hampton nach Chicago, das Auto vollbepackt mit Sachen, die sie für Chicago nötig hatten. Dort wohnten sie in einem Appartement im Windermere Hotel, das früher als eines der besseren Hotels gegolten hatte und jetzt mehr einem Heim für pensionierte Leute glich – ein Milieu, das beide Tillichs nicht besonders mochten. Drei- bis viermal im Jahr waren sie zu einem Umzug gezwungen, und das behagte ihnen immer weniger.

Während des Frühjahrs 1965 verhandelte Tillich mit Jack Everett, dem Präsidenten der *New School for Social Research* in New York. Das Resultat dieser Verhandlungen gipfelte in einer Vereinbarung, nach der Tillich nur ein Minimum von Vorlesungen zu halten hatte und in seinem Haus in East-Hampton wohnen bleiben konnte. Es war das erste Mal, daß Tillich sich zu einer Art von Ruhestand entschloß. Wir hatten den ganzen Plan gründlich besprochen und mit Präsident Everett vereinbart, daß Tillichs Tätigkeit an der New School im Winter 1966 beginnen sollte.

Tillichs Entschluß bedeutete einen ganz anderen Einschnitt in sein Leben als drei Jahre zuvor sein Wechsel von Harvard nach Chicago. Damals hatte er in keiner Weise das Gefühl, seine Lehr- und Forschertätigkeit in Zukunft einschränken zu müssen. Sein Terminkalender ist dafür ein schlagender Beweis: Umgang mit Tausenden von Studenten, Hunderte von Reden und Vorträgen außerhalb von Chicago, die Bürde eines fast vollen Amtes in der *Divinity School*, jedes Jahr eine Reihe öffentlicher Vorlesungen an der Universität, seine berühmte Rede über „Die Zweideutigkeit der Perfektion“, die er bei dem 40jährigen Jubiläum von *„Time Magazine“* hielt, Vorlesungen, die später unter dem Titel „Meine Suche nach dem Absoluten“ herauskamen und schließlich sein letzter Vortrag „Die Zukunft der Religionen“ anläßlich des 100jährigen Bestehens der *Divinity School.*

Wenn noch ein Zweifel über Tillichs geistige Kraft in jenen Jahren besteht, so sind seine Studenten ein lebendiger Beweis, vor allem diejenigen, die die Seminare in seiner Wohnung besuchten, wie auch die Teilnehmer an dem gemeinsamen Tillich-Eliade-Seminar, und schließlich die riesige Hörerschaft bei seinem letzten Vortrag – alles zusammen bezeugt, wie voll Tillich geistig auf der Höhe war.

Auch die Tatsache, daß Tillich seine Rückkehr nach East-Hampton nur als halben Ruhestand betrachtete, geht aus den Verhandlungen mit Präsident Everett hervor. Everett beabsichtigte, Tillich nur wenig einzuspannen, so daß er in seinem geliebten East-Hampton mit seinen Freunden verkehren konnte, andererseits aber auch regelmäßig nach New York kommen konnte, das für ihn immer Anregung und Aufmöbelung bedeutet hatte.

Im Sommer 1965 jedoch veränderte sich Tillichs Gesundheitszustand sichtlich. Schon seit 10 Jahren hatte er an *Angina pectoris* und *Diverticulitis* gelitten und hatte sich von Zeit zu Zeit in ärztliche Behandlung begeben müssen. Jetzt aber nahm die *Angina pectoris* sehr bedrohliche Formen an, und als Tillich nach den Sommerferien Ende September zum Herbstsemester nach Chicago zurückkehrte, war er sichtbar gealtert.»

2.

Zwei Rundbriefe berichten über die inhaltsvollen drei Jahre in Chicago mit den Unterbrechungen im Alterssitz East-Hampton und jeweilig an einer Universität im Süden. Der Bericht über die Reise nach Israel befindet sich in Band 13 der „Gesammelten Werke“.

East-Hampton, Long Island, New York,
August 1963

«Liebe Freunde,

Seit wir im Juni 1961 die Harvard Universität verlassen haben, sind unsere Räume und Zeiten so unregelmäßig und verwirrend geworden, daß ich mich verpflichtet fühle, einen kurzen Informationsbrief zu schreiben.

Er ist in East-Hampton geschrieben, in unserem Haus, das nach meiner Pensionierung in Harvard unser Heim geworden ist. Denn in Chicago (Januar, April und Mai dieses Jahres) und in Santa Barbara am Stillen Ozean (Februar und März dieses Jahres) lebten wir in Hotels; und wir wollen das auch tun, wenn wir wieder in Chicago sein werden (Januar und Februar, April und Mai 1964).

Die Monate hier seit Juni waren mehr mit Arbeit überlastet als irgend ein normales Semester: Drei Bücher von mir sollen im November erscheinen: Der dritte Band der „Systematischen Theologie“, der dritte Band Predigten unter dem Titel: „Das Ewige im Jetzt“ und ein Band in den *Religious Perspectives:* „Das Jenseits des Moralischen“. Jeder, der Bücher veröffentlicht oder dabei geholfen hat, weiß, was das an Zeit und Arbeit erfordert. Darüber hinaus aber geschah etwas sehr Unglückseliges: Drei Kapitel des letzten Buches wurden gedruckt auf Grund von bloßen Vorlesungs-Notizen, ohne mein Wissen.[1] So mußte ich sie völlig neu schreiben, und alles andere mußte bis jetzt verschoben werden. Ich schreibe dies alles, um zu erklären, warum ich in Bezug auf persönliche Briefe völlig schweigsam wurde und vielleicht noch für einige Monate bleiben muß. Aus dem gleichen Grund konnte ich dieses Mal nicht tun, was ich sonst immer getan habe, nämlich ein paar persönliche Worte unter den Rundbrief zu schreiben. Bitte versteht meine Bedrängnis!

Am 13. September wollen wir im Schiff nach Europa fahren, zwei Tage in Paris bleiben, einen in Zürich, um dort unser schweres Gepäck zu lassen. Am 23. September wollen wir von Zürich nach Kairo fliegen. Für Ägypten sind zehn Tage vorgesehen, mit Vorlesungen an der Arabischen Universität und dem Koptischen Museum und einer Fahrt nach dem Süden Ägyptens, Luxor etc. Dann wollen wir den Jordan mit dem alten Jerusalem und Bethlehem (drei Tage) sehen. Dann durch das Mandelbaum-Tor nach Israel, als Gäste der Regierung, auf zwei Wochen. Und dann, am 21. Oktober, auf zwei Monate nach Zürich für Vorlesungen an der dortigen Theologischen Fakultät. Weihnachten, wenn möglich, in Rom. Am 9. Januar ist mein erstes Seminar in Chicago.

Meine Adresse ist während der ganzen Zeit *Divinity School, Swift Hall, University of Chicago,* Chicago 37, Illinois.

Paulus»

3.

The University of Chicago
The Divinity School, Swift Hall
Chicago, Illinois 60 637

Dezember 1964

«Liebe Freunde!

Dies ist ein Brief, der allen, die in diesem Jahr wenig oder gar nichts von uns gehört haben, einiges berichten soll. Zugleich soll er Weihnachts- und Neujahrswünsche bringen und zwar sehr, sehr herzliche. Endlich soll er von unseren Plänen für die nächste Zukunft sprechen.

Das letzte, was viele – ich hoffe alle – von Euch erhalten haben, waren unsere Berichte über die Ägypten- und Israel-Fahrt, die wir von Zürich aus schickten. Auf der Rückfahrt sahen wir Florenz und Rom, wo ich am Heilig-Abend von Kardinal Bea empfangen wurde und wir am 1. Feiertag bei der päpstlichen Messe anwesend waren.

Das jährt sich nun alles. Das Schiff, das uns von Genua nach New York brachte, lief Barzelona, Mallorca und Teneriffa an, unser erster Besuch von Spanien.

Nach der Ankunft in Chicago begann für mich eine Krankheits-Periode, erst Bronchitis mit leichter Affektion der Lunge, dann Kreislaufstörung und schließlich ein heftiger Anfall von *Diverticulitis* (Entzündung im Darm), der mich bis Ende Juni in Chicago hielt, teils im Krankenhaus, teils in unserer schönen Hotelwohnung. Eins der Resultate ist mehr als 20 Pfund Abnahme und Begrenzungen im Gehen, Vorträge-Halten, Arbeiten (einschließlich Briefe-Schreiben) etc. Erholung kam dann langsam in unserem Haus in East-Hampton, in unserem „Park" und am Ozean. Schon im August konnte ich mit der Herausgeberin meiner Bücher in Deutschland, die herüber kam, vier Wochen an der Übersetzung des III. Bandes meiner „Systematischen Theologie" ins Deutsche arbeiten, etwa sechs Stunden täglich. In all der Zeit ging es Hannah gut, was für mein eigenes Besser-Werden entscheidend war.

Im September kam meine Schwester aus Berlin nach East-Hampton. In drei Wochen konnte sie viel von Long Island, New York und Washington sehen. Es war ihr erster Besuch in Amerika.

Und nun geht das Herbst-Quartal in Chicago zu Ende. Das Hauptereignis war ein Abend-Seminar, das ich zusammen mit dem sehr bedeutenden Religions-Geschichtler Professor Eliade (rumänischer Emigrant, Professor an der Sorbonne, jetzt dauernd in Chicago), einmal in der Woche gab. Er und seine Studenten waren für das religionsgeschichtliche Material verantwortlich, ich für die Deutung des Materials im Licht des christlichen Denkens. Nichts ist besser für die Überwindung jedes theologischen Provinzialismus.

Im übrigen habe ich meine Methode des Vortrages, wo immer es möglich ist, geändert. Ich gebe keine Vorlesungen (in Chicago schon seit einem Jahr nicht mehr), sondern beantworte erst vorbereitete, dann spontane Fragen. Wenn man so viel geschrieben hat wie ich, wird das Vorlesung-Halten schwierig. Dagegen kann jeder Student Fragen ausarbeiten und die Beantwortung, die zu weiteren Fragen führt, macht alles lebendiger und interessanter. Ich habe diese Methode in den letzten Wochen bei drei römisch-katholischen Universitäten in der näheren Umgebung angewandt. Es waren wundervolle Erlebnisse für mich.

Im Jahr 1964 sind drei Bücher von mir herausgekommen. Der dritte Predigt-Band unter dem Titel: *„The Eternal Now"*, eben in Deutsch erschienen als „Das Ewige im Jetzt". Zweitens 5 Artikel unter dem Titel: „*Morality and Beyond*" (in Übersetzung begriffen). Drittens „*Systematic Theology, Vol. III*" (in Übersetzung begriffen). Außerdem sind zwei neue Bücher über meine Theologie erschienen. Das erste von einem jungen amerikanischen Theologen, der bei Karl Barth studiert hat: „*The Systematic Theology of Paul Tillich*" mit einem interessanten Vorwort von Karl Barth. Das andere heißt: „*Paul Tillich in Catholic Thought*". Es ist von Dominikanern herausgegeben, enthält 15 Aufsätze von verschiedenen katholischen Autoren und eine ausführliche Antwort von mir selbst. Es wurde neulich mit einer *Cocktail Party* im Haus der Dominikaner eingeweiht.

Meine Hauptarbeit jetzt und noch lange sind die Übersetzungen der beiden genannten Bücher ins Deutsche. Die Schwierigkeiten des Übersetzens kann sich niemand vorstellen, der es nicht selbst versucht hat. – Aber auch neue Veröffentlichungen erscheinen am Horizont: Die Diskussionen, die ich im vorigen Jahr in Santa Barbara mit *College*-Studenten gehabt habe, sind auf Band aufgenommen, abgeschrieben und bearbeitet worden und werden jetzt von mir durchgesehen zur Veröffentlichung bei Harpers.

Wichtiger aber als alles dieses ist das große Geschenk dieses Jahres: Am 27. August haben René und Mary in Berkeley, California, ihr erstes Kind bekommen, einen Jungen, Randell Wild Tillich. Der Name Wild ist der des Vaters von Mary, Professor der Philosophie, John Wild, früher Harvard, jetzt Yale. – Wir wollen zu Weihnachten zu ihnen fahren und etwa 14 Tage dort bleiben. Anfang Januar geht es dann für 3 Monate nach Santa Barbara, weiter südlich in California. Im April und Mai bis Anfang Juni sind wir wieder in Chicago und dann bis September in East-Hampton. Für den Herbst haben wir allerhand Pläne, die sich um Spanien und Hannah's Indienfahrt drehen. Aber das ist noch weithin, und im Jahre 1966 werde ich schon 80.

Zunächst ein gutes neues Jahr Euch allen von Hannah und mir.

Paulus»

4.

Tillichs Sekretärin in Harvard, Grace Cali-Leonard, hatte recht mit ihrer Bemerkung, daß die Korrektur der deutschen Übersetzungen für Tillich eine kaum zu bewältigende Arbeit sei. Nach der Panne der ersten Auflage seiner „Systematischen Theologie I" in Deutschland wurde schließlich eine Methode gefunden, die einen optimalen Text garantierte: Tillich verpflichtete sich, entweder mit den Übersetzern selbst oder mit seiner Herausgeberin jeden Satz und jedes Wort zu kontrollieren und — wenn nötig — neu zu formulieren. Bis zu seinem Tode wurde dieses Verfahren durchgehalten. Aber Tillich war mit dieser Verpflichtung überfordert, und es bedurfte großer Anstrengungen und psychologischer Überredungskunst von Verlag und Herausgeberin, ihn „bei der Stange zu halten". Wie er selbst bekannte, waren ihm die Übersetzungen ins Japanische die liebsten, denn die konnte er beim besten Willen nicht korrigieren.

Nicht nur die Zeitnot, die ein wirkliches Hindernis war, machte es Tillich schwer, sich mit der Korrekturarbeit abzugeben, es gab noch tiefer liegende Gründe. Da war zunächst — wie er es in dem Brief an Lily Pincus ausspricht — die Gleichgültigkeit seinen eigenen Texten gegenüber. In der Züricher Vorlesung 1963 antwortete er auf die Frage eines Studenten, die sich auf eines seiner Bücher bezog: „Ich bin keine Experte in bezug auf meine Bücher". Und das meinte er ganz ehrlich, ohne selbst die Ironie dieser Situation zu bemerken.

Tillich war immer wieder mit Neuem beschäftigt, das sich ihm förmlich aufdrängte, und so begegnete er seinen Texten vom jeweils erreichten Standpunkt seines Denkens. Er war nicht imstande, die Position einzunehmen, die er bezogen hatte, als er den Text schrieb. In seiner Vorlesung „The Interpretation of History" [1] *hat er dieses Problem trefflich beschrieben. Begrifflich gefaßt ist es das Problem des Verhältnisses von Faktum und Aussage:*

«[. . .] Das Problem wird sichtbar in dem Augenblick, in dem wir die geschichtliche Aussage in eine andere Sprache zu übersetzen versuchen. Ich machte damit einige traurige Erfahrungen, zuerst, als meine deutschen Schriften ins Englische, dann als meine englischen Schriften ins Deutsche übersetzt wurden. In beiden Fällen konnte ich nicht zu mir selbst als dem zurückgelangen, der die Texte schrieb, sondern ich konnte den Texten nur aufs Neue begegnen und das festhalten, was sie bei mir an Reaktionen auslösten, als ich sie wiederlas. Wenn man mir einen deutschen Text etwa aus dem Jahr 1926 gibt und mich fragt: Was haben Sie damals gemeint, dann könnte ich nur sagen: Ich könnte das und das gemeint haben, vielleicht auch etwas anderes, aber was verschlägt das? Ich will zu verstehen suchen, was der Text mir *jetzt* sagt. Wenn man das tut, ereignet sich etwas Neues, nämlich eine Interpretation dessen, was ich vor 30 oder 40 Jahren geschrieben habe. Aber diese Interpretation ist nicht eindeutig identisch mit dem, was ich damals aussagen wollte.

Und ich möchte noch etwas weitergehen: Auch der geistige Zustand, in dem man etwas schreibt, ist nicht eindeutig. Der Text selbst erlangt so etwas wie eine eigenständige Macht, die nicht in allem mit dem geistigen Zustand dessen, der ihn schreibt, übereinstimmt, so daß das Geschriebene, wenn man es wiederliest, nicht dem entspricht, was man zum Ausdruck bringen wollte. Die innere Dialektik des Gedankens treibt über das, was zur Aussage gebracht werden sollte, hinaus, und man ist beim Wiederlesen selbst erstaunt, wie gut oder wie schlecht es geworden ist — in jedem Fall ist es nicht ganz das, was man im Augenblick des Schreibens beabsichtigte [. . .]»

5.

Die „traurigen Erfahrungen", die sich beim Übertragen von Tillichs Schriften von einer Sprache in die andere ergaben, hatten eine weitere für Tillich bedrückende Folge: Wenn er sich die deutsche Übersetzung vorlesen ließ und zur Kontrolle den englischen Text verfolgte, entdeckte er nicht selten Mängel im englischen Original-Text. Solche Erfahrungen brachten ihn fast zur Verzweiflung. Er konnte sich der Einsicht nicht verschließen, seinen Büchern nicht genügend Zeit gewidmet zu haben, und er empfand darin manche Stelle wie „einen Blitzschlag", der ihn traf.

Wenn Tillich etwas klar erkannte, war er auch zum Handeln entschlossen und führte den Entschluß durch. Im Fall der „Jacob-Ziskind-Vorlesungen" („Morality and Beyond") hatte er rechtzeitig eingreifen können. Er verlangte die Zerstörung des gesetzten Textes, setzte sich an die Korrektur, und ein völlig neuer Text ging zur Druckerei. Beim dritten Teil der „Systematischen Theologie" kam ihm die Erkenntnis zu spät. Erst bei den Korrekturen der deutschen Übersetzung bemerkte er, wie verbesserungsbedürftig der englische Text war. Aber er handelte trotzdem! Sein Brief an Melvin Arnold, dem zuständigen Mann im Verlag „Harper and Row", dokumentiert seine schonungslose Selbstkritik, aber auch die hoffnungslose Situation. Der Arbeitsdruck, der auf ihm lastete, und sein schlechter Gesundheitszustand verhinderten in der kurzen Zeit bis zu seinem Tod durchgreifende Korrekturen. So blieb der Text, wie er war.

«Mr. Melvin Arnold August 31, 1964
Harpers & Row, Publishers
49 East 33rd Street
New York 16, N. Y.

Dear Mr. Arnold:
Thank you for sending me the copy of your letter to Mr. Shugg. The problem about which I called you is unfortunately much more serious than your foot note indicates. Through my fault and the lack of editorial criticism I have received, the text is largely bad, even impossible. I am in real despair when I go with my German translater page by page and find that the English text is often untranslatable. For the one-book-edition it had to be rewritten on very many places (not extended, except in one case) in order to be made meaningful. After our work, daily for 8 and more hours, the first 130 pages are good in the German translation. But the English text is now my real concern. What shall we do? Please write or telephone me! (East-Hampton, 84 Woodslane – Telephone EA 4–1153 M).

In real despair,
yours,
Paul Tillich
(Dictated but not signed)»

6.

Bis in seine letzten Lebensjahre hinein wird Tillich von Bekannten und Fremden um Rat in akuten Lebensproblemen gefragt. In ethischen und politischen Sachfragen wünscht man von ihm die Antwort der christlichen Theologie. Drei wichtige Fragenkomplexe werden angeschnitten. Die Verlängerung der Straffälligkeit der Naziverbrecher, die Todesstrafe und die Abtreibung. Zu den beiden ersten Punkten sind Tillichs Antwortbriefe erhalten geblieben, zum dritten Punkt ist bisher der Antwortbrief noch nicht aufgetaucht:

«Herrn Pfarrer 25. November 1964
P. Spangenberg
Schweidnitzer Weg 6
4992 Espelkamp-Mittwald
Germany

Sehr geehrter Herr Pfarrer!

Haben Sie herzlichen Dank für Ihren interessanten Brief vom 15. November. Ich habe mich sehr gefreut, daß Sie meine Schriften in Ihrem Religionsunterricht benutzen können, um so mehr als ich durch Krieg und Emigration ja für viele Jahre auch geistig von Deutschland ausgeschlossen war.

Zu Ihren Fragen kann ich nur die folgenden unzulänglichen Antworten geben. Ich schreibe sie auf einem gesonderten Bogen, der für Sie sowohl wie für Ihre Klasse bestimmt ist. Da ich mich mit dem Problem der Todesstrafe verhältnismäßig wenig beschäftigt habe, wäre ich dankbar, wenn meine Antwort im Kreise Ihrer Klasse oder zumindest im Kreise der Kollegen und Schüler Ihrer Anstalt bliebe.

Grüßen Sie Ihre Jungen und Mädchen sehr herzlich von mir und seien Sie selbst gegrüßt von

Ihrem sehr ergebenen
Paul Tillich

Anlage

Der erste Punkt, zu dem ich im Anschluß an die Fragen und Zitate von Herrn Pfarrer Spangenberg Stellung nehmen möchte, ist der Gebrauch von Bibelstellen in einer Diskussion über Probleme wie das der Todesstrafe. Ich stimme völlig mit dem Urteil von Herrn Spangenberg überein, daß die biblischen Stellen, die für das Problem relevant sein könnten, aus einer bestimmten Situation heraus geschrieben sind und daher niemals gesetzlich auf andere Situationen angewandt werden können. Ich bin auch der Meinung, daß, wenn man Bibelstellen gesetzlich verwendet, man fast immer in Widerspruch mit anderen Bibelstellen gerät. Derartiges Verfahren entspricht dem, was Paulus Buchstabe und nicht was er Geist nennt. Es gibt aber eine andere Möglichkeit, nämlich auf der einen Seite die Prinzipien jeder christlichen Antwort herauszuarbeiten, auf der anderen Seite die konkrete Situation, in der das Problem aktuell wird, exakt zu beschreiben und dann die beiden Seiten auf einander zu beziehen. Die Herausarbeitung der Prinzipien und einige Beispiele ihrer Anwendung habe ich in meinem kleinen Buch „Liebe, Macht und Gerechtigkeit" versucht. Wenn man so verfährt, fragt man nicht nach speziellen biblischen Geboten oder Verboten, sondern man fragt, wie kann das Problem der Todesstrafe vom Prinzip der Liebe her, die Gerechtigkeit zu ihrem Rückgrat hat, in einer Situation gelöst werden, in der Machtanwendung nötig ist.

Der nächste Punkt ist das Problem von Sühne und Strafe. Auch hier bin ich der Meinung von Herrn Pfarrer Spangenberg, daß der Begriff der Sühne ein unpersönliches abergläubisches Element in sich hat und daß er in diesem Sinne nicht mehr gebraucht werden kann.

Daraus folgt auch für den Begriff der Strafe, daß sie nicht als etwas objektiv zu Vollziehendes betrachtet werden darf, sondern nur als etwas, was im Dienst des Einzelnen und der Gemeinschaft steht, die ja selbst wieder von Einzelnen getragen ist. Vom Standpunkt des Einzelnen schließt das jede Strafe aus, die geeignet ist, das höchste Ziel menschlicher Existenz, nämlich die Erfüllung seiner schöpferischen Anlage, unmöglich zu machen. Nun ist die Schwierigkeit, daß niemand wissen kann, ob nicht der Schrecken des Todes eine stärker umwandelnde Wirkung auf den Menschen hat als eine lange oder gar lebenslange Gefängnisstrafe. Man kann hier nur mit Wahrscheinlichkeit rechnen, und von da aus ist es sicher, daß die Erhaltung des Lebens größere Chancen für eine Umwandlung gibt als die vorzeitige Beendigung des Lebens. Damit scheint es mir vom Standpunkt der Agape gefordert zu sein, daß die Todesstrafe verneint wird.

Und nun noch einen dritten Punkt. Einer der Fehler im Zitieren von Bibelstellen ist der, daß man Worte, die für den Einzelnen und sein Verhalten gemeint sind, naiv auf die Gemeinschaft anwendet. Das ist vielfach in pazifistischen Gedankengängen der Fall, aber auch sonst in Formen des religiösen Anarchismus, gegen den z. B. Paulus Römer 13 kämpft. Solche Gedankengänge übersehen den Unterschied in der Struktur der machttragenden Gruppe von dem der Einzelpersönlichkeit. Eine machttragende Gruppe, gewöhnlich ein Staat auf nationaler oder irgendeiner anderen Basis, muß nach außen hin den Raum, den sie einnimmt, verteidigen und muß nach innen ihre rechtliche Struktur durchsetzen. In beiden Fällen ist unter den Bedingungen der entfremdeten Existenz Gewaltanwendung nötig. Das heißt, es ist unter Umständen nötig zu töten, um das Leben der Gruppe zu ermöglichen und hier hat sogar der oft geschmähte Abschrekkungsgedanke ein gewisses Recht. Man überlege nur, was bei Steuerzahlungen oder den Zollstationen geschehen würde ohne die Strafdrohung gegen Gesetzesübertretung. Die Frage ist dann, wie kann am besten gleichzeitig der Gruppe und dem Einzelnen Gerechtigkeit zuteil werden? Die Antwort scheint mir zu sein, daß nach unserem heutigen Empfinden grausame Strafen oder die Todesstrafe dem Einzelnen Unrecht tun, einerseits weil sie ihm die Menschenwürde nehmen, die auch der größte Verbrecher potentiell hat, andererseits weil sie ihn der Chancen zur Entfaltung seiner menschlichen Potentialitäten berauben. Aber vielleicht müßte wie im Krieg und wie im Abwehrkampf gegen verbrecherische Angriffe dennoch für die Todesstrafe gesprochen werden, wenn sie einen höheren abschreckenden Effekt hätte als eine lange oder lebenslängliche Freiheitsberaubung.

Dafür gibt es aber keinerlei Evidenz und darum scheint mir aus der Konstellation der drei Prinzipien „Liebe, Macht und Gerechtigkeit" zu folgen, daß die Todesstrafe ihrem innersten Wesen nach ungerecht ist.

Paul Tillich»

7.

«Herrn Dr. Simon Wiesenthal
Diplom-Ingenieur
Leiter d. Dokumentationszentrums
WIEN I
Udolfsplatz 7/III

Sehr geehrter Herr Dr. Wiesenthal! 29. Januar 1965

Ihr Brief vom 26. November ist aus einer Reihe zufälliger Gründe liegengeblieben. Ich möchte ihn aber nicht unbeantwortet lassen.

Unter den von Ihnen angeführten Gründen für Verlängerung der Straffälligkeit der Naziverbrecher war für mich Ihre Ausführung über die völkerrechtliche Situation ausschlaggebend. Sie allein würde genügen, um eine Verlängerung auch rechtlich als begründet erscheinen zu lassen. Ferner lehne ich den Gegengrund ab, daß die Vergangenheit vergessen werden sollte. Sie ist schon viel zu sehr vergessen worden von Einzelnen und vom ganzen Volk. Ich habe aus persönlichen Gesprächen in Deutschland und aus vielfacher Korrespondenz die außerordentlich wichtige Wirkung des Eichmann-Prozesses erfahren sowie auch die gegenwärtigen Frankfurter Prozesse. Das Argument, daß all das Entsetzliche Erfindung anti-deutscher Propaganda sei, ist mir nicht mehr begegnet. Diese sind nur einige Gedanken, denen noch andere schwerwiegende Argumente hinzugefügt werden könnten.

Ihr sehr ergebener Paul Tillich»

8.

Das Bild von Tillichs Wirkung auf seine Hörer wäre nicht abgerundet, wenn nicht auch die Stimmen derer zu Wort gebracht würden, die ihn gänzlich mißverstanden und darum abgelehnt haben. Solche Stimmen kamen meist aus dem Lager religiös-konservativer Kreise, und ihre Briefe bekunden oft Ärger und Aggression. Eine Hörerin seines Stuttgarter oder Tübinger Vortrages im Jahr 1963 macht ihrer Verstimmung in folgenden Worten Luft:

«Herrn
Professor D. Dr. Paul Tillich
Institute of Advanced Studies
Princeton, USA

Eva Kindel, 7544 Dobel,
16. Dezember 1963

Betrifft: Ihren Vortrag „Der Absolutheitsanspruch des Christentums"

Sehr geehrter Herr Professor!

Erlauben Sie mir bitte, daß ich eine Frage an Sie richte: Ist bei Ihren Vorträgen noch kein Mensch aufgestanden und hat gesagt: „Herr Professor, Sie haben keine Ahnung davon, was ein Christ ist!"?

Sie stellen die Behauptung auf, daß „die Fehlentwicklung des Christentums war, an Jesus, den Christus, zu glauben, statt sich von dem durchdringen zu lassen, was er verkündet hatte."

Bitte, kommen Sie nicht mit hochgelehrten Begriffen wie „ungebrochene Gemeinschaft mit Gott im unmittelbaren Ergriffensein", ich nehme sie Ihnen nicht ab. Die Sprache der Bibel ist klar und unmißverständlich. Christus spricht: „Ich bin die Auferstehung und das Leben, wer an mich *glaubt,* der wird leben . . ."

Wenn Sie nicht wissen, was es bedeutet, dieses *glauben,* dann geben Sie doch bitte wenigstens zu, *daß* Sie es nicht wissen, und versuchen Sie nicht, mit Ihren Vorträgen und Schriften Verwirrung zu stiften.

Weiterhin ist es ein ganz großer Irrtum, wenn Sie meinen, Christus hätte gelehrt, daß kein endliches Wesen sich als Vertreter des Göttlichen ausgeben darf; vielmehr sagt er wörtlich: „Ihr werdet die Kraft des heiligen Geistes empfangen und ihr werdet meine Zeugen sein bis an das Ende der Erde."

Mit vorzüglicher Hochachtung

E. Kindel»

9.

Diese negative Stimme gegenüber Tillichs Theologie kam von einem Menschen, dessen traditionalistische Erziehung ihm den Zugang zu Tillichs theologischen Gedankengängen versperrte. Aber auch im engen Freundeskreis gibt es Stimmen, die trotz der grundsätzlichen Bejahung seiner Person nicht blind für seine Schwächen sind. In einem Interview, zehn Jahre nach Tillichs Tod, äußert Adolph Löwe:

«Bei aller Freundschaft und Sympathie, in der ich mich mit Tillich verbunden fühlte, übersah ich doch nicht seine Schwächen. Auf mich wirkte er immer etwas unsicher, natürlich nicht in Fragen der Theologie! Er konnte im Grunde nie „nein“ sagen und stand oft unter dem Zwang seiner Neigungen. Insofern war er eigentlich nie wirklich „frei“. Um von diesen Zwängen frei zu werden, hätte er eine Analyse durchmachen müssen. Die zwei Versuche, die er in dieser Hinsicht unternommen hat (noch in Deutschland), müssen als gescheitert angesehen werden. Beide Analysen (die erste von Heinrich Goesch) waren mehr oder weniger laienhaft und wurden nicht sachgemäß bis zum Ende durchgeführt.

Ich habe Tillich früher einmal mit Philo verglichen, der das Judentum mit der griechischen Kultur „versöhnen“ vollte und daran gescheitert ist. Ebenso Tillich: er hat das Christentum mit der modernen Kultur versöhnen wollen, und daran muß jeder scheitern. Eines von beiden geht darüber zu Bruch. Nach meiner Meinung ist das Christentum von Tillich „verdünnt“ worden. Und doch hat er mit seinem Versuch großen Erfolg gehabt. Der erste Durchbruch in Deutschland war sein Vortrag 1919 in der Kantgesellschaft: „Über die Idee einer Theologie der Kultur“, der Durchbruch in Amerika geschah mit seinem Buch: *The Courage to Be*. Von da an war Tillich berühmt. Ein ernsthafter Gegensatz zwischen mir und Tillich trat in den amerikanischen Jahren auf, als Tillich die „horizontale“, d. h. die Hoffnung, in sozialistischer Richtung zu arbeiten, preisgab zugunsten einer radikal „vertikalen“, d. h. ausschließlich auf das Religiöse eingestellten Richtung. Der Zeitpunkt war kurz nach dem Ende des zweiten Weltkrieges, symbolisiert durch einen Vortrag Tillichs in Chicago über „die Leere“ *(the void)*.

In diesem Zusammenhang möchte ich ein Wort sagen über Tillichs angebliche Eitelkeit. Ich habe niemals wieder einen Menschen kennengelernt, der so bereit war, Kritik anzunehmen. Man könnte sogar etwas überspitzt sagen, daß diese Bereitschaft einen masochistischen Zug enthalten hat. Im Kern seines Wesens war er das Gegenteil von eitel. – Das, was mich letztlich bei Tillich angezogen hat, ist nicht definierbar, das gehört zum Geheimnis der Sympathie.» [2]

10.

Während die deutschen Freunde, insbesondere die „Paul-Tillich-Gesellschaft“, schon Pläne schmiedeten für Tillichs Winteraufenthalt in Deutschland – so war vor allem ein Dialog mit Ernst Bloch geplant – scheiterten alle Vorhaben an Tillichs schlechter werdendem Gesundheitszustand. Am 7. Oktober entschließt er sich, die Deutschlandreise abzusagen:

University of Chicago
Divinity School
Chicago, Illinois 60637

7. Oktober 1965

«Liebe Freunde!

Dieser Brief bringt eine Nachricht, die mitzuteilen mir nicht leicht wird: *Weder kann Hannah nach Indien gehen, noch ich nach Europa kommen.* Der Grund ist eine steigende Welle von koronaren Attakken, die sich bei mir im September in East Hampton eingestellt haben. Sie sind jetzt abgeklungen, aber in zwei Sitzungen mit meinem Arzt, einem der größten Herz-Spezialisten Amerikas, nach unserer Rückkehr nach Chicago, erhielt ich ein klares Verbot, in absehbarer Zeit zu reisen. (Ich mußte auch hier alles außerhalb Chicagos und Umgebung absagen), und Hannah erhielt die dringende Empfehlung, jetzt nicht wegzugehen. Die Situation enthält keine unmittelbare Gefahr: Ich kann meine reguläre Arbeit an der Universität und zu Hause tun, aber es ist eine Veränderung des Gesamtzustandes (nicht des Herzens selbst) eingetreten, die erhöhte Vorsicht verlangt. Wir haben uns beide dem Urteil des Arztes (der uns fast ein Freund ist) gefügt.

Damit fallen nicht nur die erhofften persönlichen Begegnungen hin, sondern auch eine Reihe dienstlicher Verpflichtungen, die ich eingegangen war und auf die ich mich gefreut hatte. Ich weiß nicht, ob man in meinem Alter (80 nächstes Jahr) noch sagen kann: „Aufgeschoben ist nicht aufgehoben" – aber ich sage es!

Die Pläne für nächstes Jahr sind unverändert. Von spätestens Februar an wollen wir in New York und East Hampton sein (vielleicht schon von Mitte Dezember an). Ende Februar soll meine Arbeit in der *New School of Social Research* in New York anfangen. Bis auf eine neue Mitteilung bleibt meine Chicagoer Adresse gültig.

In Freundschaft und Liebe

Euer *alter* Paulus»

ANMERKUNGEN

1 Vorlesung an der Harvard Universität. Frühjahrssemester 1957. Tonbandaufnahme. Übersetzt.

2 Briefliche Mitteilung an Renate Albrecht vom 5. 12. 1976.

AUSLASSUNGEN BEI DEN BRIEFEN VON PAUL TILLICH

I, 5	Bericht über zufälliges Treffen gemeinsamer Bekannter.
IV, 5	Tod des Schwagers Wolf. Gewöhnlicher Tagesablauf. In Erwartung von Kampfhandlungen und Trauer über die vielen Toten der Schlachten.
IV, 9	Beschreibung des Festes der jüngeren Offiziere.
IV, 16	Milieubeschreibung des Lazaretts.
IV, 18	(wörtlich) „mit dem * der im Felde Befindlichen".
VI, 1	1. Auslassung: Begrüßung der Freunde.
	2. Auslassung: befindet sich auf S. 142—145.
VI, 2	Geburtstagswünsche.
VI, 3	Betrachtungen über künftigen Beruf: Theologe oder Philosoph.
VII, 1	Bemerkung über das Weiterschicken des Rundbriefs.
XIII	Zwei verschlüsselte Ratschläge für die einzelnen Freunde.
XVII	Beschreibung des Hochgebirges und der Städte und Menschen.

QUELLENVERZEICHNIS

Kapitel I
Kindheit und Jugend

In dem folgenden Quellenverzeichnis ist das Amerikanische Paul-Tillich-Archiv mit Amerik. P.T.-Archiv und das Deutsche Paul-Tillich-Archiv mit Deutsch. P.T.-Archiv wiedergegeben worden. Das Amerikanische Paul-Tillich-Archiv befindet sich in Cambridge, Mass. 02138, Andover Harvard Theological Library, das Deutsche Paul-Tillich-Archiv ist in der Universitätsbibliothek in Marburg untergebracht.

1. Gottfried Benn, Auszug aus: Lebensweg eines Intellektualisten. In Ges. Werke Band 8, S. 1832, Limes-Verlag, Wiesbaden und München.
2. Johannes Tillich, Auszug aus seinem Tagebuch. Fundort: Elisabeth Seeberger, Berlin.
3. Fundort: Amerik. P.T.-Archiv.
4. Johannes Tillich, Auszug aus seinem Tagebuch. Fundort: Elisabeth Seeberger, Berlin.
5. Fundort: Amerik. P.T.-Archiv.
6. Fundort: Amerik. P.T.-Archiv.
7. Fundort: Amerik. P.T.-Archiv.
8. Fundort: Derzeit im Privatbesitz von R. Albrecht, Düren, später im Deutsch. P.T.-Archiv.
9. Fundort: Amerik. P.T.-Archiv.
10. Fundort: Amerik. P.T.-Archiv.
11. Fundort: Amerik. P.T.-Archiv.

Kapitel II
Student in Berlin, Tübingen und Halle

1. Fundort: Amerik. P.T.-Archiv.
2. Fundort: Gisela Walker, Stuttgart.
3. Paul Tillich: Hermann Schafft zum 70. Geburtstag. In: Evangelische Welt, Jg. 7, 1953, S. 703.
4. Auszüge aus: Die Entwicklung des Hallenser Wingolfs von 1900 bis 1935 anhand von Erlebnisberichten. In: Der Hallenser Wingolf 1844—1969. Privatdruck 1969.
5. Fundort: Evangelisches Verlagswerk, Stuttgart.
6. Fundort: Amerik. P.T.-Archiv.
7. Fundort: Amerik. P.T.-Archiv.
8. Paul Tillich: Auszug aus: Autobiographische Betrachtungen. In: G. W. 12, S. 62 f.
9. Fundort: Elfriede Büchsel, Hannover.

10. Fundort: Amerik. P.T.-Archiv.
11. Fundort: Amerik. P.T.-Archiv.
12. Fundort: Amerik. P.T.-Archiv.
13. Paul Tillich: Auszug aus: Die Bundeslage nach der Wartburg 1909 und die Arbeit der nächsten Zeit mit besonderer Berücksichtigung der Verhandlungen des II. Ch.-C. In: Wingolfs-Blätter vom 1. 11. 1909, S. 20.
14. Auszug aus: Der Berliner Februar-Kommers einst und jetzt. In: Wingolfs-Blätter vom Mai 1966, S. 79.

Kapitel III
Vikar und Hilfsprediger

1. Fundort: Derzeit im Privatbesitz von R. Albrecht, Düren, später im Deutsch. P.T.-Archiv.
2. Fundort: Derzeit im Privatbesitz von R. Albrecht, Düren, später im Deutsch. P.T.-Archiv.
3. Fundort: Derzeit im Privatbesitz von R. Albrecht, Düren, später im Deutsch. P.T.-Archiv.
4. Fundort: Derzeit im Privatbesitz von R. Albrecht, Düren, später im Deutsch. P.T.-Archiv.
5. Fundort: Fotokopie, derzeit im Privatbesitz von R. Albrecht, Düren, später im Deutsch. P.T.-Archiv.
6. Paul Tillich: Auszug aus: Auf der Grenze. G.W. 12, S. 32 f.
7. Fundort: Derzeit im Privatbesitz von R. Albrecht, Düren, später im Deutsch. P.T.-Archiv.
8. Fundort: Amerik. P.T.-Archiv.
9. Günter Dehn, Auszug aus: Die alte Zeit — die vorigen Jahre, S. 168—170, Kaiser-Verlag, München 1962.
10. Fundort: Derzeit im Privatbesitz von R. Albrecht, Düren, später im Deutsch. P.T.-Archiv.
11. Fundort: Derzeit im Privatbesitz von R. Albrecht, Düren, später im Deutsch. P.T.-Archiv.
12. Fundort: Amerik. P.T.-Archiv.
13. Fundort: Amerik. P.T.-Archiv.
14. Fundort: Amerik. P.T.-Archiv.
15. Fundort: Amerik. P.T.-Archiv.
16. Fundort: Derzeit im Privatbesitz von R. Albrecht, Düren, später im Deutsch. P.T.-Archiv.
17. Fundort: Derzeit im Privatbesitz von R. Albrecht, Düren, später im Deutsch. P.T.-Archiv.
18. Fundort: Derzeit im Privatbesitz von R. Albrecht, Düren, später im Deutsch. P.T.-Archiv.
19. Fundort: Amerik. P.T.-Archiv.
20. Fundort: Gisela Walker, Stuttgart.
21. Fundort: Derzeit im Privatbesitz von R. Albrecht, Düren, später im Deutsch. P.T.-Archiv.
22. Fundort: Amerik. P.T.-Archiv.

Kapitel IV
Der Erste Weltkrieg

1. Fundort: Derzeit im Privatbesitz von R. Albrecht, Düren, später im Deutsch. P.T.-Archiv.
2. Fundort: Erika Pfeiffer, Frankfurt a. M.
3. Fundort: Amerik. P.T.-Archiv.
4. Fundort: Derzeit im Privatbesitz von R. Albrecht, Düren, später im Deutsch. P.T.-Archiv.
5. Fundort: Amerik. P.T.-Archiv.
6. Fundort: Amerik. P.T.-Archiv.
7. Fundort: Amerik. P.T.-Archiv.
8. Fundort: Amerik. P.T.-Archiv.
9. Fundort: Amerik. P.T.-Archiv.
10. Fundort: Erika Pfeiffer, Frankfurt a. M.
11. Fundort: Amerik. P.T.-Archiv.
12. Fundort: Erika Pfeiffer, Frankfurt a. M.
13. Fundort: Amerik. P.T.-Archiv.
14. Fundort: Erika Pfeiffer, Frankfurt a. M.
15. Fundort: Amerik. P.T.-Archiv.
16. Fundort: Amerik. P.T.-Archiv.
17. Fundort: Amerik. P.T.-Archiv.
18. Fundort: Gisela Walker, Stuttgart.
19. Fundort: Amerik. P.T.-Archiv.

Kapitel V
Kriegsbriefe an eine Studentin

1. Fundort: Photokopie im Amerik. P.T.-Archiv.
2. Fundort: Photokopie im Amerik. P.T.-Archiv.
3. Fundort: Photokopie im Amerik. P.T.-Archiv.
4. Fundort: Photokopie im Amerik. P.T.-Archiv.
5. Fundort: Photokopie im Amerik. P.T.-Archiv.
6. Fundort: Photokopie im Amerik. P.T.-Archiv.
7. Fundort: Photokopie im Amerik. P.T.-Archiv.
8. Fundort: Photokopie im Amerik. P.T.-Archiv.
9. Fundort: Photokopie im Amerik. P.T.-Archiv.
10. Fundort: Photokopie im Amerik. P.T.-Archiv.

Kapitel VI
Die Ehe mit Greti Wever

1. Fundort: Gisela Walker, Stuttgart.
2. Fundort: Amerik. P.T.-Archiv.
3. Fundort: Amerik. P.T.-Archiv.

4. Fundort: Derzeit im Privatbesitz von R. Albrecht, Düren, später im Deutsch. P.T.-Archiv.
5. Fundort: Derzeit im Privatbesitz von R. Albrecht, Düren, später im Deutsch. P.T.-Archiv.
6. Fundort: Anna Margarete Fehling, Ratzeburg.
7. Fundort: Derzeit im Privatbesitz von R. Albrecht, Düren, später im Deutsch. P.T.-Archiv.
8. Fundort: Gisela Walker, Stuttgart.
9. Fundort: Amerik. P.T.-Archiv.
10. Fundort: Amerik. P.T.-Archiv.
11. Paul Tillich: Auszug aus: Auf der Grenze. G. W. 12, S. 26.
12. Fundort: Amerik. P.T.-Archiv.
13. Fundort: Derzeit im Privatbesitz von R. Albrecht, Düren, später im Deutsch. P.T.-Archiv.
14. Fundort: Derzeit im Privatbesitz von R. Albrecht, Düren, später im Deutsch. P.T.-Archiv.
15. Fundort: Derzeit im Privatbesitz von R. Albrecht, Düren, später im Deutsch. P.T.-Archiv.
16. Fundort: Amerik. P.T.-Archiv.

Kapitel VII
Privatdozent in Berlin

1. Fundort: Gisela Walker, Stuttgart.
2. Fundort: Amerik. P.T.-Archiv.
3. Fundort: Derzeit im Privatbesitz von R. Albrecht, Düren, später im Deutsch. P.T.-Archiv.
4. Fundort: Margot Hahl, München.
5. Fundort: Derzeit im Privatbesitz von R. Albrecht, Düren, später im Deutsch. P.T.-Archiv.
6. Fundort: Margot Hahl, München.
7. Fundort: Amerik. P.T.-Archiv.

Kapitel VIII
Paulus und Hannah

1. Fundort: Derzeit im Privatbesitz von R. Albrecht, Düren, später im Deutsch. P.T.-Archiv.

Kapitel IX
Extraordinarius für Systematische Theologie in Marburg

1. Paul Tillich: Auszug aus: Auf der Grenze. G. W. 12, S. 69.
2. Interview von Hans-Georg Gadamer durch Renate Albrecht am 26. 1. 1979. — Aufnahme auf Kassette, derzeit im Privatbesitz von R. Albrecht, Düren, später im Deutsch. P.T.-Archiv. Der vorliegende Text ist die geraffte Zusammenfassung des Kassettentextes. Er wurde von Hans-Georg Gadamer korrigiert und autorisiert.

3. Interview von Harald Poelchau durch Karin Schäfer-Kretzler im Herbst 1968. Aufnahme auf Kassette, derzeit im Privatbesitz von R. Albrecht, Düren, später Deutsch. P.T.-Archiv. Der vorliegende Text besteht aus wortgetreuen Auszügen des Kassettentextes. Kontrolle durch Harald Poelchau war nicht möglich, da er inzwischen verstarb.

Kapitel X
Ordinarius für Religionswissenschaften in Dresden

1. Fundort: Derzeit im Privatbesitz von R. Albrecht, Düren, später im Deutsch. P.T.-Archiv.
2. Fundort: Derzeit im Privatbesitz von R. Albrecht, Düren, später im Deutsch. P.T.-Archiv.
3. Fundort: Amerik. P.T.-Archiv.
4. Fundort: Amerik. P.T.-Archiv.
5. Fundort: Derzeit im Privatbesitz von R. Albrecht, Düren, später im Deutsch. P.T.-Archiv.
6. Paul Tillich: Auszug aus: Auf der Grenze. G. W. 12, S. 21 f.
7. Paul Tillich: Auszug aus: Die religiöse Lage der Gegenwart. In: G. W. 10, S. 36.

Kapitel XI
Ordinarius für Philosophie und Soziologie in Frankfurt a. M.

1. Fundort: Derzeit im Privatbesitz von R. Albrecht, Düren, später im Deutsch. P.T.-Archiv.
2. Fundort: Amerik. P.T.-Archiv.
3. Fundort: Amerik. P.T.-Archiv.
4. Fundort: Amerik. P.T.-Archiv.
5. Fundort: Universitäts-Bibliothek, Münster.
6. Fundort: Amerik. P.T.-Archiv.
7. Fundort: Amerik. P.T.-Archiv.
8. Fundort: Amerik. P.T.-Archiv.
9. Fundort: Derzeit im Privatbesitz von R. Albrecht, Düren, später im Deutsch. P.T.-Archiv.
10. Fundort: Fotokopie im Deutsch. P.T.-Archiv.
11. Fundort: Fotokopie im Deutsch. P.T.-Archiv.
12. Fundort: Derzeit im Privatbesitz von R. Albrecht, Düren, später im Deutsch. P.T.-Archiv.
13. Fundort: Amerik. P.T.-Archiv.
14. Fundort: Derzeit im Privatbesitz von R. Albrecht, Düren, später im Deutsch. P.T.-Archiv.

Kapitel XII
Die ersten Schritte in der Neuen Welt

1. Fundort: Abschrift im Deutsch. P.T.-Archiv.
2. Fundort: Abschrift im Deutsch. P.T.-Archiv.
3. Fundort: Abschrift im Deutsch. P.T.-Archiv.

Kapitel XIII
In Sorge um die zurückgebliebenen Freunde

1. Fundort: Abschrift derzeit im Privatbesitz von R. Albrecht, Düren, später im Deutsch. P.T.-Archiv.
2. Fundort: Abschrift derzeit im Privatbesitz von R. Albrecht, Düren, später im Deutsch. P.T.-Archiv.
3. Fundort: Amerik. P.T.-Archiv.

Kapitel XIV
Gastvorlesungen in Chicago 1935

1. Fundort: Abschrift im Deutsch. P.T.-Archiv.
2. Fundort: Amerik. P.T.-Archiv.

Kapitel XV
Die „Entdeckung" des Kontinents I

1. Fundort: Abschrift im Deutsch. P.T.-Archiv.

Kapitel XVI
Europäisches Intermezzo

1. Fundort: Abschrift, derzeit im Privatbesitz von R. Albrecht, Düren, später im Deutsch. P.T.-Archiv.
2. Fundort: „Programm" im Amerik. P.T.-Archiv, Tagebuch-Abschrift derzeit im Privatbesitz von R. Albrecht, Düren, später im Deutsch. P.T.-Archiv.
3. Fundort: Amerik. P.T.-Archiv.
4. Fundort: Abschrift derzeit im Privatbesitz von R. Albrecht, Düren, später im Deutsch. P.T.-Archiv.
5. Fundort: Abschrift derzeit im Privatbesitz von R. Albrecht, Düren, später im Deutsch. P.T.-Archiv.

Kapitel XVII
Die „Entdeckung" des Kontinents II

1. Fundort: Fotokopie im Deutsch. P.T.-Archiv.

Kapitel XVIII
Zweiter Weltkrieg (Vorabend, Krieg, erste Nachkriegsjahre)

1. Fundort: Gisela Walker, Stuttgart.
2. Fundort: Fotokopie im Privatbesitz von R. Albrecht, Düren, später im Deutsch. P.T.-Archiv.
3. Fundort: Fotokopie im Privatbesitz von R. Albrecht, Düren, später im Deutsch. P.T.-Archiv.

4. Fundort: Durchschlag oder Abschrift derzeit im Privatbesitz von R. Albrecht, Düren, später im Deutsch. P.T.-Archiv.
5. Fundort: Durchschlag oder Abschrift derzeit im Privatbesitz von R. Albrecht, Düren, später im Deutsch. P.T.-Archiv.
6. Fundort: Fotokopie derzeit im Privatbesitz von R. Albrecht, Düren, später im Deutsch. P.T.-Archiv.
7. Fundort: Durchschlag oder Abschrift derzeit im Privatbesitz von R. Albrecht, Düren, später im Deutsch. P.T.-Archiv.

Kapitel XIX
Deutschlandreise 1948

1. Fundort: Derzeit im Privatbesitz von R. Albrecht, Düren, später im Deutsch. P.T.-Archiv.
2. Fundort: Fotokopie im Deutsch. P.T.-Archiv.
3. Fundort: Fotokopie im Deutsch. P.T.-Archiv.

Kapitel XX
Die fünfziger Jahre bis zur Pensionierung vom „Union"

1. Fundort: Derzeit im Privatbesitz von R. Albrecht, Düren, später im Deutsch. P.T.-Archiv.
2. Fundort: Derzeit im Privatbesitz von R. Albrecht, Düren, später im Deutsch. P.T.-Archiv.
3. Fundort: Derzeit im Privatbesitz von R. Albrecht, Düren, später im Deutsch. P.T.-Archiv.
4. Fundort: Derzeit im Privatbesitz von R. Albrecht, Düren, später im Deutsch. P.T.-Archiv.
5. Fundort: Derzeit im Privatbesitz von R. Albrecht, Düren, später im Deutsch. P.T.-Archiv.
6. Fundort: Amerik. P.T.-Archiv.
7. Fundort: Amerik. P.T.-Archiv.
8. Fundort: Abschrift derzeit im Privatbesitz von R. Albrecht, Düren, später im Deutsch P.T.-Archiv.

Kapitel XXI
University-Professor an der Harvard Universität

1. Fundort: Derzeit im Privatbesitz von R. Albrecht, Düren, später im Deutsch. P.T.-Archiv.
2. Fundort: Amerik. P.T.-Archiv.
3. Fundort: Amerik. P.T.-Archiv.
4. Fundort: Amerik. P.T.-Archiv.
5. Fundort: Derzeit im Privatbesitz von R. Albrecht, Düren, später im Deutsch. P.T.-Archiv.
6. Fundort: Derzeit im Privatbesitz von R. Albrecht, Düren, später im Deutsch. P.T.-Archiv.

7. Fundort: Derzeit im Privatbesitz von R. Albrecht, Düren, später im Deutsch. P.T.-Archiv.
8. Fundort: Deutsch. P.T.-Archiv.
9. Fundort: Abschrift derzeit im Privatbesitz von R. Albrecht, Düren, später im Deutsch. P.T.-Archiv.
10. Fundort: Derzeit im Privatbesitz von R. Albrecht, Düren, später im Deutsch. P.T.-Archiv.
11. Fundort: Derzeit im Privatbesitz von R. Albrecht, Düren, später im Deutsch. P.T.-Archiv.

Kapitel XXII
„John Nuveen Professor“ in Chicago

1. Fundort: Derzeit im Privatbesitz von R. Albrecht, Düren, später im Deutsch. P.T.-Archiv.
2. Fundort: Deutsch. P.T.-Archiv.
3. Fundort: Derzeit im Privatbesitz von R. Albrecht, Düren, später im Deutsch. P.T.-Archiv.
4. Fundort: Derzeit im Privatbesitz von R. Albrecht, Düren, später im Deutsch. P.T.-Archiv.
5. Fundort: Abschrift derzeit im Privatbesitz von R. Albrecht, Düren, später im Deutsch. P.T.-Archiv.
6. Fundort: Fotokopie derzeit im Privatbesitz von R. Albrecht, Düren, später im Deutsch. P.T.-Archiv.
7. Fundort: Fotokopie derzeit im Privatbesitz von R. Albrecht, Düren, später im Deutsch. P.T.-Archiv.
8. Fundort: Fotokopie derzeit im Privatbesitz von R. Albrecht, Düren, später im Deutsch. P.T.-Archiv.
9. Fundort: Derzeit im Privatbesitz von R. Albrecht, Düren, später im Deutsch. P.T.-Archiv.
10. Fundort: Derzeit im Privatbesitz von R. Albrecht, Düren, später im Deutsch. P.T.-Archiv.

NAMENSVERZEICHNIS

Zur Erläuterung: Bei Hochschulprofessoren wurde die Fachrichtung angegeben: z. B. „Neutestamentler", „Syst. Theologe", was einschließt, daß es sich um Professoren handelt. „Pfarrer" bedeutet evangelischer Pfarrer, „ev. Theologe" bedeutet, daß der Betreffende evangelische Theologie studiert hat, aber nicht im Pfarramt tätig ist.

Es war leider nicht möglich, trotz umfassender Recherchen, von allen in diesem Band erwähnten Personen, alle entsprechenden Daten zu bekommen. In der Regel wurden Namen ohne Vornamen nicht in das Register aufgenommen — es sei denn, daß aus dem Inhalt der Betreffende zu identifizieren war.

Das Werk Paul Tillichs in deutscher Sprache

Das „Erbe Paul Tillichs" ist im deutschen Sprachraum in einmaliger Weise vorhanden. Rund 8000 Seiten umfaßt bis jetzt das Werk Paul Tillichs in deutscher Sprache, wie es durch das Evangelische Verlagswerk Stuttgart im Laufe von zwei Jahrzehnten vorgelegt wurde. Es besteht aus 14 Bänden der Gesammelten Werke, aus der dreibändigen Systematischen Theologie, aus drei Folgen der sogenannten Religiösen Reden und aus bislang (1980) fünf Nachlaßbänden. Ein weiterer Ergänzungsband ist vorgesehen und erscheint voraussichtlich 1981.

Systematische Theologie

Band I 1. Teil: Vernunft und Offenbarung — 2. Teil: Sein und Gott.
352 Seiten, Leinen, DM 27.80 (ISBN 3 7715 0003 6)

Band II 3. Teil: Die Existenz und der Christus
196 Seiten, Leinen, DM 15.30 (ISBN 3 7715 0006 0)

Band III 4. Teil: Das Leben und der Geist
5. Teil: Die Geschichte und das Reich Gottes
520 Seiten mit Register für alle drei Bände, Leinen, DM 37.—
(ISBN 3 7715 0044 3)

„Tillich begreift sich nicht nur als Religionsphilosophen, sondern auch und vorzüglich als christlichen Theologen. Davon zeugt das umfangreiche Werk mit dem Titel ‚Systematische Theologie'. Hier wird in weitgespanntem Bogen des Gedankens, in kritischer und produktiver Aufnahme der Tradition sowie in eigenständiger Denkweise und Sprache der Gehalt der christlichen Lehre entfaltet. Die Hauptthemen sind: Vernunft und Offenbarung, Sein und Gott, die Existenz und der Christus, Leben und Geist, Geschichte und Reich Gottes. Umspannt so die ‚Systematische Theologie' das Ganze der christlichen Dogmatik, so kapselt sie sich doch nicht in die innertheologische Problematik ein. Ihre eigentümliche Lebendigkeit erhält sie daraus, daß sie, nicht anders als die Religionsphilosophie Tillichs, durchgängig auf die allgemeinen Probleme der Gegenwart Bezug nimmt. *Prof. Wilhelm Weischedel*

„Man könnte für dieses Werk eine Redeweise variieren, die vom Koran gebraucht wurde: Verbrennt alle andern Bücher (zum selben Thema), sie sind in diesem enthalten! . . . Es fordert einen ausdrücklichen Akt der Kritiker-Disziplin, diesem Werk und seinem Autor nicht emphatisches Lob wegen der ihm eingekörperten Wahrheit, Schönheit und Güte zu spenden. Die zeitgenössische Theologie, die so reich an starken und pittoresken Persönlichkeiten, zumal im protestantischen Bereich, ist, hat in Tillich doch wohl ihren eigentlichen Meister gefunden, der auch die Philosophie in seine Systematik zu integrieren verstand."

Joachim Günther in „Neue Deutsche Hefte"

Gesammelte Werke

Herausgeber Renate Albrecht

Während in den fünf Teilen der *Systematischen Theologie* die Summe und die Krönung von Tillichs theologischem Schaffen vorliegt, ist in den *Gesammelten Werken* (G.W.) einerseits die Vorarbeit für das Tillichsche theologische System, andererseits jedoch der übergroße Reichtum der philosophischen und kulturellen Arbeiten dieses universalen Denkers vorhanden. „Die 14 Bände der G.W.", stellt Prof. Trillhaas fest, „sind fortan der Fundort für alle jene Schriften, mit denen Tillich klärend und herausfordernd in das Gespräch der Zeit eingegriffen hat." Die G.W. sind vornehmlich nach sachlichen Gesichtspunkten gegliedert, entsprechend den Wirkungsbereichen des Theologen, Philosophen, Soziologen und Kulturhistorikers. Hier findet man die „Religionsphilosophie" (1925 — Band I), die Schrift „Die religiöse Lage der Gegenwart", mit der der junge Tillich 1926 sich fünf Jahre vor Jaspers (Die geistige Situation der Zeit", 1931) einer Analyse des Zeitbewußtseins zugewendet hat (Bd. X). Bd. VII enthält „Wesen und Wandel des Glaubens" von 1957, Bd. XI die beiden wichtigen Schriften „Der Mut zum Sein" (1952) und „Liebe, Macht und Gerechtigkeit" (1954). Ganz zu schweigen von dem weitläufigen Material, welches für die spezifischen Begriffe und Ideen der Tillichschen Philosophie und Theologie grundlegend ist, für den Kairosbegriff, für die Begriffe des „Dämonischen", des „Symbols", für das protestantische Problem usw.

Band I Frühe Hauptwerke
440 Seiten, Ln. DM 39.50 - 1959 (ISBN 3 7715 0008 7)

Band II Christentum und soziale Gestaltung
Frühe Schriften zum religiösen Sozialismus
380 Seiten, Ln. DM 35.50 - 1962 (ISBN 3 7715 0015 X)

Band III Das religiöse Fundament des moralischen Handelns
Schriften zur Ethik und zum Menschenbild
240 Seiten, Ln. DM 27.50 - 1966 (ISBN 3 7715 0040 0)

Band IV Philosophie und Schicksal
Schriften zur Erkenntnislehre und Existenzphilosophie
212 Seiten, Ln. DM 26.50 - 1961 (ISBN 3 7715 0013 3)

Band V Die Frage nach dem Unbedingten
Schriften zur Religionsphilosophie
260 Seiten, Ln. DM 29.50 - 1964 (ISBN 3 7715 0028 1)

Band VI Der Widerstreit von Raum und Zeit
Schriften zur Geschichtsphilosophie
230 Seiten, Ln. DM 26.50 - 1963 (ISBN 3 7715 0023 0)

Band VII Der Protestantismus als Kritik und Gestaltung
Schriften zur Theologie I
278 Seiten, Ln. DM 30.— - 1962 (ISBN 3 7715 0017 6)

Band VIII Offenbarung und Glaube
Schriften zur Theologie II
368 Seiten, Ln. DM 32.50 - 1969 (ISBN 3 7715 0080 X)

Band IX Die religiöse Substanz der Kultur
Schriften zur Theologie der Kultur
402 Seiten, Ln. DM 35.80 - 1968 (ISBN 3 7715 0056 7)

Band X Die religiöse Deutung der Gegenwart
Schriften zur Zeitkritik
382 Seiten, Ln. DM 31.80 - 1968 (ISBN 3 7715 0065 6)

Band XI Sein und Sinn
Zwei Schriften zur Ontologie und Ethik
(Der Mut zum Sein — Liebe, Macht,Gerechtigkeit)
240 Seiten, Ln. DM 27.50 - 1969 (ISBN 3 7715 0072 9)

Band XII Begegnungen
Paul Tillich über sich selbst und andere
360 Seiten, Ln. DM 31.50 - 1971 (ISBN 3 7715 0110 5)

Band XIII Impressionen und Reflexionen
Ein Lebensbild in Aufsätzen, Reden und Stellungnahmen
616 Seiten, Leinen DM 45.— - 1972 (ISBN 3 7715 0137 7)
Paperb.-Sonderausg. DM 38.— - 1972 (ISBN 3 7715 0145 8)

Band XIV Bibliographie, Register und Textgeschichte der G.W.
352 Seiten, Ln. DM 49.50 - 1975 (ISBN 3 7715 0159 8)

Ergänzungs- und Nachlaßbände zu den Gesammelten Werken

In dieser Reihe, die im Anschluß an die „Gesammelten Werke" erscheinen, sind etwa 6 Bände vorgesehen. Sie enthalten Originalarbeiten Paul Tillichs, die von ihm selbst nicht mehr redigiert werden konnten (im Gegensatz zu denen der „Gesammelten Werke") und nun jeweils verschiedene Bearbeiter bzw. Herausgeber haben. Eine Subskription ist bis zum Erscheinen des letzten Bandes jederzeit möglich.

Band I Vorlesungen über die Geschichte des christlichen Denkens
Teil 1: Urchristentum bis Nachreformation.
Hrsg. und übersetzt von Ingeborg C. Henel
312 Seiten, Ln. DM 35.— (Subskr.-Pr. DM 30.80) - 1971
(ISBN 3 7715 0112 1)

Band II Vorlesungen über die Geschichte des christlichen Denkens
Teil 2: Aspekte des Protestantismus im 19. und 20. Jahrhundert — Hrsg. und übersetzt von Ingeborg C. Henel
208 Seiten, Ln. DM 28.40 (Subskr.-Pr. DM 25.—) - 1972
(ISBN 3 7715 0131 8)
Broschiert DM 23,50 (ISBN 3 7715 0140 7)

Band III „An meine deutschen Freunde"
Die politischen Reden Paul Tillichs
während des 2. Weltkriegs
360 Seiten, Ln. DM 38.— (Subskr.-Pr. DM 32.30) - 1973
(ISBN 3 7715 0147 4)

Band IV Korrelationen
Die Antworten der Religion auf Fragen der Zeit
Hrsg., übersetzt und eingeleitet von Ingeborg C. Henel
168 Seiten, Ln. DM 23.— (Subskr.-Pr. DM 19.50) - 1975
(ISBN 3 7715 0168 7)

Band V Ein Lebensbild in Dokumenten
Briefe, Tagebuch-Auszüge, Berichte.
Hrsg. von Renate Albrecht und Margot Hahl
400 Seiten, Ln. DM 45.— (Subskr.-Pr. DM 39.60) - 1980
(ISBN 3 7715 0199 7)

Band VI erscheint voraussichtlich 1981 und enthält den wissenschaftlichen Briefwechsel Paul Tillichs.

Die religiösen Reden

1. Folge: In der Tiefe ist Wahrheit
176 Seiten, engl. brosch. DM 9.80 (ISBN 3 7715 0002 8)

2. Folge: Das neue Sein
164 Seiten, engl. brosch. DM 9.80 (ISBN 3 7715 0005 2)

3. Folge: Das Ewige im Jetzt
176 Seiten, engl. brosch. DM 9.80 (ISBN 3 7715 0027 3)

„Die Predigt", schreibt Trillhaas, „kann überhaupt aus dem Werk Tillichs nicht hinweggedacht werden. Sie war für ihn unmittelbarste Form der Aussage, persönlichstes Zeugnis, dergestalt, daß viele Vorträge Tillichs zur Predigt hin konvergieren, wie umgekehrt eben diese seine Predigt ganz und gar aus der Kraft des Gedankens lebt."

„Hier (in Tillichs religiösen Reden) ist kein Jargon, keine Geheimsprache, kein entleertes und aufpoliertes Vokabular, sondern ruhiges, genaues, ermutigendes, kritisches Denken und Reden eines Mannes, der selber ganz und gar heute existiert und sich heutigem Stil nicht erst anzupassen braucht. Hier schließen sich Glauben und Denken nicht aus, sondern es wird glaubend gedacht und denkend geglaubt. Eine der Predigten trägt die Überschrift: ‚Werdet reif im Denken.' Seit Schleiermachers Reden an die Gebildeten unter den Verächtern der Religion dürfte das Denken in der evangelischen Predigt kaum mehr eine so hervorragende Rolle gespielt haben."

Hans Jürgen Schultz (Deutsche Welle)

Evangelisches Verlagswerk · Frankfurt–Stuttgart